¡VIVA!

Primer curso de lengua española

SECOND EDITION

Philip Redwine Donley, late
Austin Community College

José A. Blanco

VISTA
HIGHER LEARNING

Boston, Massachusetts

Publisher: José A. Blanco

Executive Editor: Sarah Kenney

Managing Editor (Technology): Paola Ríos Schaaf

Senior Project Manager (Print): Gabriela Ferland

Editors: Christian Biagetti (Technology), Mónica M. González Peña, Lauren Krolick, Paula A. Orrego

Production and Design Director: Marta Kimball

Design Manager: Susan Prentiss

Design and Production Team: Sarah Cole, Sónia Teixeira, Nick Ventullo

Printed in the United States of America.

Student Text ISBN: 978-1-60576-091-9

Instructor's Annotated Edition ISBN: 978-1-60576-095-7

Library of Congress Control Number: 2009927069

1 2 3 4 5 6 7 8 9 RJ 14 13 12 11 10 09

Maestro® and Maestro Language Learning System® and design are registered trademarks of Vista Higher Learning, Inc.

Introduction

Welcome to **¡VIVA!, Second Edition!** This highly successful introductory Spanish program is designed to provide you with an active and rewarding learning experience. You are about to embark on an exciting adventure as you learn Spanish and explore the diverse cultures of the Spanish-speaking world.

New to the Second Edition

- **Culture!** An enhanced **Exploración** section presents compelling cultural information on the products, practices, and perspectives of the Spanish-speaking world

- **Readings!** Two new readings—a literary piece and a comic—in the **Lectura** section help you develop your reading skills with authentic material

- **Technology!** A comprehensive upgrade to the **¡VIVA!** Supersite (**viva.vhlcentral.com**); see p. xxx for a complete description

- **Support!** Ancillaries like the **Flash cultura** video program and MAESTRO® Language Learning System all closely integrated with your student text

Original Hallmark Features

- Fresh, user-friendly design and layout that support and facilitate language learning

- An easy-to-navigate, color-coded lesson organization

- An abundance of illustrations, photos, and charts specifically chosen to help you learn

- Integration of an appealing storyline video in each lesson, plus additional cultural videos

- Practical, high-frequency vocabulary for communicating in real-life situations

- Clear, concise grammar explanations that graphically highlight important concepts

- Guided activities practice vocabulary and grammar so that you feel confident communicating in Spanish

- Abundant opportunities to interact in communicative situations

- A process approach to reading, writing, and listening skills

- Presentation of important cultural aspects of the daily lives of Spanish speakers and coverage of the entire Spanish-speaking world

- A complete set of print and technology ancillaries to make learning Spanish easier

To familiarize yourself with the program's organization, as well as its original and new features, turn to page xii and take the **¡VIVA!** at-a-glance tour.

PREPARACIÓN	ESCENAS

TABLE OF CONTENTS

	PREPARACIÓN	ESCENAS

	PREPARACIÓN	ESCENAS

EXPLORACIÓN	GRAMÁTICA	LECTURA

	PREPARACIÓN	ESCENAS
Lección 13 La naturaleza	The environment .... 286 Conservation 287	**Fotonovela:** ¡Qué paisaje más hermoso! 290
Lección 14 En la ciudad	City life .... 306 Postal needs .... 306 Banking .... 307 Giving directions 307	**Fotonovela:** Estamos perdidos 310
Lección 15 El bienestar	Personal fitness and well-being............... 330 Nutrition 331	**Fotonovela:** ¡Qué buena excursión! 334
Lección 16 El mundo del trabajo	Professions and the workplace............ 350 Job interviews 351	**Fotonovela:** Memorias del viaje 354

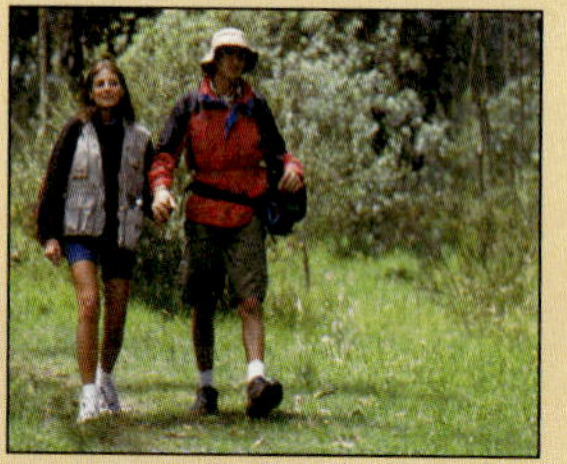

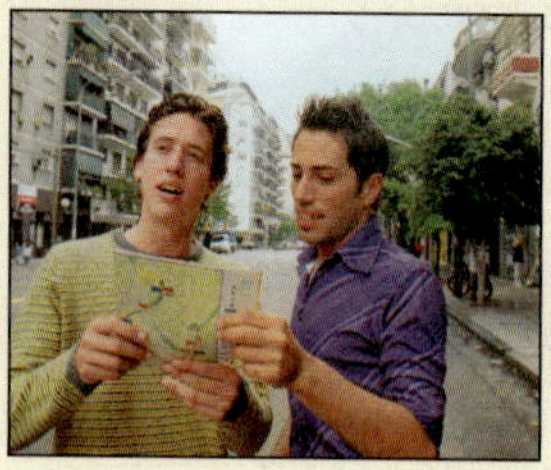

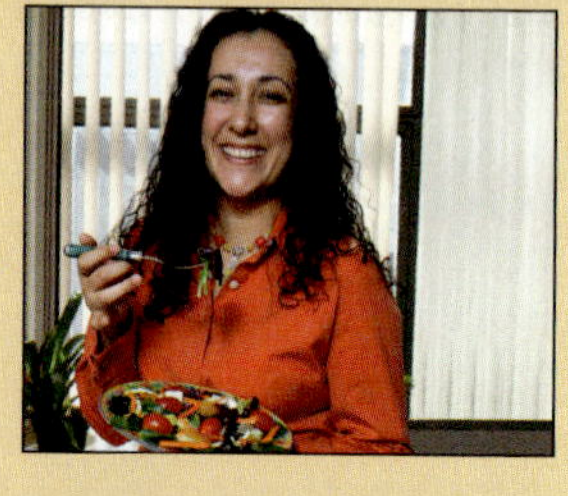

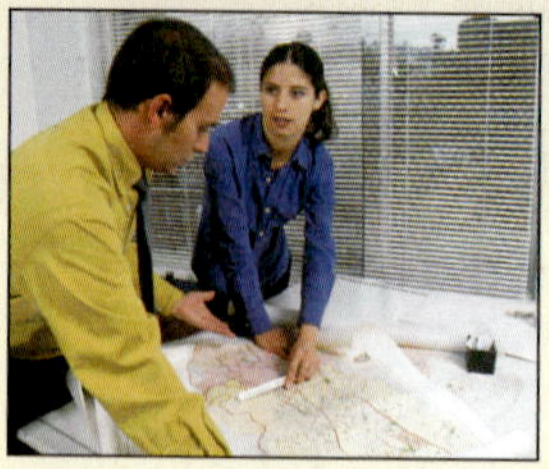

LESSON OPENERS

outline the content and goals
of each lesson.

Para empezar A series of questions on the lesson opener photo recycles the language you already know and previews the vocabulary you are about to learn.

Lesson organization Consistent, color-coded sections make navigating each lesson easy.

PREPARACIÓN

introduces meaningful vocabulary central to the lesson theme.

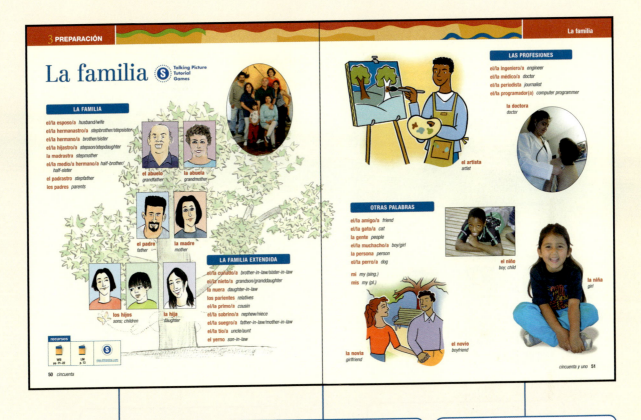

Art Dynamic photos, graphics and illustrations present high-frequency vocabulary used in the lesson.

Recursos These boxes let you know exactly which print and technology ancillaries you can use to reinforce and expand on every lesson. See page xxvii for a legend of the **recursos** boxes.

Vocabulary Theme-related vocabulary appears in easy-to-reference Spanish/English lists.

PREPARACIÓN

practices vocabulary in meaningful contexts.

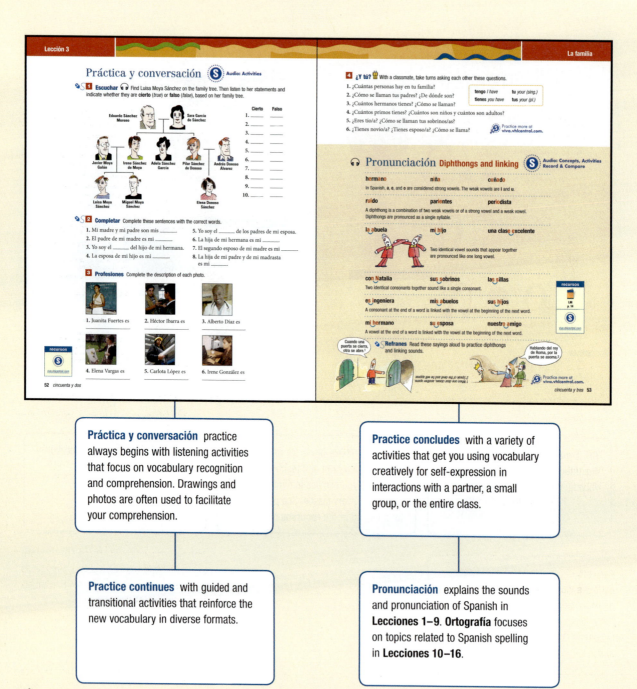

Práctica y conversación practice always begins with listening activities that focus on vocabulary recognition and comprehension. Drawings and photos are often used to facilitate your comprehension.

Practice concludes with a variety of activities that get you using vocabulary creatively for self-expression in interactions with a partner, a small group, or the entire class.

Practice continues with guided and transitional activities that reinforce the new vocabulary in diverse formats.

Pronunciación explains the sounds and pronunciation of Spanish in **Lecciones 1–9**. **Ortografía** focuses on topics related to Spanish spelling in **Lecciones 10–16**.

ESCENAS

tells the story of four students traveling in Ecuador.

Personajes The photo-based conversations take place among a cast of recurring characters—four college students on vacation in Ecuador and the bus driver who accompanies them.

Escenas Video The photo-based **Escenas** conversations appear in the textbook's video program. To learn more about the video, turn to page xxiii.

Expresiones útiles New, active words and expressions are organized by language function so you can focus on using them for real-life, practical purposes.

Conversations Taken from the **Escenas** Video, the conversations re-enter vocabulary from **Preparación**. They also preview structures from the upcoming **Gramática** section in context *and* in a comprehensible way.

New! Supersite Icon An icon indicates which additional resources are available on the **¡VIVA!** Supersite (**viva.vhlcentral.com**). For more information, see page xxx.

EXPLORACIÓN

highlights engaging contemporary culture through reading and video.

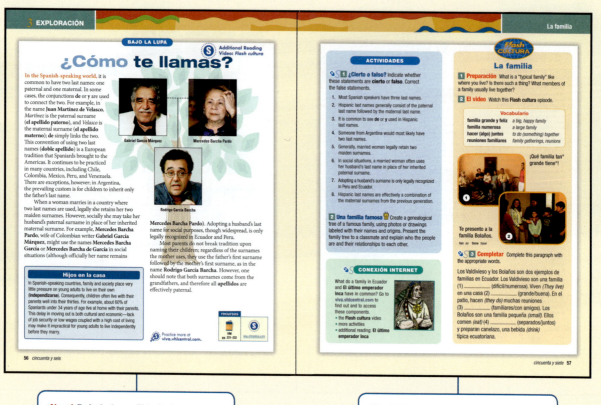

New! Bajo la lupa This feature article focuses on a person, place, custom, event, or tradition in the Spanish-speaking world, with an emphasis on contemporary, day-to-day culture. In Spanish as of **Lección 7**, this feature also provides valuable reading practice.

New! Flash cultura An icon lets you know that the enormously successful **Flash cultura** Video offers specially-shot content tied to the lesson theme. Previewing support and comprehension activities are integrated into the student text. To learn more about the video, turn to page xxvi.

GRAMÁTICA

uses innovative design to support the learning of Spanish.

Lección 3

3.2 Possessive adjectives · Tutorial

▶ Possessive adjectives express ownership or possession.

Forms of possessive adjectives

Singular forms	Plural forms	
mi	mis	my
tu	tus	your (fam.)
su	sus	his, her, its, your (form.)
nuestro/a	nuestros/as	our
vuestro/a	vuestros/as	your (fam.)
su	sus	their, its, your (form.)

¡Qué alto es tu papá! Y tu mamá, ¡qué bonita!

Éste es mi abuelo. Es el padre de mi mamá.

▶ Spanish possessive adjectives agree in number with the nouns they modify. **Nuestro** and **vuestro** agree in gender and number.

mi primo	mis primos		mi tía	mis tías
nuestro tío	nuestros tíos		nuestra tía	nuestras tías

▶ Possessive adjectives are placed before the nouns they modify.

▶ **Su** and **sus** have multiple meanings (*your, his, her, their, its*). To avoid confusion, use this construction instead: [*article*] + [*noun*] + **de** + [*subject pronoun*].

sus parientes
- los parientes de él/ella — *his/her relatives*
- los parientes de usted/ustedes — *your relatives*
- los parientes de ellos/ellas — *their relatives*

ESPAÑOL EN VIVO

Gran chisme:
¡Mi niño tiene bigote!

¡La leche es nuestra bebida favorita! A mi hijo le gusta por su excelente sabor. Su vaso de leche diario contiene vitaminas y minerales esenciales para su crecimiento. Y yo la tomo para que mis huesos sean más fuertes contra la osteoporosis.

¿Bebes leche?

60 sesenta

Explanations Written with the student in mind, ¡**VIVA!**'s grammar explanations are known for their clarity. Images, charts, and diagrams support the text by illustrating language and calling out key grammatical structures, patterns, and vocabulary.

Video Photos from the **Fotonovela** Video integrate the video into the grammar explanations, providing a model and a real-life context for the structures you are studying.

Español en vivo Authentic documents, like advertisements and movie posters, highlight the new grammar point in a real-life context.

GRAMÁTICA

progresses from directed to communicative practice.

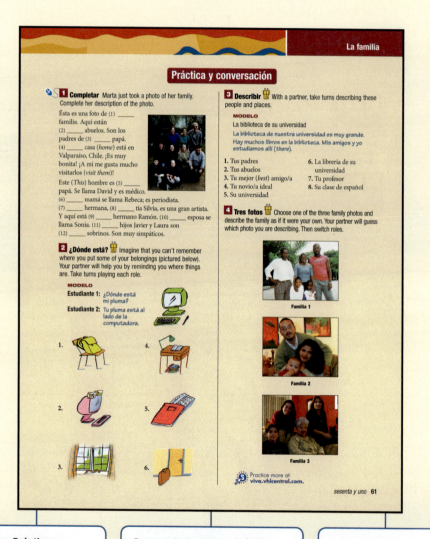

La familia

Práctica y conversación

1 Completar Marta just took a photo of her family. Complete her description of the photo.

Ésta es una foto de (1) _____ familia. Aquí están (2) _____ abuelos. Son los padres de (3) _____ papá. (4) _____ casa (*home*) está en Valparaíso, Chile. ¡Es muy bonita! ¡A mí me gusta mucho visitarlos (*visit them*)! Este (*This*) hombre es (5) _____ papá. Se llama David y es médico. (6) _____ mamá se llama Rebeca; es periodista. (7) _____ hermana, (8) _____ tía Silvia, es una gran artista. Y aquí está (9) _____ hermano Ramón. (10) _____ esposa se llama Sonia. (11) _____ hijos Javier y Laura son (12) _____ sobrinos. Son muy simpáticos.

2 ¿Dónde está? Imagine that you can't remember where you put some of your belongings (pictured below). Your partner will help you by reminding you where things are. Take turns playing each role.

MODELO

Estudiante 1: ¿Dónde está mi pluma?

Estudiante 2: Tu pluma está al lado de la computadora.

1.

2.

3.

4.

5.

6.

3 Describir With a partner, take turns describing these people and places.

MODELO

La biblioteca de su universidad

La biblioteca de nuestra universidad es muy grande. Hay muchos libros en la biblioteca. Mis amigos y yo estudiamos allí (there).

1. Tus padres
2. Tus abuelos
3. Tu mejor (*best*) amigo/a
4. Tu novio/a ideal
5. Su universidad
6. La librería de su universidad
7. Tu profesor
8. Su clase de español

4 Tres fotos Choose one of the three family photos and describe the family as if it were your own. Your partner will guess which photo you are describing. Then switch roles.

Familia 1

Familia 2

Familia 3

Practice more at **viva.vhlcentral.com.**

sesenta y uno **61**

Guided practice **Práctica y conversación** begins with a wide range of guided exercises in contexts that combine current and previously learned vocabulary with the current grammar point.

Open-ended practice **Práctica y conversación** ends with opportunities for personalized expression that use the lesson's grammar and vocabulary. Activities take place with a partner, in small groups, or with the whole class.

New! Icons Mouse and Supersite icons let you know when content from the text is available online with auto-grading and when additional content is available. For more information, see page xxx.

GRAMÁTICA

emphasizes listening, writing, and speaking in *Ampliación*.

Lección 3

La familia

Ampliación

Audio: Activity
Repaso
Video: TV Clip

1 Escuchar 🎧

A Listen to Cristina and Laura's conversation. Then indicate who would make each statement.

TIP Ask for repetition. During a conversation, you can ask someone to repeat by saying ¿Cómo? (*What?*) or ¿Perdón? (*Pardon me?*). In class, you can ask your teacher to repeat by saying **Repítalo, por favor** (*Repeat it, please*). If you don't understand a recorded activity, you can simply replay it.

	Cristina	Laura
1. Mi novio habla sólo (only) del fútbol y del béisbol.	☐	☐
2. Tengo un novio muy interesante y simpático.	☐	☐
3. Mi novio es alto y moreno.	☐	☐
4. Mi novio trabaja mucho.	☐	☐
5. Mi amiga no tiene buena suerte con los muchachos.	☐	☐
6. El novio de mi amiga es un poco gordo, pero guapo.	☐	☐

B ¿Cómo son Laura y Cristina? ¿Cómo son sus novios? ¿Tienes novio/a? ¿Cómo es?

2 Conversar You are taking a friend to your family reunion. So that there will not be any surprises for your friend, you have a conversation with him or her to talk about your relatives. During the conversation, your friend should find out about the following:

- Which family members are coming, including their names and their relationship to you
- What each family member is like
- How old each person is
- Where each person is from
- Where each person lives

recursos

WB pp. 23-30
LM pp. 15-18
viva.vhlcentral.com

66 *sesenta y seis*

---

3 Escribir One of your online friends wants to know about your family. Write an e-mail describing your family or an imaginary family.

TIP Use idea maps. Idea maps help you group your information.

Organízalo	Use an idea map to help you list and organize information about your family. See the example.
Escríbelo	Using the material you have compiled, write the first draft of your e-mail. Use an appropriate greeting, such as **Querido/a** (*Dear*), and an appropriate closing, such as **Un abrazo** (*A hug*).
Corrígelo	Exchange papers with a classmate and comment on the organization, style, and grammatical accuracy of each other's work. Then revise your first draft, keeping your classmate's comments in mind.
Compártelo	Read your e-mail aloud to a small group of classmates. Discuss how your families are similar (**semejantes**) and how they are different (**distintas**).

4 Un paso más Create an illustrated family tree for your family and share it with the class. Your family tree might include these elements:

- A simple title
- A format that clearly shows the relationships between family members
- Photos of family members and their names, following Hispanic naming conventions
- A few adjectives that describe each family member

CONEXIÓN INTERNET

Investiga estos temas en viva.vhlcentral.com.
- La familia en las culturas hispanas
- La amistad (*friendship*) en las culturas hispanas

Practice more at
viva.vhlcentral.com.

sesenta y siete 67

Escuchar A recorded conversation or narration develops your listening skills in Spanish and checks your understanding of what you heard.

Escribir A writing topic and plan take you step-by-step through the writing process, including planning, writing a first draft, peer review, and correcting your work.

Un paso más This project guides you to research and create a tangible product such as a brochure, a flyer, or a Web page.

Conversar Your oral communication skills are developed through realistic, practical role-plays and situations.

Tips Valuable on-the-spot listening and writing strategies help you carry out the activities effectively.

New! Conexión Internet This list of relevant topics leads you to further research and discovery on the ¡VIVA! Supersite (**viva.vhlcentral.com**).

LECTURA

develops reading skills in the context of the lesson theme.

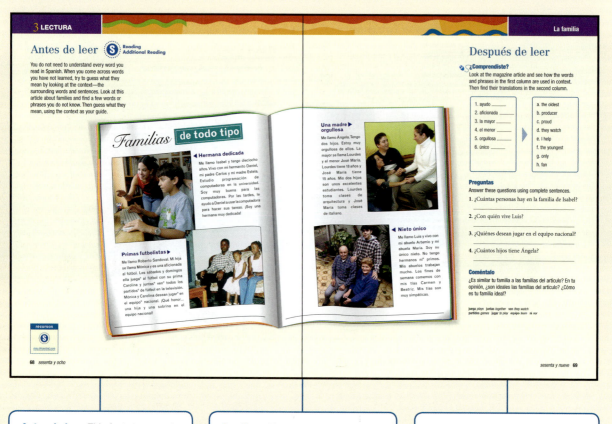

Antes de leer This feature presents helpful strategies and pre-reading activities to build your reading abilities in Spanish.

Readings These selections are specifically related to the lesson theme and recycle the vocabulary and grammar you have learned. **Lecciones 13–16** feature literary selections so you can experience reading works by well-known authors in Spanish.

Coméntalo Activities encourage you to discuss the material in the reading with respect to your own life.

Después de leer Exercises check your comprehension of the reading.

VOCABULARIO
summarizes all the active vocabulary in each lesson.

3 VOCABULARIO

La familia

el/la abuelo/a	grandfather/grandmother
el/la cuñado/a	brother-in-law/sister-in-law
el/la esposo/a	husband/wife; spouse
la familia	family
el/la hermanastro/a	stepbrother/stepsister
el/la hermano/a	brother/sister
el/la hijastro/a	stepson/stepdaughter
el/la hijo/a	son/daughter
los/las hijos/as	children; sons, daughters
la madrastra	stepmother
la madre	mother
el/la medio/a hermano/a	half-brother/half-sister
el/la nieto/a	grandson/granddaughter
la nuera	daughter-in-law
el padrastro	stepfather
el padre	father
los padres	parents
los parientes	relatives
el/la primo/a	cousin
el/la sobrino/a	nephew/niece
el/la suegro/a	father-in-law/mother-in-law
el/la tío/a	uncle/aunt
el yerno	son-in-law

Adjetivos

alto/a	tall
antipático/a	unpleasant
bajo/a	short (in height)
bonito/a	pretty
buen, bueno/a	good
delgado/a	thin; slender
difícil	difficult, hard
fácil	easy
feo/a	ugly
gordo/a	fat
gran, grande	big, large; great
guapo/a	handsome; good-looking
importante	important
inteligente	intelligent
interesante	interesting
joven	young
mal, malo/a	bad
mismo/a	same
moreno/a	dark-haired
mucho/a	much; many; a lot of
pelirrojo/a	red-haired
pequeño/a	small
rubio/a	blond(e)
simpático/a	nice; likeable
tonto/a	silly; foolish
trabajador(a)	hard-working
viejo/a	old

Verbos

abrir	to open
aprender	to learn
asistir (a)	to attend
beber	to drink
comer	to eat
compartir	to share
comprender	to understand
correr	to run
creer (en)	to believe (in)
deber (+ inf.)	to have to; should
decidir	to decide
describir	to describe
escribir	to write
leer	to read
recibir	to receive
tener	to have
venir	to come
vivir	to live

Expresiones con *tener*

tener... años	to be... years old
tener (mucho) calor	to be (very) hot
tener (mucho) cuidado	to be (very) careful
tener (mucho) frío	to be (very) cold
tener ganas de (+ inf.)	to feel like (doing something)
tener (mucha) hambre	to be (very) hungry
tener (mucho) miedo	to be (very) afraid/scared
tener (mucha) prisa	to be in a (big) hurry
tener que (+ inf.)	to have to (do something)
tener razón	to be right
no tener razón	to be wrong
tener (mucha) sed	to be (very) thirsty
tener (mucho) sueño	to be (very) sleepy
tener (mucha) suerte	to be (very) lucky

Otras palabras

el/la amigo/a	friend
el/la gato/a	cat
la gente	people
el/la muchacho/a	boy/girl
el/la niño/a	child; boy/girl
el/la novio/a	boyfriend/girlfriend
la persona	person
el/la perro/a	dog

Las profesiones

el/la artista	artist
el/la doctor(a)	doctor; physician
el/la ingeniero/a	engineer
el/la médico/a	doctor; physician
el/la periodista	journalist
el/la programador(a)	computer programmer

Expresiones útiles	See page 54.
Nationalities	See page 58.
Possessive adjectives	See page 60.

recursos

LM p. 18 · viva.vhlcentral.com

Audio: Vocabulary Flashcards

70 setenta

Recorded vocabulary The Supersite icon indicates that the vocabulary is recorded on the **¡VIVA!** Supersite (**viva.vhlcentral.com**).

New! Videoclip An authentic video clip, offered on the **¡VIVA!** Supersite, synthesizes the entire lesson in a fun and engaging way. News stories, commercials, and even a short film will get you excited about learning Spanish and expose you even more to the cultures of the Spanish-speaking world.

¡VIVAN LOS PAÍSES HISPANOS!

presents the countries of the Spanish-speaking world.

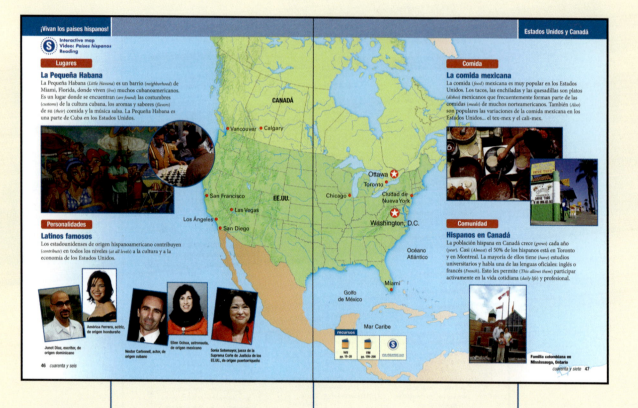

Maps These maps situate the country or region on its continent and highlight significant features.

Readings Contemporary readings with eye-catching photos explore key facets of the target location's culture, such as history, fine arts, food, celebrations, and traditions.

Conexión Internet This feature leads you to related topics to investigate further on the ¡VIVA! Supersite (viva.vhlcentral.com).

Video A video segment from the ¡Vivan los países hispanos! Video Program lets you experience the sights and sounds of each country featured in this section.

Opening and closing pages The opening page sets the scene for the section with a dramatic photo and statistics about the location. ¿Qué aprendiste? activities on the closing page check your understanding of key ideas.

VIDEO PROGRAMS

Escenas

Fully integrated with your textbook, the **Escenas** Video contains fifteen episodes. The episodes present the adventures of four college students who are studying at the **Universidad de San Francisco** in Quito, Ecuador. They each decide to spend their vacation break on a bus tour of the Ecuadorian countryside with the ultimate goal of hiking up a volcano. The video, shot in various locations in Ecuador, tells their story and the story of Don Francisco, the tour bus driver who accompanies them.

The **Escenas** section in each textbook lesson is actually an abbreviated version of the dramatic episode featured in the video. Therefore, each **Escenas** section can be done before you see the corresponding video episode, after it, or as a section that stands alone.

The cast

Here are the main characters you will meet when you watch the **Escenas** Video:

 From Ecuador,
Inés Ayala Loor

 From Puerto Rico,
Javier Gómez Lozano

From Spain,
María Teresa (Maite)
Fuentes de Alba

 Also from Ecuador,
don Francisco
Castillo Moreno

  From Mexico,
Alejandro (Álex)
Morales Paredes

In each dramatic segment, the characters interact using the vocabulary and grammar you are studying. As the storyline unfolds, the episodes combine new vocabulary and grammar with previously taught language. The **Resumen** segment serves to recap the plot as well as to emphasize the grammar and vocabulary you are studying.

Additionally, in most of the video episodes, there are brief pauses to allow the characters to reminisce about their home countries. These flashbacks—montages of real-life images shot in Spain, Mexico, Puerto Rico, and various parts of Ecuador—connect the theme of the video to everyday life in various parts of the Spanish-speaking world.

¡Vivan los países hispanos!

The **¡Vivan los países hispanos!** Video is integrated with the **¡Vivan los países hispanos!** section in **¡VIVA!**. Each segment is 2–3 minutes long and consists of documentary footage from each of the countries featured. The images were specially chosen for interest level and visual appeal, while the all-Spanish narrations were carefully written to reflect the vocabulary and grammar covered in the textbook.

As you watch the video segments, you will experience a diversity of images and topics: cities, monuments, traditions, festivals, archaeological sites, geographical wonders, and more. You will be transported to each Spanish-speaking country, including the United States and Canada, thereby having the opportunity to expand your cultural perspectives with information directly related to the content of **¡VIVA!**.

Flash cultura

The dynamic **Flash cultura** Video is fully integrated into the **Exploración** section of each lesson and into your Video Manual. Shot in eight countries (US, Puerto Rico, Mexico, Spain, Argentina, Costa Rica, Ecuador, and Peru), these contemporary and engaging episodes expand on the lesson themes. Each episode is hosted by a correspondent from the featured country; the host provides valuable information about a tradition, event, resource, or other aspect of the country's culture and talks to the locals to get their opinions about the subject at hand.

The episodes are entirely in Spanish as of **Lección 7**, but all lessons feature real interviews in Spanish, exposing you to the diverse and authentic accents of the Spanish-speaking world. Support materials in the text, on the Supersite, and in the Video Manual make these interviews accessible so you get the most out of them.

We hope you enjoy **Flash cultura, ¡el programa donde aprender es toda una aventura!**

NEW! Videoclip

New to this edition, the **¡VIVA!** Supersite now features an authentic video clip from the Spanish-speaking world for each lesson. Clip formats include commercials, news stories, and even a short film. These clips have been carefully chosen to be comprehensible for students learning Spanish, and are accompanied by activities and vocabulary lists to facilitate understanding. Developed by Spanish speakers for Spanish speakers, they offer another valuable window into the products, practices, and perspectives that are key to the cultures of the Spanish-speaking world. More importantly, though, these clips are a fun and motivating way to improve your Spanish!

Here are the countries represented in each lesson in **Videoclip**:

Lesson 1 US	Lesson 5 Mexico	Lesson 9 US	Lesson 13 Argentina
Lesson 2 Chile	Lesson 6 Spain	Lesson 10 Argentina	Lesson 14 Argentina
Lesson 3 US	Lesson 7 Argentina	Lesson 11 Colombia	Lesson 15 Spain
Lesson 4 Peru	Lesson 8 Colombia	Lesson 12 Argentina	Lesson 16 El Salvador

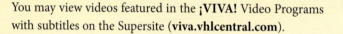

You may view videos featured in the **¡VIVA!** Video Programs with subtitles on the Supersite (**viva.vhlcentral.com**).

ICONS AND RECURSOS BOXES

Icons Familiarize yourself with these icons that appear throughout ¡VIVA!:

Text next to the Supersite icon will let you know exactly what type of content is available online. See p. xxx for a list of available resources.

Additional practice on the Supersite, not included in the textbook, is indicated with this icon feature:

Recursos boxes let you know exactly what print and technology ancillaries you can use to reinforce and expand on every section of every lesson. They even include page numbers when applicable.

STUDENT ANCILLARIES

EXPANDED! Workbook/Video Manual

The Workbook activities provide additional practice of the vocabulary and grammar in each textbook lesson and the information in the **¡Vivan los países hispanos!** sections. The Video Manual includes pre-, while-, and post-viewing activities for the **Escenas**, **¡Vivan los países hispanos!**, and **Flash cultura** videos.

Lab Manual

The Lab Manual activities build listening comprehension, speaking, and pronunciation skills in Spanish.

Lab Program MP3s

The Lab Program MP3s provide the recordings to be used in conjunction with the activities in the Lab Manual. These recordings are available on the **¡VIVA!** Supersite.

Web-SAM, powered by MAESTRO®

The Web-SAM delivers the Workbook/Video Manual and Lab Manual online. Instructors have access to powerful classroom management and gradebook tools that allow in-depth tracking of students' scores and customization of activities.

Textbook MP3s

The Textbook MP3s are the recordings for the listening activities in the **Preparación**, **Pronunciación**, and **Ampliación** sections in each lesson of the student text, as well as the active vocabulary in each end-of-lesson **Vocabulario** list. These recordings are available on the Supersite.

EXPANDED! Supersite

Practice from the book, additional practice, as well as all audio and video material related to the **¡VIVA!** program are available on the Supersite. Access is free with the purchase of a new student text. See page xxx for information on the expanded **¡VIVA!** Supersite, powered by MAESTRO®.

INSTRUCTOR ANCILLARIES

Instructor's Annotated Edition

The IAE contains a wealth of information and resources to support classroom teaching.

WB/VM/LM Answer Key

This supplement contains the answers to all activities with discrete responses in the Workbook/Video Manual and Lab Manual (available in print and on the Supersite).

Instructor's Resources on the Supersite

The Instructor's Resources include all of the resources formally in the Instructor's Resource Manual: the lab and textbook audioscripts, videoscripts and translations for all four video programs, instructor annotations for **Preparación** and **Gramática**, and **Vocabulario adicional** handouts. It also contains overheads, including maps of the Spanish-speaking countries, drawings to reinforce the textbook's **Preparación** vocabulary sections, presentations for each grammar point in **Gramática**, and other textbook illustrations. The complete Testing Program is also included. The Testing Program contains two versions of tests for each textbook lesson, semester and quarter exams, listening scripts, answer keys, and suggestions for oral tests. It is provided in ready-to-print PDFs and in RTF word processing files. The corresponding MP3 files are included for the listening section.

Escenas DVD

This text-specific video is closely integrated into the **Escenas** and **Gramática** sections of each textbook lesson. It contains dramatic episodes, cultural shots, and unique summary features. See pages xxiii–xxiv for more information.

¡Vivan los países hispanos! DVD

This provides the **¡Vivan los países hispanos!** video with Spanish and English subtitles.

Flash cultura DVD

The **Flash cultura** episodes integrated in the **Exploración** section are provided on DVD with subtitles in English and Spanish.

NEW! Introductory Spanish Test Generator

The Introductory Spanish Test Generator provides a test bank that includes all of the tests in the **¡VIVA!** Testing Program plus an additional bank of testing material for each lesson. Instructors can modify existing tests, create their own tests, and randomly generate new tests.

EXPANDED! Supersite

See page xxx for information on the expanded **¡VIVA!** Supersite, powered by MAESTRO®.

MAESTRO® Supersite

The **¡VIVA!** Supersite, powered by **MAESTRO**®, provides a wealth of resources for both students and instructors. Icons indicate exactly which resources are available on the Supersite for each strand of every lesson.

(S) Access to the **Supersite** comes free with the purchase of a new student text.

LEARNING TOOLS AVAILABLE TO STUDENTS:

- **Practice**
  - directed practice from the textbook, including audio activities
  - additional practice for each and every textbook section
    Practice more at **viva.vhlcentral.com.**
  - open-ended activities to explore and search the Internet
  - **Repaso** activities (with auto-grading)

- **Audio**
  - Record & Compare audio activities
  - All audio material related to the **¡VIVA!** program (Vocabulary, Activities, Pronunciation Concepts)
  - Dramatic Recordings of literary readings
  - Talking Picture activities

- **Video**
  - **Escenas:** These dramatic video episodes follow four students on their adventures through Ecuador.
  - **Flash cultura:** Shot on location in Latin America, the US, and Spain, this video in the form of a news program expands on the theme of each lesson in the book.
  - **NEW! Videoclip:** Real TV clips, offered on the **¡VIVA!** Supersite, provide you with an authentic window into Spanish-language media.
  - **¡Vivan los países hispanos!:** One episode for every country in the Spanish-speaking world highlights different aspects of each country's culture.

- MP3 files for the complete **¡VIVA!** Audio Program 🎧
  - textbook audio files
  - lab program audio files

- and more…
  - Interactive Maps
  - **NEW!** Flashcards with audio
  - additional readings
  - **NEW!** Flash-animated Grammar Tutorials

On behalf of its authors and editors, Vista Higher Learning expresses its sincere appreciation to the many educators nationwide who contributed their ideas, recommendations and suggestions to **¡VIVA!**, **Second Edition**. Their insights and detailed comments were critical in helping us to fine-tune **¡VIVA!**

REVIEWERS

David G. Anderson
John Carroll University, OH

John R. Boyst
Salem College, NC

Maggie Brinker
Macomb Community College, MI

Pablo Colombini
Brenau Academy, GA

Patricia Cooper
University of Mobile, AL

Anneris Coria-Navia
Kettering College of Medical Arts, OH

David Fish
Ozark Christian College, MO

Christina Fox-Ballí
Eastfield College, TX

Dr. Ellen Frye
William Paterson University, NJ

Dr. Pamela Gill
Gaston College, NC

Jeannette M. Harker
Flagler College, FL

Mariu Hernandez-Hall
Scottsdale Community College, AZ

Nicole Houser
Frostburg State University, MD

Nissa Ingraham
Northwest Missouri State University, MO

Dianne Jernigan
Madisonville Community College, KY

Hilda M. Kachmar
College of St. Catherine, MN

Dr. Susan Kalt
Roxbury Community College, MA

Bridget Kevane
Montana State University, MT

Gary Ljungquist
Salem College, NC

Maria Isabel Mayo-Harp
Simon Fraser University, B.C., Canada

Jason McAtee
Montana State University-Bozeman, MT

Elisa Molano-Cook
Hillsborough Community College, FL

Sharon Montano
Barton College, NC

Deborah Neuman
Gaston College, NC

Martha Racine Taylor
College of the Redwoods, CA

Natalia M. Ramirez
Frostburg State University, MD

Antonio Rigual
Our Lady of the Lake University, TX

Karen Robinson
Bellevue University, NE

Laura Ruiz-Scott
Scottsdale Community College, AZ

Albert Shank
Scottsdale Community College, AZ

Christine Smithberg
College of St. Catherine, MN

Maria Tajes
William Paterson University, NJ

Linda Thompson
Gallaudet University, VA

Kathleen Vaughan
Barton College, NC

Dr. Bruce Williams
William Paterson University, NJ

Susanna Williams
Macomb Community College, MI

Sandra Wood
Northwest Missouri State University, MO

Ho Sang Yoon
Salem College, NC

1 Hola, ¿qué tal?

Para empezar

- Guess what the people in the photo are saying:
  a. Por favor.   b. Hola.   c. amigo

- Most likely they would also say:
  a. Gracias.   b. fiesta   c. Buenos días.

Hola, ¿qué tal?

S Talking Picture Tutorial Games

SALUDOS Y DESPEDIDAS

Buenas noches. *Good evening; Good night.*

Buenas tardes. *Good afternoon.*

Hasta la vista. *See you later.*

Hasta pronto. *See you soon.*

Hasta mañana. *See you tomorrow.*

SEÑORA	Hola, señor Lara. ¿Cómo está usted?
SEÑOR	Muy bien, gracias. ¿Y usted, señora Salas?
SEÑORA	Bien, gracias.
SEÑOR	Hasta luego, señora Salas. Saludos al señor Salas.
SEÑORA	Adiós.

¿CÓMO ESTÁS?

¿Cómo estás? *(familiar)* *How are you?*

No muy bien. *Not very well.*

¿Qué pasa? *What's happening?; What's going on?*

CARLOS	¿Qué tal, Roberto?
ROBERTO	Regular. ¿Y tú?
CARLOS	Bien. ¿Qué hay de nuevo?
ROBERTO	Nada.

JUANA	Hasta luego, Sofía.
SOFÍA	Chau, Juana. Nos vemos mañana.

recursos

WB pp. 1–2	LM p. 1	**S** viva.vhlcentral.com

LAURA	Buenos días. Me llamo Laura.
ESTEBAN	Buenos días. Me llamo Esteban. Mucho gusto.
LAURA	El gusto es mío. ¿De dónde eres?
ESTEBAN	Soy de los Estados Unidos, de Texas.

PRESENTACIONES

¿Cómo se llama usted?	*What's your name? (form.)*
¿Cómo te llamas (tú)?	*What's your name? (fam.)*
Le presento a…	*I would like to introduce you to (name). (form.)*
Te presento a…	*I would like to introduce you to (name). (fam.)*
Éste es…	*This is... (masculine)*
Ésta es…	*This is... (feminine)*

SUSANA	Leti, éste es el señor Garza.
LETICIA	Encantada.
SEÑOR GARZA	Igualmente. ¿De dónde es usted, señora?
LETICIA	Soy de Puerto Rico. ¿Y usted?
SEÑOR GARZA	De México.

EXPRESIONES DE CORTESÍA

Por favor.	*Please.*
De nada.	*You're welcome.*
No hay de qué.	*You're welcome.*
Lo siento.	*I'm sorry.*
Muchas gracias.	*Thank you very much; Thanks a lot.*

Práctica y conversación

Audio: Activities

1 **¿Lógico o ilógico?** 🎧 Listen to each conversation and indicate whether the conversation is logical or illogical.

	1.	2.	3.	4.	5.	6.
Lógico						
Ilógico						

2 **Una fiesta** 🎧 Margarita is having an all-day party to celebrate her twentieth birthday. Listen to the conversations and indicate whether each guest is arriving (**Llega**) or leaving (**Sale**).

	Llega	Sale		Llega	Sale
1. Ramiro	_____	_____	4. Vicente	_____	_____
2. Sra. Sánchez	_____	_____	5. Profesor Lado	_____	_____
3. Luisa	_____	_____	6. Sr. Torres	_____	_____

3 **Sinónimos** For each expression, write a word or phrase that expresses a similar idea.

MODELO
¿Cómo estas?   <u>¿Qué tal?</u>

1. De nada. _____
2. Encantado. _____
3. Adiós. _____
4. Te presento a Antonio. _____
5. ¿Qué hay de nuevo? _____
6. Mucho gusto. _____

4 **Ordenar** With a classmate, put this scrambled conversation in order. Then act it out.

—Muy bien, gracias. Soy Rosabel.
—Soy de Ecuador. ¿Y tú?
—Mucho gusto, Rosabel.
—Hola. Me llamo Carlos. ¿Cómo estás?
—Soy de Argentina.
—Igualmente. ¿De dónde eres, Carlos?

CARLOS   _____
ROSABEL   _____
CARLOS   _____
ROSABEL   _____
CARLOS   _____
ROSABEL   _____

recursos

viva.vhlcentral.com

5 **Conversaciones** With a partner, make up a conversation in Spanish for each photo.

Practice more at
viva.vhlcentral.com.

Pronunciación The Spanish alphabet

S Audio: Concepts, Activities
Record & Compare

The Spanish alphabet consists of 29 letters. The Spanish letter **ñ** (**eñe**) doesn't appear in the English alphabet. The letters **k** (**ka**) and **w** (**doble ve**) are used only in words of foreign origin.

Letra	Nombre(s)	Ejemplo(s)	Letra	Nombre(s)	Ejemplo(s)
a	a	adiós	m	eme	mapa
b	be	bien, problema	n	ene	nacionalidad
c	ce	cosa, cero	ñ	eñe	mañana
ch	che	chico	o	o	once
d	de	diario, nada	p	pe	profesor
e	e	estudiante	q	cu	qué
f	efe	foto	r	ere	regular, señora
g	ge	gracias, Gerardo, regular	s	ese	señor
			t	te	tú
h	hache	hola	u	u	usted
i	i	igualmente	v	ve	vista, nuevo
j	jota	Javier	w	doble ve	walkman
k	ka, ca	kilómetro	x	equis	existir, México
l	ele	lápiz	y	i griega, ye	yo
ll	elle	llave	z	zeta, ceta	zona

¡ojo!

In 1994, the **Real Academia** subsumed **ch** and **ll** under **c** and **l** in alphabetized lists. For example, in dictionaries, entries starting with **ch** come between **ce** and **ci**, not under a separate letter between **c** and **d**.

Refranes Read these sayings aloud.

Ver es creer.[1]

En boca cerrada no entran moscas.[2]

1 Seeing is believing. 2 Silence is golden.

Practice more at
viva.vhlcentral.com.

recursos

LM
p. 2

viva.vhlcentral.com

¡Todos a bordo!

 Video: *Fotonovela*
Record & Compare

Los cuatro estudiantes, don Francisco y la señora Ramos se reúnen *(meet)* en la universidad.

Expresiones útiles

Identifying yourself and others

¿Cómo se llama usted?
What's your name?
Yo soy don Francisco, el conductor.
I'm Don Francisco, the driver.
¿Cómo te llamas?
What's your name?
Me llamo Javier.
My name is Javier.
¿Quién es… ?
Who is… ?
Aquí… Soy yo.
Here… That's me.
Tú eres… , ¿verdad?/¿no?
You are… , right?/no?

Saying what time it is

¿Qué hora es?
What time is it?
Es la una. / Son las dos.
It's one o'clock. / It's two o'clock.
Son las diez y tres minutos.
It's 10:03.

Saying "excuse me"

Con permiso.
Pardon me; Excuse me.
(to request permission)
Perdón.
Pardon me; Excuse me.
(to get someone's attention or to ask forgiveness)

When starting a trip

¡Todos a bordo!
All aboard!
¡Buen viaje!
Have a good trip!

Getting someone's attention

Oye/Oiga(n)…   *Listen (fam./form.)…*

recursos

VM
pp. 175–176

viva.vhlcentral.com

SRA. RAMOS Buenos días, chicos. Yo soy Isabel Ramos de la agencia Ecuatur.
DON FRANCISCO Y yo soy don Francisco, el conductor.

SRA. RAMOS Bueno, ¿quién es María Teresa Fuentes de Alba?
MAITE ¡Soy yo!
SRA. RAMOS Ah, bien. Aquí tienes los documentos de viaje.
MAITE Gracias.

SRA. RAMOS ¿Javier Gómez Lozano?
JAVIER Aquí… Soy yo.

SRA. RAMOS Y tú eres Inés Ayala Loor, ¿verdad?
INÉS Sí, yo soy Inés.
SRA. RAMOS Y tú eres Alejandro Morales Paredes, ¿no?
ÁLEX Sí, señora.

INÉS Hola. Soy Inés.
MAITE Encantada. Yo me llamo Maite. ¿De dónde eres?
INÉS Soy de Ecuador, de Portoviejo. ¿Y tú?
MAITE De España. Soy de Madrid, la capital. Oye, ¿qué hora es?
INÉS Son las diez y tres minutos.

DON FRANCISCO   **JAVIER**   **INÉS**   **ÁLEX** **MAITE** **SRA. RAMOS**

JAVIER ¿Qué tal? Me llamo Javier.

ÁLEX Mucho gusto, Javier. Yo soy Álex. ¿De dónde eres?

JAVIER De Puerto Rico. ¿Y tú?

ÁLEX Yo soy de México.

DON FRANCISCO Bueno, chicos, ¡todos a bordo!

INÉS Con permiso.

ÁLEX Perdón.

DON FRANCISCO ¿Y los otros?

SRA. RAMOS Son todos.

DON FRANCISCO Está bien.

Practice more at **viva.vhlcentral.com.**

Actividades

1 Completar Complete this conversation.

INÉS Hola. ¿Cómo te (1) _____?

MAITE (2) _____ llamo (3) _____. ¿Y (4) _____?

INÉS Inés. Mucho (5) _____.

MAITE (6) _____ gusto (7) _____ mío.

INÉS ¿De dónde (8) _____?

MAITE (9) _____ de (10) _____. ¿Y (11) _____?

INÉS Del (12) _____.

2 ¿Cierto o falso? Indicate if each statement is **cierto** (*true*) or **falso** (*false*). Correct the false statements.

1. Inés y Álex son pasajeros (*passengers*).
2. Javier Gómez Lozano es el conductor.
3. Inés Ayala Loor es de la agencia Ecuatur.
4. Inés es de Ecuador.
5. Maite es de España.
6. Javier es de Puerto Rico.
7. Álex es de Ecuador.

3 Preguntas In pairs, imagine that each of you is one of the **Escenas** characters. Take turns asking and answering these questions:

- ¿Cómo te llamas?
- ¿De dónde eres?
- ¿Cómo estás hoy?
- ¿Quiénes son tus nuevos/as amigos/as (*new friends*)?

BAJO LA LUPA

S Additional Reading
Video: *Flash cultura*

Saludos y besos en los países hispanos

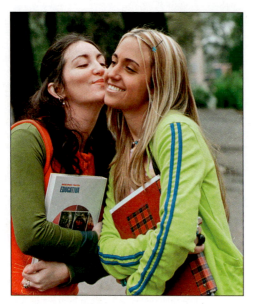

In Spanish-speaking countries, kissing on the cheek is a customary way to greet friends and family members. Even when people are introduced for the first time, it is common for them to kiss, particularly in non-business settings. Whereas North Americans maintain considerable personal space when greeting, Spaniards and Latin Americans tend to decrease their personal space and give one or two kisses (**besos**) on the cheek, sometimes accompanied by a handshake or a hug. In formal business settings, where associates do not know one another on a personal level, a simple handshake is appropriate.

Practice more at
viva.vhlcentral.com.

Greeting someone with a **beso** varies according to gender and region. Men generally greet each other with a hug or warm handshake, with the exception of Argentina, where male friends and relatives lightly kiss on the cheek. Greetings between men and women, and between women, generally include kissing, but can

differ depending on the country and context. In Spain, it is customary to give **dos besos**, starting with the right cheek first. In Latin American countries, including Mexico, Costa Rica, Colombia, and Chile, a greeting consists of a single "air kiss" on the right cheek. Peruvians also "air kiss," but strangers will simply shake hands. In Colombia, female acquaintances tend to simply pat each other on the right forearm or shoulder.

Tendencias			
País	**Beso**	**País**	**Beso**
Argentina	💋	España	💋💋
Bolivia	💋	México	💋
Chile	💋	Paraguay	💋💋
Colombia	💋	Puerto Rico	💋
El Salvador	💋	Venezuela	💋💋💋

ACTIVIDADES

1 ¿Cierto o falso? Indicate whether these statements are true (**cierto**) or false (**falso**). Correct the false statements.

1. Hispanic people use less personal space when greeting than in the U.S.
2. Men never greet with a kiss in Spanish-speaking countries.
3. Shaking hands is not appropriate for a business setting in Latin America.
4. Spaniards greet with one kiss on the right cheek.
5. In Mexico, people greet with an "air kiss."
6. Gender can play a role in the type of greeting given.
7. If two women acquaintances meet in Colombia, they should exchange two kisses on the cheek.
8. In Peru, a man and a woman meeting for the first time would probably greet each other with an "air kiss."

2 Saludos Role-play these greetings with a partner. Include a verbal greeting as well as a kiss or handshake, as appropriate.

1. friends in Mexico
2. business associates at a conference in Chile

CONEXIÓN INTERNET

What do **plazas** and **Las Ramblas** have in common? Go to **viva.vhlcentral.com** to find out and to access these components.

- the **Flash cultura** video
- more activities
- additional reading:
  Las Ramblas: el bulevar de los cafés

Encuentros en la plaza

1 Preparación Where do you and your friends usually meet? Are there public places where you get together? What activities do you do there?

2 El video Watch this **Flash cultura** episode.

Vocabulario			
abrazo	*hug*	**plaza**	*square*

Today we are at the **Plaza de Mayo.**

People come to walk and get some fresh air…

3 Identificar Identify the person or people who make(s) each of these statements.

1. ¿Cómo están ustedes?
2. ¡Qué bueno verte!
3. Bien, ¿y vos?
4. Hola.

a. Gonzalo
b. Mariana
c. Mark
d. Silvina

recursos

VM
pp. 227–228

viva.vhlcentral.com

1.1 Nouns and articles Tutorial

▶ Nouns identify people, places, animals, things. All Spanish nouns have gender (masculine or feminine) and number (singular or plural).

▶ The majority of the time, nouns referring to males are masculine and nouns referring to females are feminine.

Masculine		Feminine		Masculine		Feminine	
el hombre	the man	la mujer	the woman	el conductor	the driver	la conductora	the driver
el chico	the boy	la chica	the girl	el profesor	the teacher	la profesora	the teacher
el pasajero	the passenger	la pasajera	the passenger				

▶ Most nouns ending in **–o**, **–ma**, and **–s** are masculine. Most nouns ending in **–a**, **–ción**, and **–dad** are feminine.

Masculine		Feminine	
el cuaderno	the notebook	la cosa	the thing
el diario	the diary	la escuela	the school
el diccionario	the dictionary	la grabadora	the tape recorder
el número	the number	la maleta	the suitcase
el video	the video	la mochila	the backpack
el problema	the problem	la palabra	the word
el programa	the program	la lección	the lesson
el autobús	the bus	la conversación	the conversation
el país	the country	la nacionalidad	the nationality
		la comunidad	the community

▶ Some nouns have identical masculine and feminine forms. The definite article (**el** or **la**) indicates the gender of these words.

Masculine		Feminine	
el turista	the tourist	la turista	the tourist
el joven	the young man	la joven	the young woman
el estudiante	the student	la estudiante	the student

Plural of nouns

▶ Nouns that end in a vowel form the plural by adding **–s**. Nouns that end in a consonant add **–es**. Nouns that end in **–z** change the **–z** to **–c**, then add **–es**.

SINGULAR	PLURAL	SINGULAR	PLURAL
el chico	los chicos	el país	los países
la palabra	las palabras	el lápiz	los lápices

▶ The masculine plural form may refer to a mixed-gender group.

1 pasajero + 2 pasajeras = 3 pasajeros

¡ojo!

Video and **problema** are *cognates*—words that share similar spellings and meanings in Spanish and English. Recognizing cognates will help you determine the meaning of many Spanish words. Here are some other cognates: **el animal, el apartamento, la decisión, la música, el restaurante**

¡ojo!

El lápiz (*pencil*), **el mapa** (*map*), and **el día** (*day*) are masculine. **La mano** (*hand*) is feminine.

• • •

When a singular noun has an accent mark on the last syllable, the accent is dropped from the plural form:

la lección ⟶ **las lecciones**

el autobús ⟶ **los autobuses**

Spanish articles

Spanish has four forms that are equivalent to the English definite article *the*. Spanish also has four forms that are equivalent to the English indefinite article, which, according to context, may mean *a, an,* or *some*.

Spanish articles

Definite articles

MASCULINE		FEMININE	
el diccionario	*the dictionary*	la computadora	*the computer*
los diccionarios	*the dictionaries*	las computadoras	*the computers*

Indefinite articles

un pasajero	*a (one) passenger*	una fotografía	*a (one) photograph*
unos pasajeros	*some passengers*	unas fotografías	*some photographs*

Práctica y conversación

 Practice more at **viva.vhlcentral.com.**

1 Singular y plural Make the singular words plural and the plural words singular.

1. el turista _____
2. las cosas _____
3. una mujer _____
4. la mochila _____
5. los países _____
6. el problema _____
7. unos hombres _____
8. el conductor _____
9. un pasajero _____
10. una mano _____

2 Identificar For each photo, provide the noun and its corresponding definite and indefinite articles.

MODELO

Las maletas, unas maletas.

1. _____

2. _____

3. _____

4. _____

3 Clasificar With a partner, identify the photos in Spanish and supply the definite and indefinite articles. Then indicate whether the photos represent objects or persons.

¿Qué es/son? ¿Objeto(s) o persona(s)?

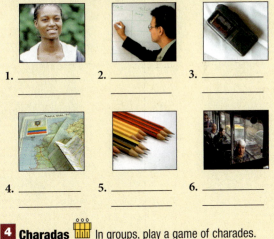

1. _____ _____

2. _____ _____

3. _____ _____

4. _____ _____

5. _____ _____

6. _____ _____

4 Charadas In groups, play a game of charades. Individually, think of two nouns for each charade—for example, a boy using a computer (**un chico; una computadora**). The first person to guess correctly acts out the next charade.

1.2 Numbers 0–30 Tutorial

Numbers 0–30							
0 cero	4 cuatro	8 ocho	12 doce	16 dieciséis	20 veinte	24 veinticuatro	28 veintiocho
1 uno	5 cinco	9 nueve	13 trece	17 diecisiete	21 veintiuno	25 veinticinco	29 veintinueve
2 dos	6 seis	10 diez	14 catorce	18 dieciocho	22 veintidós	26 veintiséis	30 treinta
3 tres	7 siete	11 once	15 quince	19 diecinueve	23 veintitrés	27 veintisiete	

▶ Before a masculine noun, **uno** shortens to **un**. Before a feminine noun, **uno** changes to **una**.

un hombre → veintiún hombres   una mujer → veintiuna mujeres

▶ To ask *how many*, use **¿Cuántos?** with a masculine noun and **¿Cuántas?** with a feminine one. **Hay** means both *there is* and *there are*. Use **¿Hay…?** to ask *is/are there…?* Use **no hay** to express *there is/are not*.

¿Hay chicas en la fotografía?
No, **no hay** chicas.
Are there girls in the picture?
No, there aren't any girls.

¿Cuántos chicos **hay**?
Hay cuatro.
How many guys are there?
There are four.

ESPAÑOL EN VIVO

Libro de cuentos: $ 12

Oso con pijama: $ 15

Árbol de Navidad: $ 30

La felicidad: no tiene precio

MasterCard

Hay ciertas cosas que el dinero no puede comprar, para todo lo demás existe MasterCard.

MasterCard

Aceptada en más lugares de los que imaginas.

Práctica y conversación

1 **Matemáticas** Solve these math problems.

+ **más** − **menos** = **es** (singular)/**son** (plural)

MODELO **9 + 2 =** Nueve más dos son once.

1. **3 + 10 =** _____
2. **22 − 3 =** _____
3. **4 + 8 =** _____
4. **17 + 13 =** _____
5. **22 + 1 =** _____

6. **5 − 2 =** _____
7. **11 + 12 =** _____
8. **10 − 10 =** _____
9. **3 + 14 =** _____
10. **22 − 11 =** _____

2 **¿Cuántos hay?** Indicate how many people or things there are in each drawing.

MODELO

¿Cuántas maletas hay?
Hay cuatro maletas.

1. ¿Cuántos hombres hay?

_____

4. ¿Cuántas fotografías hay?

_____

2. ¿Cuántos chicos hay?

_____

5. ¿Cuántos turistas hay?

_____

3. ¿Cuántas conductoras hay?

_____

6. ¿Cuántas chicas hay?

_____

3 **Describir** With a classmate, answer these questions about the photo.

1. ¿Cuántos conductores hay en la fotografía?

_____

2. ¿Cuántas mujeres hay?

_____

3. ¿Cuántos hombres hay?

_____

4. ¿Cuántos pasajeros hay?

_____

5. ¿Cuántos pasajeros son hombres?

_____

6. ¿Cuántos autobuses hay?

_____

4 **En la clase** With a classmate, take turns asking and answering these questions about your classroom.

1. ¿Cuántos estudiantes hay?
2. ¿Cuántos profesores hay?
3. ¿Cuántos hombres hay?
4. ¿Cuántas mujeres hay?
5. ¿Hay una computadora?
6. ¿Hay fotografías?
7. ¿Cuántos mapas hay?
8. ¿Hay diccionarios?
9. ¿Hay cuadernos?
10. ¿Cuántas grabadoras hay?
11. ¿Cuántas mochilas hay?
12. ¿Hay chicos?

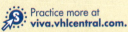

Practice more at
viva.vhlcentral.com.

trece **13**

1.3 Present tense of **ser**  Tutorial

Subject pronouns

▶ In order to use verbs, you will need to learn about subject pronouns. A subject pronoun replaces the name or title of a person or thing and acts as the subject of a verb.

Carlos es estudiante. → Él es estudiante.

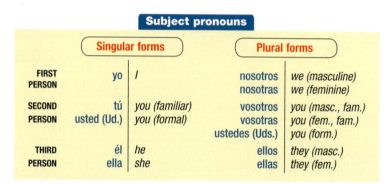

Subject pronouns			
Singular forms		**Plural forms**	
FIRST PERSON	yo	*I*	nosotros / nosotras	*we (masculine)* / *we (feminine)*
SECOND PERSON	tú / usted (Ud.)	*you (familiar)* / *you (formal)*	vosotros / vosotras / ustedes (Uds.)	*you (masc., fam.)* / *you (fem., fam.)* / *you (form.)*
THIRD PERSON	él / ella	*he* / *she*	ellos / ellas	*they (masc.)* / *they (fem.)*

▶ Notice that Spanish has two subject pronouns that mean *you* (singular). Use **tú** when talking to friends, family members, and children. Use **usted** when talking to someone with whom you have a more formal relationship, such as an employer, a professor, or someone who is older than you.

The present tense of **ser**

ser (*to be*)			
Singular forms		**Plural forms**	
yo	soy (*I am*)	nosotros/as	somos (*we are*)
tú	eres (*you are*)	vosotros/as	sois (*you are*)
Ud./él/ella	es (*you are; he/she is*)	Uds./ellos/ellas	son (*you/they are*)

▶ Use **ser** to identify people and things.

▶ There is no Spanish equivalent of the English subject pronoun *it.*

¿Quién **es** ella?	**Es** Inés Ayala Loor.	¿Qué **es**?	**Es** una computadora.
Who is she?	*She's Inés Ayala Loor.*	*What is it?*	*It's a computer.*

▶ Use **ser** to express possession, with the preposition **de**. **De** combines with **el** to form the contraction **del**. Note that Spanish does not use [*apostrophe*]+ *s* to indicate possession.

¿**De** quién **es** el diario?	**Es** el diario **de** Maite.	¿**De** quiénes **son** los lápices?	**Son** los lápices **del** chico.
Whose diary is this?	*It's Maite's diary.*	*Whose pencils are these?*	*They are the boy's pencils.*

▶ Express origin using **ser de**.

¿De dónde **es** Inés?
Where is Inés from?

Es de Ecuador.
She's from Ecuador.

▶ Use **ser** to talk about someone's occupation.

Don Francisco **es** conductor.
Don Francisco is a driver.

Isabel **es** profesora.
Isabel is a teacher.

Práctica y conversación

 Practice more at **viva.vhlcentral.com.**

1 ¿Qué es? Ask your partner what each object is and to whom it belongs.

MODELO
Estudiante 1: ¿Qué es?
Estudiante 2: Es una grabadora.

Estudiante 1: ¿De quién es?
Estudiante 2: Es del profesor.

1.

2.

3.

4.

2 En el dormitorio Using the items in the word bank, ask your partner questions about Susana's dorm room.

¿Cuántas?
¿Cuántos?
¿De dónde?
¿De quién?
¿Qué?
¿Quién?

3 ¿Quién es? With a partner, take turns asking who these people are and where they are from.

MODELO
Estudiante 1: ¿Quiénes son?
Estudiante 2: Son Jennifer López y Marc Anthony.

Estudiante 1: ¿De dónde son?
Estudiante 2: (Ellos) son de Nueva York.

Jennifer López y Marc Anthony Nueva York

Gloria Estefan Cuba

Penélope Cruz y Antonio Banderas España

Shakira Colombia

4 Personas famosas Pretend to be a person from either Spain, Mexico, Puerto Rico, Cuba, Canada or the United States who is famous in one of these professions. Your classmates will try to guess who you are.

| actor | actor | cantante | singer | escritor(a) | writer |
| actriz | actress | deportista | athlete | músico/a | musician |

MODELO
Estudiante 3: ¿Eres de Cuba?
Estudiante 1: Sí.
Estudiante 2: ¿Eres mujer?
Estudiante 1: No. Soy hombre.
Estudiante 3: ¿Eres músico?
Estudiante 1: No. Soy actor.
Estudiante 2: ¿Eres Andy García?
Estudiante 1: ¡Sí! ¡Sí!

Andy García

1.4 Telling time Tutorial

▶ Use numbers with the verb **ser** to tell time. To ask what time it is, use **¿Qué hora es?** To say what time it is, use **es la** with **una** and **son las** with other hours.

 Es la una.

 Son las cuatro.

▶ Express time from the hour to the half hour by adding minutes.

 Son las dos **y diez**.

 Son las ocho **y veinte**.

▶ Use **y cuarto** or **y quince** to say that it's fifteen minutes past the hour. Use **y media** or **y treinta** to say that it's thirty minutes past the hour.

 Son las cuatro **y cuarto**.

 Son las nueve **y media**.

▶ To express time from the half-hour to the hour in Spanish, subtract minutes or a portion of an hour from the next hour.

 Son las nueve **menos diez**.

 Es la una menos cuarto.

Time-related expressions

▶ Here are some useful expressions related to telling time.

¿Qué hora es?
What time is it?

Son las nueve de la mañana.
It's 9 a.m. (in the morning).

Son las cuatro de la tarde.
It's 4 p.m. (in the afternoon).

Son las diez de la noche.
It's 10 p.m. (at night).

Son las once en punto.
It's 11 o'clock on the dot (sharp).

Es el mediodía.
It's noon.

Es la medianoche.
It's midnight.

¿A qué hora es la clase?
(At) what time is the class?

La clase es a la una.
The class is at one o'clock.

La clase es a las dos.
The class is at two o'clock.

Práctica y conversación

1 Emparejar Match each watch with the correct statement.

1. Son las ocho menos veinticinco de la mañana.
2. Es la una menos diez de la mañana.
3. Son las tres y cinco de la mañana.
4. Son las dos menos cuarto de la tarde.
5. Son las seis y media de la mañana.
6. Son las once y veinte de la noche.

2 ¿Qué hora es? With a partner, take turns asking and answering the questions. Use the clocks as a guide.

MODELO

Estudiante 1: Son las siete de la noche en Los Ángeles. ¿Qué hora es en San Antonio?

Estudiante 2: Son las nueve de la noche.

Miami San Antonio Denver Los Ángeles

1. Son las cinco en punto de la tarde en Los Ángeles. ¿Qué hora es en Miami?

2. Son las once menos cuarto en San Antonio. ¿Qué hora es en Los Ángeles?

3. Son las siete de la noche en Denver. ¿Qué hora es en Los Ángeles?

4. Son las dos y media de la tarde en Los Ángeles. ¿Qué hora es en Miami?

3 En la televisión With a partner, take turns asking and answering questions about these television listings.

MODELO

Estudiante 1: ¿A qué hora es el documental Las computadoras?

Estudiante 2: Es a las nueve y cuarto de la noche.

Programación

11:00 am	Película: El cóndor (drama)
1:00 pm	Telenovela: Dos mujeres y dos hombres
3:00 pm	Programa juvenil: Fiesta
3:30 pm	Telenovela: ¡Sí, sí, sí!
4:00 pm	Telenovela: El diario de la Sra. González
5:00 pm	Telenovela: Tres mujeres
6:00 pm	Noticias
7:00 pm	Especial musical: Música folklórica de México
7:30 pm	La naturaleza: Jardín secreto
8:00 pm	Noticiero: Veinticuatro horas
9:15 pm	Documental: Las computadoras
10:00 pm	Telecomedia: Don Paco y doña Tere
11:00 pm	Película: Pedro Páramo

4 Entrevista Use the following questions to interview a classmate.

1. ¿Qué hora es?
2. ¿A qué hora es la clase de español?
3. ¿A qué hora es el programa 60 Minutes?
4. ¿A qué hora es el programa Today Show?
5. ¿Hay una fiesta el sábado (on Saturday)? ¿A qué hora es?
6. ¿Hay un concierto (concert) el sábado? ¿A qué hora es?

Practice more at viva.vhlcentral.com.

Ampliación

**Audio: Activity
*Repaso***
Video: TV Clip

1 Escuchar 🎧

A Listen to the conversation between Srta. Martínez and a traveler. Then fill in the missing information on the form.

TIP Listen for words you know. You can get the gist of a conversation by listening for words and phrases you already know.

Aero Tur ✈

Número de pasajeros
1. _____

Nombre (*first name*) del pasajero
2. _____

Apellido (*last name*) del pasajero
3. _____

Destino
4. _____

Número de maletas
5. _____

B When does this conversation take place, before or after the trip? How do you know?

2 Conversar

In small groups, act out an interview between school newspaper reporters and a visiting **profesor de literatura**. After introducing themselves, the reporters should find out the following information.

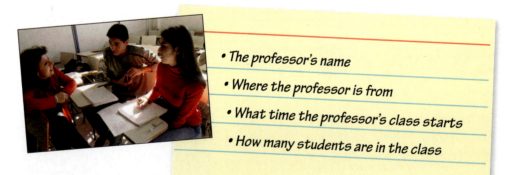

- *The professor's name*
- *Where the professor is from*
- *What time the professor's class starts*
- *How many students are in the class*

recursos

WB pp. 3–8	LM pp. 3–8	Ⓢ viva.vhlcentral.com

3 **Escribir** Write a list of names, numbers, addresses, and websites that will help you in your study of Spanish. Use the plan below to guide you in your writing.

TIP **Write in Spanish.** Use grammar and vocabulary that you know. Also, look at your textbook for examples of style, format, and expressions in Spanish.

Organízalo	Make a list of campus resources and contact information. Then explore Web resources and jot down a few addresses.
Escríbelo	Using the material you have compiled, write the first draft of your list.
Corrígelo	Exchange papers with a classmate and comment on the organization, style, and grammatical accuracy of each other's work. Then revise your first draft, keeping your classmate's comments in mind.
Compártelo	Share your list with two new classmates. If they found resources you didn't mention, add them to your list. Store your list with your other study aids.

4 **Un paso más** Prepare a presentation about how Hispanic cultures have influenced an American city. Include the following in your presentation:

- An introduction of yourself in Spanish
- A general description of the city
- Examples of how Hispanic cultures have influenced the city
- Photos, drawings, and charts to make your presentation more interesting.

CONEXIÓN INTERNET

Investiga estos temas en **viva.vhlcentral.com.**

- Ciudad de Nueva York
- Ciudad de Miami
- Ciudad de Los Ángeles

SAN ANTONIO

Antes de leer

Reading
Additional Reading

Cognates are words that share similar meanings and spellings in two or more languages. The Spanish words **computadora**, **problema**, and **programa** are examples of cognates.

When you read in Spanish, look for cognates and use them to get the general meaning of what you're reading. But watch out for false cognates such as **librería**, which means *bookstore*, not *library*.

Laura, a university student, made a list of important names and numbers she needed to remember. Look for cognates while you read her list.

For now, read the phone numbers one digit at a time. The period (.) is called **punto** and the "at" symbol (@) is called **arroba**.

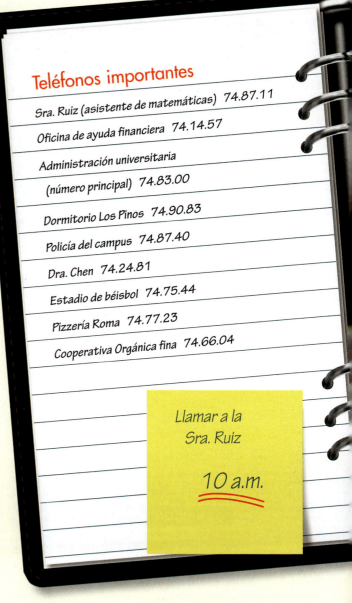

Teléfonos importantes

Sra. Ruiz (asistente de matemáticas) 74.87.11

Oficina de ayuda financiera 74.14.57

Administración universitaria
(número principal) 74.83.00

Dormitorio Los Pinos 74.90.83

Policía del campus 74.87.40

Dra. Chen 74.24.81

Estadio de béisbol 74.75.44

Pizzería Roma 74.77.23

Cooperativa Orgánica fina 74.66.04

Llamar a la
Sra. Ruiz

10 a.m.

Direcciones electrónicas

Oficina de matemáticas
ofna@matematicas.unimetro.edu.pe

Profesora González
a.gonzalez@matematicas.unimetro.edu.pe

Farmacia
rx@farmaciagomez.com.pe

Gimnasio
informacion@gimnasio.unimetro.edu.pe

Después de leer

¿Comprendiste?

Mark each statement as **cierto** (*true*) or **falso** (*false*).

Cierto **Falso**

____ ____ **1.** Profesora González works in the math department.

____ ____ **2.** If Laura wanted to get a student loan, she would call 74.83.00.

____ ____ **3.** Laura never eats pizza.

____ ____ **4.** If Laura needed to report a crime, she would dial 74.87.40.

____ ____ **5.** To find out the price of organic apples, Laura would dial 74.66.04.

____ ____ **6.** Laura would call 74.75.44 to get a baseball ticket.

Coméntalo

Think about the names, phone numbers, and e-mail addresses that Laura keeps in her address book. If you were preparing a similar address book, what names, telephone numbers, and e-mail addresses would you include?

Saludos

Hola.	*Hello; Hi.*
Buenos días.	*Good morning.*
Buenas tardes.	*Good afternoon.*
Buenas noches.	*Good evening; Good night.*

Despedidas

Adiós.	*Goodbye.*
Nos vemos.	*See you.*
Hasta luego.	*See you later.*
Hasta la vista.	*See you later.*
Hasta pronto.	*See you soon.*
Hasta mañana.	*See you tomorrow.*
Saludos a…	*Greetings to…*
Chau.	*Bye.*

¿Cómo está?

¿Cómo está usted?	*How are you? (form.)*
¿Cómo estás?	*How are you? (fam.)*
¿Qué hay de nuevo?	*What's new?*
¿Qué pasa?	*What's happening?; What's going on?*
¿Qué tal?	*How are you?; How is it going?*
(Muy) bien, gracias.	*(Very) well, thanks.*
Nada.	*Nothing.*
No muy bien.	*Not very well.*
Regular.	*So-so; OK.*

Expresiones de cortesía

De nada.	*You're welcome.*
Lo siento.	*I'm sorry.*
(Muchas) gracias.	*Thank you (very much); Thanks (a lot).*
No hay de qué.	*You're welcome.*
Por favor.	*Please.*

Presentaciones

¿Cómo se llama usted?	*What's your name? (form.)*
¿Cómo te llamas (tú)?	*What's your name? (fam.)*
Me llamo…	*My name is…*
¿Y tú?	*And you? (fam.)*
¿Y usted?	*And you? (form.)*
Mucho gusto.	*Pleased to meet you.*
El gusto es mío.	*The pleasure is mine.*
Encantado/a.	*Delighted; Pleased to meet you.*
Igualmente.	*Likewise.*
Éste/Ésta es…	*This is…*
Le presento a…	*I would like to introduce you to (name). (form.)*
Te presento a…	*I would like to introduce you to (name). (fam.)*

Países

Ecuador	*Ecuador*
España	*Spain*
Estados Unidos (EE.UU.)	*United States*
México	*Mexico*
Puerto Rico	*Puerto Rico*

Verbos

ser	*to be*

¿De dónde es?

¿De dónde es usted?	*Where are you from? (form.)*
¿De dónde eres?	*Where are you from? (fam.)*
Soy de…	*I'm from…*

Expresiones adicionales

¿Cuánto(s)/a(s)?	*How many?*
¿De quién…?	*Whose…? (sing.)*
¿De quiénes…?	*Whose…? (plural)*
(No) Hay	*There is (not); there are (not)*
¿Qué es?	*What is it?*
¿Quién es?	*Who is it?*

Sustantivos

el autobús	*bus*
la capital	*capital city*
la chica	*girl*
el chico	*boy*
la computadora	*computer*
la comunidad	*community*
el/la conductor(a)	*driver; chauffeur*
la conversación	*conversation*
la cosa	*thing*
el cuaderno	*notebook*
el día	*day*
el diario	*diary*
el diccionario	*dictionary*
la escuela	*school*
el/la estudiante	*student*
la foto(grafía)	*photograph*
la grabadora	*tape recorder*
el hombre	*man*
el/la joven	*youth; young person*
el lápiz	*pencil*
la lección	*lesson*
la maleta	*suitcase*
la mano	*hand*
el mapa	*map*
la mochila	*backpack*
la mujer	*woman*
la nacionalidad	*nationality*
el número	*number*
el país	*country*
la palabra	*word*
el/la pasajero/a	*passenger*
el problema	*problem*
el/la profesor(a)	*teacher*
el programa	*program*
el/la turista	*tourist*
el video	*video*

Títulos	*See page 4.*
Expresiones útiles	*See page 6.*
Numbers 0–30	*See page 12.*
Subject Pronouns	*See page 14.*
Time-related expressions	*See page 16.*

recursos

LM
p. 18

viva.vhlcentral.com

Audio: Vocabulary Flashcards

2 Las clases

Para empezar

- ¿Cuántas personas hay en la foto? ¿Dos o tres?
- ¿Son profesores o estudiantes?
- ¿Dónde están?, ¿en un laboratorio o en una universidad?

Las clases

 Talking Picture Tutorial Games

el laboratorio
laboratory

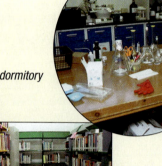

LOS LUGARES

la cafetería *cafeteria*
la librería *bookstore*
la residencia estudiantil *dormitory*
la universidad *university*

el estadio
stadium

la biblioteca
library

la química
chemistry

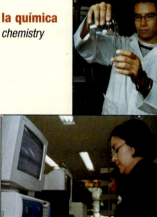

LOS CURSOS

la administración *business administration*
de empresas
el arte *art*
la biología *biology*
la clase *class*
la contabilidad *accounting*
los cursos *courses*
el español *Spanish*
la física *physics*
la historia *history*

el inglés *English*
las lenguas extranjeras *foreign languages*
las matemáticas *mathematics*
el periodismo *journalism*
la psicología *psychology*
la sociología *sociology*

la computación
computer science

la geografía
geography

recursos

| WB pp. 9–10 | LM p. 7 | viva.vhlcentral.com |

EN LA CLASE

el borrador *eraser*
el examen *test; exam*
el horario *schedule*
la mesa *table*
el papel *paper*
la pizarra *blackboard*
la pluma *pen*
la prueba *test; quiz*
la puerta *door*
el semestre *semester*
la silla *chair*
la tarea *homework*
la tiza *chalk*
el trimestre *trimester; quarter*
la ventana *window*

el reloj
clock; watch

el libro
book

el mapa
map

el escritorio
desk

el profesor
teacher; professor

LAS PERSONAS

el/la compañero/a de clase
classmate
el/la compañero/a de cuarto
roommate
el/la estudiante *student*

LOS DÍAS DE LA SEMANA

lunes *Monday*
martes *Tuesday*
miércoles *Wednesday*
jueves *Thursday*
viernes *Friday*
sábado *Saturday*
domingo *Sunday*

el día *day*
la semana *week*

Hoy es… *Today is…*

Práctica y conversación

 **Audio: Activities**

1 Mis clases 🎧 Listen and fill in the calendar with María's class schedule. Then complete the sentences below.

Estudiante: María		Semestre Nº 1			
	lunes	**martes**	**miércoles**	**jueves**	**viernes**
AM					
PM					

1. Éste es el primer (*first*) _____ de María en la universidad.
2. Este semestre María toma cuatro _____.
3. La clase de _____ es el lunes a las diez y media de la mañana.
4. La clase de _____ es el martes a las dos y quince de la tarde.
5. La clase de periodismo es el _____ a las once de la mañana.
6. La clase de _____ es el jueves a las tres y media de la tarde.
7. María estudia (*studies*) en la _____ los viernes.

2 Analogías Use these words to complete the analogies. Two words will not be used.

1. dos ⟷ cuatro ⊜ martes ⟷ _____
2. hoy ⟷ mañana ⊜ viernes ⟷ _____
3. EE.UU. ⟷ mapa ⊜ hora ⟷ _____
4. inglés ⟷ lengua ⊜ miércoles ⟷ _____
5. maleta ⟷ turista ⊜ mochila ⟷ _____
6. pluma ⟷ papel ⊜ tiza ⟷ _____

borrador	miércoles
día	pizarra
estudiante	reloj
jueves	sábado

3 Cursos What is the subject matter of each class?

MODELO
la cultura de España, los verbos
Es la clase de español.

Frida Kahlo

El río Amazonas

1. los microbios, los animales
_____

2. George Washington, Martin Luther King, Jr.
_____

3. la geometría, la trigonometría
_____

4. Frida Kahlo, Leonardo da Vinci
_____

5. África, el río Amazonas
_____

recursos

viva.vhlcentral.com

4 **Entrevistas**  Use these questions to interview two classmates.

1. ¿Cómo te llamas?
2. ¿Cómo estás hoy?
3. ¿De dónde eres?
4. ¿Cuántas clases tomas?
5. ¿Cuándo tomas…?
6. ¿A qué hora es la clase de…?
7. ¿Quién es el/la profesor(a)?
8. ¿Cuál (*which*) es tu clase favorita?

Practice more at
viva.vhlcentral.com.

Pronunciación Spanish vowels

S Audio: Concepts, Activities
Record & Compare

a   **e**   **i**   **o**   **u**

Spanish vowels are never silent; they are always pronounced in a short, crisp way without the glide sounds used in English.

Álex   **clase**   **nada**   **encantada**

The letter **a** is pronounced like the *a* in *father*, but shorter.

el   **ene**   **mesa**   **elefante**

The letter **e** is pronounced like the *e* in *they*, but shorter.

Inés   **chica**   **tiza**   **señorita**

The letter **i** sounds like the *ee* in *beet*, but shorter.

hola   **con**   **libro**   **don Francisco**

The letter **o** is pronounced like the *o* in *tone*, but shorter.

uno   **regular**   **saludos**   **gusto**

The letter **u** sounds like the *oo* in *room*, but shorter.

Refranes Practice the vowels by reading these sayings aloud.

Del dicho al hecho hay un gran trecho.[1]

Cada loco con su tema.[2]

1 Easier said than done.
2 To each their own.

recursos

LM
p. 8

viva.vhlcentral.com

Practice more at
viva.vhlcentral.com.

¿Qué clases tomas?

 Video: *Fotonovela*
Record & Compare

Maite, Inés, Javier y Álex hablan de las clases.

Expresiones útiles

Talking about classes

¿Qué tal las clases en la UNAM?
How are classes going at UNAM?

Tomas muchas clases, ¿no?
You're taking lots of classes, aren't you?

Pues sí.
Well, yes.

¿En qué clase hay más chicos?
In which class are there more guys?

En la clase de historia.
In history class.

Talking about likes/dislikes

¿Te gusta estudiar?
Do you like to study?

Sí, me gusta mucho. Pero también me gusta mirar la televisión.
Yes, I like it a lot. But I also like to watch TV.

¿Te gustan las computadoras?
Do you like computers?

Sí, me gustan muchísimo.
Yes, I like them very much.

No, no me gustan nada.
No, I don't like them at all.

Talking about location

Aquí estamos en…
Here we are at/in…

¿Dónde está la señorita?
Where is the young woman?

Está cerca de la ventana.
She's near the window.

Expressing hesitation

A ver…
Let's see…

Bueno…
Well…

ÁLEX Hola Ricardo… Aquí estamos en la Mitad del Mundo. ¿Qué tal las clases en la UNAM?

MAITE Es exactamente como las fotos en los libros de geografía.

INÉS ¡Sí! ¿También tomas tú geografía?

MAITE Yo no. Yo tomo inglés y literatura. También tomo una clase de periodismo.

MAITE Muy buenos días. María Teresa Fuentes, de Radio Andina FM 93. Hoy estoy con estudiantes de la Universidad San Francisco de Quito. ¡A ver! La señorita que está cerca de la ventana… ¿Cómo te llamas y de dónde eres?

INÉS Hola. Me llamo Inés Ayala Loor y soy del Ecuador, de Portoviejo.

MAITE Encantada. ¿Qué clases tomas en la universidad?

INÉS Tomo geografía, inglés, historia, sociología y arte.

MAITE Tomas muchas clases, ¿no?

INÉS Pues sí, me gusta estudiar mucho.

recursos

VM
pp. 171–172

viva.vhlcentral.com

JAVIER

INÉS

ÁLEX

MAITE

MAITE ¿En qué clase hay más chicos?

INÉS Bueno, eh… en la clase de historia.

MAITE ¿Y más chicas?

INÉS En la de sociología hay más chicas, casi un ochenta y cinco por ciento.

MAITE Y tú, joven, ¿cómo te llamas y de dónde eres?

JAVIER Me llamo Javier Gómez y soy de San Juan, Puerto Rico.

MAITE ¿Tomas muchas clases este semestre?

JAVIER Sí, tomo tres.

MAITE ¿Te gustan las computadoras, Javier?

JAVIER No me gustan nada. Me gusta mucho más el arte… y, sobre todo, me gusta dibujar.

ÁLEX ¿Cómo que no? ¿No te gustan las computadoras?

ÁLEX Pero si son muy interesantes, hombre.

JAVIER Sí, ¡muy interesantes!

Practice more at **viva.vhlcentral.com.**

Actividades

1 ¿Quién? Indicate to whom each statement refers.

1. _____ es estudiante de periodismo.
2. _____ toma sociología, geografía, inglés, historia y arte.
3. _____ toma tres clases este semestre.
4. _____ estudia mucho.
5. _____ toma una clase con muchos chicos.
6. _____ toma clases en la UNAM.

2 Completar These sentences are similar to things said in the **Escenas** episode. Complete each sentence with the correct word(s).

1. Maite, Javier, Inés y yo estamos en _____.

2. Hay fotos impresionantes de la Mitad del Mundo en los libros de _____.

3. Me llamo María Teresa Fuentes. Estoy aquí con estudiantes de _____.

4. Hay muchos chicos en _____.

5. No me gustan las computadoras. Me gusta más _____.

3 Conversar In pairs, use these guidelines to have a conversation.

- Greet each other.
- Ask each other where you are from.
- Find out what each of you likes to study.
- Find out which classes each of you likes and dislikes.
- Say goodbye.

BAJO LA LUPA

Additional Reading
Video: *Flash cultura*

La elección de una carrera universitaria

Since the Spanish-speaking world covers so many nations, there is a lot of variety in the educational systems within those countries. However, most countries share some important differences from the US educational system. In the Spanish-speaking world, higher education is heavily state-subsidized, so tuition is almost free; as a result, public universities see large enrollments.

Spanish and Latin American students generally choose their **carrera universitaria** (major) when they're eighteen—which is the year they enter the university or the year before. In order to enroll, all students must complete a high school degree, known as the **bachillerato**. In countries like Bolivia, Mexico, and Peru, the last year of high school (**colegio**) tends to be specialized in an area of study, such as the arts or natural sciences. (**Colegio** is a false cognate. In most countries, it means *high school,* but in some regions it refers to an elementary school.)

Students then choose their major according to their specialization. Similarly, university-bound students in Argentina follow the **polimodal** track during the last three years of high school. **Polimodal**

Universidad Central de Venezuela en Caracas

refers to the exposure to various disciplines, such as business, social sciences, or design; based on this coursework, Argentine students choose their **carrera**. Finally, in Spain, students choose their major according to the score they receive on the **prueba de aptitud** (skills test or entrance exam).

University graduates receive a **licenciatura**, or bachelor's degree. In Peru and Venezuela, a bachelor's degree is a five-year process. Spanish and Colombian **licenciaturas** take four to five years, although some fields, such as medicine, require six or more. In Argentina or Chile, a **licenciatura** takes four to six years to complete, and may be considered equivalent to a master's degree.

Imagine, getting the equivalent of a bachelor's or even a master's degree with little or no cost to the student! How does that compare to your own college costs?

Estudiantes hispanos en los EE.UU.

In the 2007–08 academic year, almost 15,000 Mexican students (2.4% of all international students) studied at U.S. universities. Colombians were the second largest Spanish-speaking group, with over 6,000 students.

SOURCE: National Center for Education Statistics

Practice more at
viva.vhlcentral.com.

recursos

VM
pp. 229–230

viva.vhlcentral.com

ACTIVIDADES

1 ¿Cierto o falso? Indicate whether each statement is **cierto** or **falso**. Correct the false statements.

1. Students in Spanish-speaking countries must pay large amounts of money toward their college tuition.
2. **Carrera** refers to any undergraduate and/or graduate program students enroll in order to obtain a professional degree.
3. After studying at a **colegio**, students receive their **bachillerato**.
4. Undergraduates study at a **colegio** or a **universidad**.
5. In Latin America and Spain, students usually choose their majors in their second year at the university.
6. The **polimodal** system helps students choose their university major.
7. Venezuelans complete a **licenciatura** in five years.
8. According to statistics, Colombians make the third largest Latin American group studying at the US universities.

2 Universidades In pairs, research a Spanish or Latin American university online and find five statistics about that institution. Using this information, create a dialogue between a prospective student and a university representative.

CONEXIÓN INTERNET

What do **UNAM** and **Universidad Virtual** have in common? Go to viva.vhlcentral.com to find out and to access these components.

- the **Flash cultura** video
- more activities
- additional reading: **Universidad Virtual**

Flash CULTURA

Los estudios

1 Preparación What is the name of your school or university? What degree program are you in? What classes are you taking this semester?

2 El video Watch this **Flash cultura** episode.

Vocabulario

¿Qué estudias? *What do you study?*
¿Cuál es tu materia favorita? *What is your favorite subject?*
carrera (de medicina) *(medical) degree program, major*
derecho *law*

Estudio derecho en la UNAM.

¿Conoces algún° profesor famoso que dé clases… en la UNAM?

¿Conoces algún…? *Do you know any…?*

3 Emparejar Match the phrases in column A to each sentence in column B.

1. Los estudiantes de la UNAM no viven (*live*)
2. México, D.F. es
3. La UNAM es
4. La UNAM ofrece

a. una universidad muy grande.
b. 74 carreras de estudio.
c. en residencias estudiantiles.
d. la ciudad más grande (*biggest*) de Latinoamérica.

2.1 The present tense of regular –ar verbs **Tutorial**

▶ To create the forms of regular verbs, drop the infinitive endings (–ar, –er, –ir). Then add the endings of the different subject pronouns. The chart below demonstrates how to conjugate regular –ar verbs.

estudiar (to study)		
yo	estudio	I study
tú	estudias	you (fam.) study
Ud./él/ella	estudia	you (form.) study; he/she studies
nosotros/as	estudiamos	we study
vosotros/as	estudiáis	you (fam.) study
Uds./ellos/ellas	estudian	you (form.)/they study

Common –ar verbs							
bailar	to dance	descansar	to rest	explicar	to explain	preguntar	to ask (a question)
buscar	to look for	desear	to want; to wish	hablar	to talk; to speak	preparar	to prepare
caminar	to walk	dibujar	to draw	llegar	to arrive	regresar	to return
cantar	to sing	enseñar	to teach	llevar	to carry	terminar	to end; to finish
comprar	to buy	escuchar	to listen	mirar	to look (at); to watch	tomar	to take; to drink
contestar	to answer	esperar	to wait (for); to hope	necesitar	to need	trabajar	to work
conversar	to talk	estudiar	to study	practicar	to practice	viajar	to travel

¿Tomas muchas clases este semestre?

▶ The Spanish present tense has several meanings in English. Note the following examples.

Ana **trabaja** en la cafetería.
Ana works in the cafeteria.
Ana is working in the cafeteria.
Ana does work in the cafeteria.

Paco **viaja** a Madrid mañana.
Paco travels to Madrid tomorrow.
Paco is traveling to Madrid tomorrow.
Paco does travel to Madrid tomorrow.

Using verbs in Spanish

▶ When two verbs are used together with no change of subject, the second verb is generally in the infinitive.

Sí, tomo tres.

Deseo hablar con Maite.
I want to speak with Maite.

Necesito comprar lápices.
I need to buy pencils.

▶ To make a sentence negative, use **no** before the conjugated verb.

Yo **no** miro la televisión.
I don't watch TV.

Ella **no** desea bailar.
She doesn't want to dance.

▶ Subject pronouns are often omitted; the verb endings indicate who the subject is.

¿Habl**as** español?
Do you speak Spanish?

No, no habl**o** español.
No, I don't speak Spanish.

▶ Subject pronouns maybe used for clarification or for emphasis.

¿Qué enseñan **ellos**?
What do they teach?

¿Quién desea trabajar hoy?
Who wants to work today?

Él enseña arte y **ella** enseña química.
He teaches art and she teaches chemistry.

Yo no deseo trabajar.
I don't want to work.

Práctica y conversación

1 Completar Complete the conversation with the appropriate forms of the verbs.

JUAN ¡Hola, Linda! ¿Qué tal las clases?

LINDA Bien. (1) _____ [tomar] tres clases: química, biología y computación. Y tú, ¿cuántas clases (2) _____ [tomar]?

JUAN (3) _____ [tomar] cuatro: sociología, biología, arte y literatura. Yo (4) _____ [tomar] biología a las cuatro. ¿Y tú?

LINDA Lily, Alberto y yo (5) _____ [tomar] biología a las diez.

JUAN (6) ¿_____ [estudiar] ustedes mucho?

LINDA Sí, Alberto y yo (7) _____ [estudiar] dos horas todos los días (*every day*).

JUAN ¿Lily no (8) _____ [estudiar] con ustedes?

LINDA No, ella (9) _____ [estudiar] con Arturo.

2 ¿Te gusta...? Get together with a classmate and take turns asking each other if you like these activities. See the **Expresiones útiles** on p. 28 to see how to express likes and dislikes.

¿Te gusta...?	▶	Sí, me gusta.../No, no me gusta...
(*Do you like...?*)		(*Yes, I like.../No, I don't like...*)

MODELO
Estudiante 1: ¿Te gusta tomar el autobús?
Estudiante 2: Sí, me gusta tomar el autobús. /
No, no me gusta tomar el autobús.

	Sí	No		Sí	No
bailar	___	___	estudiar	___	___
cantar	___	___	mirar la televisión	___	___
dibujar	___	___	trabajar	___	___

3 Describir With a partner, describe what the people in the photos are doing.

MODELO
Manuela baila.

Manuela

Héctor

Ernesto

1. _____

3. _____

Mariana y Tina

Mario y Celia

2. _____

4. _____

4 Entrevista Use these questions to interview a classmate.

1. ¿Qué clases tomas?
2. ¿Caminas a tus clases?
3. ¿A qué hora termina la clase de español?
4. ¿Cuántas lenguas hablas?
5. ¿Dónde estudias?
6. ¿Necesitas estudiar hoy para un examen?
7. ¿Miras mucho la televisión? ¿Qué programas te gustan?
8. ¿Te gusta viajar? ¿Deseas viajar a Suramérica?

Practice more at
viva.vhlcentral.com.

2.2 Forming questions in Spanish Tutorial

Las computadoras son muy interesantes, ¿no?

¿Dibujas mucho?

▶ You can form a question by raising the pitch of your voice at the end of a sentence. In writing, be sure to use an upside-down question mark (¿) at the beginning of a question and a regular question mark (?) at the end.

Statement

Miguel busca un mapa.
Miguel is looking for a map.

Question

¿Miguel busca un mapa?
Is Miguel looking for a map?

▶ You can also form a question by putting the subject after the verb. The subject may even be placed at the end of the sentence.

Statement

SUBJECT VERB
Ustedes trabajan los sábados.
You work on Saturdays.

SUBJECT VERB
Carlota regresa a las seis.
Carlota returns at six.

Question

VERB SUBJECT
¿Trabajan ustedes los sábados?
Do you work on Saturdays?

VERB SUBJECT
¿Regresa a las seis **Carlota?**
Does Carlota return at six?

▶ Questions can also be formed by adding **¿no?** or **¿verdad?** at the end of a statement.

Statement

Ella regresa a las seis.
She returns at six.

Question

Ella regresa a las seis, **¿verdad?**
She returns at six, right?

▶ These interrogative words are used to form questions in Spanish.

Interrogative words

¿Cómo?	*How?*	**¿Qué?**	*What?; Which?*	**¿De dónde?**	*From where?*	**¿Cuántos/as?** *How many?*
¿Cuál?	*Which?*			**¿Por qué?**	*Why?*	**¿Quién?** *Who?*
¿Cuáles?	*Which one(s)?*	**¿Dónde?**	*Where?*	**¿Cuánto/a?**	*How much?*	**¿Quiénes?** *Who (plural)?*
¿Cuándo?	*When?*	**¿Adónde?**	*Where (to)?*			

▶ Use interrogative words in questions that require more than a *yes* or *no* answer.

¿Cuándo descansan ustedes?
When do you rest?

¿Adónde caminamos?
Where are we walking to?

¿Qué clases tomas?
What classes are you taking?

▶ In questions that contain interrogative words, the pitch of your voice falls at the end of the sentence.

¿Cómo llegas a la escuela?
How do you get to school?

¿Por qué necesitas estudiar?
Why do you need to study?

Práctica y conversación

1 Una conversación Irene and Manolo are chatting (quietly!) in the library. Complete their conversation with the appropriate questions.

IRENE (1) _____

MANOLO Bien, gracias. (2) _____

IRENE Muy bien. (3) _____

MANOLO Son las nueve.

IRENE (4) _____

MANOLO Estudio historia.

IRENE (5) _____

MANOLO Porque hay un examen mañana.

IRENE (6) _____

MANOLO Sí, me gusta mucho la clase.

IRENE (7) _____

MANOLO El profesor Padilla enseña la clase.

IRENE (8) _____

MANOLO No, no tomo psicología este semestre.

2 En el centro estudiantil Use the cues to ask questions about what's going on at the student center.

MODELO

Ernesto / estudiar con Sara

¿Estudia Ernesto con Sara? /

¿Estudia con Sara Ernesto?

1. Sandra / hablar con su compañera de cuarto

   _____

   _____

2. La profesora Soto / buscar unos libros

   _____

   _____

3. Tú / preparar la tarea

   _____

   _____

4. Ustedes / trabajar en la cafetería

   _____

   _____

5. Los chicos / escuchar música en la radio

   _____

   _____

3 Encuesta Change the phrases in the first column into questions and use them to survey two or three classmates. Then report the results to the class.

Actividades	Nombres
1. Estudiar contabilidad	_____
2. Tomar una clase de sociología	_____
3. Dibujar bien	_____
4. Cantar rap	_____
5. Bailar bien	_____
6. Escuchar música en un *iPod*	_____
7. Necesitar comprar un reloj	_____
8. Tomar el autobús a la escuela	_____
9. Llevar una mochila a clase	_____
10. Desear viajar a España	_____

4 Entrevista Imagine that you are a reporter for the school newspaper. Use these questions and write three of your own to interview a classmate about student life.

1. ¿Dónde estudias? ¿Cuándo?
2. ¿Quién es tu profesor(a) favorito/a?
3. ¿Cuántas clases tomas?
4. ¿Necesitas estudiar más (*more*)?
5. ¿Cómo llegas a la escuela?
6. ¿Trabajas? ¿Dónde?
7. ¿Cuál es tu día favorito de la semana? ¿Por qué?
8. ¿_____?
9. ¿_____?
10. ¿_____?

Practice more at
viva.vhlcentral.com.

2.3 The present tense of **estar** **Tutorial**

Hola, Ricardo.
Aquí estamos en la
Mitad del Mundo.

▶ In Lesson 1, you learned how to conjugate and use the verb **ser** (*to be*). Spanish has another verb that also means *to be*: the verb **estar**.

▶ Although **estar** ends in **–ar**, it does not follow the pattern of regular **–ar** verbs. The **yo** form (**estoy**) is irregular. Also, all forms but the **yo** and **nosotros/as** forms have an accented **á**. As you will see, **ser** and **estar** are used in different ways. You will learn about these differences in depth in **Lección 5**.

Hoy estoy con
estudiantes de la
universidad.

estar (*to be*)

yo	estoy	*I am*
tú	estás	*you (fam.) are*
Ud./él/ella	está	*you (form.) are; he/she is*
nosotros/as	estamos	*we are*
vosotros/as	estáis	*you (fam.) are*
Uds./ellos/ellas	están	*you (form.)/they are*

Uses of *ser* and *estar*

Uses of estar

LOCATION

Estoy en Ecuador.
I am in Ecuador.

Inés **está** al lado de Javier.
Inés is next to Javier.

HEALTH

Álex **está** enfermo hoy.
Álex is sick today.

WELL–BEING

¿Cómo **estás**, Maite?
How are you, Maite?

Estoy muy bien, gracias.
I'm very well, thank you.

Uses of ser

IDENTITY

Hola, **soy** Maite.
Hello, I'm Maite.

OCCUPATION

Soy estudiante.
I'm a student.

ORIGINS

¿**Eres** de España?
Are you from Spain?

Sí, **soy** de España.
Yes, I'm from Spain.

TELLING TIME

Son las cuatro.
It's four o'clock.

Estar with prepositions of location

¡A ver! La señorita
que está cerca de la
ventana...

Prepositions of location

al lado de	*next to; beside*	delante de	*in front of*
a la derecha de	*to the right of*	detrás de	*behind*
a la izquierda de	*to the left of*	encima de	*on top of*
en	*in; on; at*	entre	*between; among*
cerca de	*near*	lejos de	*far from*
con	*with*	sobre	*on; over*
debajo de	*below; under*		

Aquí estoy con
cuatro estudiantes
de la universidad...

▶ **Estar** is often used with certain prepositions to describe the location of a person or an object.

La cafetería está **al lado de** la biblioteca.
The cafeteria is beside the library.

El estadio no está **lejos de** la librería.
The stadium isn't far from the bookstore.

Los libros están **encima del** escritorio.
The books are on top of the desk.

Estamos **entre** la puerta y la ventana.
We are between the door and the window.

Práctica y conversación

1 Completar Complete this phone conversation between Daniela and her mother with the correct forms of **ser** or **estar**.

MAMÁ Hola, Daniela. ¿Cómo (1) _____?

DANIELA Hola, mamá. (2) _____ bien. ¿Dónde (3) _____ papá? ¡Ya (*already*) (4) _____ las ocho de la noche!

MAMÁ No (5) _____ aquí. (6) _____ en la oficina.

DANIELA Y Andrés y Margarita, ¿dónde (7) _____ ellos?

MAMÁ (8) _____ en el restaurante García con Martín.

DANIELA ¿Quién (9) _____ Martín?

MAMÁ (10) _____ un compañero de clase. (11) _____ de México.

DANIELA Y el restaurante García, ¿dónde (12) _____?

MAMÁ (13) _____ cerca de la Plaza Mayor, en San Modesto.

DANIELA Gracias, mamá. Voy (*I'm going*) al restaurante. ¡Hasta pronto!

2 En la librería Imagine that you are in the school bookstore and can't find various items. Ask the clerk (your partner) where the items in the drawing are located.

MODELO

Estudiante 1: ¿Dónde están las mochilas?

Estudiante 2: Las mochilas están debajo de las computadoras.

3 ¿Dónde estás…? Find out where your partner is at these times.

1. ¿Dónde estás los viernes al mediodía?
2. ¿Dónde estás los miércoles a las nueve y cuarto de la mañana?
3. ¿Dónde estás los lunes a las once y diez de la mañana?
4. ¿Dónde estás los jueves a las doce y media de la tarde?

4 La ciudad universitaria You and your partner are at the **Facultad de Bellas Artes** (*School of Fine Arts*). Take turns asking each other where other buildings on the campus map are located.

Facultad de Medicina

Facultad de Administración de Empresas

biblioteca

Facultad de Química

Colegio Mayor Cervantes

Facultad de Bellas Artes

1. ¿Está lejos la biblioteca de la Facultad (*school*) de Bellas Artes?
2. ¿Dónde está la Facultad de Medicina?
3. ¿Está la Facultad de Administración de Empresas a la derecha de la biblioteca?
4. ¿Dónde está el Colegio Mayor Cervantes?
5. ¿Está la Facultad de Administración de Empresas detrás del Colegio Mayor Cervantes?
6. ¿Dónde está la Facultad de Química?

Practice more at
viva.vhlcentral.com.

treinta y siete **37**

2.4 Numbers 31–100 **S** Tutorial

Numbers 31–100

31 *treinta y uno*	36 *treinta y seis*	41 *cuarenta y uno*	80 *ochenta*
32 *treinta y dos*	37 *treinta y siete*	42 *cuarenta y dos*	90 *noventa*
33 *treinta y tres*	38 *treinta y ocho*	50 *cincuenta*	100 *cien, ciento*
34 *treinta y cuatro*	39 *treinta y nueve*	60 *sesenta*	
35 *treinta y cinco*	40 *cuarenta*	70 *setenta*	

¿En qué clase hay
más chicas?

En la de
sociología… casi un
ochenta y cinco
por ciento°.

por ciento   *percent*

▶ The word **y** is used in most numbers from **31** through **99**.

Hay **ochenta y cinco** exámenes.
There are eighty-five exams.

Hay **cuarenta y dos** estudiantes.
There are forty-two students.

▶ With numbers that end in **uno** (31, 41, etc.), **uno** becomes **un** before a masculine noun and **una** before a feminine noun.

Hay **treinta y un** chicos.
There are thirty-one guys.

Hay **treinta y una** chicas.
There are thirty-one girls.

▶ **Cien** is used before nouns and in counting. The words **un**, **una**, and **uno** are never used before **cien** in Spanish.

¿Cuántos libros hay?
How many books are there?

Hay **cien** libros.
There are one hundred books.

¿Cuántas sillas hay?
How many chairs are there?

Hay **cien** sillas.
There are one hundred chairs.

▶ Note that most Spanish-speaking countries use a comma with numbers where English would use a decimal, and vice-versa.

$33,50   treinta y tres dólares y cincuenta centavos

ESPAÑOL EN VIVO

CONTENIDO

37 Correo
42 Mi álbum de fotos
56 Salud
57 Dinero
59 Amor
61 Familia
62 Educación
69 Mi cocina
74 Música
82 Horóscopo

59 Cuestionario
¿Dónde buscas amor?

62 Encuesta
Entrevistamos a 100 estudiantes de la universidad para preguntarles cuáles son los cursos más importantes para su futuro profesional.

74 Rock en Español
Conversamos con la cantante mexicana Paulina Rubio sobre su nuevo álbum.

Práctica y conversación

1 Baloncesto Provide these basketball scores in Spanish.

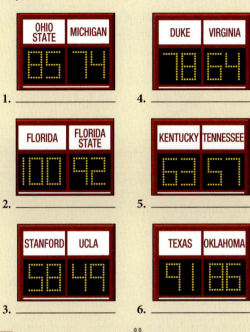

OHIO STATE	MICHIGAN
85	74

1. _____

DUKE	VIRGINIA
78	64

4. _____

FLORIDA	FLORIDA STATE
100	92

2. _____

KENTUCKY	TENNESSEE
63	57

5. _____

STANFORD	UCLA
58	49

3. _____

TEXAS	OKLAHOMA
91	86

6. _____

2 Números de teléfono Imagine that you are a telephone operator in Spain. Take turns giving the appropriate phone numbers when callers ask for them.

122	MORALES – NAYA	
Morales Ballesteros, José	Venerable Centenares, 22	(91) 944-6662
Morales Benito, Francisco	Plaza Ahorro, 16	(91) 773-1216
Morales Borrego, Flora	Mayor, 51	(91) 634-3211
Morales Calvo, Emilio	Villafuerte, 49	(91) 472-2350
Morales Campos, María Josefa	Toledo, 35	(91) 419-7660
Morales Cid, Pedro	Rosal, 98	(91) 773-1382
Morales Conde, Ángel	Alameda, 67	(91) 944-3915
Morales de la Iglesia, Juliana	Buenavista, 80	(91) 834-5238
Morales Fraile, María Rosa	Plaza March, 74	(91) 834-3371

MODELO

Estudiante 1: ¿Cuál es el número de teléfono de José Morales Ballesteros, por favor?

Estudiante 2: Es el noventa y uno, noventa y cuatro, cuatro, sesenta y seis, sesenta y dos.

3 Precios (prices) With a partner, take turns asking how much the items in the ad cost.

MODELO

Estudiante 1: Deseo comprar papel. ¿Cuánto cuesta (does it cost)?

Estudiante 2: Un paquete cuesta cuatro dólares y cuarenta y un centavos.

$4,41 paquete
$5,59 caja
$36
$3:30
$19,50
$4,98
$5,31 caja
$87

4 Entrevista Find out the telephone numbers and e-mail addresses of four classmates.

MODELO

Estudiante 1: ¿Cuál es tu (your) número de teléfono?

Estudiante 2: Es el 6-35-19-51.

Estudiante 1: ¿Y tu dirección de correo electrónico (e-mail address)?

Estudiante 2: Es jota-Smith-arroba (@)-pe-ele-punto-e-de-u. (jsmith@pl.edu).

Practice more at **viva.vhlcentral.com**.

Ampliación

Audio: Activity
Repaso
Video: TV Clip

1 Escuchar 🎧

A Listen to Armando and Julia's conversation. Then list the classes each person is taking.

TIP **Listen for cognates.** Cognates are words that have similar spellings and meanings in two or more languages. Listening for cognates will help you increase your comprehension.

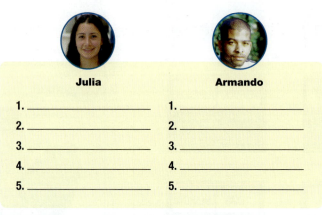

Julia	Armando
1. _____	1. _____
2. _____	2. _____
3. _____	3. _____
4. _____	4. _____
5. _____	5. _____

B ¿Cuántas clases toman Armando y Julia? ¿Cuántas clases tomas tú? ¿Qué clases te gustan y qué clases no te gustan?

2 Conversar
Greet a classmate, find out how he or she is, and get to know your classmate better by asking these questions.

- ¿Cómo te llamas?
- ¿De dónde eres?
- ¿Qué clases tomas?
- ¿Cuántas horas estudias cada día (each day) y dónde?
- ¿Cuál es tu número de teléfono?

recursos

WB
pp. 11–18

LM
pp. 9–12

viva.vhlcentral.com

3 Escribir Write a description of yourself to post on a website in order to meet Spanish-speaking people.

TIP Brainstorm. Spend ten to fifteen minutes jotting down ideas about the topic you are going to write about. The more ideas you write down, the more you'll have to choose from later when you start to organize your thoughts.

¡Hola!
Me llamo Alicia Roberts. Estudio matemáticas en la Universidad de Nueva York.

Organízalo — Make a list of things you would like people to know about you, including your name, your major, where you go to school, what you're studying, where you work, and your likes and dislikes.

Escríbelo — Using the material you have compiled, write the first draft of your description.

Corrígelo — Exchange papers with a classmate and comment on the organization, style, and grammatical accuracy of each other's work. Then revise your first draft, keeping your classmate's comments in mind.

Compártelo — Read your descriptions aloud in small groups. Point out the three best features of each description.

4 Un paso más Create a poster that will encourage students to study at a university in a Spanish-speaking country. The poster might include these elements:

- A title
- Photos of the university's campus
- A campus map
- A short summary of the university's programs
- Photos of the town where the university is located

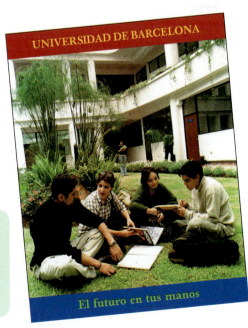

UNIVERSIDAD DE BARCELONA

El futuro en tus manos

CONEXIÓN INTERNET

Investiga estos temas en **viva.vhlcentral.com.**

- Las universidades en España
- Las universidades en América Latina y en el Caribe

Antes de leer

 **Reading**
Additional Reading

Examina el texto

Recognizing the format of a document can help you to predict its content. For instance, invitations and classified ads follow an easily identifiable format, which usually gives you a general idea of the information they contain. Glance at the document on this page and identify it based on its format.

Cognados

With a classmate, make a list of cognates in the text and guess their English meanings. What do the cognates reveal about the content of the document?

Piénsalo

If you guessed that this text is a brochure from a university, you are correct. You can now infer that the document contains information on departments, courses, and the university campus.

UAM

LA MEJOR° UNIVERSIDAD DE EUROPA
Universidad Autónoma de Madrid

En el campus de la UAM hay ocho facultades:

- Ciencias
- Derecho°
- Medicina
- Psicología

- Filosofía y Letras
- Ciencias Económicas y Empresariales
- Escuela Técnica Superior de Computación
- Facultad° de Educación

Toma cursos de:

- Antropología Aplicada°
- Microbiología
- Contabilidad
- Derecho Privado
- Ecología
- Economía general
- Filosofía Antigua°
- Física General
- Geografía
- Historia Contemporánea
- Computación
- Literatura
- Matemáticas
- Psicología Social
- Química
- Sociología

Después de leer

¿Comprendiste?

Indicate whether each statement is **cierto** (*true*) or **falso** (*false*).

Cierto	Falso	
_____	_____	1. La Universidad Autónoma de Madrid está en Europa.
_____	_____	2. En la UAM hay diez facultades.
_____	_____	3. Filosofía y Letras es un curso.
_____	_____	4. Hay cursos de literatura china en la UAM.
_____	_____	5. Hay una facultad de psicología en la UAM.
_____	_____	6. La UAM está en la carretera de Cantoblanco.

Preguntas

Answer these questions using complete sentences.

1. ¿Hay clases de contabilidad en la UAM?

_____

2. ¿Es posible estudiar medicina en la UAM?

_____

3. ¿En qué facultad hay clases de economía general?

_____

4. ¿En qué facultad hay clases de microbiología?

_____

5. ¿En qué facultad hay clases de literatura?

_____

Coméntalo

Look at the brochure and answer the following questions. Does your university offer the same courses? Are you taking any of those courses? Would you be interested in studying at the UAM? Why?

UAM

INICIAMOS LAS CLASES EN SEPTIEMBRE

¡La UAM está cerca de ti!
Ciudad Universitaria de Cantoblanco
Carretera° de Colmenar Viejo, Km. 15
28049 Madrid, ESPAÑA
Teléfono: (34) 91.397.42.67
http://www.uam.es

mejor *best*   **derecho** *law*   **facultad** *school*   **aplicada** *applied*
antigua *ancient*   **carretera** *highway*

La clase y la universidad

el borrador	eraser
la clase	class
el/la compañero/a de clase	classmate
el/la compañero/a de cuarto	roommate
el escritorio	desk
el/la estudiante	student
el libro	book
el mapa	map
la mesa	table
el papel	paper
la pizarra	blackboard
la pluma	pen
el/la profesor(a)	teacher; professor
la puerta	door
el reloj	clock; watch
la silla	chair
la tiza	chalk
la ventana	window
la biblioteca	library
la cafetería	cafeteria
el estadio	stadium
el laboratorio	laboratory
la librería	bookstore
la residencia estudiantil	dormitory
la universidad	university
el curso	course
el examen	test; exam
el horario	schedule
la prueba	test; quiz
el semestre	semester
la tarea	homework
el trimestre	trimester; quarter

Verbos

bailar	to dance
buscar	to look for
caminar	to walk
cantar	to sing
comprar	to buy
contestar	to answer
conversar	to talk; to chat
descansar	to rest
desear	to want; to wish
dibujar	to draw
enseñar	to teach
escuchar	to listen
esperar	to wait (for); to hope
estar	to be
estudiar	to study
explicar	to explain
gustar	to be pleasing to; to like
hablar	to talk; to speak
llegar	to arrive
llevar	to carry
mirar	to look (at); to watch
necesitar	to need
practicar	to practice
preguntar	to ask (a question)
preparar	to prepare
regresar	to return
terminar	to end; to finish
tomar	to take; to drink
trabajar	to work
viajar	to travel

Palabras adicionales

porque	because

Los cursos

la administración de empresas	business administration
el arte	art
la biología	biology
la computación	computer science
la contabilidad	accounting
el español	Spanish
la física	physics
la geografía	geography
la historia	history
el inglés	English
las lenguas extranjeras	foreign languages
las matemáticas	mathematics
el periodismo	journalism
la psicología	psychology
la química	chemistry
la sociología	sociology

Los días de la semana	See page 25.
Expresiones útiles	See page 28.
Interrogative words	See page 34.
Prepositions of location	See page 36.
Numbers 31–100	See page 38.

S Audio: Vocabulary Flashcards

¡VIVAN LOS PAÍSES HISPANOS!

Todos los años (*Every year*), en el mes de junio, Nueva York organiza un gran desfile (*great parade*) en honor a los puertorriqueños.

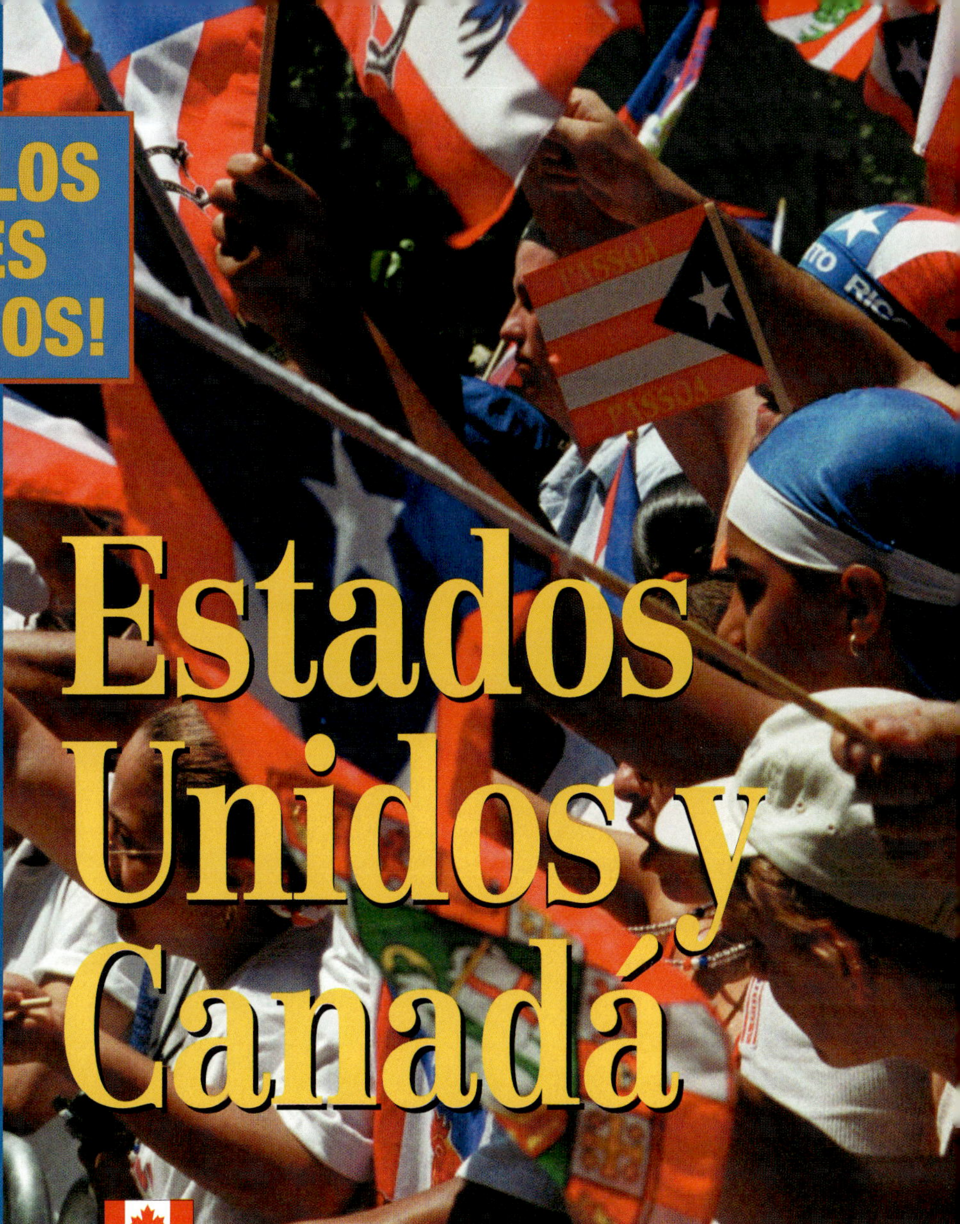

Estados Unidos y Canadá

Estados Unidos

Población de EE.UU.: 302.000.000
Población de origen hispano: 49.726.000
País de origen de hispanos en los EE.UU.:

19,8% otros
3,5% Cuba
9,6% Puerto Rico
8,6% Centroamérica y Suramérica
58,5% México

Estados con mayor población hispana:
California, Texas, Florida y Nueva York

SOURCE: U.S. Census Bureau

Canadá

Población de Canadá: 33.000.000
Población de origen hispano: 300.000
País de origen de hispanos en Canadá:

12,4% México
11,6% Chile
67% otros
9% El Salvador

Ciudades con mayor población hispana:
Montreal, Toronto y Vancouver

SOURCE: Statistics Canada

Interactive map
Video: *Países hispanos*
Reading

Lugares

La Pequeña Habana

La Pequeña Habana (*Little Havana*) es un barrio (*neighborhood*) de Miami, Florida, donde viven (*live*) muchos cubanoamericanos. Es un lugar donde se encuentran (*are found*) las costumbres (*customs*) de la cultura cubana, los aromas y sabores (*flavors*) de su (*their*) comida y la música salsa. La Pequeña Habana es una parte de Cuba en los Estados Unidos.

Personalidades

Latinos famosos

Los estadounidenses de origen hispanoamericano contribuyen (*contribute*) en todos los niveles (*at all levels*) a la cultura y a la economía de los Estados Unidos.

CANADÁ

• Vancouver • Calgary

• San Francisco

EE.UU.

• Las Vegas

Los Ángeles •

• San Diego

Junot Díaz, escritor, de origen dominicano

América Ferrera, actriz, de origen hondureño

Nestor Carbonell, actor, de origen cubano

Ellen Ochoa, astronauta, de origen mexicano

Sonia Sotomayor, jueza de la Suprema Corte de Justicia de los EE.UU., de origen puertorriqueño

Ottawa ⭐

Toronto

Chicago

Ciudad de
Nueva York

Washington, D.C. ⭐

Océano
Atlántico

Miami

Golfo
de México

Mar Caribe

Comida

La comida mexicana

La comida (*food*) mexicana es muy popular en los Estados Unidos. Los tacos, las enchiladas y las quesadillas son platos (*dishes*) mexicanos que frecuentemente forman parte de las comidas (*meals*) de muchos norteamericanos. También (*Also*) son populares las variaciones de la comida mexicana en los Estados Unidos... el tex-mex y el cali-mex.

Comunidad

Hispanos en Canadá

La población hispana en Canadá crece (*grows*) cada año (*year*). Casi (*Almost*) el 50% de los hispanos está en Toronto y en Montreal. La mayoría de ellos tiene (*have*) estudios universitarios y habla una de las lenguas oficiales: inglés o francés (*French*). Esto les permite (*This allows them*) participar activamente en la vida cotidiana (*daily life*) y profesional.

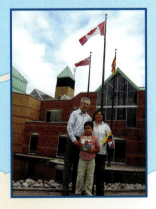

**Familia colombiana en
Mississauga, Ontario**

¿Qué aprendiste?

1 ¿Cierto o falso? Indicate whether these statements are **cierto** or **falso**, based on what you have learned about Hispanics in the United States and Canada.

Cierto   Falso

_____ _____ **1.** Los mexicanos son el grupo hispano más grande (*biggest*) de los EE.UU.

_____ _____ **2.** En Florida no hay muchas personas de origen hispano.

_____ _____ **3.** En Texas hay muchos latinos.

_____ _____ **4.** La Pequeña Habana está en la isla de Cuba.

_____ _____ **5.** América Ferrera es de origen mexicano.

_____ _____ **6.** Nestor Carbonell es de origen hispano.

_____ _____ **7.** Los tacos y las quesadillas son los platos más populares en los restaurantes hispanos de los Estados Unidos.

_____ _____ **8.** A los estadounidenses no les gustan los tacos.

_____ _____ **9.** Los chilenos son el grupo hispano más grande de Canadá.

_____ _____ **10.** Muchos hispanos en Canadá tienen estudios universitarios.

2 Preguntas Answer these questions in complete sentences.

1. ¿Hay muchos hispanos en tu (*your*) comunidad? ¿De dónde son?

2. ¿Quién es Ellen Ochoa?

3. ¿En qué estados de los Estados Unidos hay más habitantes hispanos?

4. ¿Te gustan los restaurantes mexicanos? ¿Por qué?

5. ¿En qué ciudades de Canadá hay muchos hispanos?

6. ¿Cuál es el origen de los hispanos en Canadá?

CONEXIÓN INTERNET

Busca más información sobre estos temas en el sitio viva.vhlcentral.com. Presenta la información a tus compañeros/as de clase.

- El desfile de los puertorriqueños
- La Pequeña Habana
- América Ferrera
- Nestor Carbonell
- Sonia Sotomayor
- Junot Díaz

Practice more at
viva.vhlcentral.com.

3 La familia

Para empezar

- ¿Cuántas personas hay en la fotografía?
- ¿Son compañeros de clase o son una familia?
- ¿Cuántos años tiene el chico: catorce, veinte o treinta y cuatro?
- ¿Ellos conversan, descansan o bailan?

La familia

S Talking Picture Tutorial Games

LA FAMILIA

el/la esposo/a *husband/wife*

el/la hermanastro/a *stepbrother/stepsister*

el/la hermano/a *brother/sister*

el/la hijastro/a *stepson/stepdaughter*

la madrastra *stepmother*

el/la medio/a hermano/a *half-brother/ half-sister*

el padrastro *stepfather*

los padres *parents*

el abuelo
grandfather

la abuela
grandmother

el padre
father

la madre
mother

los hijos
sons; children

la hija
daughter

LA FAMILIA EXTENDIDA

el/la cuñado/a *brother-in-law/sister-in-law*

el/la nieto/a *grandson/granddaughter*

la nuera *daughter-in-law*

los parientes *relatives*

el/la primo/a *cousin*

el/la sobrino/a *nephew/niece*

el/la suegro/a *father-in-law/mother-in-law*

el/la tío/a *uncle/aunt*

el yerno *son-in-law*

recursos

WB pp. 21–22

LM p. 13

S viva.vhlcentral.com

el artista
artist

LAS PROFESIONES

el/la ingeniero/a *engineer*

el/la médico/a *doctor*

el/la periodista *journalist*

el/la programador(a) *computer programmer*

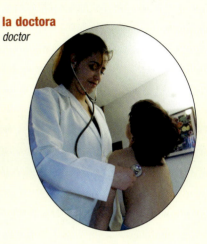

la doctora
doctor

OTRAS PALABRAS

el/la amigo/a *friend*

el/la gato/a *cat*

la gente *people*

el/la muchacho/a *boy/girl*

la persona *person*

el/la perro/a *dog*

mi *my (sing.)*

mis *my (pl.)*

el niño
boy; child

la niña
girl

el novio
boyfriend

la novia
girlfriend

Práctica y conversación

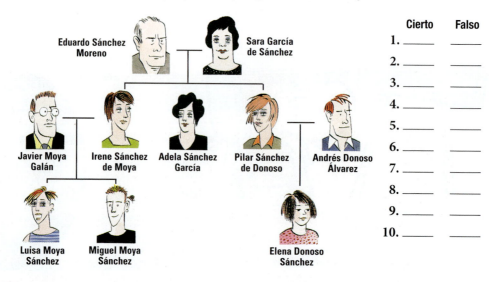

S Audio: Activities

1 **Escuchar** 🎧 Find Luisa Moya Sánchez on the family tree. Then listen to her statements and indicate whether they are **cierto** (*true*) or **falso** (*false*), based on her family tree.

Eduardo Sánchez Moreno

Sara García de Sánchez

Javier Moya Galán

Irene Sánchez de Moya

Adela Sánchez García

Pilar Sánchez de Donoso

Andrés Donoso Álvarez

Luisa Moya Sánchez

Miguel Moya Sánchez

Elena Donoso Sánchez

	Cierto	Falso
1.	_____	_____
2.	_____	_____
3.	_____	_____
4.	_____	_____
5.	_____	_____
6.	_____	_____
7.	_____	_____
8.	_____	_____
9.	_____	_____
10.	_____	_____

2 **Completar** Complete these sentences with the correct words.

1. Mi madre y mi padre son mis _____.

2. El padre de mi madre es mi _____.

3. Yo soy el _____ del hijo de mi hermana.

4. La esposa de mi hijo es mi _____.

5. Yo soy el _____ de los padres de mi esposa.

6. La hija de mi hermana es mi _____.

7. El segundo esposo de mi madre es mi _____.

8. La hija de mi padre y de mi madrasta es mi _____.

3 **Profesiones** Complete the description of each photo.

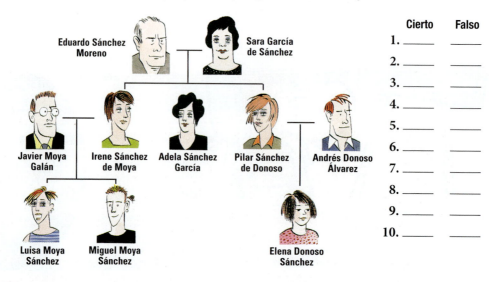

1. Juanita Fuertes es

_____.

2. Héctor Ibarra es

_____.

3. Alberto Díaz es

_____.

4. Elena Vargas es

_____.

5. Carlota López es

_____.

6. Irene González es

_____.

4 **¿Y tú?** 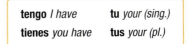 With a classmate, take turns asking each other these questions.

1. ¿Cuántas personas hay en tu familia?
2. ¿Cómo se llaman tus padres? ¿De dónde son?
3. ¿Cuántos hermanos tienes? ¿Cómo se llaman?
4. ¿Cuántos primos tienes? ¿Cuántos son niños y cuántos son adultos?
5. ¿Eres tío/a? ¿Cómo se llaman tus sobrinos/as?
6. ¿Tienes novio/a? ¿Tienes esposo/a? ¿Cómo se llama?

tengo *I have*	**tu** *your (sing.)*
tienes *you have*	**tus** *your (pl.)*

 Practice more at viva.vhlcentral.com.

Pronunciación **Diphthongs and linking**

S Audio: Concepts, Activities
Record & Compare

hermano   **niña**   **cuñado**

In Spanish, **a**, **e**, and **o** are considered strong vowels. The weak vowels are **i** and **u**.

ruido   **parientes**   **periodista**

A diphthong is a combination of two weak vowels or of a strong vowel and a weak vowel. Diphthongs are pronounced as a single syllable.

la abuela   **mi hijo**   **una clase excelente**

Two identical vowel sounds that appear together are pronounced like one long vowel.

con Natalia   **sus sobrinos**   **las sillas**

Two identical consonants together sound like a single consonant.

es ingeniera   **mis abuelos**   **sus hijos**

A consonant at the end of a word is linked with the vowel at the beginning of the next word.

mi hermano   **su esposa**   **nuestro amigo**

A vowel at the end of a word is linked with the vowel at the beginning of the next word.

Refranes Read these sayings aloud to practice diphthongs and linking sounds.

Cuando una puerta se cierra, otra se abre.[1]

Hablando del rey de Roma, por la puerta se asoma.[2]

1 When one door closes, another opens.
2 Speak of the devil and he will appear.

 Practice more at **viva.vhlcentral.com.**

¿Es grande tu familia?

Video: *Fotonovela*
Record & Compare

Los viajeros hablan de sus familias en el autobús.

Expresiones útiles

Talking about your family

¿Tienes una familia grande?
Do you have a large family?

Sí… mis papás, mis abuelos, cuatro hermanas y muchos tíos.
Yes, my parents, my grandparents, four sisters, and many (aunts and) uncles.

Sólo tengo un hermano mayor/menor.
I only have one older/younger brother.

¿Tienes hermanos?
Do you have siblings?

No, soy hijo único.
No, I'm an only (male) child.

Su esposa, Francesca, es médica.
His wife, Francesca, is a doctor.

No es ecuatoriana, es italiana.
She's not Ecuadorian; she's Italian.

Pablo es periodista.
Pablo is a journalist.

Es el padre de mi mamá.
He is my mother's father.

Describing people

¡Qué alto es tu papá!
Your father is so tall!

Y tu mamá, ¡qué bonita!
And your mother, how pretty!

¿Cómo es tu abuelo?
What is your grandfather like?

Es simpático.
He's nice.

Es viejo.
He's old.

Es un hombre muy trabajador.
He's a very hard-working man.

Saying how old people are

¿Cuántos años tienes?
How old are you?

¿Cuántos años tiene tu abuelo?
How old is your grandfather?

Noventa y dos.
Ninety-two.

MAITE Inés, ¿tienes una familia grande?

INÉS Pues, sí… mis papás, mis abuelos, cuatro hermanas y muchos tíos y primos.

INÉS Sólo tengo un hermano mayor, Pablo. Su esposa, Francesca, es médica. No es ecuatoriana, es italiana. Sus papás viven en Roma, creo. Vienen de visita cada año. Ah… y Pablo es periodista.

MAITE ¡Qué interesante!

INÉS ¿Y tú, Javier? ¿Tienes hermanos?

JAVIER No, pero aquí tengo unas fotos de mi familia.

INÉS ¡Ah! ¡Qué bien! ¡A ver!

JAVIER ¡Aquí están!

INÉS ¡Qué alto es tu papá! Y tu mamá, ¡qué bonita!

JAVIER Mira, aquí estoy yo. Y éste es mi abuelo. Es el padre de mi mamá.

INÉS ¿Cuántos años tiene tu abuelo?

JAVIER Noventa y dos.

DON FRANCISCO   **JAVIER**   **INÉS**   **ÁLEX** **MAITE**

INÉS ¿Y cómo es él?

JAVIER Es muy simpático. Él es viejo, pero es un hombre muy trabajador.

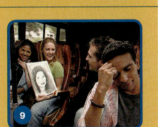

MAITE Oye, Javier, ¿qué dibujas?

JAVIER ¿Eh? ¿Quién? ¿Yo? ¡Nada!

MAITE ¡Venga! ¡No seas tonto!

MAITE Jaaavieeer… Oye, pero ¡qué bien dibujas!

JAVIER Este… pues… ¡Sí! ¡Gracias!

MAITE Álex, mira, ¿te gusta?

ÁLEX Sí, mucho. ¡Es muy bonito!

DON FRANCISCO Epa, ¿qué pasa con Inés y Javier?

Practice more at
viva.vhlcentral.com.

Actividades

1 ¿Cierto o falso? Indicate whether each sentence is **cierto** or **falso**. Correct the false statements.

1. Maite habla sobre su familia.

2. Inés tiene una familia grande.

3. Pablo, el hermano de Inés, es médico.

4. La cuñada de Inés es italiana.

5. Javier no tiene hermanos.

6. El padre de Javier es muy trabajador.

7. Javier habla del padre de su padre.

8. Javier dibuja a Inés.

2 Adivinar Read these sentences and guess which character is being described: **Javier**, **Inés** or **Maite**.

1. Tiene cuatro hermanas y muchos tíos y primos.

2. Su abuelo tiene noventa y dos años, pero es muy trabajador.

3. Ella dice que (*says that*) Javier dibuja muy bien.

4. Ella pregunta (*asks*) muchas cosas a sus amigos.

5. Su mamá es muy bonita.

6. Su cuñada es médica.

3 Tu familia Describe your family, including members of your extended family. Be sure to identify their names, places of origin, and your relationship to them. End by saying who your favorite relative is.

Additional Reading
Video: *Flash cultura*

¿Cómo te llamas?

In the Spanish-speaking world, it is common to have two last names: one paternal and one maternal. In some cases, the conjunctions **de** or **y** are used to connect the two. For example, in the name **Juan Martínez de Velasco**, *Martínez* is the paternal surname (**el apellido paterno**), and *Velasco* is the maternal surname (**el apellido materno**); **de** simply links the two. This convention of using two last names (**doble apellido**) is a European tradition that Spaniards brought to the Americas. It continues to be practiced in many countries, including Chile, Colombia, Mexico, Peru, and Venezuela. There are exceptions, however; in Argentina, the prevailing custom is for children to inherit only the father's last name.

When a woman marries in a country where two last names are used, legally she retains her two maiden surnames. However, socially she may take her husband's paternal surname in place of her inherited maternal surname. For example, **Mercedes Barcha Pardo**, wife of Colombian writer **Gabriel García Márquez**, might use the names **Mercedes Barcha García** or **Mercedes Barcha de García** in social situations (although officially her name remains

Gabriel García Márquez · Mercedes Barcha Pardo

Rodrigo García Barcha

Mercedes Barcha Pardo). Adopting a husband's last name for social purposes, though widespread, is only legally recognized in Ecuador and Peru.

Most parents do not break tradition upon naming their children; regardless of the surnames the mother uses, they use the father's first surname followed by the mother's first surname, as in the name **Rodrigo García Barcha**. However, one should note that both surnames come from the grandfathers, and therefore all **apellidos** are effectively paternal.

Hijos en la casa

In Spanish-speaking countries, family and society place very little pressure on young adults to live on their own (**independizarse**). Consequently, children often live with their parents well into their thirties. For example, about 60% of Spaniards under 34 years of age live at home with their parents. This delay in moving out is both cultural and economic—lack of job security or low wages coupled with a high cost of living may make it impractical for young adults to live independently before they marry.

 Practice more at
viva.vhlcentral.com.

recursos

VM
pp. 231–232

viva.vhlcentral.com

ACTIVIDADES

1 ¿Cierto o falso? Indicate whether these statements are **cierto** or **falso**. Correct the false statements.

1. Most Spanish speakers have three last names.
2. Hispanic last names generally consist of the paternal last name followed by the maternal last name.
3. It is common to see **de** or **y** used in Hispanic last names.
4. Someone from Argentina would most likely have two last names.
5. Generally, married women legally retain two maiden surnames.
6. In social situations, a married woman often uses her husband's last name in place of her inherited paternal surname.
7. Adopting a husband's surname is only legally recognized in Peru and Ecuador.
8. Hispanic last names are effectively a combination of the maternal surnames from the previous generation.

2 Una familia famosa Create a genealogical tree of a famous family, using photos or drawings labeled with their names and origins. Present the family tree to a classmate and explain who the people are and their relationships to each other.

CONEXIÓN INTERNET

What do a family in Ecuador and **El último emperador Inca** have in common? Go to **viva.vhlcentral.com** to find out and to access these components.
- the **Flash cultura** video
- more activities
- additional reading: **El último emperador Inca**

Flash CULTURA

La familia

1 Preparación What is a "typical family" like where you live? Is there such a thing? What members of a family usually live together?

2 El video Watch this **Flash cultura** episode.

Vocabulario

familia grande y feliz	*a big, happy family*
familia numerosa	*a large family*
hacer (algo) juntos	*to do (something) together*
reuniones familiares	*family gatherings, reunions*

¡Qué familia tan° grande tiene°!

Te presento a la familia Bolaños.

tan *so* tiene *have*

3 Completar Complete this paragraph with the appropriate words.

Los Valdivieso y los Bolaños son dos ejemplos de familias en Ecuador. Los Valdivieso son una familia (1) _____ (difícil/numerosa). Viven *(They live)* en una casa (2) _____ (grande/buena). En el patio, hacen *(they do)* muchas reuniones (3) _____ (familiares/con amigos). Los Bolaños son una familia pequeña *(small)*. Ellos comen *(eat)* (4) _____ (separados/juntos) y preparan canelazo, una bebida *(drink)* típica ecuatoriana.

3.1 Descriptive adjectives (S) Tutorial

▶ Descriptive adjectives describe nouns. In Spanish, most adjectives agree in gender and number with the nouns or pronouns they describe.

▶ Adjectives that end in **–o** and **–or** have four forms. The feminine singular is formed by changing the **–o** to **–a**. The plural is formed by adding **–s** to the singular forms.

Masculine	Feminine		Masculine	Feminine
el chico alto	la chica alta		el hombre trabajador	la mujer trabajadora
los chicos altos	las chicas altas		los hombres trabajadores	las mujeres trabajadoras

▶ Adjectives that end in **–e** or a consonant have the same masculine and feminine forms. The plural for adjectives that end in a consonant is formed by adding **–es**.

Masculine	Feminine		Masculine	Feminine
el chico inteligente	la chica inteligente		el profesor difícil	la profesora difícil
los chicos inteligentes	las chicas inteligentes		los profesores difíciles	las profesoras difíciles

Common adjectives

alto/a	tall	fácil	easy	inteligente	intelligent	pelirrojo/a	red-haired
antipático/a	unpleasant	feo/a	ugly	interesante	interesting	pequeño/a	small
bajo/a	short (in height)	gordo/a	fat	joven	young	rubio/a	blond(e)
bonito/a	pretty	grande	big, large; great	malo/a	bad	simpático/a	nice; likeable
bueno/a	good	guapo/a	handsome; good looking	mismo/a	same	tonto/a	silly; foolish
delgado/a	thin; slender			moreno/a	dark-haired	trabajador(a)	hard-working
difícil	hard, difficult	importante	important	mucho/a	much; many; a lot of	viejo/a	old

▶ Adjectives of nationality that end in a consonant add **–a** to form the feminine.

Masculine	Feminine		Masculine	Feminine
Toño es mexicano.	Gloria es mexicana.		Héctor es español.	Sara es española.
Ellos son mexicanos.	Ellas son mexicanas.		Ellos son españoles.	Ellas son españolas.

Adjectives of nationality

alemán, alemana	German	estadounidense	from the United States	inglés, inglesa	English
canadiense	Canadian			mexicano/a	Mexican
ecuatoriano/a	Ecuadorian	francés, francesa	French	norteamericano/a	(North) American
español(a)	Spanish	japonés, japonesa	Japanese	puertorriqueño/a	Puerto Rican

▶ Adjectives generally follow the nouns they modify.

La muchacha **rubia** es de España.
The blond woman is from Spain.

¿Cómo se llama la mujer **ecuatoriana**?
What is the Ecuadorian woman's name?

▶ Adjectives of quantity are placed before the modified noun.

Hay **muchos** estudiantes.
There are many students.

Hablo con **dos** turistas.
I am talking with two tourists.

▶ **Bueno/a** and **malo/a** can be placed before or after a noun. Before a masculine singular noun, the forms are shortened: **bueno → buen**; **malo → mal**.

José es un **buen** amigo.
José es un amigo **bueno**.
José is a good friend.

Hoy es un **mal** día.
Hoy es un día **malo**.
Today is a bad day.

▶ When **grande** appears before a singular noun, it is shortened to **gran**. **Grande** also changes its definition depending on its position: **gran** = *great*, but **grande** = *big, large*.

Manuel es un **gran** hombre.
Manuel is a great man.

La familia de Inés es **grande**.
Inés' family is large.

Práctica y conversación

1 Emparejar Read the descriptions and match them with the photos.

1. __ Mateo es moreno.
2. __ Hideki es japonés.
3. __ Luisa es rubia.
4. __ Andrés se hace (*acts*) el tonto.
5. __ César es muy pequeño.
6. __ Raquel es pelirroja.

A   B   C

D   E   F

2 Completar Look at the portrait of Amanda's family and imagine their personalities. Complete the sentences with appropriate adjectives.

1. Mi familia es _____.
2. Mis abuelos son _____.
3. Mi padre se llama Julio. Él es _____.
4. Mi madre es _____.
5. Mi hermana Rosa es _____.
6. Y mi hermano es muy _____.

Practice more at
viva.vhlcentral.com.

3 Describir With a partner, take turns describing each photo. Tell your partner whether you agree (**Estoy de acuerdo**) or disagree (**No estoy de acuerdo**) with the descriptions.

MODELO
Estudiante 1: Los Ángeles es muy bonita.
Estudiante 2: Estoy de acuerdo. ¡Es muy interesante!/ No estoy de acuerdo. Es muy fea.

Los Ángeles

 1. Príncipe y Princesa de España

 2. La Torre (*Tower*) Sears

 3. Plácido Domingo

 4. Enrique Iglesias

 5. Santa Fe, Nuevo México

 6. Nelly Furtado

4 Anuncio personal Write a personal ad that describes yourself and your ideal boyfriend, girlfriend, or mate. Compare your ad with a classmate's.

SOY ALTA, morena y bonita. Estudio arte en la universidad. Soy estadounidense, de Texas. Busco un chico similar a mí (*to me*). Mi novio ideal es alto, moreno, inteligente y muy simpático.

3.2 Possessive adjectives

 **Tutorial**

▶ Possessive adjectives express ownership or possession.

Forms of possessive adjectives		
Singular forms	**Plural forms**	
mi	mis	*my*
tu	tus	*your (fam.)*
su	sus	*his, her, its, your (form.)*
nuestro/a	nuestros/as	*our*
vuestro/a	vuestros/as	*your (fam.)*
su	sus	*their, its, your (form.)*

¡Qué alto es tu papá! Y tu mamá, ¡qué bonita!

Éste es mi abuelo. Es el padre de mi mamá.

▶ Spanish possessive adjectives agree in number with the nouns they modify. **Nuestro** and **vuestro** agree in gender and number.

mi primo	mis primos
nuestro tío	nuestros tíos

mi tía	mis tías
nuestra tía	nuestras tías

▶ Possessive adjectives are placed before the nouns they modify.

▶ **Su** and **sus** have multiple meanings (*your, his, her, their, its*). To avoid confusion, use this construction instead: [*article*] + [*noun*] + **de** + [*subject pronoun*].

sus parientes

los parientes de él/ella	*his/her relatives*
los parientes de usted/ustedes	*your relatives*
los parientes de ellos/ellas	*their relatives*

ESPAÑOL EN VIVO

Gran chisme:
¡Mi niño tiene bigote!

¡La leche es nuestra bebida favorita! A mi hijo le gusta por su excelente sabor. Su vaso de leche diario contiene vitaminas y minerales esenciales para su crecimiento. Y yo la tomo para que mis huesos sean más fuertes contra la osteoporosis.

¿Bebes leche?

Práctica y conversación

1 Completar Marta just took a photo of her family. Complete her description of the photo.

Ésta es una foto de (1) _____ familia. Aquí están (2) _____ abuelos. Son los padres de (3) _____ papá. (4) _____ casa (*home*) está en Valparaíso, Chile. ¡Es muy bonita! ¡A mí me gusta mucho visitarlos (*visit them*)!

Este (*This*) hombre es (5) _____ papá. Se llama David y es médico.
(6) _____ mamá se llama Rebeca; es periodista.
(7) _____ hermana, (8) _____ tía Silvia, es una gran artista. Y aquí está (9) _____ hermano Ramón. (10) _____ esposa se llama Sonia. (11) _____ hijos Javier y Laura son (12) _____ sobrinos. Son muy simpáticos.

2 ¿Dónde está? Imagine that you can't remember where you put some of your belongings (pictured below). Your partner will help you by reminding you where things are. Take turns playing each role.

MODELO

Estudiante 1: ¿Dónde está mi pluma?

Estudiante 2: Tu pluma está al lado de la computadora.

1.

2.

3.

4.

5.

6.

3 Describir With a partner, take turns describing these people and places.

MODELO

La biblioteca de su universidad

La biblioteca de nuestra universidad es muy grande. Hay muchos libros en la biblioteca. Mis amigos y yo estudiamos allí (*there*).

1. Tus padres
2. Tus abuelos
3. Tu mejor (*best*) amigo/a
4. Tu novio/a ideal
5. Su universidad
6. La librería de su universidad
7. Tu profesor
8. Su clase de español

4 Tres fotos Choose one of the three family photos and describe the family as if it were your own. Your partner will guess which photo you are describing. Then switch roles.

Familia 1

Familia 2

Familia 3

Practice more at
viva.vhlcentral.com.

3.3 Present tense of regular –er and –ir verbs

 Tutorial

Inés y Javier comen.

Maite escribe.

▶ In Lesson 2, you learned how to form the present tense of regular **–ar** verbs. The chart below contains the forms of the regular **–ar** verb **trabajar**, which is conjugated just like the other **–ar** verbs you have learned. There are other regular verbs in Spanish: regular **–er** and **–ir** verbs. The chart also shows the forms of an **–er** verb and an **–ir** verb.

▶ **–Ar, –er,** and **–ir** verbs have very similar endings. Study this chart to detect the patterns that make it easier for you to use them to communicate in Spanish.

Present tense of –*ar*, –*er*, and –*ir* verbs		
	trabajar	**comer**	**escribir**
	to work	*to eat*	*to write*
yo	trabajo	como	escribo
tú	trabajas	comes	escribes
Ud./él/ella	trabaja	come	escribe
nosotros/as	trabajamos	comemos	escribimos
vosotros/as	trabajáis	coméis	escribís
Uds./ellos/ellas	trabajan	comen	escriben

Eugenia y Lilia
corren en el parque.

Ramón **escribe**
una carta.

▶ Like **–ar** verbs, the **yo** forms of **–er** and **–ir** verbs end in **–o.**

| trabajo | como | escribo |

▶ The endings for **–ar** verbs begin with **–a,** except for the **yo** form.

| hablo | habla | habláis |
| hablas | hablamos | hablan |

▶ The endings for **–er** verbs begin with **–e,** except for the **yo** form.

| como | come | coméis |
| comes | comemos | comen |

▶ **–Er** and **–ir** verbs have the exact same endings, except in the **nosotros/as** and **vosotros/as** forms.

nosotros ◀ comemos / escribimos   vosotros ◀ coméis / escribís

Common –er and –ir verbs

–er verbs

aprender	to learn	correr	to run
beber	to drink	creer (en)	to believe (in)
comer	to eat	deber (+ inf.)	should, ought to; must
comprender	to understand	leer	to read

–ir verbs

abrir	to open	describir	to describe
asistir (a)	to attend	escribir	to write
compartir	to share	recibir	to receive
decidir	to decide	vivir	to live

Práctica y conversación

Practice more at
viva.vhlcentral.com.

1 Emparejar Susana is describing her family. Complete each sentence with the correct verb form.

1. Mi familia y yo _____ [vivir] en Montevideo, Uruguay.
2. Mi hermano Alfredo es muy inteligente. Él _____ [asistir] a clases de lunes a viernes.
3. Los martes Alfredo y yo _____ [correr] en el parque.
4. Mis padres _____ [comer] mucho; ellos son un poco gordos.
5. Yo _____ [creer] que (*that*) mis padres _____ [deber] comer menos (*less*).

2 Completar Juan is talking about what he and his friends do after school. Complete his sentences.

MODELO
Yo __leo__ en la biblioteca.

1. Nosotros _____ en el restaurante.

3. Elena _____ en su diario.

2. Sofía y Eugenio _____ café.

4. Ana y Lola _____ el almuerzo (*lunch*).

3 Entrevista Use these questions to interview a classmate. Then report the results of your interview to the class.

1. ¿Dónde vives?
2. ¿Con quién vives? ¿Compartes tu cuarto?
3. ¿Dónde comes al mediodía? ¿Comes mucho?
4. ¿Debes comer más (*more*) o menos (*less*)?
5. ¿Bebes leche (*milk*) todos los días?
6. ¿Qué días asistes a tus clases?
7. ¿Qué cursos debes tomar el próximo (*next*) semestre?
8. ¿Lees el periódico (*newspaper*)? ¿Qué periódico lees y cuándo?
9. ¿Recibes muchos mensajes electrónicos (*e-mails*)? ¿De quién(es)?
10. ¿Escribes poemas o cuentos (*stories*)?

4 Encuesta Walk around the class and ask your classmates if they do (or should do) the things mentioned on the survey. Try to find at least two people for each item.

Actividad	Nombres
1. Asistir a la clase de español siempre (*always*)	_____
2. Correr todos los días (*every day*)	_____
3. Aprender japonés	_____
4. Ser más (*more*) trabajador(a)	_____
5. Leer mucho para (*for*) un examen	_____
6. Escribir en un blog	_____
7. Beber un litro de agua al día	_____
8. Aprender contabilidad	_____

3.4 Present tense of **tener** and **venir**

 Tutorial

Tengo cuatro hermanas y un hermano mayor.

▶ The verbs **tener** (*to have*) and **venir** (*to come*) are frequently used. Since most of their forms are irregular, you will have to learn each one individually.

Present tense of *tener* and *venir*							
tener *to have*				**venir** *to come*			
yo	tengo	nosotros/as	tenemos	yo	vengo	nosotros/as	venimos
tú	tienes	vosotros/as	tenéis	tú	vienes	vosotros/as	venís
Ud./él/ella	tiene	Uds./ellos/ellas	tienen	Ud./él/ella	viene	Uds./ellos/ellas	vienen

▶ Note that the **yo** forms are irregular:

    tengo   vengo

▶ The **nosotros** and **vosotros** forms are regular:

    tenemos   venimos
    tenéis   venís

▶ In the second person singular and the third person singular and plural forms, there is also an **e:ie** stem change.

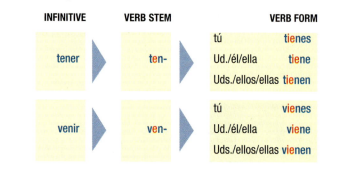

INFINITIVE	VERB STEM	VERB FORM	
tener	ten-	tú	tienes
		Ud./él/ella	tiene
		Uds./ellos/ellas	tienen
venir	ven-	tú	vienes
		Ud./él/ella	viene
		Uds./ellos/ellas	vienen

▶ In certain expressions, Spanish uses the construction **tener** + [*noun*] instead of **ser** or **estar** to express the English equivalent *to be* + [*adjective*].

Expressions with *tener*					
tener... años	to be . . . years old	tener (mucha) hambre	to be (very) hungry	tener razón	to be right
tener (mucho) calor	to be (very) hot			no tener razón	to be wrong
		tener (mucho) miedo	to be (very) afraid/scared	tener (mucha) sed	to be (very) thirsty
tener (mucho) cuidado	to be (very) careful			tener (mucho) sueño	to be (very) sleepy
tener (mucho) frío	to be (very) cold	tener (mucha) prisa	to be in a (big) hurry	tener (mucha) suerte	to be (very) lucky

Práctica y conversación

1 Completar Complete each sentence with the appropriate form of **tener** or **venir**.

1. Hoy nosotros _____ una reunión familiar.

2. Todos (*all*) mis parientes _____, excepto mi tío Ricardo y mi tía Luisa.

3. Él no _____ porque vive en Guayaquil.

4. Mi prima Inés y su novio no _____ hasta (*until*) las ocho porque ella _____ que trabajar.

5. En las fiestas, mis sobrinos siempre (*always*) _____ ganas de cantar y bailar.

6. Mi madre cree que mis sobrinos son muy simpáticos. Creo que ella _____ razón.

2 Describir Describe these people using **tener** expressions.

1. _____  4. _____

2. _____ 5. _____

3. _____ 6. _____

Practice more at
viva.vhlcentral.com.

3 ¿Sí o no? Decide if these statements apply to you. Then interview a classmate by transforming each statement into a question. Report your results to the class.

MODELO

Estudiante 1: ¿Tiene tu madre cincuenta años?

Estudiante 2: No, tiene cuarenta y dos años.

	Yo	Mi amigo/a
1. Mi madre tiene cincuenta años.	Sí	No
2. Mi padre siempre (*always*) tiene razón.	____	____
3. Mis padres vienen a la universidad con frecuencia (*frequently*).	____	____
4. Vengo a clase los jueves.	____	____
5. Tengo dos pruebas hoy.	____	____
6. Mis amigos vienen a mi apartamento los días de semana.	____	____
7. Hoy tengo ganas de comer en un restaurante.	____	____
8. Tengo sed.	____	____
9. Tengo miedo de comer sushi.	____	____
10. Tengo que estudiar los domingos.	____	____
11. Tengo una familia grande.	____	____

4 Entrevista Use these questions to interview a classmate.

1. ¿Cuántos años tienes? ¿Y tus hermanos/as?

2. ¿Cuándo vienes a la clase de español?

3. ¿Tienes que estudiar hoy? ¿Por qué?

4. ¿Tienes hambre a la medianoche con frecuencia (*frequently*)?

5. ¿Tienes sueño ahora (*now*)? ¿Por qué?

6. ¿Qué tienes ganas de hacer (*doing*) el sábado?

7. ¿De qué tienes miedo? ¿Por qué?

8. ¿Qué periódico (*newspaper*) lees?

Ampliación

Audio: Activity
Repaso
Video: TV Clip

1 Escuchar 🎧

A Listen to Cristina and Laura's conversation. Then indicate who would make each statement.

TIP **Ask for repetition.** During a conversation, you can ask someone to repeat by saying **¿Cómo?** (*What?*) or **¿Perdón?** (*Pardon me?*). In class, you can ask your teacher to repeat by saying **Repítalo, por favor** (*Repeat it, please*). If you don't understand a recorded activity, you can simply replay it.

	Cristina	Laura
1. Mi novio habla sólo (*only*) del fútbol y del béisbol.	☐	☐
2. Tengo un novio muy interesante y simpático.	☐	☐
3. Mi novio es alto y moreno.	☐	☐
4. Mi novio trabaja mucho.	☐	☐
5. Mi amiga no tiene buena suerte con los muchachos.	☐	☐
6. El novio de mi amiga es un poco gordo, pero guapo.	☐	☐

B ¿Cómo son Laura y Cristina? ¿Cómo son sus novios? ¿Tienes novio/a? ¿Cómo es?

2 Conversar

You are taking a friend to your family reunion. So that there will not be any surprises for your friend, you have a conversation with him or her to talk about your relatives. During the conversation, your friend should find out about the following:

- Which family members are coming, including their names and their relationship to you
- What each family member is like
- How old each person is
- Where each person is from
- Where each person lives

recursos

WB
pp. 23–30

LM
pp. 15–18

viva.vhlcentral.com

3 **Escribir** One of your online friends wants to know about your family. Write an e-mail describing your family or an imaginary family.

TIP **Use idea maps.** Idea maps help you group your information.

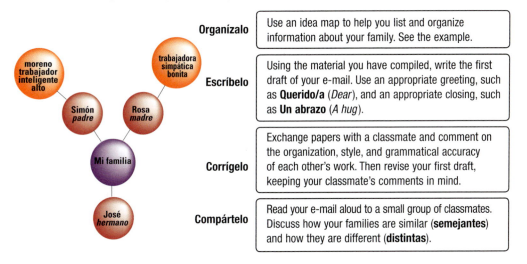

Organízalo Use an idea map to help you list and organize information about your family. See the example.

Escríbelo Using the material you have compiled, write the first draft of your e-mail. Use an appropriate greeting, such as **Querido/a** (*Dear*), and an appropriate closing, such as **Un abrazo** (*A hug*).

Corrígelo Exchange papers with a classmate and comment on the organization, style, and grammatical accuracy of each other's work. Then revise your first draft, keeping your classmate's comments in mind.

Compártelo Read your e-mail aloud to a small group of classmates. Discuss how your families are similar (**semejantes**) and how they are different (**distintas**).

4 **Un paso más** Create an illustrated family tree for your family and share it with the class. Your family tree might include these elements:

- A simple title
- A format that clearly shows the relationships between family members
- Photos of family members and their names, following Hispanic naming conventions
- A few adjectives that describe each family member

CONEXIÓN INTERNET

Investiga estos temas en viva.vhlcentral.com.
- La familia en las culturas hispanas
- La amistad (*friendship*) en las culturas hispanas

Practice more at
viva.vhlcentral.com.

Antes de leer

 Reading
Additional Reading

You do not need to understand every word you read in Spanish. When you come across words you have not learned, try to guess what they mean by looking at the context—the surrounding words and sentences. Look at this article about families and find a few words or phrases you do not know. Then guess what they mean, using the context as your guide.

Familias de todo tipo

◀ Hermana dedicada

Me llamo Isabel y tengo dieciocho años. Vivo con mi hermanito Daniel, mi padre Carlos y mi madre Estela. Estudio programación de computadoras en la universidad. Soy muy buena para las computadoras. Por las tardes, le ayudo a Daniel a usar la computadora para hacer sus tareas. ¡Soy una hermana muy dedicada!

Primas futbolistas ▶

Me llamo Roberto Sandoval. Mi hija se llama Mónica y es una aficionada al fútbol. Los sábados y domingos ella juega° al fútbol con su prima Carolina y juntas° ven° todos los partidos° de fútbol en la televisión. Mónica y Carolina desean jugar° en el equipo° nacional. ¡Qué honor... una hija y una sobrina en el equipo nacional!

Después de leer

✎ ¿Comprendiste?

Look at the magazine article and see how the words and phrases in the first column are used in context. Then find their translations in the second column.

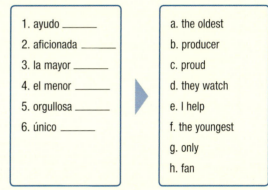

1. ayudo _____	a. the oldest
2. aficionada _____	b. producer
3. la mayor _____	c. proud
4. el menor _____	d. they watch
5. orgullosa _____	e. I help
6. único _____	f. the youngest
	g. only
	h. fan

Preguntas

Answer these questions using complete sentences.

1. ¿Cuántas personas hay en la familia de Isabel?

_____

2. ¿Con quién vive Luis?

_____

3. ¿Quiénes desean jugar en el equipo nacional?

_____

4. ¿Cuántos hijos tiene Ángela?

_____

Coméntalo

¿Es similar tu familia a las familias del artículo? En tu opinión, ¿son ideales las familias del artículo? ¿Cómo es tu familia ideal?

juega *plays* juntas *together* ven *they watch*
partidos *games* jugar *to play* equipo *team* ni *nor*

Una madre ▶ orgullosa

Me llamo Ángela. Tengo dos hijos. Estoy muy orgullosa de ellos. La mayor se llama Lourdes y el menor José María. Lourdes tiene 18 años y José María tiene 15 años. Mis dos hijos son unos excelentes estudiantes. Lourdes toma clases de arquitectura y José María toma clases de italiano.

◀ Nieto único

Me llamo Luis y vivo con mi abuelo Artemio y mi abuela María. Soy su único nieto. No tengo hermanos ni° primos. Mis abuelos trabajan mucho. Los fines de semana comemos con mis tías Carmen y Beatriz. Mis tías son muy simpáticas.

La familia

el/la abuelo/a	grandfather/grandmother
el/la cuñado/a	brother-in-law/sister-in-law
el/la esposo/a	husband/wife; spouse
la familia	family
el/la hermanastro/a	stepbrother/stepsister
el/la hermano/a	brother/sister
el/la hijastro/a	stepson/stepdaughter
el/la hijo/a	son/daughter
los/las hijos/as	children; sons, daughters
la madrastra	stepmother
la madre	mother
el/la medio/a hermano/a	half-brother/half-sister
el/la nieto/a	grandson/granddaughter
la nuera	daughter-in-law
el padrastro	stepfather
el padre	father
los padres	parents
los parientes	relatives
el/la primo/a	cousin
el/la sobrino/a	nephew/niece
el/la suegro/a	father-in-law/mother-in-law
el/la tío/a	uncle/aunt
el yerno	son-in-law

Otras palabras

el/la amigo/a	friend
el/la gato/a	cat
la gente	people
el/la muchacho/a	boy/girl
el/la niño/a	child; boy/girl
el/la novio/a	boyfriend/girlfriend
la persona	person
el/la perro/a	dog

Adjetivos

alto/a	tall
antipático/a	unpleasant
bajo/a	short (in height)
bonito/a	pretty
buen, bueno/a	good
delgado/a	thin; slender
difícil	difficult, hard
fácil	easy
feo/a	ugly
gordo/a	fat
gran, grande	big, large; great
guapo/a	handsome; good-looking
importante	important
inteligente	intelligent
interesante	interesting
joven	young
mal, malo/a	bad
mismo/a	same
moreno/a	dark-haired
mucho/a	much; many; a lot of
pelirrojo/a	red-haired
pequeño/a	small
rubio/a	blond(e)
simpático/a	nice; likeable
tonto/a	silly; foolish
trabajador(a)	hard-working
viejo/a	old

Las profesiones

el/la artista	artist
el/la doctor(a)	doctor; physician
el/la ingeniero/a	engineer
el/la médico/a	doctor; physician
el/la periodista	journalist
el/la programador(a)	computer programmer

Verbos

abrir	to open
aprender	to learn
asistir (a)	to attend
beber	to drink
comer	to eat
compartir	to share
comprender	to understand
correr	to run
creer (en)	to believe (in)
deber (+ inf.)	to have to; should
decidir	to decide
describir	to describe
escribir	to write
leer	to read
recibir	to receive
tener	to have
venir	to come
vivir	to live

Expresiones con *tener*

tener... años	to be... years old
tener (mucho) calor	to be (very) hot
tener (mucho) cuidado	to be (very) careful
tener (mucho) frío	to be (very) cold
tener ganas de (+ inf.)	to feel like (doing something)
tener (mucha) hambre	to be (very) hungry
tener (mucho) miedo	to be (very) afraid/scared
tener (mucha) prisa	to be in a (big) hurry
tener que (+ inf.)	to have to (do something)
tener razón	to be right
no tener razón	to be wrong
tener (mucha) sed	to be (very) thirsty
tener (mucho) sueño	to be (very) sleepy
tener (mucha) suerte	to be (very) lucky

Expresiones útiles	See page 54.
Nationalities	See page 58.
Possessive adjectives	See page 60.

recursos

LM
p. 18

viva.vhlcentral.com

Audio: Vocabulary Flashcards

4 El fin de semana

Para empezar

- ¿Cómo son estas personas? ¿Gordas o delgadas?
- ¿Son jóvenes o viejas?
- ¿En qué tienen interés: en el fútbol o en el ciclismo?
- ¿Tienen calor o frío?

El fin de semana

Talking Picture
Tutorial
Games

pasear en bicicleta
to ride a bicycle

ACTIVIDADES Y DISTRACCIONES

escalar montañas *to climb mountains*

escribir una carta *to write a letter*

un mensaje electrónico
to write an e-mail

esquiar *to ski*

ir de excursión (a las montañas)
to go on a hike (in the mountains)

leer el periódico
to read the newspaper

el correo electrónico
to read e-mail

una revista *to read a magazine*

nadar en la piscina
to swim in the pool

pasear por la ciudad/el pueblo
to walk around the city/town

practicar deportes (m. pl.)
to practice sports

ver películas *to watch movies*

visitar un monumento
to visit a monument

patinar (en línea)
to skate (in-line)

bucear
to scuba dive

tomar el sol
to sunbathe

una (tarjeta) postal
a postcard

WB pp. 31–32	**LM** p. 19	viva.vhlcentral.com

recursos

LOS DEPORTES

el baloncesto *basketball*
el ciclismo *cycling*
el esquí (acuático) *(water) skiing*
el fútbol americano *football*
el golf *golf*
el hockey *hockey*
la natación *swimming*
el tenis *tennis*
el vóleibol *volleyball*

el equipo *team*
el/la jugador(a) *player*
el partido *game*
la pelota *ball*
ganar *to win*
ser aficionado/a (a) *to be a fan (of)*
deportivo/a *sports-related*

el/la excursionista
hiker

el fútbol
soccer

el béisbol
baseball

LUGARES

la casa *house*
el centro *downtown*
el cine *movie theater*
el gimnasio *gym; gymnasium*
el museo *museum*
el parque *park*
el restaurante *restaurant*

la iglesia
church

la piscina
pool

el café
café

OTRAS PALABRAS

la diversión *entertainment; fun activity*
el fin de semana *weekend*
el lugar *place*
el pasatiempo *pastime; hobby*
los ratos libres *spare time*
el tiempo libre *free time*
favorito/a *favorite*
pasar el tiempo *to spend time*

Práctica y conversación  Audio: Activities

1 **Una estudiante muy activa** 🎧 Every day, Laura does many things. Number the drawings in the order in which you hear Laura mention them.

a. _____

b. _____

c. _____

d. _____

e. _____

2 **¿Cierto o falso?** Indicate whether each statement is **cierto** or **falso**.

Gustavo y Simón   **los chicos**   **José**   **don Fernando**

1. _____ Gustavo y Simón pasean en bicicleta.

2. _____ Los chicos juegan al fútbol.

3. _____ José hace una excursión a las montañas.

4. _____ Don Fernando lee en el parque.

5. _____ Maribel patina en línea.

6. _____ Doña Leonor pasea por la ciudad.

Maribel   **doña Leonor**

3 **Dos amigos** Complete the conversation with the words given.

LUISA   ¿Cómo te gusta _____ los ratos libres, Manuel?

MANUEL   Bueno, Luisa, no tengo mucho _____ libre, pero los fines de _____ me gusta ver películas. Y tú, Luisa, ¿cuáles son tus _____ favoritos?

LUISA   Voy al _____. Nado en la _____. Y los sábados juego al _____.

centro	piscina
gimnasio	semana
pasar	tiempo
pasatiempos	vóleibol

4 **¿Y tú?** Interview a partner using these questions.

1. ¿Te gustan los deportes? ¿Qué deportes practicas?
2. ¿Cuál es tu deporte favorito? ¿Por qué te gusta?
3. ¿Te gusta pasear en bicicleta? ¿Dónde paseas y con quién?
4. ¿Escribes muchos mensajes electrónicos? ¿Te gusta recibir mensajes electrónicos?
5. ¿Qué periódicos y revistas lees? ¿Por qué?

Practice more at
viva.vhlcentral.com.

Pronunciación **Word stress** 🎧 **S** **Audio: Concepts, Activities Record & Compare**

pe-lí-cu-la   **e-di-fi-cio**   **ver**   **yo**

Every Spanish syllable contains at least one vowel. When two vowels (two weak vowels or one strong and one weak) are joined in the same syllable, they form a **diphthong**. A **monosyllable** is a word formed by a single syllable.

bi-blio-te-ca   **vi-si-tar**   **par-que**   **fút-bol**

The syllable of a Spanish word that is pronounced most emphatically is the "stressed" syllable.

pe-lo-ta   **pis-ci-na**   **ra-tos**   **ha-blan**

Words that end in **n**, **s**, or a **vowel** are usually stressed on the next-to-last syllable.

na-ta-ción   **pa-pá**   **in-glés**   **Jo-sé**

If words that end in **n**, **s**, or a **vowel** are stressed on the last syllable, they must carry an accent mark on the stressed syllable.

bai-lar   **es-pa-ñol**   **u-ni-ver-si-dad**   **tra-ba-ja-dor**

Words that do **not** end in **n**, **s**, or a **vowel** are usually stressed on the last syllable.

béis-bol   **lá-piz**   **ár-bol**   **Gó-mez**

If words that do **not** end in **n**, **s**, or a **vowel** are stressed on the next-to-last syllable, they must carry an accent mark on the stressed syllable.

Refranes Read these sayings aloud to practice word stress.

Practice more at
viva.vhlcentral.com.

En la unión
está la fuerza.[2]

Quien ríe
de último, ríe mejor.[1]

recursos

LM
pp. 20

viva.vhlcentral.com

1 He who laughs last laughs loudest.
2 In unity, there is strength.

¡Vamos al parque!

Video: *Fotonovela*
Record & Compare

Los estudiantes pasean por la ciudad y hablan de sus pasatiempos.

Expresiones útiles

Making invitations

¿Por qué no vamos al parque?
Why don't we go to the park?

¡Buena idea!
Good idea!

¿Por qué no jugamos al fútbol?
Why don't we play soccer?

Mmm… no quiero.
Hmm… I don't want to.

Lo siento, pero no puedo.
I'm sorry, but I can't.

¿Quieres pasear por la ciudad conmigo?
Do you want to walk around the city with me?

Sí, vamos.
Yes, let's go.

Making plans

¿Qué vas a hacer esta noche?
What are you going to do tonight?

No tengo planes.
I don't have any plans.

Talking about pastimes

¿Eres aficionado/a a los deportes?
Are you a sports fan?

Sí, me gustan todos los deportes.
Yes, I like all sports.

Sí, me gusta mucho el fútbol.
Yes, I like soccer a lot.

Apologizing

Mil perdones./Lo siento muchísimo.
I'm so sorry.

recursos

VM
pp. 175–176

viva.vhlcentral.com

DON FRANCISCO Tienen una hora libre. Pueden explorar la ciudad, si quieren.

JAVIER Inés, ¿quieres ir a pasear por la ciudad?
INÉS Sí, vamos.

ÁLEX ¿Por qué no vamos al parque, Maite? Podemos hablar y tomar el sol.
MAITE ¡Buena idea! También quiero escribir unas postales.

MAITE ¿Eres aficionado a los deportes, Álex?
ÁLEX Sí, me gusta mucho el fútbol. Me gusta también nadar, correr e ir de excursión a las montañas.
MAITE Yo también corro mucho.

ÁLEX Oye, Maite, ¿por qué no jugamos al fútbol con él?
MAITE Mmm… No quiero. Voy a terminar de escribir unas postales.

DON FRANCISCO
 JAVIER
 INÉS
 ÁLEX
 MAITE
JOVEN

ÁLEX ¡Maite!

MAITE ¡Dios mío!

JOVEN Mil perdones. Lo siento muchísimo.

MAITE ¡No es nada! Estoy bien.

ÁLEX Ya son las dos y treinta. Debemos regresar al autobús, ¿no?

MAITE Tienes razón.

ÁLEX Oye, Maite, ¿qué vas a hacer esta noche?

MAITE No tengo planes. ¿Por qué?

ÁLEX Eh, este… A veces salgo a correr por la noche. ¿Quieres venir a correr conmigo?

MAITE Sí, vamos. ¿A qué hora?

ÁLEX ¿A las seis?

MAITE Perfecto.

DON FRANCISCO Esta noche van a correr. ¡Y yo no tengo energía para pasear!

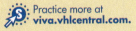 Practice more at **viva.vhlcentral.com.**

Actividades

1 Ordenar Put the following events in order from 1 to 5.

_____ **a.** Álex y Maite van al parque.

_____ **b.** Álex y el muchacho juegan al fútbol.

_____ **c.** Maite y Álex regresan al autobús.

_____ **d.** Maite decide escribir unas postales.

_____ **e.** El muchacho tira (*throws*) la pelota a Maite sin querer (*by accident*).

2 Pasatiempos Scan **Escenas** and indicate which pastimes the characters mention. Then indicate whether you participate in each pastime.

ÁLEX

_____

_____

MAITE

_____

_____

3 Preguntas Get together with a partner and take turns asking each other these questions.

1. ¿Qué desean hacer Inés y Javier?
2. ¿Cuáles son los deportes favoritos de Álex?
3. ¿Qué tiene ganas de hacer Maite en el parque? ¿Y Álex?
4. ¿Qué deciden hacer Álex y Maite esta noche?
5. ¿Cuáles son tus pasatiempos favoritos?
6. ¿Cuáles son los pasatiempos favoritos de tu mejor (*best*) amigo/a?

BAJO LA LUPA

Additional Reading
Video: *Flash cultura*

Real Madrid y Barça:
rivalidad total

Soccer in Spain is a force to be reckoned with, and no two teams draw more attention than **Real Madrid** and the **Fútbol Club Barcelona.** Whether the venue is Madrid's **Santiago Bernabéu** or Barcelona's **Camp Nou,** the two cities shut down for the showdown, paralyzed by **fútbol** fever. A ticket to the actual game is always the hottest ticket in town.

The rivalry between **Real Madrid** and **Barça*** is about more than soccer. As the two biggest, most powerful cities in Spain, Barcelona and Madrid are constantly compared to one another and have a natural rivalry. There is also a political component to the dynamic. Barcelona, with its distinct language and culture, has long struggled for increased autonomy from Madrid's centralized government. Under Francisco Franco's rule (1939–1975), when repression of the Catalan identity was at its height, a game between **Real Madrid** and **FC Barcelona** was wrapped up with all the symbolism of the regime versus the resistance, even though both teams suffered casualties in Spain's civil war and the subsequent Franco dictatorship.

Although the dictatorship is far behind, the momentum of all those decades of competition still transforms both cities into a frenzied, tense panic leading up to the game. Once the final score is announced, one of those cities is transformed again, this time into the best party in the country.

* Note that **ç** is pronounced like *s*.

Rivalidades del fútbol

Argentina: Boca Juniors vs River Plate
México: Águilas del América vs Chivas del Guadalajara
Chile: Colo Colo vs Universidad de Chile
Guatemala: Comunicaciones vs Municipal
Uruguay: Peñarol vs Nacional
Colombia: Millonarios vs Independiente Santa Fe

Practice more at
viva.vhlcentral.com.

recursos

VM
pp. 233–234

viva.vhlcentral.com

ACTIVIDADES

1 **¿Cierto o falso?** Indicate whether each statement is **cierto** or **falso**. Correct the false statements.

1. People from Spain don't like soccer.
2. Madrid and Barcelona are the most important cities in Spain.
3. Santiago Bernabéu is a stadium in Barcelona.
4. The rivalry between Real Madrid and FC Barcelona is not only in soccer.
5. Barcelona has resisted Madrid's centralized government.
6. Only the FC Barcelona team was affected by the civil war.
7. During Franco's regime, the Catalan culture thrived.
8. There are many famous rivalries between soccer teams in the Spanish-speaking world.
9. River Plate is a popular team from Argentina.
10. Comunicaciones and Peñarol are famous rivalries in Guatemala.

2 **Comparación** Compare soccer in Spain with a popular sport where you live. What are some famous rivalries? What is the source of their rivalries? How would you describe the different sets of fans?

CONEXIÓN INTERNET

What do soccer and dominoes have in common? Go to **viva.vhlcentral.com** to find out and to access these components.
- the **Flash cultura** video
- more activities
- additional reading:
  El dominó: el pasatiempo favorito de los caribeños hispanos.

¡Fútbol en España!

1 **Preparación** What is the most popular sport at your school? What teams are your rivals? How do students celebrate a win?

2 **El video** Watch this **Flash cultura** episode.

Vocabulario			
afición	*fans*	**pierde**	*loses*
celebran	*they celebrate*	**rivalidad**	*rivalry*

(*Hay mucha afición al fútbol en España.*)

¿Y cuál es vuestro jugador favorito?

3 **Escoger** Select the correct answer.

1. Un partido entre el Barça y el Real Madrid es _____ (un deporte/un evento) importante en toda España.
2. Ronaldinho es el futbolista estrella (*soccer star*) del _____ (Barça/Real Madrid).
3. Los aficionados _____ (miran/celebran) las victorias de sus equipos en las calles (*streets*).
4. La rivalidad entre el Real Madrid y el Barça está relacionada con la _____ (religión/política).

4.1 The present tense of ir  **Tutorial**

ir (to go)			
Singular forms		**Plural forms**	
yo	voy	nosotros/as	vamos
tú	vas	vosotros/as	vais
Ud./él/ella	va	Uds./ellos/ellas	van

Voy a escribir unas postales.

▶ The verb **ir** (*to go*) is irregular in the present tense.

▶ **Ir** is often used with the preposition **a** (*to*). When **a** is followed by the article **el**, they form the contraction **al**. There is no contraction when **a** is followed by **la**, **las**, and **los**.

a + el = al

Voy al cine con María.
I'm going to the movies with María.

Ellos **van a** las montañas.
They are going to the mountains.

Álex y Maite van a volver al autobús.

▶ The construction **ir a** + [*infinitive*] expresses actions that are going to happen in the future. It is equivalent to the English *to be going to* + [*infinitive*].

▶ **Vamos a** + [*infinitive*] can also express the idea of *let's* (*do something*).

Vamos a pasear.
Let's take a stroll.

¡Vamos a ver!
Let's see!

ESPAÑOL EN VIVO

Esta familia siempre va a estar unida,
porque el Banco Atlantis siempre va a estar con ellos.

Luis va a trabajar lejos de su familia, pero ellos van a estar tranquilos. Luis va a depositar su sueldo en el Banco Atlantis y así, él va a ayudar a su familia.

BANCO ATLANTIS

Vamos a ganarle dinero

Práctica y conversación

1 Adivina Roberto has gone to see Doña Imelda, a fortune teller. Using **ir a** + [*infinitive*], say what Doña Imelda predicts.

MODELO

Tu hermano Gabriel _____*va a*_____ ir a Europa.

1. Tú _____ correr en el Maratón de Boston.
2. Tú y tu familia _____ escalar el monte Everest.
3. Tu hermano Pablo _____ jugar en la Liga Nacional de Fútbol.
4. Tu hermana Tina _____ recibir una carta misteriosa.
5. Tu hermana Rosario _____ patinar en los Juegos Olímpicos.
6. Tus padres _____ tomar el sol en Acapulco.
7. Tú _____ ver las pinturas (*paintings*) de tu amiga en el Museo Nacional de Arte.
8. ¡Y yo _____ ser muy, muy rica!

2 ¿Adónde vas? You and some friends are visiting Madrid. Work with a partner and ask each other which sites you will visit today. Use the clues provided in the map.

MODELO

Estudiante 1: *¿Adónde vamos nosotros?*
Estudiante 2: *Nosotros vamos a La Plaza de Santo Domingo.*

3 Situaciones With a partner, say where you and your friends go in these situations.

1. Cuando deseo descansar…
2. Cuando mi novio/a tiene que estudiar…
3. Si mis amigos necesitan practicar el español…
4. Si deseo hablar con unos amigos…
5. Cuando tengo dinero (*money*)…
6. Cuando mis amigos y yo tenemos hambre…
7. Si tengo tiempo libre…
8. Cuando mis amigos desean esquiar…
9. Si estoy de vacaciones (*on vacation*)…
10. Si quiero leer…

4 Encuesta Walk around the class and ask your classmates if they are going to do these activities today. Try to find at least two people for each item and write their names on the worksheet. Report your findings to the class.

Actividades	Nombres
1. Comer en un restaurante	_____
2. Mirar la televisión	_____
3. Leer una revista	_____
4. Escribir un mensaje electrónico	_____
5. Correr	_____
6. Ver una película	_____
7. Pasear en bicicleta	_____
8. Estudiar en la biblioteca	_____

5 Entrevista Interview two classmates to find out what they are going to do this weekend.

MODELO

Estudiante 1: *¿Adónde vas este (*this*) fin de semana?*
Estudiante 2: *Voy a Guadalajara con mis amigos.*
Estudiante 3: *¿Y qué van a hacer (*to do*) ustedes en Guadalajara?*
Estudiante 2: *Vamos a visitar unos monumentos y unos museos de arte. ¿Y tú?*

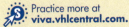
Practice more at **viva.vhlcentral.com.**

4.2 Stem-changing verbs: e → ie, o → ue Tutorial

Álex empieza a
enviar mensajes.

Álex y Maite vuelven
al autobús.

▶ In stem-changing verbs, the stressed vowel of the stem changes when the verb is conjugated.

INFINITIVE	VERB STEM	STEM CHANGE	CONJUGATED FORM
empezar	empez–	empiez–	empiezo
volver	volv–	vuelv–	vuelvo

▶ In many verbs, such as **empezar** (*to begin*), the stem vowel changes from **e** to **ie**. Note that the **nosotros/as** and **vosotros/as** forms don't have a stem change.

empezar (e:ie)

Singular forms		Plural forms	
yo	empiezo	nosotros/as	empezamos
tú	empiezas	vosotros/as	empezáis
Ud./él/ella	empieza	Uds./ellos/ellas	empiezan

▶ In many other verbs, such as **volver** (*to return*), the stem vowel changes from **o** to **ue**. The **nosotros/as** and **vosotros/as** forms have no stem change.

volver (e:ue)

Singular forms		Plural forms	
yo	vuelvo	nosotros/as	volvemos
tú	vuelves	vosotros/as	volvéis
Ud./él/ella	vuelve	Uds./ellos/ellas	vuelven

Common stem-changing verbs

e:ie			o:ue		
cerrar	to close	pensar	to think	dormir	to sleep	poder	to be able to; can
comenzar	to begin	perder	to lose; to miss	encontrar	to find	recordar	to remember
empezar	to begin	preferir	to prefer	mostrar	to show	volver	to return
entender	to understand	querer	to want; to love				

Álex y el joven
juegan al fútbol.

▶ **Jugar** (*to play* a sport or a game) is the only Spanish verb that has a **u:ue** stem change. **Jugar** is followed by **a** + [*definite article*] when the name of a sport or game is mentioned.

▶ **Comenzar** and **empezar** require the preposition **a** when they are followed by an infinitive.

Comienzan a jugar a las siete.
They begin playing at seven.

Ana **empieza a** escribir una postal.
Ana starts to write a postcard.

▶ **Pensar** + [*infinitive*] means *to plan* or *to intend to do something.* **Pensar en** means *to think about someone or something.*

¿Piensan ir al gimnasio?
Are you planning to go to the gym?

¿En qué **piensas?**
What are you thinking about?

Práctica y conversación

Practice more at
viva.vhlcentral.com.

1 El día del partido Complete this game-day conversation between two friends with the appropriate verb forms.

PABLO Óscar, voy al centro ahora. (1) ¿_____ [querer] venir?

ÓSCAR No, yo (2) _____ [preferir] descansar un poco y ver la televisión.

PABLO ¡Qué perezoso (*how lazy*) eres!

ÓSCAR No, hombre. Es que estoy muy cansado. Oye, ¿a qué hora (3) _____ [pensar] regresar? El partido de fútbol (4) _____ [empezar] a las dos.

PABLO A la una. (5) _____ [querer] ver el partido también.

ÓSCAR (6) ¿_____ [pensar] que (*that*) nuestro equipo (7) _____ [poder] ganar?

PABLO No, (8) _____ [pensar] que vamos a (9) _____ [perder]. Los jugadores del Guadalajara (10) _____ [jugar] muy bien.

2 Preferencias With a partner, take turns asking and answering questions about what these people want to do.

MODELO
Guillermo: estudiar / pasear en bicicleta
Estudiante 1: *¿Quiere estudiar Guillermo?*
Estudiante 2: *No, prefiere pasear en bicicleta.*

1. **tú:** trabajar / dormir
_____

2. **ustedes:** mirar la televisión / ir al cine
_____

3. **tus amigos:** ir de excursión / descansar
_____

4. **tú:** comer en la cafetería / ir a un restaurante
_____

5. **Elisa:** ver una película / leer una revista
_____

6. **María y su prima:** tomar el sol / practicar el esquí
_____

3 En la televisión Read the listing of sporting events to be televised this weekend and choose the programs you want to watch. Compare your choices with a classmate and explain why you made them. Then agree on one program you will watch together on each day.

sábado

13:30 NATACIÓN
1 Copa Mundial (*World Cup*) de Natación
15:00 TENIS
8 Abierto (*Open*) Mexicano de Tenis: Cecilia Montero (México) vs. Sandra de la Paz (España) Semifinales
16:00 FÚTBOL NACIONAL
3 Chivas vs. Monterrey
16:30 FÚTBOL AMERICANO PROFESIONAL
21 Vaqueros de Dallas vs. Leones de Detroit
20:00 BALONCESTO PROFESIONAL
16 Knicks de Nueva York vs. Toros de Chicago

domingo

13:00 GOLF
40 Audi Senior Classic: Lorena Ochoa, Natalie Gulbis, Paula Creamer
14:30 VÓLEIBOL
1 Campeonato (*Championship*) Nacional de México
16:00 BALONCESTO
3 Campeonato de Cimeba: Correcaminos de Tampico vs. Santos de San Luis Final
17:00 ESQUÍ ALPINO
19 Eslálom
18:30 FÚTBOL INTERNACIONAL
30 Copa América: México vs. Argentina. Ronda final
20:00 PATINAJE ARTÍSTICO
16 Exhibición mundial

4 Turistas You are taking two friends on a trip to your hometown. Talk about the things you want to do, then fill in the day-planner with the things you plan to do each day.

4.3 Stem-changing verbs: e → i  Tutorial

Le pido un favor
a un amigo.

▶ In some verbs, such as **pedir** (*to ask for; to request*), the stressed vowel in the stem changes from **e** to **i**, as shown in the diagram.

INFINITIVE	VERB STEM	STEM CHANGE	CONJUGATED FORM
pedir	ped–	pid–	pido

▶ As with other stem-changing verbs you have learned, there is no stem change in the **nosotros/as** or **vosotros/as** forms in the present tense.

pedir (e:i)

Singular forms		Plural forms	
yo	pido	nosotros/as	pedimos
tú	pides	vosotros/as	pedís
Ud./él/ella	pide	Uds./ellos/ellas	piden

▶ The following are the most common **e:i** stem-changing verbs:

conseguir	repetir	seguir
to get; to obtain	*to repeat*	*to follow; to continue; to keep (doing something)*

Consiguen ver buenas películas.
They get to see good movies.

Repito la pregunta.
I repeat the question.

Sigue esperando.
He keeps waiting.

▶ The **yo** forms of **seguir** and **conseguir** have a spelling change as well as a stem change.

Sigo su plan.
I'm following their plan.

Consigo novelas en la librería.
I get novels at the bookstore.

conseguir (e:i)

Singular forms		Plural forms	
yo	consigo	nosotros/as	conseguimos
tú	consigues	vosotros/as	conseguís
Ud./él/ella	consigue	Uds./ellos/ellas	consiguen

seguir (e:i)

Singular forms		Plural forms	
yo	sigo	nosotros/as	seguimos
tú	sigues	vosotros/as	seguís
Ud./él/ella	sigue	Uds./ellos/ellas	siguen

repetir (e:i)

Singular forms		Plural forms	
yo	repito	nosotros/as	repetimos
tú	repites	vosotros/as	repetís
Ud./él/ella	repite	Uds./ellos/ellas	repiten

Práctica y conversación

1 **En la clase** You're teaching Spanish at an elementary school. Fill in the blanks to describe a typical day in your class.

1. Yo entro en la clase y _____ [cerrar] la puerta.
2. La clase _____ [comenzar] a las nueve en punto.
3. Yo _____ [pedir] la tarea del día anterior (*previous*).
4. Los estudiantes _____ [repetir] las palabras del vocabulario.
5. Pablo no _____ [seguir] mis instrucciones.
6. Pedro _____ [perder] su lápiz.
7. Algunos estudiantes _____ [dormir] en sus escritorios.
8. La clase termina y yo _____ [volver] a casa muy cansado/a.

2 **Combinar** Combine words from the columns to create sentences about yourself and people you know.

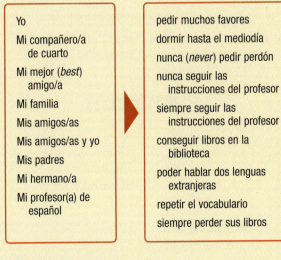

Yo	pedir muchos favores
Mi compañero/a de cuarto	dormir hasta el mediodía
Mi mejor (*best*) amigo/a	nunca (*never*) pedir perdón
Mi familia	nunca seguir las instrucciones del profesor
Mis amigos/as	siempre seguir las instrucciones del profesor
Mis amigos/as y yo	conseguir libros en la biblioteca
Mis padres	poder hablar dos lenguas extranjeras
Mi hermano/a	repetir el vocabulario
Mi profesor(a) de español	siempre perder sus libros

Practice more at **viva.vhlcentral.com.**

3 **Las películas** Use these questions to interview a classmate.

1. ¿Dónde consigues información sobre (*about*) cine y televisión?
2. ¿Prefieres las películas románticas, las películas de acción o las películas de terror? ¿Por qué?
3. ¿Dónde consigues las entradas (*tickets*) para ver una película?
4. Para decidir qué películas vas a ver, ¿sigues las recomendaciones de los críticos de cine?
5. ¿Qué cines en tu comunidad muestran las mejores (*best*) películas?
6. ¿Vas a ver una película esta semana? ¿A qué hora empieza la película?

4 **El fin de semana** Ask a classmate if he or she does these things on a weekend. Report the results to the class.

Actividad	Sí	No
1. Dormir hasta la una de la tarde	____	____
2. Pedir una pizza por teléfono	____	____
3. Jugar al tenis	____	____
4. Ir a un partido de fútbol/baloncesto/béisbol	____	____
5. Pasear	____	____
6. Ir a un museo	____	____
7. Escribir mensajes electrónicos	____	____
8. Patinar	____	____
9. Ir al gimnasio	____	____

4.4 Verbs with irregular **yo** forms   **Tutorial**

A veces salgo a
correr por la noche.

▶ In Spanish, several verbs have irregular **yo** forms in the present tense. The verbs **hacer** (*to do, to make*), **poner** (*to put, to place*), **salir** (*to leave*), **suponer** (*to suppose*), and **traer** (*to bring*) have **yo** forms that end in **–go**. The other forms are regular.

Verbs with irregular *yo* forms

	hacer	poner	salir	suponer	traer
yo	hago	pongo	salgo	supongo	traigo
tú	haces	pones	sales	supones	traes
Ud./él/ella	hace	pone	sale	supone	trae
nosotros/as	hacemos	ponemos	salimos	suponemos	traemos
vosotros/as	hacéis	ponéis	salís	suponéis	traéis
Uds./ellos/ellas	hacen	ponen	salen	suponen	traen

▶ **Salir de** is used to indicate that someone is leaving a particular place.

Hoy **salgo del** hospital.
Today I leave the hospital.

Sale de la clase a las cuatro.
He leaves class at four.

▶ **Salir para** is used to indicate someone's destination.

Mañana **salgo para** México.
Tomorrow I leave for Mexico.

Hoy **salen para** España.
Today they leave for Spain.

▶ **Salir con** means *to leave with someone or something*, or *to date someone*.

Alberto **sale con** su amigo.
Alberto is leaving with his friend.

Margarita **sale con** Guillermo.
Margarita is going out with Guillermo.

▶ The verb **ver** (*to see*) has an irregular **yo** form. The other forms of **ver** are regular.

▶ The verb **oír** (*to hear*) has an irregular **yo** form and a spelling change in the **tú**, **usted**, **él**, **ella**, **ustedes**, **ellos**, and **ellas** forms. The **nosotros/as** and **vosotros/as** forms have an accent mark.

Maite ve la pelota.

ver (to see)

Singular forms		Plural forms	
yo	veo	nosotros/as	vemos
tú	ves	vosotros/as	veis
Ud./él/ella	ve	Uds./ellos/ellas	ven

oír (to hear)

Singular forms		Plural forms	
yo	oigo	nosotros/as	oímos
tú	oyes	vosotros/as	oís
Ud./él/ella	oye	Uds./ellos/ellas	oyen

Oigo a unas personas en la otra sala.
I hear some people in the other room.

¿**Oyes** la música latina?
Do you hear the Latin music?

Práctica y conversación

1 Completar Complete this conversation with the appropriate verb forms.

ERNESTO David, ¿qué (1) _____ [hacer] hoy?

DAVID Ahora estudio biología, pero esta noche (2) _____ [salir] con Luisa. Vamos al cine. Queremos (3) _____ [ver] la nueva (*new*) película de Almodóvar.

ERNESTO ¿Y Diana? ¿Qué (4) _____ [hacer] ella?

DAVID (5) _____ [salir] a comer con sus padres.

ERNESTO ¿Qué (6) _____ [hacer] Andrés y Javier?

DAVID Tienen que (7) _____ [hacer] las maletas. (8) _____ [salir] para Monterrey mañana.

ERNESTO Pues, ¿qué (9) _____ [hacer] yo?

DAVID (10) _____ [suponer] que puedes estudiar.

ERNESTO No quiero estudiar. Mejor (11) _____ [hacer] la tarea.

2 Oraciones Form sentences using the cues given.

MODELO

Tú / ? / los libros / debajo de / escritorio

Tú pones los libros debajo del escritorio.

1. Nosotros / ? / mucha / tarea
2. ¿Tú / ? / la radio?
3. Yo / no / ? / el problema
4. Marta / ? / una grabadora / clase
5. Los señores Marín / ? / su casa / siete
6. Yo / ? / que (*that*) / tú / ir / cine / ¿no?

3 Describir In pairs, form complete sentences with the cues provided.

1.

Fernán/poner

2.

Yo/traer

3.

Nosotras/ver

4.

El estudiante/hacer

4 Preguntas Get together with a classmate and ask each other these questions.

1. ¿A qué hora sales de tu residencia o de tu casa por la mañana? ¿A qué hora llegas a la universidad?
2. ¿A qué hora comienza la clase de español?
3. ¿Traes un diccionario a la clase de español? ¿Por qué? ¿Qué más traes?
4. ¿A qué hora salimos de la clase de español?
5. Cuando vuelves a casa, ¿dónde pones tus libros? ¿Siempre (*always*) pones tus cosas en su lugar?
6. ¿Oyes la radio o prefieres ver la televisión?
7. ¿Oyes la radio cuando estudias?
8. ¿Cuándo estudias? ¿Haces la tarea cada (*each*) noche o prefieres encontrarte con amigos?
9. ¿Qué vas a hacer mañana?
10. ¿Qué haces los fines de semana? ¿Sales con amigos? ¿Adónde van?

5 Charadas In groups, play a game of charades. Each person should think of a phrase using **hacer**, **poner**, **salir**, **oír**, **traer**, or **ver** and act out the phrase. The first person to guess correctly acts out the next charade.

6 Situación Ask a classmate if he or she wants to go out. He or she will accept. Then find out what activities your classmate prefers so you can decide where you want to go. Finally, negotiate the place and the time for your date with your classmate.

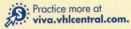
Practice more at
viva.vhlcentral.com.

Ampliación

(S) Audio: Activity
Repaso
Video: TV Clip

1 Escuchar

A First you will hear José talking, then Anabela. Which person does each statement best describe?

TIP **Listen for general meaning.** When you listen for the gist, you simply try to capture the essence of what you hear without focusing on individual words. You will be surprised at how much you can understand!

Descripción	José	Anabela
1. Es muy aficionado/a a los deportes.	☐	☐
2. Usa mucho la computadora.	☐	☐
3. Va mucho al cine.	☐	☐
4. Es una persona muy activa.	☐	☐
5. Le gusta descansar por la tarde.	☐	☐
6. Es una persona estudiosa.	☐	☐
7. Su deporte favorito es el ciclismo.	☐	☐
8. A veces va a ver un partido de béisbol.	☐	☐

B ¿Tienes más en común (*more in common*) con José o con Anabela? Explica tu respuesta.

2 Conversar

You and a friend haven't seen each other in a long time and plan to get together in a new city. Role-play a phone conversation to discuss your plans. Include this information:

- *When you are planning to arrive and return*
- *What places you want to visit*
- *A few activities you can do together*

recursos

WB
pp. 33–40

LM
pp. 21–24

(S)
viva.vhlcentral.com

3 **Escribir** Write a flyer describing the sports and recreational activities offered at your school.

TIP **Use bilingual dictionaries carefully.** Use a Spanish-English dictionary to look up words you don't know, but consider each option carefully in order to find the best word for your needs.

Organízalo | List the activities you could include in the flyer. Use an idea map to organize them.

Escríbelo | Using your idea map, write the first draft of your flyer.

Corrígelo | Exchange papers with a classmate and comment on the organization, style, and grammatical correctness of each other's work. Then revise your first draft, keeping your classmate's comments in mind.

Compártelo | Exchange papers with a new partner. Note any words that are new to you, so you can look them up later. Then turn your paper in to your teacher.

4 **Un paso más** Prepare a radio broadcast of weekend sports events for a major city in the Spanish-speaking world. Include this information in your broadcast:

- An introduction of yourself and your program
- A list of local sports events
- The location and time of each event
- A brief sign-off

CONEXIÓN INTERNET

Investiga estos temas en viva.vhlcentral.com.

- Los deportes más (*most*) populares del mundo hispano
- Los pasatiempos más populares del mundo hispano

Antes de leer

 Reading · **Additional Reading**

The following article appeared in one of Mexico City's daily newspapers. Scan the headings and the visual elements of the article. Based on what you see, what do you think the reading is about?

Can you guess the meaning of the following cognates that appear in the article?

baladas	misticismo
concierto	naturaleza
exposición	realista
festival	recomendar
isla	romántico/a
majestuosidad	pintor(a)
misterio	serenidad

GUÍA para el fin

CINE

Festival de cine argentino

Para los aficionados al cine, este fin de semana comienza el Festival de Cine Argentino en el cine Rex. Se muestran las últimas° películas de directores como Juan José Campanella, Fito Páez, Gabriela Tagliavini y Aníbal Di Salvo. Recomendamos especialmente *El hijo de la novia* y *Luna de Avellaneda* del director Juan José Campanella. *El hijo de la novia* fue nominada para° el Óscar como mejor película extranjera°.

Fechas: 10–14 de marzo
Hora: 8:00 p.m.
Lugar: cine Rex
Dirección: Calle del Espanto, 152

CONCIERTO

Canta Maribel Puértolas

Si quiere escuchar buena música, la cantante° Maribel Puértolas va a ofrecer° un concierto en el café Los Amigos. De origen puertorriqueño, esta joven cantante ha conquistado° a románticos con *Verano° de amor*, su último CD de baladas. "Va a ser un concierto para recordar", dice Puértolas.

Fecha: 15 de marzo
Hora: 7:00 p.m.
Lugar: café Los Amigos
Dirección: Avenida Bolívar, 345

de semana

EXPOSICIÓN

El pintor Tomás Sánchez

El Museo de Arte Moderno ofrece una exposición del pintor cubano Tomás Sánchez. Las obras de Sánchez son paisajes° realistas de la naturaleza de la isla de Cuba. Las pinturas expresan la serenidad y majestuosidad de la selva° tropical cubana, en una atmósfera de misterio y misticismo. Tomás Sánchez es tal vez uno de los pintores cubanos contemporáneos más conocidos.

Fechas: 12 de marzo – 8 de abril
Lugar: Museo de Arte Moderno
Dirección: Avenida Juárez, 248

últimas *latest* fue nominada para *was nominated for*
extranjera *foreign* cantante *singer* ofrecer *to offer*
ha conquistado *has won over* verano *summer*
paisajes *landscapes* selva *jungle*

Después de leer

¿Comprendiste?

Based on the reading, are these statements **cierto** or **falso**?

Cierto	Falso	
_____	_____	1. La guía presenta noticias sobre eventos deportivos.
_____	_____	2. La película *El hijo de la novia* fue nominada para un Óscar.
_____	_____	3. Maribel Puértolas es una cantante de baladas.
_____	_____	4. Las pinturas de Tomás Sánchez se exhiben en el cine Rex.
_____	_____	5. Juan José Campanella es un director de cine argentino.
_____	_____	6. En el café Los Amigos hay una exposición de arte.

Preguntas

Answer these questions.

1. ¿De dónde es Maribel Puértolas?
   _____

2. ¿Qué clase de canciones (*songs*) canta ella?
   _____

3. ¿Cómo son las pinturas de Tomás Sánchez?
   _____

4. ¿Dónde está la exposición de Tomás Sánchez?
   _____

5. ¿Qué películas están dirigidas por Juan José Campanella?
   _____

6. ¿Dónde es el festival de cine?
   _____

Coméntalo

Discuss with classmates which of the activities in the article you would each prefer to do on a weekend and why.

Audio: Vocabulary Flashcards

Las actividades

bucear	to scuba dive
escalar montañas (*f. pl.*)	to climb mountains
escribir una carta/	to write a letter
un mensaje electrónico/	an e-mail message
una (tarjeta) postal	a postcard
esquiar	to ski
ganar	to win
ir de excursión (a las montañas)	to go for a hike (in the mountains)
leer el correo electrónico/	to read e-mail
un periódico/	a newspaper
una revista	a magazine
nadar	to swim
pasar el tiempo	to spend time
pasear en bicicleta	to ride a bicycle
pasear por	to walk around
la ciudad/el pueblo	the city/town
patinar (en línea)	to skate (in-line)
practicar deportes (*m. pl.*)	to play sports
ser aficionado/a (a)	to be a fan (of)
tomar el sol	to sunbathe
ver películas (*f. pl.*)	to watch movies
visitar un monumento	to visit a monument
la diversión	entertainment; fun activity
el/la excursionista	hiker
el fin de semana	weekend
el pasatiempo	pastime; hobby
los ratos libres	spare time
el tiempo libre	free time

Verbos

cerrar (e:ie)	to close
comenzar (e:ie)	to begin
conseguir (e:i)	to get; to obtain
dormir (o:ue)	to sleep
empezar (e:ie)	to begin
encontrar (o:ue)	to find
entender (e:ie)	to understand
hacer	to do; to make
ir	to go
ir a (+ inf.)	to be going to do something
jugar (u:ue)	to play
mostrar (o:ue)	to show
oír	to hear
pedir (e:i)	to ask for; to request
pensar (e:ie)	to think
pensar (+ inf.)	to intend; to plan
pensar en	to think about
perder (e:ie)	to lose; to miss
poder (o:ue)	to be able to; can
poner	to put; to place
preferir (e:ie)	to prefer
querer (e:ie)	to want; to love
recordar (o:ue)	to remember
repetir (e:i)	to repeat
salir	to leave
seguir (e:i)	to follow; to continue; to keep (doing something)
suponer	to suppose
traer	to bring
ver	to see
volver (o:ue)	to return

Adjetivos

deportivo/a	sports-related
favorito/a	favorite

Los deportes

el baloncesto	basketball
el béisbol	baseball
el ciclismo	cycling
el equipo	team
el esquí (acuático)	(water) skiing
el fútbol	soccer
el fútbol americano	football
el golf	golf
el hockey	hockey
el/la jugador(a)	player
la natación	swimming
el partido	game
la pelota	ball
el tenis	tennis
el vóleibol	volleyball

Los lugares

el café	café
la casa	house
el centro	downtown
el cine	movie theater
el gimnasio	gym; gymnasium
la iglesia	church
el lugar	place
el museo	museum
el parque	park
la piscina	swimming pool
el restaurante	restaurant

Expresiones útiles	See page 76.

recursos

LM
p. 24

viva.vhlcentral.com

¡VIVAN LOS PAÍSES HISPANOS!

En Acapulco, un hombre salta desde un acantilado (*cliff*) frente al océano Pacífico. El lugar se llama La Quebrada y miles de turistas lo visitan cada (*each*) día. ¿Te gustaría (*would you like*) visitarlo algún (*some*) día?

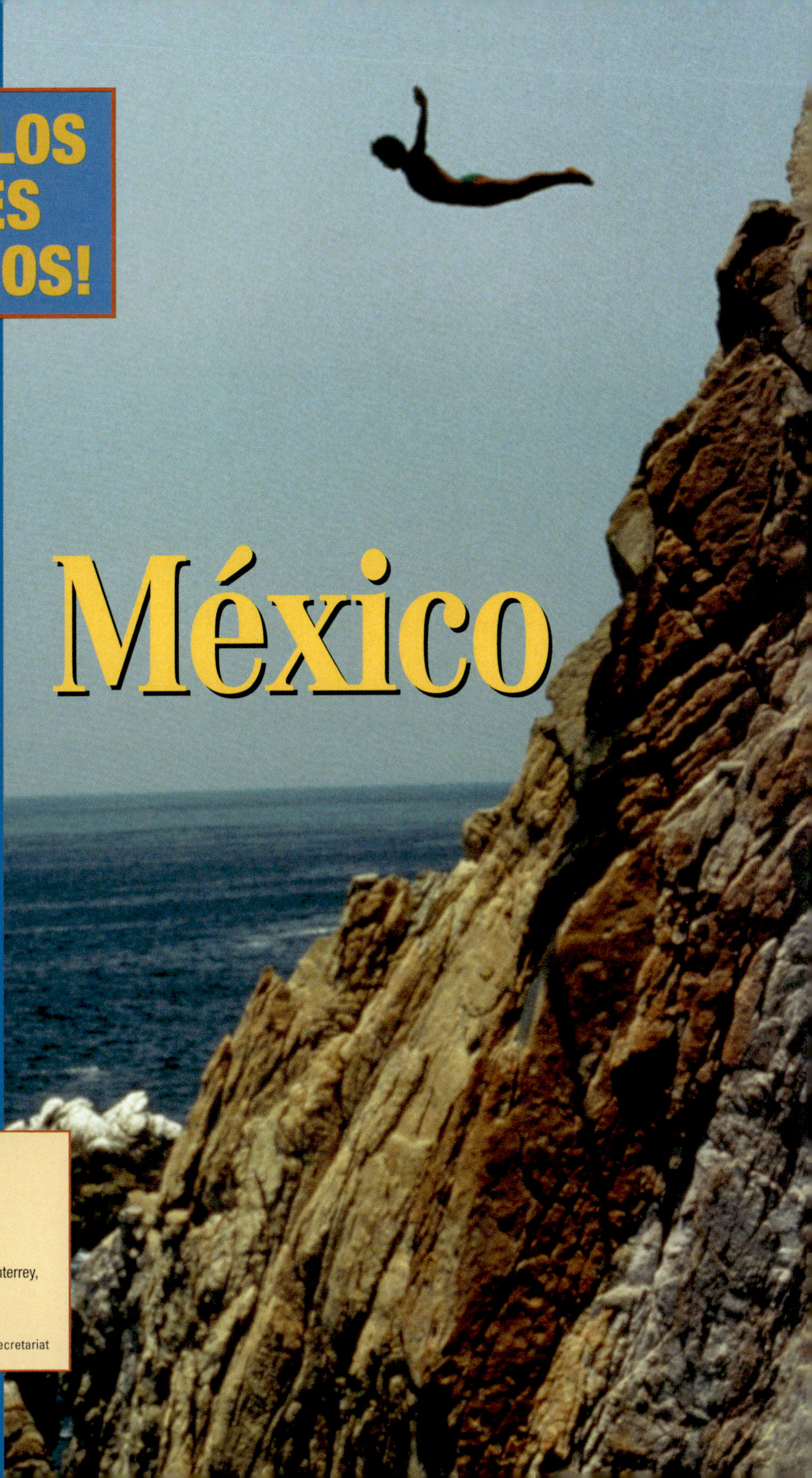

México

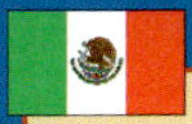

México

Área: 1.972.550 km^2 (761.603 millas^2)
Población: 113.271.000
Capital: México, D.F.–20.688.000
Ciudades importantes: Guadalajara, Monterrey, Ciudad Juárez, Puebla, Cancún, Acapulco
Moneda: peso mexicano

SOURCE: Population Division, UN Secretariat

Celebraciones

La independencia de México

El 16 de septiembre los mexicanos celebran la independencia de su país. En todas las ciudades se ponen decoraciones con los colores de la bandera (*flag*) mexicana y se hacen fiestas con mariachis, comida típica y bailes (*dances*) tradicionales. A estas celebraciones se les llaman las fiestas patrias.

ESTADOS UNIDOS

Ciudad Juárez

Río Bravo del

Baja California

Golfo de California

MÉXICO

Historia

Los mayas

Los pueblos mayas habitaron (*inhabited*) el sur de México y algunos países de Centroamérica. Los mayas crearon (*created*) formidables ciudades con templos religiosos en forma de pirámide, que hoy día son visitados (*are visited*) por millones de turistas.

Puerto Vallarta

Guadalaja

Océano Pacífico

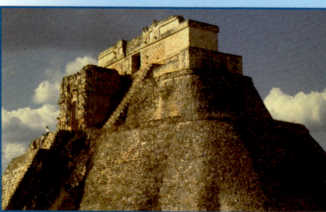

Pirámide de Uxmal

Río Grande

● Monterrey

Golfo
de México

Península de
Yucatán

dad de
éxico

Bahía de
Campeche   Uxmal   ● Cancún

Puebla ●

● Veracruz

Istmo de
Tehuantepec

BELICE

pulco ●

GUATEMALA

Arte

Diego Rivera y Frida Kahlo

Frida Kahlo y Diego Rivera son los pintores mexicanos más famosos. Se casaron (*They got married*) en 1929. Los dos se interesaron (*became interested*) en las condiciones sociales de la gente indígena y de los campesinos (*farmers*) de su país. Puedes ver algunas de sus obras (*works*) en el Museo de Arte Moderno de la Ciudad de México.

Detalle de un mural de Diego Rivera

Economía

La plata

México es el mayor productor de plata (*silver*) del mundo (*world*). Estados como Zacatecas y Durango tienen ciudades fundadas cerca de los más grandes yacimientos (*deposits*) de plata del país. Estas ciudades fueron (*were*) en la época colonial unas de las más ricas e importantes. Hoy en día, aún (*still*) conservan mucho de su encanto (*charm*) y esplendor.

recursos

WB
pp. 41–42

VM
pp. 201–202

Ⓢ viva.vhlcentral.com

¿Qué aprendiste?

1 ¿Cierto o falso? Indicate if these statements are **cierto** or **falso**.

Cierto   Falso

_____   _____   **1.** La Quebrada está en México, D.F.

_____   _____   **2.** Frida Kahlo es una pintora.

_____   _____   **3.** El 16 de septiembre en México organizan una celebración religiosa.

_____   _____   **4.** México es el mayor productor de pinturas (*paintings*) del mundo (*world*).

_____   _____   **5.** Los mexicanos celebran la independencia con las fiestas patrias.

_____   _____   **6.** En México no hay ciudades fundadas cerca de los yacimientos (*deposits*) de plata.

_____   _____   **7.** Diego Rivera fue (*was*) el esposo de Frida Kahlo.

_____   _____   **8.** Puebla es la capital de México.

_____   _____   **9.** Pocos turistas visitan los templos mayas.

_____   _____   **10.** La moneda mexicana es el dólar mexicano.

2 Preguntas Answer the following questions, based on what you've learned about Mexico.

1. ¿Qué aspecto cultural te interesa más (*interests you most*) de México: el arte, la historia o la economía? Explica tu respuesta.

2. ¿Cómo celebran los mexicanos el día de la independencia de su país?

3. ¿Te gustan los cuadros de Diego Rivera y Frida Kahlo? Explica por qué.

4. ¿Por qué piensas que los mayas son importantes en la historia de México?

5. ¿Qué estados de México tienen grandes yacimientos de plata? ¿Te gustaría (*Would you like to*) visitarlos?

6. ¿Por qué Diego Rivera y Frida Kahlo decidieron pintar (*decided to paint*) gente indígena y campesinos?

CONEXIÓN INTERNET

Busca más información sobre estos temas en viva.vhlcentral.com. Presenta la información a tus compañeros/as de clase.

- El 16 de septiembre en México
- Frida Kahlo y Diego Rivera
- Los mayas
- La plata mexicana

 Practice more at **viva.vhlcentral.com.**

5 Las vacaciones

Para empezar

- ¿Son viejas o jóvenes las personas en la foto?
- ¿Son ellos guapos o feos?
- ¿Qué hacen: nadan, bucean o toman el sol?
- ¿Dónde están ellos, en el mar o en una piscina?
- ¿Están en su casa o de vacaciones?

Las vacaciones

la estación del tren
train station

LAS VACACIONES Y LOS VIAJES

el aeropuerto *airport*
la agencia de viajes *travel agency*
el/la agente de viajes *travel agent*
la estación de autobuses *bus station*
　　　　　　del metro *subway station*
el/la inspector(a) de aduanas *customs officer*
el pasaje (de ida y vuelta) *(round-trip) ticket*
la tienda de campaña *tent*
el/la viajero/a *traveler*

el pasaporte
passport

¿QUÉ TIEMPO HACE?

¿Qué tiempo hace? *How's the weather?; What's the weather like?*
Está despejado. *It's clear.*
　　(muy) nublado. *It's (very) cloudy.*
Hace buen/mal tiempo. *The weather is nice/bad.*
　　(mucho) calor. *It's (very) hot.*
　　fresco. *It's cool.*
　　(mucho) frío. *It's (very) cold.*
　　(mucho) sol. *It's (very) sunny.*
　　(mucho) viento. *It's (very) windy.*
Hay (mucha) niebla. *It's (very) foggy.*

llover (o:ue) *to rain*
Llueve. *It's raining.*
nevar (e:ie) *to snow*
Nieva. *It's snowing.*

EN EL HOTEL

el alojamiento *lodging*
la cama *bed*
el/la empleado/a *employee*
la habitación *room*
　　individual *single room*
　　doble *double room*
el hotel *hotel*
el/la huésped *guest*
la pensión *boarding house*
el piso *floor (of a building)*
la planta baja *ground floor*

la llave
key

el botones
bellhop

recursos		
WB pp. 45–46	**LM** p. 25	viva.vhlcentral.com

ir en motocicleta (f.)
to go by motorcycle

LAS ACTIVIDADES

acampar *to camp*

confirmar una reservación *to confirm
    a reservation*

estar de vacaciones *to be on vacation*

hacer las maletas *to pack
    (one's suitcases)*

hacer turismo (m.) *to go sightseeing*

        un viaje *to take a trip*

        una excursión *to go on a hike,
            to go on a tour*

ir a la playa *to go to the beach*

ir de pesca *to go fishing*

    de vacaciones *to go on vacation*

ir en autobús (m.) *to go by bus*

    en auto(móvil) (m.) *to go by car*

    en avión (m.) *to go by plane*

    en barco (m.) *to go by boat*

    en taxi (m.) *to go by taxi*

pasar por la aduana *to go
    through customs*

pescar *to fish*

sacar fotos (f. pl.)
to take pictures

montar a caballo
to ride a horse

LOS NÚMEROS ORDINALES

primer, primero/a *first*

segundo/a *second*

tercer, tercero/a *third*

cuarto/a *fourth*

quinto/a *fifth*

sexto/a *sixth*

séptimo/a *seventh*

octavo/a *eighth*

noveno/a *ninth*

décimo/a *tenth*

LAS ESTACIONES Y LOS MESES

el invierno *winter*

la primavera *spring*

el verano *summer*

el otoño *fall, autumn*

el año *year*

la estación *season*

el mes *month*

OTRAS PALABRAS Y EXPRESIONES

el ascensor *elevator*

la cabaña *cabin*

el campo *countryside*

el equipaje *luggage*

la llegada *arrival*

el mar *ocean, sea*

la salida *departure; exit*

¿Cuál es la fecha de hoy? *What is today's date?*

Hoy es el primero (dos, tres,...) de marzo.
    Today is March first (second, third,...).

enero	*January*
febrero	*February*
marzo	*March*
abril	*April*
mayo	*May*
junio	*June*
julio	*July*
agosto	*August*
septiembre	*September*
octubre	*October*
noviembre	*November*
diciembre	*December*

Práctica y conversación

1 **Escuchar** 🎧 Indicate who would probably make each statement you hear. Each answer is used twice.

El agente de viajes

1. ____ 4. ____
2. ____ 5. ____
3. ____ 6. ____

La inspectora de aduanas

1. ____ 4. ____
2. ____ 5. ____
3. ____ 6. ____

El empleado del hotel

1. ____ 4. ____
2. ____ 5. ____
3. ____ 6. ____

2 **¿Cierto o falso?** 🎧 Listen to each sentence and indicate whether it is **cierto** or **falso**. Correct the false statements.

Cierto	Falso	
____	____	1. _____
____	____	2. _____
____	____	3. _____
____	____	4. _____
____	____	5. _____
____	____	6. _____
____	____	7. _____
____	____	8. _____

3 **Describir** With a partner, take turns describing what these people are doing.

1. Enrique y Juan
2. Yo
3. Tú
4. Don Luis
5. Amalia
6. Juan y yo

4 **Contestar** With a classmate, take turns asking each other these questions.

1. ¿Cuál es la fecha de hoy?
2. ¿Qué estación es? ¿Te gusta esta (*this*) estación?
3. ¿Cuál es el segundo mes del verano?
4. ¿Cuál es el primer mes del invierno?

5. ¿Cuál es la cuarta estación del año?
6. ¿Prefieres el otoño o la primavera? ¿Por qué?
7. ¿Prefieres el mar o las montañas? ¿Por qué?
8. ¿Te gusta más el campo o la ciudad? ¿Por qué?
9. Cuando vas de vacaciones, ¿qué haces?

Practice more at **viva.vhlcentral.com.**

Pronunciación Spanish b and v

Audio: Concepts, Activities Record & Compare

bueno   **vóleibol**   **biblioteca**   **vivir**

There is no difference in pronunciation between the Spanish letters **b** and **v**. However, each letter can be pronounced two different ways, depending on which letters appear next to them.

bonito   **viajar**   **también**   **investigar**

B and **v** are pronounced like the English hard **b** when they appear either as the first letter of a word, at the beginning of a phrase, or after **m** or **n**.

deber   **novio**   **abril**   **cerveza**

In all other positions, **b** and **v** have a softer pronunciation, which has no equivalent in English. Unlike the hard **b**, which is produced by tightly closing the lips and stopping the flow of air, the soft **b** is produced by keeping the lips slightly open.

bola   **vela**   **Caribe**   **declive**

In both pronunciations, there is no difference between **b** and **v**. The English *v* sound, produced by friction between the upper teeth and lower lip, does not exist in Spanish. Instead, the soft **b** comes from friction between the two lips.

Verónica y su esposo cantan boleros.

When **b** or **v** begins a word, its pronunciation depends on the previous word. At the beginning of a phrase or after a word that ends in **m** or **n**, it is pronounced as a hard **b**.

Hombre prevenido vale por dos.[2]

Benito es de Boquerón pero vive en Victoria.

No hay mal que por bien no venga.[1]

Words that begin with **b** or **v** are pronounced with a soft **b** if they appear immediately after a word that ends in a vowel or any consonant other than **m** or **n**.

Refranes Read these sayings aloud to practice the **b** and the **v**.

1 *Every cloud has a silver lining.*
2 *Forewarned is forearmed.*

Practice more at **viva.vhlcentral.com.**

recursos

LM p. 26

viva.vhlcentral.com

Tenemos una reservación.

Video: *Fotonovela*
Record & Compare

Don Francisco y los estudiantes llegan al hotel.

Expresiones útiles

Talking to hotel personnel

¿En qué puedo servirles?
How can I help you?

Tenemos una reservación a mi nombre.
We have a reservation in my name.

Mmm… No veo su nombre. No está.
I don't see your name. It's not here.

¿Está seguro/a? Quizás/Tal vez está a nombre de Ecuatur.
Are you sure? Maybe it's under the name of Ecuatur.

Aquí está… dos habitaciones dobles y una individual.
Here it is, two double rooms and one single.

Aquí tienen las llaves.
Here are your keys.

Gracias, señorita. Muy amable.
Thank you, miss. Very kind/nice.

¿Dónde pongo las maletas?
Where do I put the suitcases?

Allí, encima de la cama.
There, on the bed.

Describing a hotel

No están nada mal las cabañas.
The cabins aren't bad at all.

Todo está muy limpio y ordenado.
Everything is very clean and orderly.

Es excelente/estupendo/ fabuloso/fenomenal.
It's excellent/wonderful/fabulous/great.

Es increíble/magnífico/ maravilloso/perfecto.
It's incredible/magnificent/marvelous/perfect.

Las camas son tan cómodas.
The beds are so comfortable.

Talking about how you feel

Estoy un poco aburrido/a/cansado/a.
I'm a little bored/tired.

EMPLEADA ¿En qué puedo servirles?

DON FRANCISCO Mire, yo soy Francisco Castillo Moreno y tenemos una reservación a mi nombre.

EMPLEADA Mmm… No veo su nombre aquí. No está.

DON FRANCISCO ¿Está segura, señorita? Quizás la reservación está a nombre de la agencia de viajes, Ecuatur.

EMPLEADA Pues sí, aquí está… dos habitaciones dobles y una individual, de la ciento uno a la ciento tres… todas en las primeras cabañas.

DON FRANCISCO Gracias, señorita. Muy amable.

BOTONES Bueno, la habitación ciento dos… Por favor.

ÁLEX Hola, chicas. ¿Qué están haciendo?

MAITE Estamos descansando.

JAVIER Oigan, no están nada mal las cabañas, ¿verdad?

INÉS Y todo está muy limpio y ordenado.

ÁLEX Sí, es excelente.

MAITE Y las camas son tan cómodas.

DON FRANCISCO

JAVIER

INÉS

ÁLEX

MAITE

EMPLEADA

BOTONES

INÉS Oigan, yo estoy aburrida. ¿Quieren hacer algo?

JAVIER ¿Por qué no vamos a explorar la ciudad un poco más?

INÉS ¡Excelente idea! ¡Vamos!

MAITE No, yo no voy. Estoy cansada y quiero descansar un poco porque a las seis voy a correr con Álex.

ÁLEX Y yo quiero escribir un mensaje electrónico antes de ir a correr.

JAVIER Pues nosotros estamos listos, ¿verdad, Inés?

INÉS Sí, vamos.

MAITE Adiós.

INÉS Y JAVIER ¡Chau!

ÁLEX Bueno, nos vemos a las seis.

MAITE Sí, hasta luego.

ÁLEX Adiós.

MAITE ¿Inés y Javier? Juntos otra vez.

Practice more at **viva.vhlcentral.com.**

recursos

VM
pp. 177–178

viva.vhlcentral.com

Actividades

1 Ordenar Put these events in the correct order.

_____ **a.** Las chicas descansan en su habitación.

_____ **b.** Javier e Inés deciden ir a explorar la ciudad.

_____ **c.** Don Francisco habla con la empleada del hotel.

_____ **d.** Javier, Maite, Inés y Álex conversan en la habitación de las chicas.

_____ **e.** El botones pone las maletas en la cama.

2 Completar Complete each statement with the correct word.

1. La reservación está a nombre de la _____ de viajes.

2. Los estudiantes tienen dos habitaciones _____.

3. Don Francisco tiene una habitación _____.

4. Maite va a _____ porque está _____.

5. El botones lleva las _____ a las habitaciones.

6. Las _____ de las habitaciones son cómodas.

3 Minidrama With two or three classmates, prepare and act out a skit containing these scenes.

Scene 1: You call your travel agent and make a hotel reservation for a specific date.

Scene 2: You go to the front desk at the hotel to check in and find out that there are problems with your reservation. Solve the problem.

Scene 3: You find a bellhop to take your bags to your room.

Scene 4: Your bellhop shows you to your room and asks you where to put your bags. You tell the bellhop where to put them and thank him or her.

S Additional Reading
Video: *Flash cultura*

El Camino Inca

Early in the morning, Larry rises, packs up his campsite, fills his water bottle in a stream, eats a quick breakfast, and begins his day. By tonight, the seven miles he and his group hiked yesterday to a height of 9,700 feet will seem easy; today the hikers will cover seven miles to a height of almost 14,000 feet, all the while carrying fifty-pound backpacks.

While not everyone is cut out for such a rigorous trip, Larry is on the journey of a lifetime: **el Camino Inca**. Between 1438 and 1533, when the vast and powerful **Imperio Incaico** (*Incan Empire*) was at its height, the Incas built an elaborate network of **caminos** (*trails*) that traversed the Andes Mountains and converged on the empire's capital, Cuzco. Today, hundreds of thousands of tourists come to Peru annually to walk the surviving caminos and enjoy the spectacular landscapes. The most popular trail, **el Camino Inca**, leads from Cuzco to the ancient mountain city of Machu Picchu. Many trekkers opt for a guided four-day itinerary, starting at a suspension bridge over the Urubamba River, and ending at **Intipunku** (*Sun Gate*), the entrance to Machu Picchu. Guides organize campsites and meals for travelers, as well as one night in a hostel en route.

Wiñay Wayna

To preserve **el Camino Inca**, the National Cultural Institute of Peru limits the number of hikers to five hundred per day. Those that make the trip must book in advance and should be in good physical condition in order to endure the high altitude and difficult terrain.

Sitios en el Camino Inca

Highlights of a four-day hike along the Inca Trail:

Warmiwañusqua (*Dead Woman's Pass*), at 13,800 feet, hiker's first taste of the Andes' extreme sun and wind

Sayacmarca (*Inaccessible Town*), fortress ruins set on a sheer cliff

Phuyupatamarca (*Town in the Clouds*), an ancient town with stone baths, probably used for water worship

Wiñay Wayna (*Forever Young*), a town named for the pink orchid native to the area, famous for its innovative agricultural terraces which transformed the mountainside into arable land

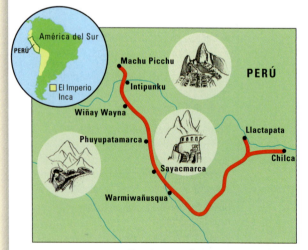

Ruta de cuatro días

S Practice more at
viva.vhlcentral.com.

recursos

VM
pp. 235–236

viva.vhlcentral.com

ACTIVIDADES

1 **¿Cierto o falso?** Indicate whether these statements are **cierto** or **falso**. Correct the false statements.

1. **El Imperio Incaico** reached its height between 1438 and 1533.
2. Lima was the capital of the Incan Empire.
3. Hikers on **el Camino Inca** must camp out every night.
4. The Incas invented a series of terraces to make the rough mountain landscape suitable for farming.
5. Along **el Camino Inca**, one can see village ruins, native orchids, and agricultural terraces.
6. High altitude is one of the challenges faced by hikers on **el Camino Inca**.
7. At Sayacmarca, hikers can see Incan pyramids set on a sheer cliff.
8. Travelers can complete **el Camino Inca** on their own at any time.

2 **De vacaciones** Spring break is coming up, and you want to hike **el Camino Inca** with some friends. In groups, decide how you will get there, where you prefer to stay and for how long, and what each of you will do during free time. Present your trip to the class.

CONEXIÓN INTERNET

What do **Peru** and **Honduras** have in common? Go to **viva.vhlcentral.com** to find out and to access these components.
- the **Flash cultura** video
- more activities
- additional reading: **El geoturismo en Honduras**

¡Vacaciones en Perú!

1 **Preparación** Have you ever visited an archeological or historic site? Where? Why did you go there?

2 **El video** Watch this **Flash cultura** episode.

Vocabulario	
ciudadela	*citadel*
el/la guía	*guide*
quechua	*Quechua (indigenous Peruvian)*
sector (urbano)	*(urban) sector*

Machu Picchu se salvó° de la invasión española […] se encuentra aislada°…

Me encantan° las civilizaciones antiguas°.

se salvó *was saved*   se encuentra aislada *it is isolated*   Me encantan *I love*   antiguas *ancient*

3 **Completar** Complete these sentences. Make the necessary changes.

1. Las ruinas de Machu Picchu son una antigua _____ inca.
2. La ciudadela estaba (*was*) dividida en tres sectores: _____, religioso y de cultivo (*farming*).
3. Cada año los _____ reciben a cientos (*hundreds*) de turistas de diferentes países.
4. Hoy en día, la cultura _____ está presente en las comunidades andinas (*Andean*) del Perú.

5.1 **Estar** with conditions and emotions  Tutorial

▶ In Spanish, the verb **estar** is used to talk about how people feel and to say where people, places, and things are located.

    Estoy bien, gracias. *I'm fine, thanks.*   Juan **está** en la biblioteca. *Juan is at the library.*

▶ **Estar** is used with adjectives to describe the physical condition of nouns.

    La puerta **está** cerrada. *The door is closed.*   Todo **está** muy limpio. *Everything is very clean.*

▶ Use **estar** with adjectives to describe how people feel.

Estoy
aburrida.

Estoy
cansada.

Adjectives that describe emotions and conditions

abierto/a	*open*	contento/a	*happy, content*	nervioso/a	*nervous*
aburrido/a	*bored; boring*	desordenado/a	*disorderly; messy*	ocupado/a	*busy*
alegre	*happy; joyful*	enamorado/a (de)	*in love (with)*	ordenado/a	*orderly*
avergonzado/a	*embarrassed*	enojado/a	*mad, angry*	preocupado/a (por)	*worried (about)*
cansado/a	*tired*	equivocado/a	*wrong; mistaken*	seguro/a	*sure; confident; safe*
cerrado/a	*closed*	feliz	*happy*	sucio/a	*dirty*
cómodo/a	*comfortable*	limpio/a	*clean*	triste	*sad*

▶ Note that the plural of **feliz** is **felices**. Also, note that **seguro** means *safe* when referring to an object and *confident* when referring to people.

Práctica y conversación

1 Un viaje Tere is going on a trip. Say how she, her family, and her friends are feeling. In the first blank, fill in the correct form of **estar**. In the second blank, fill in the adjective that best fits the context. Make the necessary changes.

contento	ocupado
enojado	preocupado
nervioso	triste

Tere

1. ¡Qué bueno! Hoy yo _____ muy _____ porque mañana voy a hacer un viaje a Chicago.

2. ¡Qué nervios! También _____ un poco _____ porque voy en avión y no me gusta mucho volar (*fly*).

3. Mis padres _____ _____ porque viajo sola (*alone*).

4. Mi amiga Patricia y yo _____ muy _____ porque ella no puede ir. Ella tiene que estudiar para un examen.

5. Es que Patricia _____ muy _____ porque este semestre toma muchas clases.

6. Mi novio César _____ muy _____ porque él piensa que yo voy a ir a bailar todas las noches.

2 ¿Cómo están? Describe these places and people.

La habitación de Teresa

La habitación de César

1. _____   2. _____

Yo

El profesor Olmos

3. _____   4. _____

3 Situaciones With a partner, use **estar** to talk about how you feel in these situations.

1. Cuando estoy de vacaciones…
2. Cuando tomo un examen…
3. Cuando estoy con mi familia…
4. Cuando estoy en la clase de español…
5. Cuando llueve…
6. Cuando asisto a un funeral…
7. Cuando mi novio/a sale con otro/a chico/a…
8. Cuando llega el invierno…

4 Describir With a partner, say how these people are feeling and explain why. Use your imagination.

Anabela

Juan y Luisa

Sebastián

Olivia y Marco

5 Preguntas Use these questions to interview your partner.

1. ¿Estás ocupado/a este fin de semana? ¿Qué vas a hacer?
2. ¿Estás enamorado/a? ¿De quién?
3. ¿Qué haces cuando estás preocupado/a por algo (*something*)?
4. ¿Qué haces cuando estás aburrido/a?
5. ¿Cómo estás cuando recibes una mala noticia (*news*)?
6. ¿Cómo estás ahora? ¿Por qué?

Practice more at **viva.vhlcentral.com.**

5.2 The present progressive 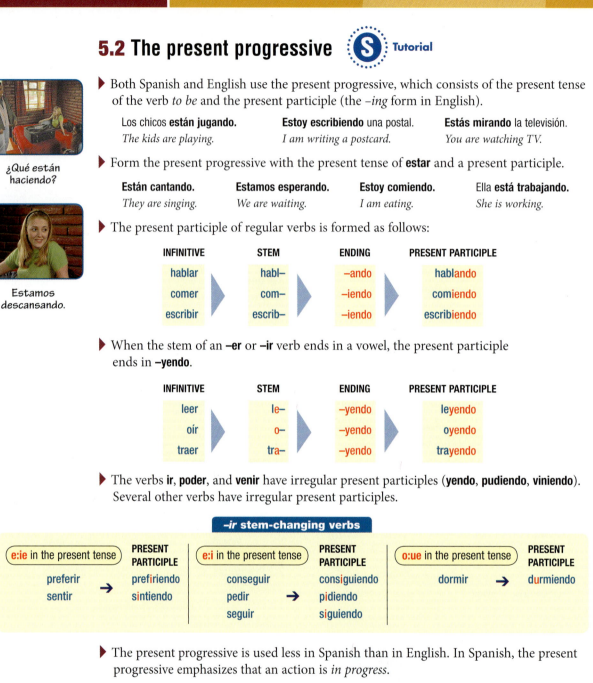 Ⓢ **Tutorial**

▶ Both Spanish and English use the present progressive, which consists of the present tense of the verb *to be* and the present participle (the *–ing* form in English).

Los chicos **están jugando.**	**Estoy escribiendo** una postal.	**Estás mirando** la televisión.
The kids are playing.	*I am writing a postcard.*	*You are watching TV.*

¿Qué están haciendo?

▶ Form the present progressive with the present tense of **estar** and a present participle.

Están cantando.	**Estamos esperando.**	**Estoy comiendo.**	Ella **está trabajando.**
They are singing.	*We are waiting.*	*I am eating.*	*She is working.*

Estamos descansando.

▶ The present participle of regular verbs is formed as follows:

INFINITIVE	STEM	ENDING	PRESENT PARTICIPLE
hablar	habl–	–ando	hablando
comer	com–	–iendo	comiendo
escribir	escrib–	–iendo	escribiendo

▶ When the stem of an **–er** or **–ir** verb ends in a vowel, the present participle ends in **–yendo**.

INFINITIVE	STEM	ENDING	PRESENT PARTICIPLE
leer	le–	–yendo	leyendo
oír	o–	–yendo	oyendo
traer	tra–	–yendo	trayendo

▶ The verbs **ir**, **poder**, and **venir** have irregular present participles (**yendo**, **pudiendo**, **viniendo**). Several other verbs have irregular present participles.

–ir stem-changing verbs

e:ie in the present tense	PRESENT PARTICIPLE	e:i in the present tense	PRESENT PARTICIPLE	o:ue in the present tense	PRESENT PARTICIPLE
preferir →	prefiriendo	conseguir	consiguiendo	dormir →	durmiendo
sentir	sintiendo	pedir →	pidiendo		
		seguir	siguiendo		

▶ The present progressive is used less in Spanish than in English. In Spanish, the present progressive emphasizes that an action is *in progress*.

Ella todavía **está escuchando** música.	Javier **está dibujando** ahora mismo.
She is still listening to music.	*Javier is drawing right now.*

▶ In English, the present progressive is used with actions that occur over time or in the future. In Spanish, the simple present tense is used.

Practican fútbol este verano.
They're playing soccer this summer.

Salgo hoy a las tres.
I'm leaving today at three.

Práctica y conversación

1 **De vacaciones** Mauricio and his family are vacationing. Complete his description of what everyone is doing right now.

1. Yo _____

2. Mi hermana Elena _____

3. Mi papá _____

4. Mi mamá _____

5. Mis hermanos _____

6. Mi abuela _____

2 **Un amigo preguntón** You are on summer vacation. A nosy friend calls you at all hours to see what you are doing. Look at the clocks and tell him.

MODELO
Estoy descansando

1. _____
2. _____
3. _____
4. _____

3 **Describir** With a partner, use the present progressive to describe what is going on in this beach scene.

4 **Conversar** You and a classmate are each babysitting a group of children. In pairs, prepare a telephone conversation using these cues. Be creative!

ESTUDIANTE 1	Say hello and ask what the kids are doing.
ESTUDIANTE 2	Say hello and tell your partner that two of your kids are doing their homework. Then ask what the kids at his/her house are doing.
ESTUDIANTE 1	Tell your partner that two of your kids are running and dancing in the house.
ESTUDIANTE 2	Tell your partner that one kid is reading.
ESTUDIANTE 1	Tell your partner that you are tired and that two kids are watching TV and eating pizza.
ESTUDIANTE 2	Tell your partner that one kid is sleeping.
ESTUDIANTE 1	Tell your partner you have to go; the kids are playing soccer in the house.
ESTUDIANTE 2	Say goodbye and good luck (**¡Buena suerte!**).

Practice more at
viva.vhlcentral.com.

5.3 Comparing ser and estar Tutorial

▶ **Ser** and **estar** both mean *to be*, but are used for different purposes.

Soy Francisco
Castillo Moreno. Yo
soy de la agencia
Ecuatur.

Su nombre no está
en mi lista.

Uses of *ser*

Nationality and place of origin	Los Gómez son peruanos. Luisa es de Cuzco.	**Possession**	Las postales son de Maite.
Profession or occupation	Adela es ingeniera. Ana y yo somos médicos.	**What something is made of**	Las llaves son de metal.
Characteristics of people and things	Sus padres son amables. El hotel es muy grande.	**Time and date**	¿Qué hora es? Son las tres. ¿Qué día es hoy? Hoy es lunes. Hoy es el dos de abril.
Generalizations	Es necesario trabajar.	**Where or when an event occurs**	La fiesta es en mi casa. El concierto es a las ocho.

Uses of *estar*

Location or spatial relationships	El hotel no está lejos. Álex está en el cine.	**Emotional states**	Silvio está aburrido. Estoy contenta con el viaje.
Health	¿Cómo estás? Estoy enfermo.	**Certain weather expressions**	Está despejado. Está nublado.
Physical states and conditions	El conductor está cansado. Las puertas están cerradas.	**Ongoing actions (progressive tenses)**	Estamos buscando el museo. Chela está durmiendo.

Ser and estar with adjectives

▶ With many adjectives, both **ser** and **estar** can be used, but the meaning changes. Statements with **ser** describe inherent qualities, while statements with **estar** describe temporary and changeable conditions.

Juan **es** nervioso.
Juan is a nervous person.

Juan **está** nervioso hoy.
Juan is nervous today.

Ana **es** elegante.
Ana is an elegant person.

Ana **está** elegante hoy.
Ana looks elegant today.

▶ Some adjectives change in meaning depending on whether they are used with **ser** or **estar**.

ser VS. **estar**

El chico **es listo**. *The boy is **smart**.*	El chico **está listo**. *The boy is **ready**.*
La niña **es mala**. *The girl is **bad**.*	La niña **está mala**. *The girl is **sick**.*
Él **es aburrido**. *He is **boring**.*	Él **está aburrido**. *He is **bored**.*

ser VS. **estar**

Las peras **son verdes**. *The pears are **green**.*	Las peras **están verdes**. *The pears are **not ripe**.*
El gato **es muy vivo**. *The cat is **very lively**.*	El gato **está vivo**. *The cat is **alive**.*
Él **es seguro**. *He's **confident**.*	Él no **está seguro**. *He's not **sure**.*

Práctica y conversación

1 Completar Complete this dialogue with **ser** and **estar**.

TINA ¡Hola, Ricardo! ¿Cómo (1) _____?

RICARDO Bien, gracias. Oye... ¡Qué guapa (2) _____ hoy!

TINA Gracias. (3) _____ muy amable. Oye, ¿qué (4) _____ haciendo? (5) ¿_____ ocupado?

RICARDO No, sólo (6) _____ escribiendo un mensaje electrónico a mi amigo Sancho.

TINA ¿De dónde (7) _____ él?

RICARDO Sancho (8) _____ de Ponce, pero ahora él y su familia (9) _____ de vacaciones en Miami.

TINA Y... ¿cómo (10) _____ Sancho?

RICARDO (11) _____ moreno y un poco bajo. También (12) _____ muy listo. ¿Lo quieres conocer?

2 En el aeropuerto Use **ser** and **estar** to describe this scene at an airport in Spain. Tell what these people look like, how they are feeling, and what they are doing.

MODELO

Anita es una niña pequeña, delgada y morena. Ella está triste y ahora está llorando (crying).

3 Describir With a partner, take turns describing the people in the drawing without saying their names. Use these questions to guide your descriptions. Your partner has to guess who the person is.

- ¿Quiénes son las personas?
- ¿Dónde están?
- ¿Cómo son?
- ¿Cómo están?
- ¿Qué están haciendo?
- ¿Qué estación es?
- ¿Qué tiempo hace?
- ¿Qué hora es?

4 Advinar Using these questions as a guide, describe one classmate and one celebrity to your partner. Don't mention their names. Your partner will guess whom you are describing.

- ¿Cómo es?
- ¿Cómo está?
- ¿De dónde es?
- ¿Dónde está?
- ¿Qué está haciendo?

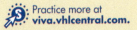
Practice more at **viva.vhlcentral.com.**

5.4 Direct object nouns and pronouns **Tutorial**

¿Dónde pongo las maletas?

Puede ponerlas encima de la cama.

Hay muchos lugares interesantes por aquí. ¿Quieren ir a verlos?

▶ A direct object receives the action of the verb directly and generally follows the verb. In this example, the direct object answers the question *what is Maite writing?*

SUBJECT	VERB	DIRECT OBJECT NOUN
Maite	está escribiendo	unas postales.
Maite	*is writing*	*some postcards.*

▶ When a direct object noun is a person or a pet, it is preceded by the word **a**. This is called the "personal **a**" and it has no English equivalent. When the direct object is not a person or pet, but a place, for example, the personal **a** is not needed.

Marta busca **a** su perro Lucas.
Marta looks for her dog, Lucas.

Don Francisco visita el Hotel Prado.
Don Francisco is visiting the Hotel Prado.

Ustedes visitan el museo.
You are visiting the museum.

▶ Direct object pronouns replace direct object nouns. Like English, Spanish sometimes uses a direct object pronoun to avoid repetition.

DIRECT OBJECT	DIRECT OBJECT PRONOUN	DIRECT OBJECT	DIRECT OBJECT PRONOUN
Ella hace las maletas.	Ella las hace.	Él tiene el carro.	Él lo tiene.

Direct object pronouns

Singular forms				Plural forms			
me	*me*	lo	*you (m., form.); him; it (m.)*	nos	*us*	los	*you (m., form.); them (m.)*
te	*you (fam.)*	la	*you (f., form.); her; it (f.)*	os	*you (fam.)*	las	*you (f., form.); them (f.)*

¡ojo!
It is common to use the direct object pronoun when the direct object noun has been mentioned before.
¿Quieres a tu mamá?
Do you love your mom?
Sí, la quiero mucho.
Yes, I love her very much.

▶ In affirmative sentences, direct object pronouns generally appear before the conjugated verb. In negative sentences, the pronoun is placed between the word **no** and the verb.

Katia tiene las llaves. ▶ Katia las tiene. Él no practica el tenis. ▶ Él no lo practica.

▶ In the present progressive and in infinitive constructions, the direct object pronoun can be placed before the conjugated form, or attached to the present participle or infinitive.

Vamos a hacer las maletas. ▶ Las vamos a hacer. / Vamos a hacerlas.

Quiero ver el estadio. ▶ Lo quiero ver. / Quiero verlo.

▶ When a pronoun is attached to the present participle, an accent mark is added to maintain the proper stress.

Están buscando la llave. ▶ La están buscando. / Están buscándola.

Práctica y conversación

1 Sustitución Professor Vega's class is planning a trip to Costa Rica. Describe their preparations by changing the direct object nouns to direct object pronouns.

MODELO

La profesora Vega tiene su pasaporte.
La profesora Vega lo tiene.

1. Gustavo y Héctor confirman las reservaciones.
2. Nosotros leemos los folletos (*brochures*).
3. Ana María estudia el mapa.
4. Yo aprendo los nombres de los monumentos de San José.
5. Alicia escucha a la profesora.
6. Miguel escribe las instrucciones para llegar al hotel.

2 Vacaciones Ramón is going to San Juan, Puerto Rico, with his friends, Javier and Marcos. Express his thoughts more succinctly using direct object pronouns.

MODELO

Quiero hacer una excursión.
Quiero hacerla./La quiero hacer.

1. Voy a hacer mi maleta.
2. Necesitamos llevar los pasaportes.
3. Marcos está pidiendo el folleto turístico.
4. Javier debe llamar a sus padres.
5. Ellos esperan visitar el Viejo San Juan.
6. Puedo llamar a Javier por la mañana.

3 ¿Qué estás haciendo? A classmate has called to find out what you are doing to prepare for your trip to Cancún. Answer your partner's questions. Follow the model.

MODELO

preparar el itinerario de viaje
Estudiante 1: ¿Estás preparando el itinerario de viaje?
Estudiante 2: No, no lo estoy preparando.
Estudiante 1: ¿Cuándo lo vas a preparar?
Estudiante 2: Voy a prepararlo mañana (el lunes, a los dos, etc.).

1. preparar los documentos de viaje
2. buscar información de hoteles en Internet
3. practicar español
4. pensar en actividades para hacer

4 En un café Get together with a partner and take turns asking each other questions about the drawing.

MODELO

Estudiante 1: ¿Quién está leyendo el mapa?
Estudiante 2: El Sr. Torres está leyéndolo.

Ana

Santiago

Mario

La Sra. Torres

El Sr. Torres

5 Entrevista Use these questions to interview a classmate. Your partner should respond using direct object pronouns.

1. ¿Quién prepara la comida (*food*) en tu casa?
2. ¿Visitas parientes con frecuencia (*frequently*)?
3. ¿Cuándo ves a tus amigos?
4. ¿Estudias español todos los días?
5. ¿Traes tu libro a clase? ¿Y tu cuaderno?
6. ¿Cuándo vas a hacer la tarea de la clase de español?
7. ¿Ves mucho la televisón? ¿Cuándo vas a ver tu programa favorito?
8. ¿Quieres visitar otro país? ¿Por qué?

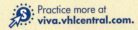

Practice more at
viva.vhlcentral.com.

Ampliación

S Audio: Activity
Repaso
Video: TV Clip

1 Escuchar 🎧

A Listen to the weather report by Hernán Jiménez and indicate which of these phrases are correct.

TIP **Listen for key words.** Listening for key words and phrases will help you identify the subject and main ideas of what you hear, as well as some of the details.

Santo Domingo

___ **1.** hace sol

___ **2.** va a hacer frío

___ **3.** una mañana de mal tiempo

___ **4.** va a estar nublado

___ **5.** buena tarde para tomar el sol

___ **6.** buena mañana para ir a la playa

San Francisco de Macorís

___ **1.** hace frío

___ **2.** hace sol

___ **3.** va a nevar

___ **4.** va a llover

___ **5.** hay niebla

___ **6.** buen día para excursiones

B ¿Qué tiempo hace hoy en tu ciudad?

2 Conversar

Get together with a classmate and ask each other questions using **ser** and **estar**. Be sure to cover these topics.

- Las clases
- La familia
- Los amigos
- Los pasatiempos
- Las vacaciones
- Los deportes
- El tiempo
- Los compañeros de clase

recursos

| WB pp. 47–52 | LM pp. 27–30 | **S** viva.vhlcentral.com |

3 **Escribir** Write a tourist brochure for a hotel or resort.

TIP **Make an outline.** Identify topics and subtopics in order to provide a framework for the information you want to present.

Descripción del sitio (con foto)
A. Playa Grande
1. Playas seguras y limpias
2. Ideal para tomar el sol
y descansar
B. El hotel
1. Abierto los 365 días del año
2. Piscina grande

Organízalo Jot down the most attractive aspects of your hotel or resort. Then, organize your ideas into an outline.

Escríbelo Using your outline as a reference, write the first draft of your brochure.

Corrígelo Exchange papers with a classmate and comment on the brochure's completeness, organization, grammatical accuracy, and level of interest. Then revise your first draft, keeping your classmate's comments in mind.

Compártelo Swap brochures with a classmate. After you have read the brochure, name the three aspects of the hotel or resort that appeal to you the most or least.

4 **Un paso más** Create a real or simulated website to promote a travel package to a resort in a Spanish-speaking country. Include images whenever possible. Your website should include these pages:

- A home page (**página principal**) with a general description of the tour and links to the other pages
- A page describing the means of transportation
- A page describing hotels and accommodations
- A page about the nearby sites to visit
- A page detailing activities available to travelers

Excursión por Puerto Rico: La Isla del Encanto

excursión de 4 días

excursión de 7 días

Agencia de Viajes El Morro
Tel: 787-234-5678
Fax: 787-876-5432

CONEXIÓN INTERNET

Investiga estos temas en viva.vhlcentral.com.

- Balnearios (*resorts*) de España
- Balnearios de América del Sur
- Balnearios de México, Centroamérica y el Caribe

Antes de leer **S** Reading
Additional Reading

By scanning for specific information, you can learn a great deal about a text without reading it word for word. For example, you can scan a document to identify its format, to find cognates, or to find specific facts.

Examinar el texto

Scan the reading selection for cognates and write a few of them down.

1. _____
2. _____
3. _____
4. _____
5. _____

Based on the cognates you found, what do you think this document is about?

_____
_____

Preguntas

Read these questions. Then scan the document again to look for answers to the questions.

1. What is the format of the reading?

_____

2. What place is the document about?

_____

3. What are some of the visual cues this document provides? What do they tell you about the content of the document?

_____
_____

4. Who produced the document, and what do you think it is for?

_____
_____

¡Descubre el Viejo San Juan!

El Morro

El Morro es una fortaleza que defendió la bahía° de San Juan entre los años 1500 y 1900. La arquitectura del lugar es extraordinaria. El Morro tiene numerosos túneles secretos, oscuras mazmorras° y fantásticas vistas de la bahía. Además°, en su interior hay un museo donde se explica° la historia de la fortaleza.

La Iglesia de San José

La Iglesia de San José está en el norte de la ciudad, en la famosa plaza del mismo nombre. Esta iglesia es una construcción de 1532. De hecho°, es la iglesia más antigua° de la isla y un excelente ejemplo de la arquitectura gótica española del siglo° XVI.

El Museo Pablo Casals

Pablo Casals es un famoso violonchelista español, que vivió los últimos años de su vida, de 1956 a 1973, en la isla de Puerto Rico. El Museo Pablo Casals es un interesante edificio° del siglo XVIII. En su interior hay muchos objetos personales del músico, como su chelo, su piano y una gran cantidad de manuscritos y fotografías.

Hermosos hoteles y cafés

El Viejo San Juan ofrece unos hoteles impresionantes, con habitaciones lujosas° y vistas increíbles de la ciudad y del mar. Cerca de los hoteles hay cafés muy agradables, donde los viajeros pueden conversar y escuchar diferentes estilos de música.

Después de leer

¿Comprendiste?

Indicate whether each statement is **cierto** or **falso**.

Cierto	Falso	
_____	_____	**1.** El Morro es una fortaleza en la bahía de San Juan.
_____	_____	**2.** Las habitaciones de los hoteles en El Viejo San Juan no son buenas.
_____	_____	**3.** El Museo Pablo Casals tiene artículos del famoso violonchelista.
_____	_____	**4.** La Iglesia de San José tiene un museo donde se explica la historia de Puerto Rico.
_____	_____	**5.** El Museo Pablo Casals es un edificio del siglo XVIII.
		6. La Iglesia de San José es muy moderna.

Preguntas

Answer these questions using complete sentences.

1. ¿Dónde pasa Pablo Casals los últimos años de su vida?

_____

2. Describe la arquitectura de la Iglesia de San José.

_____

3. ¿Qué podemos hacer en los cafés del Viejo San Juan?

_____

4. ¿Qué hay en el interior de El Morro?

_____

5. ¿Dónde está la Iglesia de San José?

_____

Coméntalo

Imagina que vas de vacaciones al Viejo San Juan. ¿En qué mes del año deseas ir? ¿Por qué? ¿Quieres visitar los lugares mencionados aquí? ¿Por qué?

bahía *bay*   mazmorras *dungeons*   además *additionally*   se explica *they explain; (something) is explained*   de hecho *in fact*   más antigua *oldest*   siglo *century*   edificio *building*   lujosas *luxurious*

Las vacaciones y los viajes

el aeropuerto	airport
la agencia de viajes	travel agency
el/la agente de viajes	travel agent
la estación de autobuses	bus station
del metro	subway station
del tren	train station
el/la inspector(a) de aduanas	customs inspector
el pasaje (de ida y vuelta)	(round-trip) ticket
el pasaporte	passport
la tienda de campaña	tent
el/la viajero/a	traveler
acampar	to camp
confirmar una reservación	to confirm a reservation
estar de vacaciones	to be on vacation
hacer las maletas	to pack (one's suitcases)
hacer turismo (m.)	to go sightseeing
hacer un viaje	to take a trip
una excursión	to go on a hike, to go on a tour
ir a la playa	to go to the beach
ir de pesca	to go fishing
ir de vacaciones	to go on vacation
ir en autobús (m.), en auto(móvil) (m.), en avión (m.), en barco (m.), en motocicleta (f.), en taxi (m.)	to go by bus, to go by car, to go by plane, to go by boat, to go by motorcycle, to go by taxi
montar a caballo	to ride a horse
pasar por la aduana	to go through customs
pescar	to fish
sacar fotos (f. pl.)	to take pictures

En el hotel

el alojamiento	lodging
el/la botones	bellhop
la cama	bed
el/la empleado/a	employee
la habitación individual, doble	single, double room
el hotel	hotel
el/la huésped	guest
la llave	key
la pensión	boarding house
el piso	floor (of a building)
la planta baja	ground floor

Adjetivos

abierto/a	open
aburrido/a	bored; boring
alegre	happy, joyful
amable	nice; friendly
avergonzado/a	embarrassed
cansado/a	tired
cerrado/a	closed
cómodo/a	comfortable
contento/a	happy, content
desordenado/a	disorderly; messy
enamorado/a (de)	in love (with)
enojado/a	mad, angry
equivocado/a	wrong; mistaken
feliz	happy
limpio/a	clean
listo/a	ready; smart
malo/a	bad; sick
nervioso/a	nervous
ocupado/a	busy
ordenado/a	orderly
preocupado/a (por)	worried (about)
seguro/a	sure; confident; safe
sucio/a	dirty
triste	sad
verde	green; ripe
vivo/a	lively; alive

¿Qué tiempo hace?

¿Qué tiempo hace?	How's the weather?; What's the weather like?
Está despejado.	It's clear.
Está (muy) nublado.	It's (very) cloudy.
Hace buen/mal tiempo.	It's nice/bad weather.
(mucho) calor.	It's (very) hot.
fresco.	It's cool.
(mucho) frío.	It's (very) cold.
(mucho) sol.	It's (very) sunny.
(mucho) viento.	It's (very) windy.
Hay (mucha) niebla.	It's (very) foggy.
llover (o:ue)	to rain
Llueve.	It's raining.
nevar (e:ie)	to snow
Nieva.	It's snowing.

Palabras y expresiones adicionales

el ascensor	elevator
la cabaña	cabin
el campo	countryside
el equipaje	luggage
la llegada	arrival
el mar	ocean, sea
la salida	departure; exit
ahora mismo	right now
todavía	yet; still
¿Cuál es la fecha de hoy?	What is today's date?
Hoy es el primero (dos, tres,...) de marzo.	Today is March first (second, third,...).

Las estaciones y los meses	See page 99.
Los números ordinales	See page 99.
Expresiones útiles	See page 102.
Direct object pronouns	See page 112.

recursos

LM
p. 30

viva.vhlcentral.com

Audio: Vocabulary Flashcards

6 ¡De compras!

Para empezar
- ¿Cómo son las dos personas de la foto?
- ¿Quién lleva bluejeans: el empleado, el cliente o los dos?
- ¿Dónde están estas personas, en un mercado o en una tienda?
- ¿Qué está haciendo el hombre de chaqueta verde, comprando o trabajando?

¡De compras!

S Talking Picture Tutorial Games

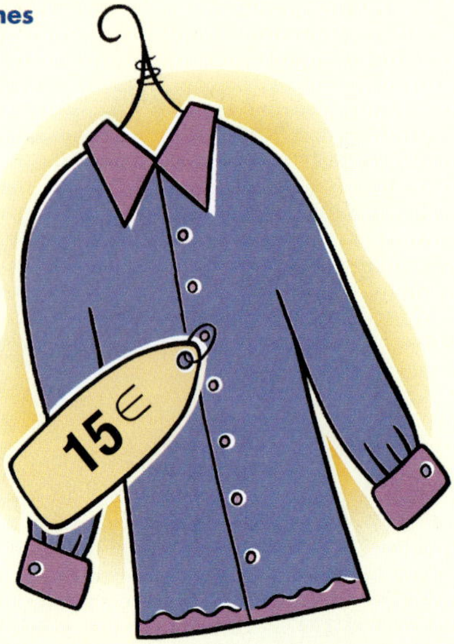

DE COMPRAS

el almacén department store

la caja cash register

el centro comercial shopping mall

el/la cliente/a client

el/la dependiente/a clerk

el mercado (al aire libre) (open-air) market

la rebaja sale

la tienda shop, store

el/la vendedor(a) salesperson

el precio (fijo)
(fixed, set) price

15€

costar (o:ue) to cost

gastar to spend (money)

hacer juego (con) to match

ir de compras to go shopping

llevar to wear; to take

pagar (con) to pay (with)

regatear to bargain

usar to wear; to use

vender to sell

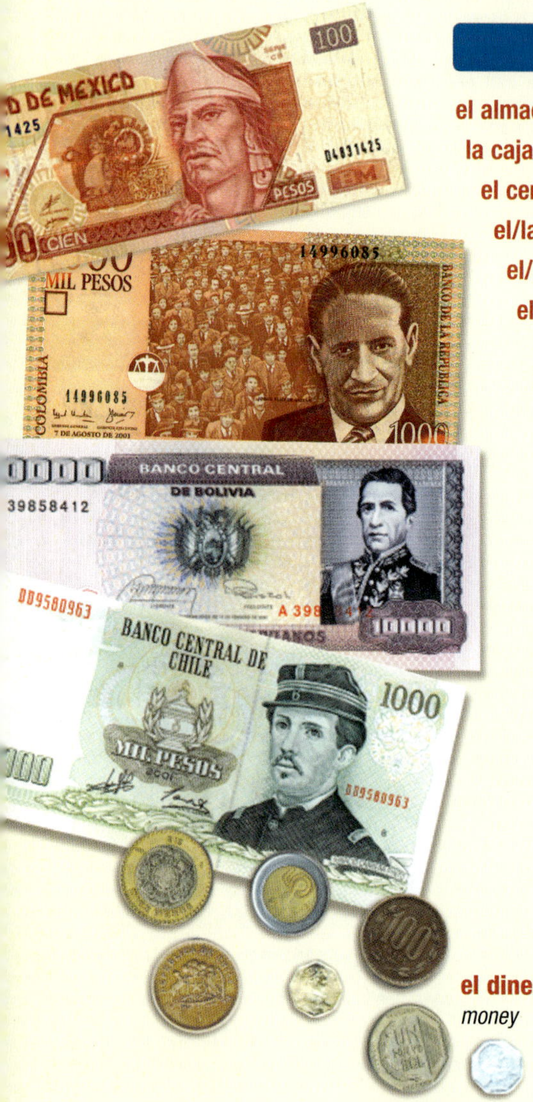

el dinero
money

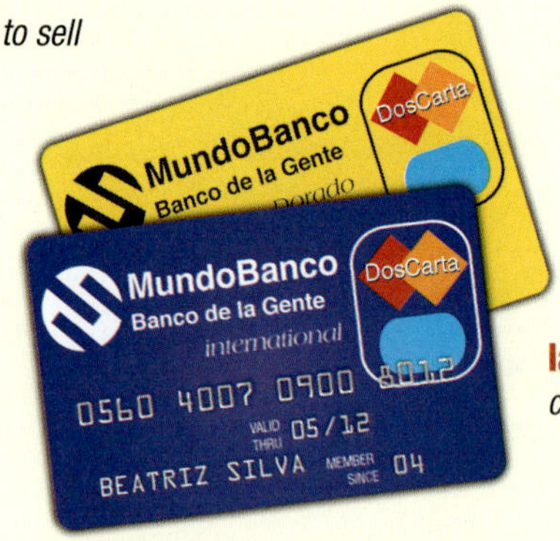

la tarjeta de crédito
credit card

MundoBanco
Banco de la Gente
DosCarta

MundoBanco
Banco de la Gente
international
DosCarta
0560 4007 0900 8012
VALID THRU 05/12
BEATRIZ SILVA MEMBER SINCE 04

LA ROPA Y LOS ACCESORIOS

la corbata *tie*

el abrigo *coat*
los bluejeans *jeans*
la blusa *blouse*
la bolsa *bag; purse*
las botas *boots*
los calcetines *socks*
la camisa *shirt*
la camiseta *t-shirt*
la cartera *wallet*
la chaqueta *jacket*
el cinturón *belt*
la falda *skirt*
los guantes *gloves*
el impermeable *raincoat*

las medias *pantyhose, stockings*
los pantalones *pants*
cortos *shorts*
la ropa *clothing, clothes*
interior *underwear*
las sandalias *sandals*
el sombrero *hat*
el suéter *sweater*
el traje *suit*
de baño *bathing suit*
el vestido *dress*
los zapatos de tenis *sneakers*

las gafas (de sol)
sunglasses

el par de zapatos
pair of shoes

LOS COLORES

amarillo/a *yellow*
blanco/a *white*
anaranjado/a *orange*
rojo/a *red*
gris *gray*
rosado/a *pink*
negro/a *black*
morado/a *purple*
café *brown*
verde *green*
azul *blue*

ADJETIVOS

barato/a *cheap*
bueno/a *good*
cada *each*
caro/a *expensive*
corto/a *short (in length)*
elegante *elegant*
hermoso/a *beautiful*
largo/a *long*
loco/a *crazy*
nuevo/a *new*
otro/a *other; another*
pobre *poor*
rico/a *rich*

Práctica y conversación

 **Audio: Activities**

1 **Escuchar** Listen to Juanita and Vicente talk about what they're packing for their vacations. Indicate who is packing each item. If neither is packing an item, write an **X**.

Juanita

Vicente

	Juanita	Vicente		Juanita	Vicente
1. abrigo	____	____	7. gafas de sol	____	____
2. zapatos de tenis	____	____	8. camisetas	____	____
3. impermeable	____	____	9. traje de baño	____	____
4. chaqueta	____	____	10. botas	____	____
5. sandalias	____	____	11. pantalones cortos	____	____
6. bluejeans	____	____	12. suéter	____	____

2 **Anita la contraria** Your friend Anita always contradicts you. Indicate how she would respond to each sentence.

MODELO El suéter nuevo de Tina es muy grande.
No, su suéter es muy pequeño.

1. El cinturón de Amalia es caro. _____

2. El impermeable de don José es muy feo. _____

3. La corbata del Sr. Garza es larga. _____

4. Los trajes de Mauricio son bonitos. _____

5. Los zapatos de tenis de Noelia son viejos. _____

6. Las sandalias de Rufino están sucias. _____

3 **Preguntas** Answer these questions with a classmate.

1. ¿De qué color es el suéter?

2. ¿De qué color es la corbata?

3. ¿De qué color es la planta?

4. ¿De qué color es la rosa de Texas?

5. ¿De qué color es la casa donde vive el presidente de EE.UU.?

6. ¿De qué color es una cebra?

recursos
viva.vhlcentral.com

4 Entrevista Use these questions to interview a classmate. Then report your findings to the class.

1. ¿Cuál es tu marca (*brand*) de ropa preferida? ¿Es cara o barata?
2. ¿Cuál es tu artículo de ropa preferido? ¿Cuándo lo usas?
3. ¿Adónde vas para (*in order to*) comprar ropa? ¿Por qué?
4. ¿Cuánto dinero gastas en ropa cada mes? ¿Cada año?
5. Cuando vas de compras, ¿buscas rebajas? ¿Regateas?
6. En tu opinión, ¿es importante comprar frecuentemente ropa nueva?

 Practice more at viva.vhlcentral.com.

🎧 Pronunciación The consonants **d** and **t**   Ⓢ Audio: Concepts, Activities Record & Compare

| ¿**D**ón**d**e? | ven**d**er | na**d**ar | ver**d**a**d** |

Like **b** and **v**, the Spanish **d** can also have a hard sound or a soft sound, depending on which letters appear next to it.

| **D**on | **d**inero | tien**d**a | fal**d**a |

At the beginning of a phrase and after **n** or **l**, the letter **d** is pronounced with a hard sound. This sound is similar to the English *d* in *dog*, but a little softer and duller. The tongue should touch the back of the upper teeth, not the roof of the mouth.

| me**d**ias | ver**d**e | vesti**d**o | hués**p**e**d** |

In all other positions, **d** has a soft sound. It is similar to the English *th* in *there*, but a little softer.

Don **D**iego no tiene el **d**iccionario.

When **d** begins a word, its pronunciation depends on the previous word. At the beginning of a phrase or after a word that ends in **n** or **l**, it is pronounced as a hard **d**.

Doña **D**olores es **d**e la capital.

Words that begin with **d** are pronounced with a soft **d** if they appear immediately after a word that ends in a vowel or any consonant other than **n** or **l**.

> Aunque la mona se vista de seda, mona se queda.[2]

| **t**raje | pan**t**alones | **t**arje**t**a | **t**ien**d**a |

When pronouncing the Spanish **t**, the tongue should touch the back of the upper teeth, not the roof of the mouth. Unlike the English **t**, no air is expelled from the mouth.

> En la variedad está el gusto.[1]

🔊 **Refranes** Read these sayings aloud to practice the **d** and the **t**.

[1] *Variety is the spice of life.*
[2] *You can't make a silk purse out of a sow's ear.*

 Practice more at **viva.vhlcentral.com.**

recursos

LM
p. 32

Ⓢ

viva.vhlcentral.com

¡Qué ropa más bonita!

S Video: *Fotonovela*
Record & Compare

Javier e Inés van de compras al mercado.

Expresiones útiles

Clothing and shopping

¡Qué ropa más bonita!
What nice clothes!

Me gusta esta/esa camisa blanca de rayas negras.
I like this/that white shirt with black stripes.

Está de moda.
It's in fashion.

Debe ser de algodón/lana/seda.
It must be cotton/wool/silk.

Es de cuadros/lunares/rayas.
It's plaid/polka-dotted/striped.

Me gusta este/ese suéter.
I like this/that sweater.

Es de muy buena calidad.
It's very good quality.

¿Qué talla lleva/usa usted?
What size do you (form.) wear?

Llevo/Uso talla grande.
I wear a large.

¿Qué número calza usted?
What (shoe) size do you (form.) wear?

Calzo el treinta y seis.
I wear a size thirty-six.

¿Cuánto cuesta?
How much does it cost?

Sólo cuesta noventa mil sucres.
It only costs ninety thousand sucres.

Es demasiado caro/a./Es una ganga.
It's too expensive./It's a bargain.

¿Qué compró usted/él/ella?
What did you (form.)/he/she buy?

Compré esta bolsa para mi hermana.
I bought this bag for my sister.

¿Qué compraste?
What did you (fam.) buy?

Acabo de comprarme un sombrero.
I just bought myself a hat.

INÉS Javier, ¡qué ropa más bonita! A mí me gusta esa camisa blanca y azul. Debe ser de algodón. ¿Te gusta?

JAVIER Yo prefiero la camisa de la izquierda, la gris con rayas rojas. Hace juego con mis botas marrones.

INÉS Está bien, Javier. Mira, necesito comprarle un regalo a mi hermana Graciela. Acaba de empezar un nuevo trabajo…

JAVIER ¿Tal vez una bolsa?

VENDEDOR Esas bolsas son típicas de las montañas. ¿Le gustan?

INÉS Sí. Quiero comprarle una a mi hermana.

INÉS Me gusta aquélla. ¿Cuánto cuesta?

VENDEDOR Ésa cuesta ciento sesenta mil sucres. ¡Es de muy buena calidad!

INÉS Uy, demasiado cara. Quizás otro día.

JAVIER **INÉS** **EL VENDEDOR**

VENDEDOR Buenas tardes, joven. ¿Le puedo servir en algo?

JAVIER Sí. Voy a ir de excursión a las montañas y necesito un buen suéter.

VENDEDOR ¿Qué talla usa usted?

JAVIER Uso talla grande.

VENDEDOR Éstos son de talla grande.

JAVIER ¿Qué precio tiene ése?

VENDEDOR ¿Le gusta este suéter? Le cuesta ciento cincuenta mil sucres.

JAVIER Quiero comprarlo. Pero, señor, no soy rico. ¿Ciento veinte mil sucres?

VENDEDOR Bueno, para usted… sólo ciento treinta mil sucres.

JAVIER Está bien, señor.

JAVIER Acabo de comprarme un suéter. Y tú, ¿qué compraste?

INÉS Compré esta bolsa para mi hermana.

INÉS También compré una camisa y un sombrero. ¿Qué tal me veo?

JAVIER ¡Guapa, muy guapa!

recursos

VM
pp. 179–180

viva.vhlcentral.com

Actividades

1 **¿Cierto o falso?** Indicate whether each sentence is **cierto** or **falso**. Correct the false statements.

1. A Inés le gusta la camisa verde y amarilla.
2. Javier necesita comprarle un regalo a su hermana.
3. Las bolsas del mercado son típicas de las montañas.
4. Inés piensa que la bolsa es muy cara.
5. Javier busca un traje de baño en el mercado.
6. Inés compró un sombrero, un suéter y una bolsa.
7. Javier regatea con el vendedor.
8. Javier va a comprar unas postales.

2 **Contestar** Answer the questions about this episode.

1. Inés le compra un regalo a su hermana. ¿Por qué?
2. ¿Cuánto cuesta la bolsa típica de las montañas?
3. ¿Por qué necesita Javier un buen suéter?
4. ¿Cuál es el precio final del suéter que compra Javier?
5. ¿Qué compra Inés en el mercado?

3 **Conversar** With a classmate, role-play a conversation in which the salesperson greets a customer in an open-air market and offers assistance. The customer is looking for a particular item of clothing. The salesperson and the customer discuss colors and sizes, and negotiate a price.

Practice more at **viva.vhlcentral.com.**

BAJO LA LUPA

S Additional Reading
Video: *Flash cultura*

Los mercados al aire libre

El Rastro

Mercados al aire libre are an integral part of commerce and culture in the Spanish-speaking world. Whether they take place daily or weekly, these markets are an important forum where tourists, locals, and vendors interact. People come to the marketplace to shop, socialize, taste local foods, and watch street performers. Wandering from one **puesto** (*stand*) to the next, one can browse fresh fruits and vegetables, clothing, CDs and DVDs, and **artesanías** (*crafts*). Some markets offer a mix of products, while others specialize in food, fashion, or used merchandise, such as antiques and books.

When shoppers see an item they like, they can bargain with the vendor. Friendly bargaining is an expected ritual and may result in a significantly lower price. When selling food, vendors may give the customer a little extra of what they purchase; this free addition is known as **la ñapa**.

Many open-air markets are also tourist attractions. The market in Otavalo, Ecuador, is world-famous and has taken place every Saturday since pre-Incan times. This market is well-known for the colorful textiles woven by the **otavaleños**, the indigenous people of the area. One can also find leather goods and wood carvings from nearby towns. Another popular market is **El Rastro**, held every Sunday in Madrid, Spain. Sellers set up **puestos** along the streets to display their wares, which range from local artwork and antiques to inexpensive clothing and electronics.

Mercado de Otavalo

Otros mercados famosos

Mercado	Lugar	Productos
Feria Artesanal de Recoleta	Buenos Aires, Argentina	artesanías
Mercado Central	Santiago, Chile	mariscos°, pescado°, frutas, verduras°
Tianguis Cultural del Chopo	Ciudad de México, México	ropa, música, revistas, libros, arte, artesanías
El mercado de Chichicastenango	Chichicastenango, Guatemala	frutas, verduras, flores°, cerámica, textiles

mariscos *seafood*   pescado *fish*   verduras *vegetables*   flores *flowers*

Practice more at
viva.vhlcentral.com.

recursos

VM
pp. 237–238

viva.vhlcentral.com

ACTIVIDADES

1 ¿Cierto o falso? Indicate whether these statements are **cierto** or **falso**. Correct the false statements.

1. In the Hispanic world, markets are vital centers of commerce and culture.

2. Generally, open-air markets specialize in one type of goods.

3. Bargaining is commonplace at outdoor markets.

4. Only new goods can be found at open-air markets.

5. A **ñapa** is a tax on open-air market goods.

6. The **otavaleños** weave colorful textiles to sell on Saturdays.

7. The market in Otavalo opened recently.

8. A Spaniard in search of antiques could search at **El Rastro**.

9. Santiago's **Mercado Central** is known for books and music.

10. If you are in Guatemala and want to buy ceramics, you can go to Chichicastenango.

2 Comparación Compare a market in the Hispanic world with a market where you live. How popular are markets? What items can you typically find there? How do customers negotiate prices?

CONEXIÓN INTERNET

What do fashion from **España** and from **Cuba** have in common? Go to viva.vhlcentral.com to find out and to access these components.

- the **Flash cultura** video
- more activities
- additional reading: **La moda en Cuba**

Comprar en los mercados

1 Preparación Have you ever been to an open-air market? What did you buy? Have you ever negotiated a price? What did you say?

2 El video Watch this **Flash cultura** episode.

Vocabulario	
colones (pl.)	currency from Costa Rica
descuento	discount
¿Cuánto vale?	¿Cuánto cuesta?
el regateo	bargaining

…pero me hace un buen descuento.

¿Qué compran en el Mercado Central?

3 Completar Select the option that best summarizes this episode.

A. Randy Cruz va al mercado al aire libre para comprar papayas. Luego va al Mercado Central. Él les pregunta a clientes qué compran, prueba (*tastes*) platos típicos y busca la heladería.

B. Randy Cruz va al mercado al aire libre para comprar papayas y pedir un descuento. Luego va al Mercado Central para preguntarles a los clientes qué compran en los mercados.

6.1 Numbers 101 and higher Tutorial

Le cuesta
ciento cincuenta
mil sucres.

▶ Spanish uses a period, rather than a comma, to indicate thousands and millions.

	Numbers 101 and higher				
101	ciento uno	700	setecientos/as	5.000	cinco mil
200	doscientos/as	800	ochocientos/as	100.000	cien mil
300	trescientos/as	900	novecientos/as	200.000	doscientos mil
400	cuatrocientos/as	1.000	mil	550.000	quinientos cincuenta mil
500	quinientos/as	1.100	mil cien	1.000.000	un millón (de)
600	seiscientos/as	2.000	dos mil	8.000.000	ocho millones (de)

Pero, señor,
no soy rico. ¿Ciento
veinte mil sucres?

Bueno, para
usted… sólo ciento
treinta mil sucres.

▶ The numbers **200** through **999** agree in gender with the nouns they modify.

324 tiendas
trescient**as** veinticuatro tiendas

605 clientes
seiscient**os** cinco clientes

873 habitaciones
ochocient**as** setenta y tres habitaciones

990 euros
novecient**os** noventa euros

500 mujeres
quinient**as** mujeres

257 estudiantes
doscient**os** cincuenta y siete estudiantes

▶ **Mil** can mean *a thousand* or *one thousand*. The plural form of **un millón** (*a million* or *one million*) is **millones**, which has no accent.

1.000 dólares
mil dólares

2.000.000 de pesos
dos millones de pesos

1.000 aviones
mil aviones

1.000.000 de personas
un millón de personas

5.000 bicicletas
cinco mil bicicletas

1.000.000 de aficionados
un millón de aficionados

▶ In Spanish, years are never expressed as pairs of 2-digit numbers as they sometimes are in English (*1979, nineteen seventy-nine*):

1945
mil novecientos cuarenta y cinco

2015
dos mil quince

1898
mil ochocientos noventa y ocho

1220
mil doscientos veinte

▶ When **millón** or **millones** is used before a noun, place **de** between the two.

1.000.000 **de** hombres = un **millón de** hombres
12.000.000 **de** aviones = doce **millones de** aviones
15.000.000 **de** personas = quince **millones de** personas

Práctica y conversación

Practice more at viva.vhlcentral.com.

1 Completar Complete these sequences in Spanish. Write out the words, not the digits.

1. 100, 120, 140, … 200

_____

_____

2. 5.000, 10.000, 15.000, … 30.000

_____

_____

3. 50.000, 100.000, 150.000, … 300.000

_____

_____

4. 100.000.000, 200.000.000, 300.000.000, … 900.000.000

_____

_____

2 Resolver In pairs, read these math problems aloud and solve them.

MODELO

$$300$$
$$+ 400$$
$$\overline{700}$$

Trescientos más cuatrocientos son setecientos.

+ mas   – menos   = es (*singular*)/son (*plural*)

1. 150
   + 150
   _____

2. 43.000
   – 10.000
   _____

3. 20.000
   +   555
   _____

4. 32.000
   – 30.000
   _____

5. 3.000
   + 753
   _____

6. 200.000
   + 350.000
   _____

7. 1.000.000
   –   75.000
   _____

8. 800.000
   + 175.000
   _____

3 ¿Cuánto cuesta? Ask your partner how much each item costs.

MODELO

Estudiante 1: ¿Cuánto cuestan las gafas de sol?

Estudiante 2: Cuarenta mil pesos.

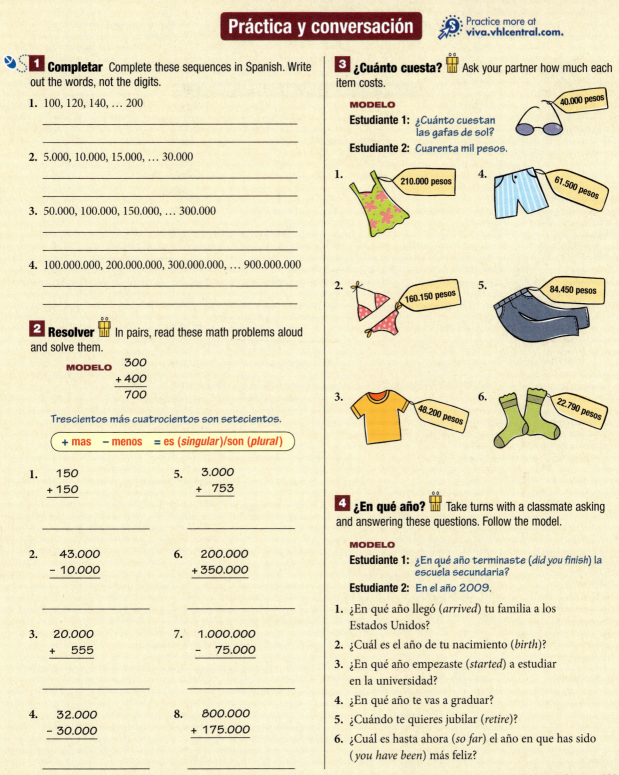

40.000 pesos

1. 210.000 pesos
4. 61.500 pesos
2. 160.150 pesos
5. 84.450 pesos
3. 48.200 pesos
6. 22.790 pesos

4 ¿En qué año? Take turns with a classmate asking and answering these questions. Follow the model.

MODELO

Estudiante 1: ¿En qué año terminaste (*did you finish*) la escuela secundaria?

Estudiante 2: En el año 2009.

1. ¿En qué año llegó (*arrived*) tu familia a los Estados Unidos?

2. ¿Cuál es el año de tu nacimiento (*birth*)?

3. ¿En qué año empezaste (*started*) a estudiar en la universidad?

4. ¿En qué año te vas a graduar?

5. ¿Cuándo te quieres jubilar (*retire*)?

6. ¿Cuál es hasta ahora (*so far*) el año en que has sido (*you have been*) más feliz?

6.2 The preterite tense of regular verbs

 **Tutorial**

¿Qué
compraste?

Compré
esta bolsa.

▶ The preterite is used to talk about actions or states completed in the past.

Preterite of –ar, –er, and –ir verbs			
	comprar	**vender**	**escribir**
yo	compré / *I bought*	vendí / *I sold*	escribí / *I wrote*
tú	compraste	vendiste	escribiste
usted/él/ella	compró	vendió	escribió
nosotros/as	compramos	vendimos	escribimos
vosotros/as	comprasteis	vendisteis	escribisteis
ustedes/ellos/ellas	compraron	vendieron	escribieron

▶ The preterite endings for regular **–er** and **–ir** vebs are identical. Also, note that the **yo** and **usted/él/ella** forms of all three conjugations have written accents on the last syllable.

▶ Note that the **nosotros/as** forms of regular **–ar** and **–ir** verbs in the preterite are identical to the present-tense forms. Context will help you determine which tense is being used.

En invierno **compramos** suéteres.
In the winter we buy sweaters.

Anoche **compramos** unas sandalias.
Last night we bought some sandals.

Escribimos poemas en clase.
We write poems in class.

Ya **escribimos** dos veces al presidente.
We already wrote to the president twice.

▶ **–Ar** and **–er** verbs that have a stem change in the present tense do *not* have a stem change in the preterite.

INFINITIVE	PRESENT	PRETERITE
cerrar (e:ie)	Ana **cierra** la puerta.	Ana **cerró** la puerta.
volver (o:ue)	Memo **vuelve** a las dos.	Memo **volvió** a las dos.
jugar (u:ue)	Él **juega** al fútbol.	Él **jugó** al fútbol.
pensar (e:ie)	**Pienso** mucho.	**Pensé** mucho.

▶ Verbs that end in **–car**, **–gar**, and **–zar** have a spelling change in the **yo** form of the preterite. All the other forms are regular.

buscar ➔ busqué   llegar ➔ llegué   empezar ➔ empecé

▶ **Creer**, **leer**, and **oír** have spelling changes in the preterite.

creer ▶ creí, creíste, creyó, creímos, creísteis, creyeron
leer ▶ leí, leíste, leyó, leímos, leísteis, leyeron
oír ▶ oí, oíste, oyó, oímos, oísteis, oyeron

▶ **Ver** is regular in the preterite, but none of its forms has an accent.

ver ➔ vi, viste, vio, vimos, visteis, vieron

Words commonly used with the preterite

anoche	*last night*	ayer	*yesterday*	la semana pasada	*last week*
anteayer	*the day before*	de repente	*suddenly*	una vez	*once; one time*
	yesterday	desde... hasta...	*from... until...*	dos veces	*twice; two times*
el año pasado	*last year*	pasado/a	*(adj.) last; past*	ya	*already*

Useful phrases

¿Qué hiciste?	*What did you (fam., sing.) do?*	¿Qué hizo él/ella?	*What did he/she do?*
¿Qué hizo usted?	*What did you (form., sing.) do?*	¿Qué hicieron ellos/ellas?	*What did they do?*
¿Qué hicieron ustedes?	*What did you (form., pl.) do?*		

Práctica y conversación

1 Un día fantástico Complete what Isabel says about her day with the appropriate verb forms.

Ayer (1) _____ [pasar] un día fantástico. Por la mañana (2) _____ [estudiar] y luego (3) _____ [salir] de compras con mis amigas al nuevo centro comercial. (4) _____ [Comprar] un vestido y un suéter muy baratos porque el vendedor me hizo un buen descuento. ¡(5) _____ [Gastar] sólo 40 dólares! Más tarde, nosotras (6) _____ [comer] en un restaurante mexicano. Mi amiga Estela (7) _____ [gastar] mucho dinero porque pidió platos (*dishes*) muy caros. Por la noche, nosotras (8) _____ [salir] a bailar a una discoteca y (9) _____ [regresar] muy tarde. Hoy me levanté muy temprano porque tengo que estudiar para la clase de español. ¡Uy! ¡Qué cansada estoy!

2 ¿Qué hicieron? Combine words from each list to talk about things you and others did.

MODELO *Yo leí un buen libro la semana pasada.*

¿Quién?	¿Qué?	¿Cuándo?
yo	ver la televisión	anoche
mi compañero/a de cuarto	hablar con un(a) chico/a guapo/a	anteayer
mis amigos/as y yo	estudiar español	ayer
mis padres	comprar ropa	la semana pasada
mi abuelo/a	leer un buen libro	el año pasado
el/la profesor(a)	bailar en una discoteca latina	una vez
el/la presidente/a		dos veces

3 Nuestras vacaciones Imagine that you took these photos on a vacation with friends. Use the pictures to tell your partner about the trip.

1.
2.
3.
4.

4 ¿Qué hiciste? Get together with a partner and take turns asking each other what you did yesterday, the day before yesterday, and last week.

MODELO

Estudiante 1: *¿Qué hiciste ayer?*
Estudiante 2: *Ayer estudié toda la mañana y en la tarde mis amigos y yo vimos una película.*

Practice more at **viva.vhlcentral.com.**

6.3 Indirect object pronouns Tutorial

▶ An indirect object is the noun or pronoun that answers the question *to whom or for whom* an action is done. In this example, the indirect object answers this question: **¿A quién le prestó Roberto cien pesos?** *To whom did Roberto loan 100 pesos?*

¿Le puedo
servir en algo?

Sí, necesito
comprarme un
buen suéter.

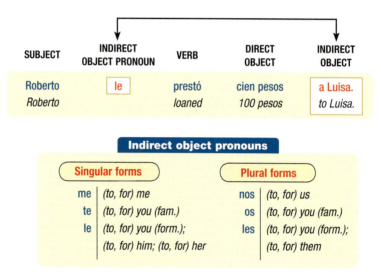

SUBJECT	INDIRECT OBJECT PRONOUN	VERB	DIRECT OBJECT	INDIRECT OBJECT
Roberto	le	prestó	cien pesos	a Luisa.
Roberto		*loaned*	*100 pesos*	*to Luisa.*

Indirect object pronouns

Singular forms		Plural forms	
me	*(to, for) me*	nos	*(to, for) us*
te	*(to, for) you (fam.)*	os	*(to, for) you (fam.)*
le	*(to, for) you (form.);*	les	*(to, for) you (form.);*
	(to, for) him; (to, for) her		*(to, for) them*

▶ Spanish speakers often use the indirect object pronoun and the noun to which it refers in the same sentence to emphasize or clarify *to whom* the pronoun refers. The indirect object pronoun is often used without the noun when the person for whom the action is being done is known.

Iván **le** prestó un lápiz **a Juan**.
Iván loaned a pencil to Juan.

También **le** prestó papel.
He also loaned him paper.

▶ Since **le** and **les** have multiple meanings, **a** + [*noun*] or **a** + [*pronoun*] are often used to clarify to whom the pronouns refer.

Unclear: Ella **les** vendió ropa.
She sold clothing (to them or to you all).

Clear: Ella **les** vendió ropa **a ellos**.
She sold clothing to them.

▶ Indirect object pronouns usually precede the conjugated verb. In negative sentences, place the pronoun between **no** and the conjugated verb.

Te compré un abrigo.
I bought you a coat.

No te compré nada.
I didn't buy you anything.

▶ When an infinitive or present participle is present, there are two options for indirect object pronoun placement: before the conjugated verb, or attached to the infinitive or present participle. When a pronoun is attached to a present participle, an accent mark is added to maintain the proper stress.

¿Vas a comprar**le** un regalo a Lía?
¿**Le** vas a comprar un regalo a Lía?
Are you going to buy a gift for Lía?

Estoy mostrándo**les** las fotos a ellos.
Les estoy mostrando las fotos a ellos.
I'm showing them the photos.

▶ The irregular verbs **dar** (*to give*) and **decir** (*to say; to tell*) are often used with indirect object pronouns.

Dar and decir

	dar					decir		
yo	doy	vosotros/as	dais		yo	digo	vosotros/as	decís
tú	das	Uds./ellos/ellas	dan		tú	dices	Uds./ellos/ellas	dicen
Ud./él/ella	da	Present Participle	dando		Ud./él/ella	dice	Present Participle	diciendo
nosotros/as	damos				nosotros/as	decimos		

Ella **me da** regalos.
She gives me gifts.

Voy a **darle** un beso.
I'm going to give her a kiss.

Te digo la verdad.
I'm telling you the truth.

No **les estoy diciendo** mentiras a mis padres.
I am not telling lies to my parents.

Práctica y conversación

1 Completar Fill in the correct indirect object pronouns to complete Emilio's description of his family's holiday shopping.

1. Yo _____ compré una cartera a mi padre.
2. Mi prima _____ compró una corbata muy fea (a mí).
3. Mis tíos _____ compraron guantes a mis padres.
4. Yo _____ compré un suéter azul a mi mamá.
5. Mis abuelos _____ compraron regalos a nosotros.
6. Y yo _____ compré una camiseta bonita a mi novia.

2 Combinar Use an item from each column and an indirect object pronoun to create logical sentences.

MODELO
Mis padres les dan regalos a mis primos.

A	B	C	D
yo	dar	beso	mí
mis padres	decir	mentiras	ustedes
tú		regalos	novio/a
¿?		¿?	¿?

3 Entrevista Take turns with a classmate asking and answering questions using the cues provided.

MODELO
escribir mensajes electrónicos
Estudiante 1: ¿A quién le escribes mensajes electrónicos?
Estudiante 2: Le escribo mensajes electrónicos a mi hermano.

1. Cantar canciones de amor (*love songs*)
2. Dar una fiesta
3. Decir mentiras
4. Escribir mensajes electrónicos
5. Hablar por teléfono
6. Mostrar fotos de un viaje

4 ¡Somos ricos! You and your classmates won the lottery! Now you want to spend money on your loved ones. In groups of three, discuss what each person is buying for their family and friends.

MODELO
Estudiante 1: Quiero comprarle un vestido a mi mamá.
Estudiante 2: Y yo voy a darles un auto nuevo a mis padres y una blusa a mi amiga.
Estudiante 3: Voy a comprarles una casa a mis padres, pero a mis amigos no les voy a dar nada.

Practice more at
viva.vhlcentral.com.

6.4 Demonstrative adjectives and pronouns

Tutorial

▶ Demonstrative adjectives demonstrate or point out nouns. They precede the nouns they modify and agree with them in gender and number.

este vestido
this dress

esos zapatos
those shoes

aquella tienda
that store (over there)

aquellas bolsas
those bags (over there)

Me gusta
este vestido.

¡Pero **esos** zapatos
son horrendos!

Demonstrative adjectives

Singular forms		Plural forms		
MASCULINE	FEMININE	MASCULINE	FEMININE	
este	esta	estos	estas	*this; these*
ese	esa	esos	esas	*that; those*
aquel	aquella	aquellos	aquellas	*that; those (over there)*

▶ The demonstrative adjectives **este**, **esta**, **estos**, and **estas** are used to point out nouns that are close to the speaker and the listener.

▶ The demonstrative adjectives **ese**, **esa**, **esos**, and **esas** are used to point out nouns that are not close in space and time to the speaker. They may, however, be close to the listener.

▶ The demonstrative adjectives **aquel**, **aquella**, **aquellos**, and **aquellas** are used to point out nouns that are far away from the speaker and the listener.

▶ Demonstrative pronouns are identical to demonstrative adjectives, except that they traditionally carry an accent mark on the stressed vowel. They agree in number and gender with the corresponding noun.

¿Qué pantalón te
gusta?

Me gusta **éste**.

No me gusta **este** suéter. Prefiero **ése**.
I don't like this sweater. I prefer that one.

Ella quiere comprar **esa** bolsa, no **aquélla**.
She wants to buy that purse, not that one over there.

Demonstrative pronouns

Singular forms		Plural forms		
MASCULINE	FEMININE	MASCULINE	FEMININE	
éste	ésta	éstos	éstas	*this one; these*
ése	ésa	ésos	ésas	*that one; those*
aquél	aquélla	aquéllos	aquéllas	*that one; those (over there)*

¿Cuáles tiendas son
tus favoritas?

Mis favoritas son
aquéllas.

▶ There are three neuter forms: **esto**, **eso**, and **aquello**. These forms refer to unidentified or unspecified nouns, situations, and ideas. They do not change in gender or number and never carry an accent mark.

¿Qué es **esto**?
What's this?

Eso es interesante.
That's interesting.

Aquello es bonito.
That's pretty.

Práctica y conversación

1 **En un almacén** Gabriel and María are shopping. Complete their conversation with the appropriate demonstrative adjectives and pronouns.

MARÍA No me gustan (1) _____ (*those*) pantalones. Voy a comprar (2) _____ (*these*).

GABRIEL Yo prefiero (3) _____ (*those over there*).

MARÍA Sí, me gustan a mí también. ¿Qué piensas de (4) _____ (*these*) cinturones?

GABRIEL (5) _____ (*These*) cuestan demasiado.

MARÍA También busco un vestido elegante. ¿Te gusta (6) _____ (*this one*)?

GABRIEL No, es muy feo. ¿Necesitas una falda nueva? (7) _____ (*This one*) es bonita.

MARÍA No, no necesito una falda. Vamos, Gabriel. Me gusta (8) _____ (*this*) almacén, pero (9) _____ (*that one over there*) es mejor (*better*).

2 **Oraciones** Form sentences using the words provided and the appropriate forms of the preterite. Make all the necessary changes.

MODELO

Este / clientes / gastar / mucho dinero
Estos clientes gastaron mucho dinero.

1. aquel / mujer / comprar / chaqueta
2. cliente / pagar / muy caro / ese / abrigos
3. tú / salir / de compras / este / centro comercial
4. yo / buscar / aquel / sombreros / por mucho tiempo
5. empleados / vender / este / corbatas / en rebaja

3 **¿De qué color es?** In pairs, use demonstrative adjectives and pronouns to discuss the colors of items in your classroom.

MODELO

Estudiante 1: ¿Esos zapatos son azules?

Estudiante 2: No, ésos son verdes. Aquéllos son azules.

Estudiante 1: Y esa mochila, ¿es roja?

Estudiante 2: No, ésa es blanca. Aquélla es roja.

rojo/a   amarillo/a   azul   verde

anaranjado/a   blanco/a   café   negro/a

4 **En una tienda** Imagine that you and a classmate are in a small clothing store. Look at the illustration, then talk about what you see around you.

MODELO

Estudiante 1: ¿Te gusta esa chaqueta de mujer que está debajo de las camisas?

Estudiante 2: No, prefiero aquélla que está al lado de los pantalones. ¿Dónde están los zapatos?

Estudiante 1: Están en el centro de la tienda.

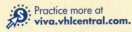

Practice more at **viva.vhlcentral.com.**

Ampliación

 **Audio: Activity**
Repaso
Video: TV Clip

1 Escuchar

A Listen to Marisol and Alicia's conversation. Make a list of the clothing items that each person mentions, then note if she actually purchased it.

TIP Listen for linguistic cues. By listening for the endings of conjugated verbs, you can identify whether an event already took place, is taking place now, or will take place in the future. Verb endings also give clues about who is participating in the action.

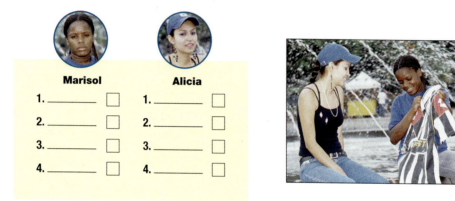

Marisol
1. _____ ☐
2. _____ ☐
3. _____ ☐
4. _____ ☐

Alicia
1. _____ ☐
2. _____ ☐
3. _____ ☐
4. _____ ☐

B ¿Crees que la moda es importante para Alicia? ¿Y para Marisol? ¿Por qué? En tu opinión, ¿es importante estar a la moda?

2 Conversar

With a classmate, take turns playing the roles of a shopper and a clerk in a clothing store. Use these guidelines.

• The shopper talks about the clothing he/she is looking for as a gift, mentions for whom the clothes are intended, and says what he/she bought for the same person last year.

• The clerk recommends items.

• The shopper asks how much the items cost.

3 **Escribir** Write a report for the school newspaper about an interview you conducted with a student concerning his or her opinion on the latest fashion trends at your school.

TIP **Reporting an interview.** You may transcribe the interview verbatim, or simply summarize it with occasional quotes from the speaker. Your report should begin with an interesting title and brief introduction, include some examples or a quote, and end with a conclusion.

Organízalo	Use an idea map to organize the interview questions and develop an outline for your report. Then brainstorm a title for your report.
Escríbelo	Using your outline as a guide, write the first draft of your report.
Corrígelo	Exchange papers with a classmate and comment on the report's title, introduction, organization, level of interest, grammatical accuracy, and conclusion. Then revise your first draft with your classmate's comments in mind.
Compártelo	Exchange reports in groups of four. Give a superlative title to each report on the basis of its strongest points, for example, "best use of Spanish" or "most interesting questions."

4 **Un paso más** Develop a business plan to open a store in a Spanish-speaking country.

- Choose a location for your store.
- Decide which products you are going to sell and select an appealing name for your store.
- Include a visual presentation of your products.
- Itemize your prices and expected profits.
- Explain why you think your store will be successful (**va a tener éxito**).

CONEXIÓN INTERNET

Investiga estos temas en viva.vhlcentral.com.

- Tiendas y almacenes hispanos
- Las monedas de los países hispanos

S Reading
Additional Reading

Antes de leer

Skimming involves quickly reading through a document to absorb its general meaning. This strategy allows you to understand the main ideas without having to read word for word.

Examinar el texto

Look at the format of the reading selection. How is it organized? What does the organization of the document tell you about its content?

Buscar cognados

Scan the reading selection to locate at least five cognates. Based on the cognates, what do you think the reading selection is about?

1. _____
2. _____
3. _____
4. _____
5. _____
6. The reading selection is about _____.

Impresiones generales

Now skim the reading selection to understand its general meaning. Jot down your impressions. What new information did you learn about the document by skimming it? Based on all the information you now have, answer these questions in Spanish.

1. Who created this document?
2. What is its purpose?
3. Who is its intended audience?

El Palacio de la

¡DONDE LA REBAJA ES LA REINA°!

¡APROVECHE° NUESTRAS OFERTAS!

Cárdigan de algodón para mujer/todas las tallas rebajados de **3.450,00** pesos a sólo **2.760,00** pesos

Hermosas blusas de seda para dama°/ tallas mediana y grande rebajadas de **2.030,00** pesos al increíble precio de **1.450,00** pesos

Faldas largas para mujer/colores café, morado, azul y gris rebajadas de **2.468,00** pesos a sólo **1.974,00** pesos

Nuevo modelo de **zapatos** para mujer/números 35 a 38 rebajados de **3.370,00** pesos a sólo **2.596,00** pesos

recursos

S

viva.vhlcentral.com

Ganga

Elegantes chaquetas
para caballero/colores café,
negro, azul y verde con rebaja
del **25%**, de **5.370,00** pesos
a sólo **4.027,50** pesos

Corbatas
baratas para hombre
en variados colores
con rebaja del **40%**,
de **1.384,00** pesos
a sólo **830,40** pesos

Zapatos formales
para hombre/números
40 a 45 rebajados de
2.976,00 pesos
a sólo **2.315,00** pesos

Pantalones
formales para
caballero°/colores
verde, caqui,
negro y azul con
el **30%** de rebaja,
de **5.200,00** pesos a
sólo **3.640,00** pesos

Después de leer

¿Comprendiste?

Indicate whether each statement is **cierto** or **falso**.
Correct the false statements.

Cierto	Falso	
_____	_____	1. Con 4.000 pesos, un cliente puede comprar un pantalón formal para hombre.
_____	_____	2. Normalmente las blusas de seda cuestan más de 2.000 pesos.
_____	_____	3. El Palacio de la Ganga abre a las diez de la mañana los domingos.
_____	_____	4. Una elegante chaqueta café cuesta 4.027,50 pesos.
_____	_____	5. Las corbatas para hombre tienen una rebaja del veinticinco por ciento.
_____	_____	6. Hay rebaja de suéteres de algodón para hombre.
_____	_____	7. El Palacio de la Ganga acepta tarjetas de crédito.
_____	_____	8. El Palacio de la Ganga está abierto los sábados.

Preguntas

1. ¿Cuánto cuestan los zapatos formales de hombre?

   _____

2. ¿Hay rebaja de blusas de algodón?

   _____

3. ¿Hay rebaja de ropa para niños en el Palacio de la Ganga?

   _____

4. ¿Hay rebaja de minifaldas?

   _____

Coméntalo

Imagina que vas a ir al Palacio de la Ganga. ¿Qué ropa vas a comprar? ¿Hay tiendas similares al Palacio de la Ganga en tu comunidad? ¿Cómo se llaman?

el palacio *palace* la reina *queen* aproveche *take advantage of* dama *lady* abierto *open* caballeros *gentlemen*

Audio: Vocabulary Flashcards

La ropa y los accesorios

el abrigo	coat
los bluejeans	jeans
la blusa	blouse
la bolsa	bag; purse
las botas	boots
los calcetines	socks
la camisa	shirt
la camiseta	t-shirt
la cartera	wallet
la chaqueta	jacket
el cinturón	belt
la corbata	tie
la falda	skirt
las gafas (de sol)	(sun)glasses
los guantes	gloves
el impermeable	raincoat
las medias	pantyhose, stockings
los pantalones	pants
los pantalones cortos	shorts
el par de zapatos	pair of shoes
la ropa	clothing, clothes
la ropa interior	underwear
las sandalias	sandals
el sombrero	hat
el suéter	sweater
el traje	suit
el traje de baño	bathing suit
el vestido	dress
los zapatos de tenis	sneakers

Adjetivos

barato/a	cheap
bueno/a	good
cada	each
caro/a	expensive
corto/a	short (in length)
elegante	elegant
hermoso/a	beautiful
largo/a	long
loco/a	crazy
nuevo/a	new
otro/a	other; another
pobre	poor
rico/a	rich

De compras

el almacén	department store
la caja	cash register
el centro comercial	shopping mall
el/la cliente/a	client
el/la dependiente/a	clerk
el dinero	money
el mercado (al aire libre)	(open-air) market
el precio (fijo)	(fixed, set) price
la rebaja	sale
la tarjeta de crédito	credit card
la tienda	shop, store
el/la vendedor(a)	salesperson
costar (o:ue)	to cost
gastar	to spend (money)
hacer juego (con)	to match
ir de compras	to go shopping
llevar	to wear; to take
pagar (con)	to pay (with)
regatear	to bargain
usar	to wear; to use
vender	to sell

Palabras y expresiones

anoche	last night
anteayer	the day before yesterday
el año pasado	last year
ayer	yesterday
de repente	suddenly
desde	from
hasta	until
pasado/a	(adj.) last; past
la semana pasada	last week
una vez	once; one time
dos veces	twice; two times
ya	already
el beso	kiss
la mentira	lie
el regalo	gift
la verdad	truth
¿Qué hiciste?	What did you (fam, sing.) do?
¿Qué hizo usted?	What did you (form., sing.) do?
¿Qué hizo él/ella?	What did he/she do?
¿Qué hicieron ustedes?	What did you (form., pl.) do?
¿Qué hicieron ellos/ellas?	What did they do?
acabar de (+ inf.)	to have just done something
dar	to give
decir	to say; to tell
prestar	to loan

Los colores	See page 121.
Expresiones útiles	See page 124.
Numbers 101 and higher	See page 128.
Indirect object pronouns	See page 132.
Demonstrative adjectives and pronouns	See page 134.

recursos

LM
p. 36

viva.vhlcentral.com

Cada año miles de personas de todo el mundo (*world*) llegan al Caribe para disfrutar (*to enjoy*) de sus encantos. De aguas cálidas (*warm*) y transparentes, el mar caribeño rodea (*surrounds*) las costas (*coasts*) de Cuba, Puerto Rico y la República Dominicana. Además de sus increíbles playas, el Caribe goza de (*enjoys*) un clima tropical todo el año y posee una enorme variedad de plantas y animales exóticos. ¿Te gustaría (*Would you like*) ir al Caribe algún (*some*) día?

El Caribe

Puerto Rico

Área: 8.959 km^2 (3.459 millas^2)
Población: 4.060.000
Capital: San Juan – 2.758.000
Ciudades principales: Caguas, Mayagüez, Ponce
Moneda: dólar estadounidense

SOURCE: Population Division, UN Secretariat

Cuba

Área: 110.860 km^2 (42.083 millas^2)
Población: 11.379.000
Capital: La Habana – 2.159.000
Ciudades principales: Santiago de Cuba, Camagüey, Holguín, Guantánamo
Moneda: peso cubano

SOURCE: Population Division, UN Secretariat

República Dominicana

Área: 48.730 km^2 (18.815 millas^2)
Población: 9.522.000
Capital: Santo Domingo – 2.240.000
Ciudades principales: Santiago de los Caballeros, La Vega
Moneda: peso dominicano

SOURCE: Population Division, UN Secretariat

Interactive map
Video: *Países hispanos*
Reading

ESTADOS UNIDOS

Plaza de la Catedral en La Habana

Lugares

La Habana Vieja

La Habana Vieja es uno de los lugares más maravillosos de Cuba. Este distrito fue declarado (*was declared*) Patrimonio (*Heritage*) Cultural de la Humanidad por la UNESCO en 1982. En la Plaza de Armas, se puede visitar el majestuoso Palacio de Capitanes Generales, que ahora es un museo. En la calle (*street*) Obispo, frecuentada por el escritor Ernest Hemingway, hay hermosos cafés, clubes nocturnos y tiendas elegantes.

ISLAS BAHAMAS

Estrecho de la Florida

★ La Habana

Cordillera de los Órganos

Isla de la Juventud

CUBA

Deportes

El béisbol

Para algunos latinoamericanos, el béisbol es más que un deporte. Los primeros países hispanos en tener una liga fueron Cuba y México, donde se empezó a jugar al béisbol en el siglo (*century*) XIX. Hoy día este deporte es una afición nacional en la República Dominicana. Pedro Martínez y David Ortiz son sólo dos de los muchísimos beisbolistas dominicanos que han alcanzado (*have reached*) gran éxito e inmensa popularidad entre los aficionados.

Mar de las Antillas

Camagüey ●

Holguín ●

Sierra Maestra
Santiago de Cuba ●
Guantánamo

JAMAICA

Océano Atlántico

La salsa y el merengue

Hoy día Puerto Rico es el centro internacional de la salsa. El Gran Combo de Puerto Rico, por ejemplo, es una de las orquestas de salsa más famosas del mundo (*world*). Sin embargo (*Nevertheless*), este género musical, que comúnmente (*commonly*) se asocia con el Caribe, nació (*was born*) en barrios latinos de Nueva York como resultado de una mezcla (*mix*) de influencias puertorriqueñas y cubanas.

El merengue, el ritmo más conocido de la República Dominicana, tiene sus raíces (*roots*) en el campo. Tradicionalmente las canciones hablaban de los problemas sociales de los campesinos (*farmers*). Entre 1930 y 1960, el merengue se popularizó en las ciudades y adoptó un tono más urbano. Uno de los cantantes y compositores de merengue más famosos es Juan Luis Guerra.

El Morro

El Morro, el gran tesoro (*treasure*) de Puerto Rico, es un fuerte (*fort*) que está en la bahía (*bay*) de San Juan. Lo construyeron (*built*) los españoles en el siglo (*century*) XVI para defenderse de los piratas. Desde mil novecientos sesenta y uno, El Morro es un museo que atrae (*attracts*) a miles de turistas. También es el sitio más fotografiado de Puerto Rico. La arquitectura del fuerte es impresionante: tiene túneles misteriosos, mazmorras (*dungeons*) y vistas (*views*) fabulosas de la bahía.

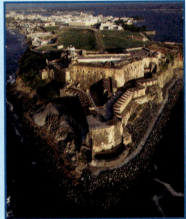

Puerto Plata

Santiago

Río Yuna

HAITÍ

LA REPÚBLICA DOMINICANA

Sierra de Neiba

San Pedro
de Macorís

Arecibo

San Juan

Fajardo

Isla Culebra

Sierra de Baoruco

Santo
Domingo

Mayagüez

Ponce

Isla de Vieques

PUERTO RICO

Mar Caribe

recursos		
WB pp. 63–64	VM pp. 203–206	viva.vhlcentral.com

¿Qué aprendiste?

1 ¿Cierto o falso? Indica si estas oraciones son **ciertas** o **falsas**.

Cierto	Falso	
_____	_____	**1.** El mar Caribe está al oeste de América Central.
_____	_____	**2.** El área de Cuba es mayor que el área de Puerto Rico.
_____	_____	**3.** San Juan es la capital de Puerto Rico.
_____	_____	**4.** La Habana Vieja es Patrimonio Cultural de la Humanidad.
_____	_____	**5.** La Habana Vieja es la parte nueva de la capital de Cuba.
_____	_____	**6.** Los primeros países hispanos en tener una liga de béisbol fueron Cuba y Puerto Rico.
_____	_____	**7.** El béisbol es el deporte nacional de la República Dominicana.
_____	_____	**8.** La salsa nació en Nueva York.
_____	_____	**9.** El merengue tiene sus raíces en la ciudad.
_____	_____	**10.** Juan Luis Guerra es un cantante de merengue.
_____	_____	**11.** El Morro fue construido (*was built*) por piratas en el siglo XVI.
_____	_____	**12.** El Morro es actualmente un museo.

2 Preguntas Contesta estas preguntas con oraciones completas.

1. ¿Cuál de los países del Caribe te parece interesante visitar? ¿Por qué?

2. ¿Por qué crees que la Habana Vieja fue declarada Patrimonio Cultural de la Humanidad?

3. ¿En qué países del Caribe es popular el béisbol? ¿En qué otros países es popular?

4. ¿Te gustan la salsa y el merengue? ¿Conoces (*Do you know*) bandas o artistas famosos de estos géneros musicales?

5. ¿Qué país del Caribe quieres visitar en tus próximas vacaciones? ¿Por qué?

CONEXIÓN INTERNET

Busca más información sobre estos temas en el sitio viva.vhlcentral.com. Presenta la información a tus compañeros/as de clase.

- El Morro
- La Habana Vieja
- El béisbol
- La salsa y el merengue

Practice more at
viva.vhlcentral.com.

7 La vida diaria

Para empezar

- ¿Dónde está ella: en su cuarto o en el baño?
- ¿Piensas que ella se maquilla o que está durmiendo?
- ¿Va a salir o acaba de llegar?
- ¿Crees que a ella le gusta estar a la moda? ¿Por qué?

La vida diaria

Talking Picture Tutorial Games

LA HIGIENE PERSONAL

cepillarse el pelo *to brush one's hair*
ducharse *to shower*
lavarse la cara *to wash one's face*
las manos *to wash one's hands*
maquillarse *to put on makeup*
peinarse *to comb one's hair*

el baño *bathroom*
el champú *shampoo*
la crema de afeitar *shaving cream*
el maquillaje *makeup*
la toalla *towel*

el espejo
mirror

cepillarse los dientes
to brush one's teeth

el despertador
alarm clock

el jabón
soap

afeitarse
to shave

bañarse
to bathe; to take a bath

recursos

WB pp. 65–66

LM p. 37

viva.vhlcentral.com

POR LA MAÑANA Y POR LA NOCHE

la rutina diaria *daily routine*

acostarse (o:ue) *to lie down; to go to bed*
despertarse (e:ie) *to wake up*
vestirse (e:i) *to get dressed*

dormirse (o:ue)
to go to sleep; to fall asleep

levantarse
to get up

OTRAS PALABRAS Y EXPRESIONES

Se acuesta. *He/she goes to bed; you (form.) go to bed.*
Se afeita. *He/she shaves; you shave.*
Se cepilla los dientes. *He/she brushes his/her teeth; you brush your teeth.*
Se despierta. *He/she wakes up; you wake up.*
Se peina. *He/she combs his/her hair; you comb your hair.*
Se viste. *He/she gets dressed; you get dressed.*

ADVERBIOS Y PREPOSICIONES DE TIEMPO

antes (de) *before*
después *afterward; then*
después de *after*
durante *during*
entonces *then*
luego *afterward; then*
más tarde *later (on)*
por la mañana *in the morning*
por la noche *at night*
por la tarde *in the afternoon; in the (early) evening*
por último *finally*

Se lava las manos.
She washes her hands.

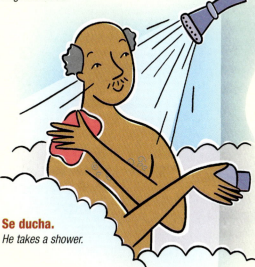

Se ducha.
He takes a shower.

Práctica y conversación (S) **Audio: Activities**

1 **¿Cierto o falso?** 🎧 Escucha las frases, mira las fotos e indica si cada frase es **cierta** o **falsa**.

	Cierto	Falso
1.	_____	_____
2.	_____	_____
3.	_____	_____
4.	_____	_____
5.	_____	_____
6.	_____	_____
7.	_____	_____
8.	_____	_____

1. 2. 3. 4.

5. 6. 7. 8.

2 **Escuchar** 🎧 Escucha las frases e indica si cada frase es **lógica** o **ilógica**.

	1.	2.	3.	4.	5.	6.
Lógico						
Ilógico						

3 **Identificar** Con un(a) compañero/a, indica qué necesitan estas personas para realizar (*to perform*) estas acciones.

MODELO
Manuel / vestirse
Estudiante 1: ¿Qué necesita Manuel para (*in order to*) vestirse?
Estudiante 2: Necesita una camiseta y unos pantalones.

1. Daniel / acostarse

2. Raúl / despertarse

3. Mercedes / lavarse la cara

4. Leonardo / afeitarse

5. Sofía / lavarse el pelo

6. Yolanda / maquillarse

4 **Describir**  Trabajen en parejas (*pairs*) para describir la rutina diaria de dos o tres de estas personas. Usen las palabras de la lista.

antes	después	durante el día	luego	por último
antes de	después de	entonces	por fin	primero

1. mi mejor (*best*) amigo/a
2. nuestro/a profesor(a) de español
3. mi padre/madre
4. mi compañero/a de cuarto
5. Gabriel García Márquez
6. Jennifer López
7. Juanes
8. el presidente de los Estados Unidos

Practice more at **viva.vhlcentral.com.**

Pronunciación The consonant r

Audio: Concepts, Activities Record & Compare

ropa	**rutina**	**rico**	**Ramón**

In Spanish, **r** has a strong trilled sound at the beginning of a word. No English words have a trill, but English speakers often produce a trill when they imitate the sound of a motor.

gustar	**durante**	**primero**	**crema**

In any other position, **r** has a weak sound similar to the English *tt* in *better* or the English *dd* in *ladder*. In contrast to English, the tongue touches the roof of the mouth behind the teeth.

pizarra	**corro**	**marrón**	**aburrido**

The letter combination **rr**, which only appears between vowels, always has a strong trilled sound.

caro	**carro**	**pero**	**perro**

Between vowels, the difference between the strong trilled **rr** and the weak **r** is very important, as a mispronunciation could lead to confusion between two different words.

Refranes Lee en voz alta los refranes, prestando atención a la **r** y a la **rr**.

Perro que ladra no muerde.[1]

No se ganó Zamora en una hora.[2]

1 *The dog's bark is worse than its bite.* 2 *Rome wasn't built in a day.*

recursos

LM
p. 38

viva.vhlcentral.com

Practice more at **viva.vhlcentral.com.**

¡Jamás me levanto temprano!

Video: *Fotonovela*
Record & Compare

Álex y Javier hablan de sus rutinas diarias.

JAVIER Hola, Álex. ¿Qué estás haciendo?
ÁLEX Nada… Sólo estoy leyendo mi correo electrónico. ¿Adónde fueron?

JAVIER Inés y yo fuimos a un mercado. Fue muy divertido. Mira, compré este suéter. Me encanta. No fue barato, pero es chévere, ¿no?
ÁLEX Sí, es ideal para las montañas.

JAVIER ¡Qué interesantes son los mercados al aire libre! Me gustaría volver, pero ya es tarde. Oye, Álex, sabes que mañana tenemos que levantarnos temprano.
ÁLEX Ningún problema.

JAVIER ¿Seguro? Pues yo jamás me levanto temprano. Nunca oigo el despertador cuando estoy en casa y mi mamá se enoja mucho.
ÁLEX Tranquilo, Javier. Yo tengo una solución.

ÁLEX Cuando estoy en casa en la Ciudad de México, siempre me despierto a las seis en punto. Me ducho en cinco minutos y luego me cepillo los dientes. Después me afeito, me visto y ¡listo! ¡Me voy!

DON FRANCISCO · ÁLEX · JAVIER

JAVIER ¡Increíble! ¡Álex, el superhombre!

ÁLEX Oye, Javier, ¿por qué no puedes levantarte temprano?

JAVIER Es que por la noche no quiero dormir, sino dibujar y escuchar música. Por eso es difícil despertarme por la mañana.

JAVIER El autobús no sale hasta las ocho y media. ¿Vas a levantarte mañana a las seis también?

ÁLEX No, pero tengo que levantarme a las siete menos cuarto porque voy a correr.

JAVIER Ah, ya… ¿Puedes despertarme después de correr?

ÁLEX Éste es el plan para mañana. Me levanto a las siete menos cuarto y corro por treinta minutos. Vuelvo, me ducho, me visto y a las siete y media te despierto. ¿De acuerdo?

JAVIER ¡Absolutamente ninguna objeción!

DON FRANCISCO Hola, chicos. Mañana salimos temprano, a las ocho y media… ni un minuto antes ni un minuto después.

ÁLEX No se preocupe, don Francisco. Todo está bajo control.

DON FRANCISCO Bueno, pues, hasta mañana.

DON FRANCISCO ¡Ay, los estudiantes! Siempre se acuestan tarde. ¡Qué vida!

Practice more at viva.vhlcentral.com.

Actividades

1 ¿Cierto o falso? Indica si las frases son **ciertas** o **falsas**. Corrige (*correct*) las falsas.

1. Álex siempre se despierta a las seis cuando está en casa.
2. Álex está mirando la televisión.
3. El suéter que Javier acaba de comprar es caro, pero es muy bonito.
4. A Javier le gusta mucho dibujar y escuchar música por la noche.
5. Javier cree que los mercados al aire libre son aburridos.
6. El autobús va a salir hoy a las siete y media en punto.
7. Álex va a nadar por la mañana.
8. Álex se va a duchar por la mañana.
9. Javier siempre oye el despertador cuando está en casa.
10. Álex va a despertar a Javier por la mañana después de salir a correr.

2 Los planes de Álex Ordena los planes de Álex para mañana. Indica con una **X** lo que no corresponde.

_____ a. Voy a correr por media hora.
_____ b. Voy a acostarme temprano.
_____ c. Voy a despertar a mi amigo a las siete y media.
_____ d. Voy a levantarme a las siete menos cuarto.
_____ e. Voy a ducharme y luego vestirme.

3 Conversación En parejas, conversen sobre la rutina de los domingos. Cada uno debe hacer cinco preguntas a su compañero/a y debe anotar las tres respuestas más interesantes.

La siesta

Additional Reading
Video: *Flash cultura*

¿Sientes cansancio° después de comer? ¿Te cuesta° volver al trabajo° o a clase después del almuerzo? Estas sensaciones son normales. A muchas personas les gusta relajarse° después de almorzar. Este momento de descanso es la siesta. La siesta es popular en los países hispanos y viene de una antigua costumbre° del área del Mediterráneo. La palabra *siesta* viene del latín, es una forma corta de decir "sexta hora". La sexta hora del día es después del mediodía, el momento de más calor. Debido al° calor y al cansancio, los habitantes de España, Italia, Grecia e incluso Portugal tienen la costumbre de dormir la siesta desde hace° más

de° dos mil años. Los españoles y los portugueses llevaron la costumbre a los países americanos.

Aunque° hoy día esta costumbre está desapareciendo° en las grandes ciudades, la siesta todavía es importante en la cultura hispana. En pueblos pequeños, por ejemplo, muchas oficinas° y tiendas tienen la costumbre de cerrar por dos o tres horas después del mediodía. Los empleados van a su casa, almuerzan con sus familias, duermen la siesta o hacen actividades, como ir al gimnasio, y luego regresan al trabajo entre las 2:30 y las 4:30 de la tarde.

Los estudios científicos explican que una siesta corta después de almorzar ayuda° a trabajar más y mejor° durante la tarde. Pero ¡cuidado! Esta siesta debe durar° sólo entre veinte y cuarenta minutos. Si dormimos más, entramos en la fase de sueño profundo y es difícil despertarse.

Hoy, algunas empresas° de los EE.UU., Canadá, Japón, Inglaterra y Alemania tienen salas° especiales donde los empleados pueden dormir la siesta.

Sientes cansancio *Do you feel tired*   **Te cuesta** *Is it hard for you*
trabajo *work*   **relajarse** *to relax*   **antigua costumbre** *old custom*
Debido al *Because (of)*   **desde hace** *for*   **más de** *more than*
Aunque *Although*   **está desapareciendo** *is disappearing*
oficinas *offices*   **ayuda** *helps*   **mejor** *better*   **durar** *last*
algunas empresas *some businesses*   **salas** *rooms*

¿Dónde duermen la siesta?

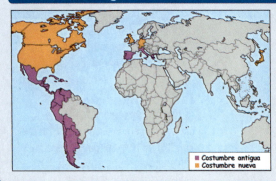

Costumbre antigua
Costumbre nueva

En los lugares donde la siesta es una costumbre antigua, las personas la duermen en su casa. En los países donde la siesta es una costumbre nueva, la gente duerme en sus lugares de trabajo o en centros de siesta.

Practice more at
viva.vhlcentral.com.

recursos

VM
pp. 235–236

viva.vhlcentral.com

ACTIVIDADES

1 ¿Cierto o falso? Indica si lo que dicen las oraciones es **cierto** o **falso**. Corrige la información falsa.

1. La costumbre de la siesta empezó en Asia.
2. La palabra *siesta* está relacionada con la sexta hora del día.
3. Los españoles y los portugueses llevaron la costumbre de la siesta a Latinoamérica.
4. La siesta ayuda a trabajar más y mejor durante la tarde.
5. Los horarios de trabajo de las grandes ciudades hispanas son los mismos que en los pueblos pequeños.
6. Una siesta larga siempre es mejor que una siesta corta.
7. En los Estados Unidos, los empleados de algunas empresas pueden dormir la siesta en el trabajo.
8. Es fácil despertar de un sueño profundo.

2 Una nueva costumbre En parejas, imaginen que las tiendas y comercios en donde viven deciden adoptar la costumbre de la hora de la siesta. ¿Es una buena idea? ¿Cómo va a afectar esta nueva costumbre a su vida diaria? ¿Qué deben hacer ustedes para adaptarse?

CONEXIÓN INTERNET

What do **la siesta** and **el café** have in common? Go to **viva.vhlcentral.com** to find out and to access these components.

- the **Flash cultura** video
- more activities
- additional reading: **La hora del café en el mundo hispano**

Flash CULTURA

Tapas para todos los días

1 Preparación En el área donde vives, ¿qué hacen las personas normalmente después del trabajo (*work*)? ¿Van a sus casas? ¿Salen con amigos? ¿Comen?

2 El video Mira el episodio de **Flash cultura**.

Vocabulario

económicas *inexpensive*
montaditos *bread slices with assorted toppings*
pagar propinas *to tip*
tapar el hambre *to take the edge off (lit. putting the lid on one's hunger)*

—¿Cuándo sueles° venir a tomar tapas?
—Generalmente después del trabajo.

Estos son los montaditos, o también llamados pinchos. ¿Te gustan?

°**sueles** *do you tend*

3 Ordenar Ordena estos eventos de manera lógica.

_____ a. El empleado cuenta los palillos (*counts the toothpicks*) de los montaditos que Mari Carmen comió.
_____ b. Mari Carmen va al barrio de la Ribera.
_____ c. Un hombre dice cuándo toma tapas.
_____ d. Un hombre explica la tradición de los montaditos o pinchos.
_____ e. Mari Carmen le pregunta a la chica si los montaditos son buenos para la salud.

7.1 Reflexive verbs Tutorial

▶ A reflexive verb is used to indicate that the subject does something to or for himself or herself. Reflexive verbs always use reflexive pronouns.

SUBJECT	REFLEXIVE VERB
Carlos	**se afeita** todos los días.

The verb **lavarse** (*to wash oneself*)

yo	**me lavo**	*I wash (myself)*	nosotros/as	**nos lavamos**	*we wash (ourselves)*
tú	**te lavas**	*you wash (yourself)*	vosotros/as	**os laváis**	*you wash (yourself)*
usted	**se lava**	*you wash (yourself)*	ustedes	**se lavan**	*you wash (yourself)*
él/ella	**se lava**	*he/she washes (himself/herself)*	ellos/ellas	**se lavan**	*they wash (themselves)*

Me ducho, me cepillo los dientes, me visto y ¡listo!

¡Ay, los estudiantes! Siempre se acuestan tarde.

▶ The pronoun **se** attached to an infinitive identifies the verb as reflexive, as in **lavarse**. When a reflexive verb is conjugated, the reflexive pronoun agrees with the subject: **Me peino.**

▶ Reflexive pronouns follow the same rules for placement as object pronouns. They are placed before the conjugated verb, or attached to the infinitive or present participle. When a pronoun is attached to the participle, an accent mark is added.

José **se** levanta temprano.
José gets up early.

José **se** va a levantar temprano.
José va a levantar**se** temprano.
José is going to get up early.

Carlos **se** afeita.
Carlos shaves.

Carlos **se** está afeitando.
Carlos está afeitándo**se**.
Carlos is shaving.

¡ojo!

Unlike English, Spanish uses the definite article, not a possessive adjective, when referring to clothing or parts of the body.

Se quitó **los** zapatos.
He took off his shoes.

Me cepillé **los** dientes.
I brushed my teeth.

Common reflexive verbs

acordarse (de) (o:ue)	*to remember*	ducharse	*to shower*	ponerse	*to put on*
acostarse (o:ue)	*to go to bed*	enojarse (con)	*to get angry (with)*	ponerse + (*adj.*)	*to become + (adj.)*
afeitarse	*to shave*	irse	*to go away; to leave*	preocuparse (por)	*to worry (about)*
bañarse	*to bathe; to take a bath*	lavarse	*to wash oneself*	probarse (o:ue)	*to try on*
cepillarse	*to brush*	levantarse	*to get up*	quedarse	*to stay, to remain*
despedirse (de) (e:i)	*to say goodbye (to)*	llamarse	*to be called; to be named*	quitarse	*to take off*
				sentarse (e:ie)	*to sit down*
despertarse (e:ie)	*to wake up*	maquillarse	*to put on makeup*	sentirse (e:ie)	*to feel*
dormirse (o:ue)	*to go to sleep*	peinarse	*to comb one's hair*	vestirse (e:i)	*to get dressed*

▶ Many Spanish verbs can be reflexive. If the verb acts upon the subject, use the reflexive form. If the verb acts upon something else, use the non-reflexive form.

Lola **lava** los platos.
Lola washes dishes.

Lola **se lava** la cara.
Lola washes her face.

▶ Reflexive verbs and their non-reflexive counterparts sometimes have different meanings.

acordar	acordarse	levantar	levantarse
to agree	*to remember*	*to lift*	*to get up*

Práctica y conversación

Practice more at
viva.vhlcentral.com.

1 **Emparejar** Empareja cada foto con la oración correspondiente. Luego, indica qué oraciones tienen verbos reflexivos.

1.

3.

2.

4.

¿Reflexivo?

_____ **a.** Julia se enoja.   _____

_____ **b.** Manuela baña a su hija.   _____

_____ **c.** Estela se pone los calcetines.   _____

_____ **d.** Ramón se cepilla los dientes.   _____

2 **Nuestra rutina** La familia de Blanca sigue la misma rutina todos los días. Según Blanca, ¿qué hacen ellos?

MODELO
mamá / despertarse a las 5:00
Mamá se despierta a las cinco.

1. Roberto y yo / levantarse a las 7:00

2. papá / ducharse primero y / luego afeitarse

3. yo / lavarse la cara y / vestirse antes de tomar café

4. mamá / peinarse y / luego maquillarse

5. todos (nosotros) / sentarse a la mesa para comer

6. Roberto / cepillarse los dientes después de comer

3 **Conversaciones** Completa las conversaciones.

MARIO   Tú (1) _____ [lavar / lavarse] los platos ayer, ¿no?

TOMÁS   Sí, los (2) _____ [lavar / lavarse] en la noche.

• • •

BEATRIZ   ¿Normalmente (tú) (3) _____ [duchar / ducharse] antes de ir a clase?

DAVID   Sí, (4) _____ [duchar / ducharse] por la mañana.

• • •

MAMÁ   Niños, ¿a qué hora (5) _____ [acostar / acostarse] ustedes anoche?

PACO   Daniela (6) _____ [acostar / acostarse] a las nueve, pero nosotros (7) _____ [acostar/ acostarse] a las ocho.

• • •

ANA   Yo (8) _____ [sentir / sentirse] nerviosa hoy.

PATRICIA   Bueno… tú siempre (9) _____ [sentir / sentirse] nerviosa antes de un examen.

4 **Charadas** En grupos, jueguen a las charadas. Cada persona debe pensar en dos frases con verbos reflexivos. La primera persona que adivina la charada dramatiza la siguiente (*next one*).

5 **Entrevista** Primero, prepara una lista con las actividades que hiciste (*you did*) anoche. Luego, compara con un(a) compañero/a las actividades y toma apuntes (*notes*) de lo que hizo él/ella (*what he/she did*).

6:00 pm.	En el Centro Comercial. Me he probado un vestido bien bonito.
7:00 pm.	En la cafetería con Luis. ¡Siempre se pone tan pesado!
7:30 pm.	Cine con Javier. Muy aburrido. Casi me duermo.
9:00 pm.	Cena en el restaurante "El cangrejo".
11:00 pm.	Fiesta de Antonio. Me despido de mis amigos.
2:00 am.	Me acuesto. No me duermo hasta muy tarde.

7.2 Indefinite and negative words Tutorial

Yo siempre me despierto a las seis.

Yo jamás me levanto temprano. Nunca oigo el despertador.

▶ Indefinite words, such as *someone* or *something*, refer to people and things that are not specific. Negative words, like *no one* or *nothing*, deny the existence of people and things or contradict statements.

Indefinite and negative words

Indefinite words		Negative words	
algo	something; anything	nada	nothing; not anything
alguien	someone; somebody; anyone	nadie	no one; nobody; not anyone
alguno/a(s), algún	some; any	ninguno/a, ningún	no; none; not any
o... o	either... or	ni... ni	neither... nor
siempre	always	nunca, jamás	never, not ever
también	also; too	tampoco	neither; not either

▶ There are two ways to form negative sentences in Spanish. You can place the negative word before the verb, or you can place **no** before the verb and the negative word after the verb.

Nadie está en casa.	Ellos **nunca** se enojan.	**Ninguno** me gusta.	**Nada** me despierta.
No está **nadie** en casa.	Ellos **no** se enojan **nunca**.	**No** me gusta **ninguno**.	**No** me despierta **nada**.
Nobody is at home.	*They never get angry.*	*I don't like any.*	*Nothing wakes me.*

▶ In Spanish, sentences frequently contain two or more negative words. Once a sentence is negative, all indefinite ideas must be expressed in the negative.

Ella no tiene **ninguna** idea.
She doesn't have any idea.

Nunca te pido **nada**.
I never ask you for anything.

Jamás me preocupo por **nada**.
I never worry about anything.

Tampoco me despido de **nadie**.
I don't say goodbye to anyone either.

▶ **Alguien** and **nadie** are often used with the personal **a**. The personal **a** is also used before **alguno/a**, **algunos/as**, and **ninguno/a** when these words refer to people and they are the direct object of a verb.

Carlos, ¿ves **a alguien** allí?
Carlos, do you see someone there?

¿Oyes **a alguno** de los chicos?
Do you hear any of the boys?

No, no veo **a nadie**.
No, I don't see anyone.

No, no oigo **a ninguno**.
No, I don't hear any of them.

▶ Although **pero** and **sino** both mean *but*, they are not interchangeable. **Sino** is used when the first part of a sentence is negative and the second part contradicts it. In this context, **sino** means *but rather* or *on the contrary*. In all other cases, **pero** is used to mean *but*.

No se acuesta temprano, **sino** tarde.
*He doesn't get up early, **but rather** late.*

Canto, **pero** nunca en público.
*I sing, **but** never in public.*

No queremos irnos, **sino** quedarnos.
*We don't want to leave, **but rather** stay.*

Me desperté a las once, **pero** estoy cansada.
*I woke up at eleven, **but** I'm tired.*

¡ojo!

Before a masculine, singular noun, **alguno** and **ninguno** are shortened to **algún** and **ningún**.

—¿Tienen ustedes **algún** amigo peruano?
Do you have a Peruvian friend?

—No, no tenemos **ningún** amigo peruano.
No, we don't have any Peruvian friends.

Práctica y conversación

1 La familia de Margarita González Arjona Completa las frases con **pero** o **sino**.

MODELO

Mi abuela es aburrida, ___pero___ amable.

1. No me ducho por la mañana, _____ por la noche.
2. A mí no me gusta nadar, _____ correr.
3. Mi hermana María Luisa es alta, _____ delgada.
4. Mi hermano Emilio no es moreno, _____ rubio.
5. Mis padres y mis tíos no se acuestan temprano, _____ tarde.
6. Mi primo Manuel es inteligente, _____ no es interesante.
7. Mi madre y yo siempre nos despertamos temprano, _____ nunca estamos cansadas.
8. Mi amiga Mariana es pequeña, _____ fuerte.

2 Completar Completa esta conversación de Aurelio y Ana María con oraciones que tengan (*have*) palabras negativas.

MODELO

AURELIO Ana María, ¿encontraste algún regalo para Eliana?

ANA MARÍA No, no encontré ningún regalo/nada para Eliana.

AURELIO ¿Viste a alguna amiga en el centro comercial?
ANA MARÍA (1) _____

AURELIO ¿Quieres ir al teatro o al cine esta noche?
ANA MARÍA (2) _____

AURELIO ¿Quieres salir a comer?
ANA MARÍA (3) _____

AURELIO ¿Hay algo interesante en la televisión esta noche?
ANA MARÍA (4) _____

AURELIO ¿Tienes algún problema?
ANA MARÍA (5) _____

AURELIO ¿Eres siempre antipática?
ANA MARÍA (6) _____

3 Quejas Con un(a) compañero/a, prepara una lista de cinco quejas (*complaints*) comunes que tienen los estudiantes universitarios. Usen expresiones negativas.

MODELO

Nadie me entiende.

¡Jamás puedo levantarme tarde!

Ahora preparen una lista de cinco quejas que los padres tienen de sus hijos.

MODELO

Nunca limpian sus habitaciones.

¡No se lavan las manos tampoco!

4 Anuncios En parejas, lean el anuncio (*ad*) y preparen otro anuncio similar, sobre algún producto de higiene personal, usando expresiones afirmativas y negativas.

¿Buscas algún producto especial?

¡No vas a poder resistirte jamás a las ofertas de las tiendas García!

Practice more at **viva.vhlcentral.com**.

7.3 Preterite of **ser** and **ir**

 Tutorial

¿Adónde fueron ustedes?

Fuimos a un mercado. Fue muy divertido.

▶ The preterite forms of **ser** (*to be*) and **ir** (*to go*) are irregular, so you will need to memorize them. None of these forms has an accent mark.

Preterite of *ser* and *ir*		
	ser	**ir**
	to be	*to go*
yo	fui	fui
tú	fuiste	fuiste
usted/él/ella	fue	fue
nosotros/as	fuimos	fuimos
vosotros/as	fuisteis	fuisteis
ustedes/ellos/ellas	fueron	fueron

▶ Since the preterite forms of **ser** and **ir** are identical, the context clarifies which verb is being used.

Lina **fue** a ver una película.
Lina went to see a film.

Fui a Barcelona el año pasado.
I went to Barcelona last year.

La película **fue** muy interesante.
The film was very interesting.

Fue un viaje maravilloso.
It was a wonderful trip.

ESPAÑOL EN VIVO

Fue una experiencia increíble.

Cuando fui a Caldea, me olvidé de todo. Fui para despedirme de todas mis preocupaciones y descubrir los efectos calmantes del agua de las lagunas. Después de bañarme en las aguas termales, se me fueron el cansancio y el estrés. Fueron unas vacaciones extraordinarias.

caldea

SIEMPRE TE ESTAMOS ESPERANDO.

Práctica y conversación

Practice more at viva.vhlcentral.com.
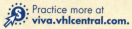

1 Conversación Completa esta conversación con la forma correcta del pretérito de **ser** o **ir**.

ANDRÉS Cristina y Vicente (1) _____ novios, ¿no?

LAURA Sí, pero ahora Cristina sale con Luis. Anoche ella (2) _____ a comer con él y la semana pasada ellos (3) _____ al partido de fútbol.

ANDRÉS ¿Ah, sí? Mercedes y yo (4) _____ al partido y no los vimos.

LAURA ¿(5) _____ tú con Mercedes? Y, ¿cómo (6) _____ el partido?

ANDRÉS (7) _____ muy divertido. ¡Lo pasamos genial! Pero... ¡qué extraño! Nosotros (8) _____ al café Paraíso y vimos a Vicente con la hermana de Cristina.

LAURA ¿Él (9) _____ al café Paraíso con su hermana? ¡Qué horror!

2 Frases Forma frases con los siguientes elementos. Usa el pretérito.

Sujetos	Verbos	Actividades
yo		a un restaurante
tú		en autobús a Nueva York
mis amigos/as		estudiante(s)
nosotros/as		a una discoteca en Buenos Aires
ustedes	(no) ir	muy amable
Penélope Cruz	(no) ser	a casa muy tarde
Marc Anthony		a la playa con su novio/a
		dependiente/a en una tienda

3 Preguntas En parejas, túrnense para hacerse las siguientes preguntas.

1. ¿Adónde fuiste de vacaciones el año pasado?
2. ¿Con quién fuiste?
3. ¿Cómo fueron tus vacaciones?
4. ¿Fuiste de compras esta semana? ¿Qué compraste?
5. ¿Cómo se llama la última película que viste?
6. ¿Cuándo fuiste a ver la película?
7. ¿Cómo fue?
8. ¿Adónde fuiste durante el fin de semana? ¿Por qué?

4 El fin de semana pasado En parejas, hablen de lo que hicieron ustedes el fin de semana pasado por la mañana, por la tarde y por la noche. Luego compartan la información con la clase.

	Yo	Mi compañero/a
Por la mañana	_____	_____
	_____	_____
	_____	_____
Por la tarde	_____	_____
	_____	_____
	_____	_____
Por la noche	_____	_____
	_____	_____
	_____	_____

5 20 preguntas En grupos pequeños, jueguen a las veinte preguntas. Una persona elige un personaje famoso. El resto del grupo hace preguntas hasta adivinar quién es. Los estudiantes deben hacer preguntas afirmativas o negativas con los verbos en el pretérito que conocen. Pueden usar a estas personas famosas o a otras que ustedes conocen.

- Barack Obama
- Oprah Winfrey
- Donald Trump
- Jennifer Aniston
- Álex Rodriguez

7.4 **Gustar** and verbs like **gustar** Tutorial

▶ **Me gusta(n)** and **te gusta(n)** express the concepts of *I like* and *you* (fam.) *like*. The literal meaning of **gustar** is *to be pleasing to (someone)*.

Me gusta ese champú.
That shampoo is pleasing to me.
I like that shampoo.

¿**Te gustan** los deportes?
Are sports pleasing to you?
Do you like sports?

▶ **Me gusta(n)** and similar constructions require an indirect object pronoun. In Spanish, the object or thing being liked (**el champú**) is the subject of the sentence. The person who likes the object is an indirect object that answers the question *to whom is the shampoo pleasing?*

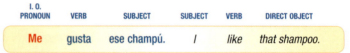

I. O. PRONOUN	VERB	SUBJECT	SUBJECT	VERB	DIRECT OBJECT
Me	gusta	ese champú.	I	like	that shampoo.

Me gusta el suéter
que compraste.

Me gustan el arte
y la música.

▶ **Gustar** and similar verbs are usually used in the third-person singular and plural. When the object or person liked is singular, the form **gusta** is used. When two or more objects or persons are liked, **gustan** is used.

SINGULAR → me, te, le → gusta / gustó → la película / el concierto

PLURAL → nos, os, les → gustan / gustaron → las computadoras / los libros

¡ojo!

To express the English equivalent of *would like (something* or *to do something)*, use the construction [*i.o. pronoun*] + **gustaría(n)**.

¿**Te gustaría** ver esa película?
Would you like to see that movie?

Me gustarían unos días sin clases.
I would like a few days without class.

▶ To express what someone likes or does not like to do, the singular form **gusta** is used, followed by one or more infinitives.

Me gusta levantarme tarde.
I like to get up late.

Me gusta comer y **dormir**.
I like to eat and sleep.

▶ The construction **a** + [*personal pronoun*] (**a mí, a ti, a usted, a él, a ella, a nosotros/as, a vosotros/as, a ustedes, a ellos, a ellas**) clarifies or emphasizes the people who are pleased. **A** + [*noun*] can also be used.

A mí me gusta levantarme temprano. ¿Y **a ti**?
I like to get up early. How about you?

Al profesor le gustó el libro.
The teacher liked the book.

▶ Here is a list of common verbs used in the same way as **gustar**.

Verbs like *gustar*

aburrir	to bore	fascinar	to fascinate; to like very much	interesar	to be interesting to; to interest
encantar	to like very much; to love (objects)	importar	to be important to; to matter	molestar	to bother; to annoy
faltar	to lack; to need			quedar	to be left over; to fit (clothing)

▶ **Faltar** expresses what is lacking or missing. **Quedar** expresses how much of something is left and is also used to talk about how clothing fits or looks on someone.

Le falta dinero.	**Me faltan** dos pesos.	**Nos quedan** cinco libros.	La falda **te queda** bien.
He/she is short of money.	*I need two pesos.*	*We have five books left.*	*The skirt looks good on you.*

Práctica y conversación

1 Completar Completa estas oraciones con los elementos necesarios.

1. _____ Adela _____ [encantar] las canciones (*songs*) de Enrique Iglesias.
2. A _____ me _____ [gustar] más la música de Marc Anthony.
3. A mis amigos _____ [molestar] la música de Gloria Estefan.
4. _____ nosotros _____ [fascinar] los grupos de pop latino.
5. Creo que a Elena _____ [interesar] más la salsa.
6. ¿A _____ te _____ [faltar] dinero para el concierto de Carlos Santana?
7. Sí. Sólo _____ [faltar] cinco dólares.
8. ¿Cuánto dinero te _____ [quedar] a _____ ?

2 Describir Describe los dibujos con uno de los siguientes verbos: **aburrir, encantar, faltar, interesar, molestar, quedar.**

1. A Mauricio / libros
_____

3. A Lorena / despertador
_____

2. A nosotros / bailar
_____

4. A ti / camisa
_____

3 Preguntas En parejas, túrnense para hacer y contestar estas preguntas.

1. ¿Te gusta levantarte temprano o tarde? ¿Por qué?
2. ¿Te molesta cuando tu compañero/a de cuarto se levanta muy temprano?
3. ¿Te gustaría poder dormir la siesta todos los días? ¿Por qué?
4. ¿Te gusta ducharte por la mañana o por la noche?
5. ¿Te gustaría ir de tapas todos los días después de las clases?
6. ¿Te aburren los fines de semana que no sales con amigos?
7. ¿Qué te gusta de esta universidad? ¿Qué te molesta? ¿Hay algo que le falta a esta universidad?
8. ¿Te interesan más las ciencias o las humanidades?

4 Conversar En parejas, representen una conversación entre un(a) cliente/a y un(a) dependiente/a en una tienda de ropa. Sigan las instrucciones.

Dependiente/a	**Cliente/a**
1. Saluda al/a la cliente/a y pregúntale en qué le puedes servir.	2. Saluda al/a la dependiente/a y dile (*tell him/her*) qué quieres comprar.
3. Pregúntale qué estilos le interesan y empieza a mostrarle la ropa.	4. Explícale que te interesan los estilos modernos. Escoge las cosas que te interesan.
5. Habla de las preferencias de la temporada (*trends*).	6. Habla de la ropa (me queda(n) bien/mal, me encanta(n)…).
7. Da opiniones favorables al/a la cliente/a (las botas le quedan fantásticas…).	8. Decide qué cosas te gustan y qué vas a comprar.

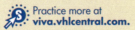

Practice more at **viva.vhlcentral.com.**

Ampliación

**Audio: Activity
Repaso
Video: TV Clip**

1 Escuchar 🎧

A Escucha la entrevista entre Carolina y Julián, teniendo en cuenta (*taking into account*) lo que ya sabes sobre este tipo de situación. Elige la opción que completa correctamente cada oración.

TIP Use background information. Use what you already know about a topic to help you guess the meaning of unknown words or linguistic structures.

1. Julián es…
   a. político.   **b.** deportista profesional.
   c. artista de cine.

2. El público (*audience*) de Julián quiere saber de…
   a. sus películas.   **b.** su vida (*life*).   **c.** su novia.

3. Julián habla de…
   a. sus viajes y sus rutinas.   **b.** sus parientes y amigos.
   c. sus comidas (*foods*) favoritas.

4. Julián…
   a. se levanta y se acuesta a horas diferentes todos los días.
   b. tiene una rutina diaria.   **c.** no quiere hablar de su vida.

B ¿Crees que Julián siempre fue rico? ¿Por qué? ¿Qué piensas de Julián como persona?

2 Conversar En parejas, túrnense para hacerse estas preguntas.

- ¿A qué hora te levantaste ayer? ¿Usaste un despertador?

- ¿Cuántas veces te cepillaste los dientes ayer?

- ¿Adónde fuiste ayer después de las clases?

- ¿Te gusta mirar la televisión antes de acostarte?

- ¿A qué hora te acostaste anoche?

recursos

WB
pp. 67–74

LM
pp. 39–42

viva.vhlcentral.com

3 **Escribir** Escribe una composición en la que describes tu rutina diaria en algún lugar interesante (una isla desierta, el Polo Norte, el desierto, etc.). Considera cómo pueden cambiar los elementos básicos de tu rutina: ¿Dónde te acuestas? ¿Cómo te bañas?

TIP **Use adverbs to sequence events.** You can use adverbs and adverbial phrases as transitions between the introduction, the body, and the conclusion of a narrative.

Organízalo	Utiliza estos adverbios para organizar la secuencia de tu composición: **primero, después, luego, más tarde** y **al final**. Anota ideas que respondan a estas preguntas: **¿qué?, ¿quién?, ¿cuándo?, ¿dónde?, ¿cómo?** y **¿por qué?**
Escríbelo	Utiliza tus notas para escribir el primer borrador *(draft)* de la composición.
Corrígelo	Intercambia tu composición con un(a) compañero/a. Comenta sobre la introducción, la secuencia de eventos, el nivel *(level)* de interés y los errores de gramática o de ortografía. Revisa el primer borrador según las indicaciones de tu compañero/a.
Compártelo	Intercambia tu composición con otro/a compañero/a. Lee su trabajo y comparte con la clase tres ideas que te gustaron *(you liked)* de su composición.

4 **Un paso más** Planea un viaje a un lugar famoso del mundo hispano. Haz un folleto *(brochure)* con elementos visuales y esta información:

- Presenta el itinerario de cada día del viaje e indica la hora para cada actividad.
- Describe el país, la historia del lugar y también las actividades programadas para el viaje.
- Comenta sobre los restaurantes, el transporte y los hoteles.
- Describe la rutina diaria de un viajero típico.

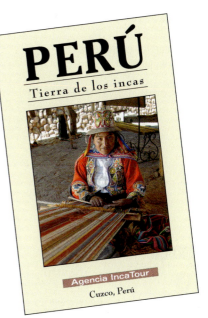

PERÚ
Tierra de los incas

Agencia IncaTour
Cuzco, Perú

CONEXIÓN INTERNET

Investiga estos temas en viva.vhlcentral.com.

- Lugares de interés en España y Suramérica
- Lugares de interés en México, Centroamérica, y el Caribe

Antes de leer

S Reading
Additional Reading

Predicting content from the title will help you increase your reading comprehension in Spanish. We can usually predict the content of a newspaper article in English from its headline, for example.

Examinar el texto

Lee el título de la lectura y haz tres predicciones sobre el contenido. Escribe tus predicciones en una hoja de papel.

Compartir

Comparte tus ideas con un(a) compañero/a.

Cognados

Escribe una lista de cuatro cognados que encuentres en la lectura.

1. _____
2. _____
3. _____
4. _____

¿Qué te dicen los cognados sobre el tema de la lectura?

recursos

S

viva.vhlcentral.com

15 de octubre

¡Una mañana desastrosa!

—Me levanté de la cama a las seis y media.

Esta mañana me levanté de la cama a las seis y media y corrí a despertar a mis dos hijas. —Yolanda, Dolores, van a perder el autobús de la escuela, —les grité°. Pero ellas no se despertaron. Jamás se despiertan temprano. Siempre se sientan a ver la televisión por la noche y se acuestan muy tarde.

—Corrimos para llegar a la parada del autobús.

Yolanda y Dolores salieron de la casa sin° cepillarse los dientes, pero eso no importa. Por lo menos se acordaron de ponerse las botas y el abrigo antes de irse. Corrimos para llegar a la parada° del autobús de la escuela, que pasa a las siete de la mañana.

—Nunca llegó el autobús.

Esperamos media hora, pero nunca llegó el autobús. Regresamos a casa. Llamamos por teléfono° a la escuela, pero nadie contestó. Tomamos el automóvil y salimos de casa.

—¡Por fin se despertaron mis hijas!

¡Por fin se despertaron! Medio dormidas y medio enojadas°, ellas entraron al baño para lavarse la cara y peinarse. Luego volvieron a su habitación para vestirse. Yo fui a la cocina para prepararles el desayuno°. A mis hijas les encanta comer un buen desayuno, pero hoy les di° cereales y les preparé dos sándwiches para el almuerzo°.

—¡Hoy es sábado!

Llegamos a la escuela antes de las ocho y entonces me di cuenta de que° hoy es sábado. ¡Y los sábados no hay clases!

Después de leer

¿Comprendiste?

Selecciona la respuesta correcta.

1. ¿Quién es el/la narrador(a)?

   a. el padre de las chicas b. Yolanda

   c. Dolores

2. ¿A qué hora se despertó el papá?

   a. a las seis de la mañana b. a las seis y media

   c. a las siete y media

3. ¿Qué comieron las chicas antes de salir de la casa?

   a. un sándwich b. cereales

   c. dos sándwiches

4. ¿Cómo fueron las chicas a la escuela?

   a. Corrieron. b. Fueron en autobús.

   c. Fueron en automóvil.

Preguntas

Responde a estas preguntas con oraciones completas.

1. ¿Por qué nunca se despiertan temprano las chicas?

_____

2. ¿Se bañaron las chicas esta mañana?

_____

3. ¿A qué hora llega generalmente el autobús?

_____

4. ¿A qué hora llegó el autobús hoy?

_____

5. ¿Por qué no contestó nadie cuando llamaron a la escuela?

_____

Coméntalo

¿Qué crees que le dicen Yolanda y Dolores a su papá después de volver de la escuela? Imagina que eres el papá, ¿cómo responderías (*would you respond*) a lo que te dicen las chicas?

grité *I shouted* Medio dormidas y medio enojadas *Half asleep and half mad*
desayuno *breakfast* di *I gave* almuerzo *lunch* sin *without* parada *stop*
Llamamos por teléfono *We called on the phone* me di cuenta de que *I realized that*

Audio: Vocabulary Flashcards

Los verbos reflexivos

acordarse (de) (o:ue)	to remember
acostarse (o:ue)	to lie down; to go to bed
afeitarse	to shave
bañarse	to bathe; to take a bath
cepillarse el pelo	to brush one's hair
cepillarse los dientes	to brush one's teeth
despedirse (de) (e:i)	to say goodbye (to)
despertarse (e:ie)	to wake up
dormirse (o:ue)	to go to sleep; to fall asleep
ducharse	to shower, to take a shower
enojarse (con)	to get angry (with)
irse	to go away; to leave
lavarse la cara	to wash one's face
lavarse las manos	to wash one's hands
levantarse	to get up
llamarse	to be called; to be named
maquillarse	to put on makeup
peinarse	to comb one's hair
ponerse	to put on
ponerse + [adj.]	to become + [adj.]
preocuparse (por)	to worry (about)
probarse (o:ue)	to try on
quedarse	to stay; to remain
quitarse	to take off
sentarse (e:ie)	to sit down
sentirse (e:ie)	to feel
vestirse (e:i)	to get dressed

En el baño

el baño	bathroom
el champú	shampoo
la crema de afeitar	shaving cream
el espejo	mirror
el jabón	soap
el maquillaje	makeup
la toalla	towel

Adverbios y preposiciones de tiempo

antes (de)	before
después	afterward; then
después de	after
durante	during
entonces	then
luego	afterward; then
más tarde	later (on)
por último	finally

Verbos como *gustar*

aburrir	to bore
encantar	to like very much; to love (inanimate objects)
faltar	to lack; to need
fascinar	to fascinate; to like very much
gustar	to be pleasing to; to like
importar	to be important to; to matter
interesar	to be interesting to; to interest
me gustaría(n)…	I would like…
molestar	to bother; to annoy
quedar	to be left over; to fit (clothing)

Otras palabras y expresiones

el despertador	alarm clock
la rutina diaria	daily routine
por la mañana	in the morning
por la noche	at night
por la tarde	in the afternoon; in the (early) evening

Expresiones útiles	See page 150.
Indefinite and negative words	See page 156.

See page 150.
See page 156.

recursos

LM
p. 42

viva.vhlcentral.com

8 ¡A comer!

Para empezar

- ¿Están los muchachos en un mercado al aire libre?
- ¿De qué colores son las frutas?
- ¿Qué compra el cliente: bananas o tomates?
- ¿Crees que el cliente está contento?

¡A comer!

S Talking Picture
Tutorial
Games

el camarero
waiter

EN UN RESTAURANTE

el plato (principal) *(main) dish*

la sección de (no) fumadores *(non) smoking section*

el almuerzo *lunch*

la cena *dinner*

la comida *food; meal*

el desayuno *breakfast*

almorzar (o:ue) *to have lunch*

cenar *to have dinner*

desayunar *to have breakfast*

pedir (e:i) *to order (food)*

probar (o:ue) *to taste; to try*

recomendar (e:ie) *to recommend*

servir (e:i) *to serve*

el menú
menu

MENÚ

Entremeses
Pan tostado con
• Queso frito • Mantequilla y jalea
Tortillas con
• Ajicomino (chile, comino) • Ajiaceite (chile, aceite)

Sopas
• Cebolla • Verduras • Pollo y huevo • Mariscos

Platos Principales
Chilaquil
(tortilla de maíz, queso, hierbas y chile)
Tomaticán
(tomate, papas, maíz, chile, guisantes, zanahorias y verduras)
Tamales
(maíz, azúcar, ajo, cebolla)
Frijoles enchilados
(frijoles negros, carne de cerdo o de res, arroz, chile)

Postres
• Helado de piña • Plátanos caribeños
• Urute (avea, azúcar de caña y ron) • Pastel de yogur

Bebidas
• Té helado • Vino tinto
• Vino blanco • Agua mineral • Jugos
• Chilate (maíz, chile y cacao)

LAS CARNES, LOS PESCADOS Y LOS MARISCOS

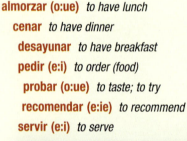

el pollo (asado)
(roast) chicken

el atún *tuna*

los camarones *shrimp*

la carne *meat*

la carne de res *beef*

la chuleta de cerdo *pork chop*

la hamburguesa *hamburger*

el jamón *ham*

la langosta *lobster*

el pavo *turkey*

el pescado *fish*

la salchicha *sausage*

el salmón *salmon*

los mariscos
seafood

el bistec
steak

los entremeses
hors d'oeuvres

LOS SABORES

agrio/a *sour*

delicioso/a *delicious*

dulce *sweet*

picante *hot, spicy*

rico/a *tasty; delicious*

sabroso/a *tasty; delicious*

salado/a *salty*

recursos

| WB pp. 75–76 | LM p. 43 | **S** viva.vhlcentral.com |

LAS FRUTAS

la banana *banana*
el limón *lemon*
la manzana *apple*
la naranja *orange*
las uvas *grapes*

las frutas
fruit

LOS GRANOS Y LAS VERDURAS

el ajo *garlic*
el arroz *rice*
las arvejas *peas*
la cebolla *onion*
los cereales *cereal; grain*
los frijoles *beans*
la lechuga *lettuce*
el maíz *corn*
la papa/patata *potato*
el tomate *tomato*
las verduras *vegetables*
la zanahoria *carrot*

los champiñones
mushrooms

la ensalada
salad

LOS CONDIMENTOS Y OTRAS COMIDAS

el aceite *oil*
el azúcar *sugar*
el huevo *egg*
la mantequilla *butter*
la margarina *margarine*
la mayonesa *mayonnaise*
el pan (tostado) *(toasted) bread*
las papas/patatas fritas *French fries*
el queso *cheese*
la sal *salt*
la sopa *soup*
el vinagre *vinegar*

la pimienta
pepper

LAS BEBIDAS

la bebida *drink*
la cerveza *beer*
el jugo (de fruta) *(fruit) juice*
la leche *milk*
el refresco *soft drink*
el té (helado) *(iced) tea*
el vino (blanco/tinto) *(white/red) wine*

el agua (f.) (mineral)
(mineral) water

el café
coffee

el sándwich
sandwich

Práctica y conversación  Audio: Activities

1 **¿Lógico o ilógico?** 🎧 Escucha las frases e indica si son **lógicas** o **ilógicas**.

	1.	2.	3.	4.	5.	6.	7.	8.
Lógico								
Ilógico								

2 **¿Qué pide Nora?** 🎧 Escucha la conversación entre Nora y el camarero en un restaurante. Luego indica las comidas y las bebidas que Nora pide.

Restaurante Las Fuentes

ENTREMESES
____ papas fritas
____ cóctel de frutas con queso
____ sopa de verduras
____ sopa de pollo
____ pan con mantequilla

PLATOS PRINCIPALES
____ sándwich de jamón y queso
____ pollo asado
____ hamburguesa
____ hamburguesa con queso
____ enchiladas de res
____ enchiladas de queso

BEBIDAS
____ agua mineral
____ té helado
____ leche
____ café
____ jugo de naranja

3 **Completar** Completa las oraciones con las palabras correctas.

1. La persona que sirve la comida en un restaurante es el _____.

2. Camarero, ¿puedo ver el _____, por favor?

3. El bistec y el jamón son dos tipos de _____.

4. El té helado, el café y los refrescos son _____.

5. Algo de color blanco que pongo en el café es el _____.

6. Las tres comidas principales del día son el _____, el almuerzo y la cena.

4 **¿Qué es?** Describe cada uno de estos alimentos con alguna característica. Puedes decir de qué color es, qué sabor tiene o cuándo lo comes o lo tomas.

MODELO
El limón es una fruta de color amarillo./Es una fruta agria./Le pongo limón a la ensalada.

1. _____   2. _____   3. _____

4. _____   5. _____   6. _____   7. _____   8. _____

5 Conversación  En grupos, contesten las preguntas.

1. ¿Desayunas? ¿Qué comes y bebes por la mañana?

2. ¿Qué comes generalmente a la hora del almuerzo?

3. ¿Qué comidas prefieres para la cena?

4. ¿Qué tipos de comidas te gustan más: las dulces o las saladas?

5. ¿Te gustan las comidas picantes? ¿Cuáles?

6. ¿Te importa pagar más dinero por comer alimentos orgánicos?

Practice more at **viva.vhlcentral.com.**

Pronunciación ll, ñ, c, and z 🎧

S Audio: Concepts, Activities Record & Compare

po**ll**o	**ll**ave	e**ll**a	cebo**ll**a

Most Spanish speakers pronounce the letter **ll** like the *y* in *yes*.

ma**ñ**ana	se**ñ**or	ba**ñ**o	ni**ñ**a

The letter **ñ** is pronounced much like the *ny* in *canyon*.

café	**c**olombiano	**c**uando	ri**c**o

Before **a**, **o**, or **u**, the Spanish **c** is pronounced like the *c* in *car*.

cereales	deli**c**ioso	condu**c**ir	cono**c**er

Before **e** or **i**, the Spanish **c** is pronounced like the *s* in *sit*. (In parts of Spain, **c** before **e** or **i** is pronounced like the *th* in *think*.)

zeta	**z**anahoria	almuer**z**o	cerve**z**a

The Spanish **z** is pronounced like the *s* in *sit*. (In parts of Spain, **z** is pronounced like the *th* in *think*.)

Refranes Lee los refranes en voz alta.

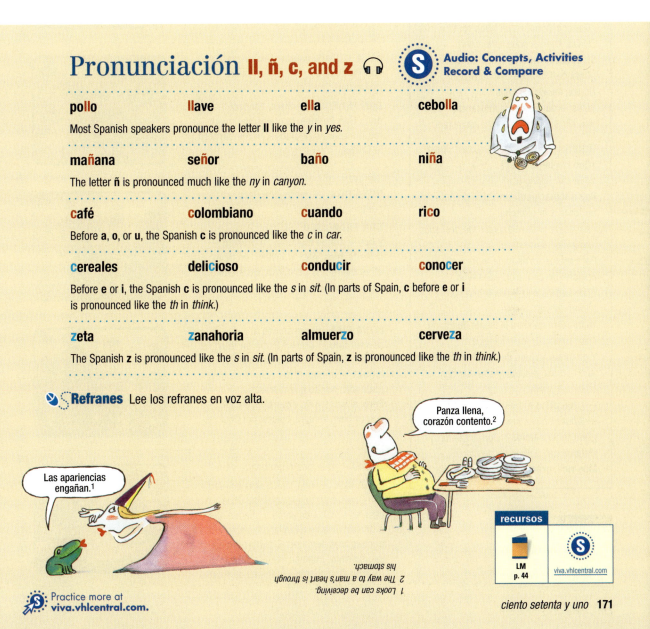

Panza llena, corazón contento.[2]

Las apariencias engañan.[1]

1 Looks can be deceiving.
2 The way to a man's heart is through his stomach.

recursos

LM
p. 44

viva.vhlcentral.com

Practice more at **viva.vhlcentral.com.**

¿Qué tal la comida?

Video: Fotonovela
Record & Compare

Don Francisco y los estudiantes van al restaurante El Cráter.

Expresiones útiles

Talking about people and places

¿Sabe/Sabes dónde estamos?
Do you know where we are?

Estamos cerca de Cotacachi.
We're near Cotacachi.

¿Conoce/Conoces un buen restaurante?
Do you know a good restaurant?

Sí, conozco varios. *Yes, I know several.*

¿Conoce/Conoces a doña Rita?
Do you know Doña Rita?

Sí, es la dueña del restaurante.
Yes, she's the owner of the restaurant.

Ordering and talking about food

¿Qué le puedo traer?
What can I bring you?

Voy a tomar/pedir un caldo de patas y un lomo a la plancha.
I am going to have/to order the beef soup and grilled flank steak.

Para mí las tortillas de maíz y el ceviche de camarón, por favor.
Corn tortillas and lemon-marinated shrimp for me, please.

Yo también quisiera la fuente de fritada.
I also would like the mixed grill.

Y de tomar, el jugo de piña, frutilla y mora.
And to drink, pineapple-strawberry-blackberry juice.

—¿Qué plato pidió usted? —Yo pedí…
—What dish did you order? —I ordered…

¿Qué tal la comida? *How is the food?*

¡Riquísima! *Extremely delicious!*

Muy rica, gracias. *Very tasty, thanks.*

recursos

VM
pp. 183–184

viva.vhlcentral.com

JAVIER ¿Sabes dónde estamos?

INÉS Mmm, no sé. Oiga, don Francisco, ¿sabe usted dónde estamos?

DON FRANCISCO Estamos cerca de Cotacachi.

ÁLEX ¿Dónde vamos a almorzar, don Francisco? ¿Conoce un buen restaurante en Cotacachi?

DON FRANCISCO Pues, conozco a doña Rita Perales, la dueña del mejor restaurante de la ciudad, el restaurante El Cráter.

DOÑA RITA Hombre, don Paco, ¿usted por aquí?

DON FRANCISCO Sí, doña Rita… y hoy le traigo clientes. Le presento a Maite, Inés, Álex y Javier. Los llevo a las montañas para ir de excursión.

DOÑA RITA ¡Bienvenidos al restaurante El Cráter! Están en muy buenas manos… don Francisco es el mejor conductor del país. Y no hay nada más bonito que nuestras montañas. Pero, si van a ir de excursión, deben comer bien. Vengan, chicos, por aquí.

JAVIER ¿Qué nos recomienda usted?

DOÑA RITA Bueno, las tortillas de maíz son riquísimas. La especialidad de la casa es el caldo de patas… ¡tienen que probarlo! El lomo a la plancha es un poquito más caro que el caldo, pero es sabrosísimo. También les recomiendo el ceviche de camarón y la fuente de fritada.

DON FRANCISCO

JAVIER

INÉS

ÁLEX

MAITE

DOÑA RITA

CAMARERO

6

MAITE Voy a tomar un caldo de patas y un lomo a la plancha.

JAVIER Para mí las tortillas de maíz y el ceviche de camarón.

ÁLEX Yo también quisiera las tortillas de maíz y el ceviche de camarón.

INÉS Voy a pedir caldo de patas y lomo a la plancha.

7

DON FRANCISCO Yo quiero tortillas de maíz y una fuente de fritada, por favor.

DOÑA RITA Y de tomar, les recomiendo el jugo de piña, frutilla y mora. ¿Se lo traigo a todos?

TODOS Sí, perfecto.

8

CAMARERO ¿Qué plato pidió usted?

MAITE Un caldo de patas y lomo a la plancha.

9

DOÑA RITA ¿Qué tal la comida? ¿Rica?

JAVIER Rica, no. ¡Riquísima!

ÁLEX Sí, y nos la sirvieron tan rápidamente.

MAITE Una comida deliciosa, gracias.

10

DON FRANCISCO Hoy es el cumpleaños de Maite…

DOÑA RITA ¡Ah! Tenemos unos pasteles que están como para chuparse los dedos…

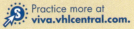
Practice more at
viva.vhlcentral.com.

Actividades

1 En el restaurante Escoge la opción que completa cada oración.

1. Don Francisco lleva a los estudiantes a (cenar / almorzar).
2. Doña Rita es (la dueña / una camarera).
3. Doña Rita les recomienda a los viajeros (el caldo de patas y el lomo a la plancha / las verduras y el té helado).
4. Inés va a pedir (las tortillas y el ceviche / el caldo de patas y el lomo a la plancha).

2 Preguntas Contesta las siguientes preguntas.

1. ¿Por qué doña Rita dice que los chicos deben comer bien?
2. ¿Cuál es la especialidad del restaurante?
3. ¿Qué pidió Maite?
4. ¿Qué pidió Álex?

3 Dos situaciones En parejas, preparen uno de estos diálogos.

Situación A
- Tú preguntas a tu compañero/a si conoce un buen restaurante cerca.
- Él/Ella responde que sí conoce un restaurante fantástico y da el nombre.
- Tú lo/la invitas a cenar y él/ella acepta.
- Entre los/las dos, determinan la hora para verse en el restaurante y se despiden.

Situación B
- El/La camarero/a le pregunta a un(a) cliente/a qué le puede servir.
- El/La cliente/a pregunta cuál es la especialidad del restaurante.
- El/La camarero/a dice la especialidad y recomienda algunos platos del menú.
- El/La cliente/a pide entremeses, un plato principal y una bebida.
- El/La camarero/a le sirve la comida.

Frutas y verduras de América

Ⓢ Additional Reading
Video: *Flash cultura*

**Imagínate una pizza sin salsa°
de tomate** o una hamburguesa
sin papas fritas. Ahora piensa
que quieres ver una película,
pero las palomitas de maíz°
y el chocolate no existen.
¡Qué mundo° tan insípido°!
Muchas de las comidas más
populares del mundo tienen
ingredientes esenciales que
son originarios del continente
llamado Nuevo Mundo. Estas
frutas y verduras no fueron
introducidas en Europa sino
hasta° el siglo° XVI.

El tomate, por ejemplo, era°
usado como planta ornamental cuando
llegó por primera vez a Europa porque
pensaron que era venenoso°. El maíz, por su
parte, era ya la base de la comida de muchos países
latinoamericanos muchos siglos antes de la
llegada de los españoles.

La papa fue un alimento° básico para los
incas. Incluso consiguieron deshidratarla para
almacenarla° por largos períodos de tiempo.
El cacao (planta con la que se hace el
chocolate) fue muy importante para
los aztecas y los mayas. Ellos usaban
sus semillas° como moneda° y como
ingrediente de diversas salsas. También
las molían° para preparar una bebida,
mezclándolas° con agua ¡y con chile!

El aguacate°, la guayaba°,
la papaya, la piña y el maracuyá
(o fruta de la pasión) son otros
ejemplos de frutas originarias
de América que son hoy día
conocidas en todo el mundo.

¿En qué alimentos encontramos estas frutas y verduras?

Tomate: pizza, ketchup, salsa de tomate, sopa de tomate
Maíz: palomitas de maíz, tamales, tortillas, arepas
(Colombia y Venezuela), pan
Papa: papas fritas, frituras de papa°, puré de papas°, sopa de
papas, tortilla de patatas (España)
Cacao: mole (México), chocolatinas°, cereales, helados°, tartas°
Aguacate: guacamole (México), coctel de camarones, sopa de
aguacate, nachos, enchiladas hondureñas

Mole

salsa *sauce*   palomitas de maíz *popcorn*   mundo *world*   insípido *flavorless*
hasta *until*   siglo *century*   era *was*   venenoso *poisonous*   alimento *food*
almacenarla *to store it*   semillas *seeds*   moneda *currency*   las molían *they
used to grind them*   mezclándolas *mixing them*   aguacate *avocado*
guayaba *guava*   frituras de papa *chips*   puré de papas *mashed potatoes*
chocolatinas *chocolate bars*   helados *ice cream*   tartas *cakes*

ACTIVIDADES

1 ¿Cierto o falso? Indica si lo que dicen las oraciones es **cierto** o **falso**.

1. El tomate se introdujo a Europa como planta ornamental.

2. Los incas sólo consiguieron almacenar las papas por poco tiempo.

3. Los aztecas y los mayas usaron las papas como moneda.

4. El maíz era una comida poco popular en Latinoamérica.

5. El aguacate era el alimento básico de los incas.

6. En México se hace una salsa con chocolate.

7. El aguacate, la guayaba, la papaya, la piña y el maracuyá son originarios de América.

8. Las arepas se hacen con cacao.

9. El aguacate es un ingrediente del cóctel de camarones.

10. En España hacen una tortilla con papas.

2 ¿Qué te gusta? Describe tres de tus comidas favoritas que tengan como ingredientes alguna fruta o verdura de América. ¿Qué ingredientes tienen? ¿Cuándo las comes? ¿Cómo se sirven?

CONEXIÓN INTERNET

What do foods in the US and Latin America have in common? Go to **viva.vhlcentral.com** to find out, and to access these components:

- the **Flash cultura** video
- more activities
- additional reading: **Frutas exóticas de Latinoamérica: la pitahaya, la lúcuma y el membrillo**

Flash CULTURA

La comida latina

1 Preparación ¿Probaste alguna vez comida latina? ¿Qué plato? ¿La compraste en un supermercado o fuiste a un restaurante? ¿Te gustó?

2 El video Mira el episodio de **Flash cultura**.

Vocabulario	
cocinar *to cook*	**el plato** *dish (in a meal)*
¿Está lista para ordenar? *Are you ready to order?*	**pruébala** *try it, taste it*

Marta nos mostrará° algunos de los platos de la comida mexicana.

… hay más lugares donde podemos comprar productos hispanos.

°**mostrará** *will show*

3 ¿Cierto o falso? Indica si las oraciones son **ciertas** o **falsas**.

1. En Los Ángeles hay comida de países latinoamericanos y de España.

2. Leticia explica que la tortilla del taco americano es blanda *(soft)* y la del taco mexicano es dura *(hard)*.

3. Las ventas *(sales)* de salsa son bajas en los Estados Unidos.

4. Leticia fue a un restaurante ecuatoriano.

5. Leticia probó Inca Kola en un supermercado.

8.1 Preterite of stem-changing verbs Tutorial

Perdón, ¿quiénes pidieron las tortillas de maíz?

¿Y qué plato pidió usted?

▶ As you know, **–ar** and **–er** stem-changing verbs have no stem change in the preterite. **–Ir** stem-changing verbs, however, do have a stem change.

Preterite of –ir stem-changing verbs

	servir (e→i)	morir (to die) (o→u)
yo	serví *I served*	morí *I died*
tú	serviste	moriste
usted/él/ella	sirvió	murió
nosotros/as	servimos	morimos
vosotros/as	servisteis	moristeis
ustedes/ellos/ellas	sirvieron	murieron

▶ In the preterite, stem-changing **–ir** verbs have an **e** to **i** or **o** to **u** stem change in the **Ud.**/**él**/**ella** and **Uds.**/**ellos**/**ellas** forms.

INFINITIVE	VERB STEM	STEM CHANGE	PRETERITE
pedir	ped–	pid–	pidió, pidieron
dormir	dor–	dur–	durmió, durmieron

ESPAÑOL EN VIVO

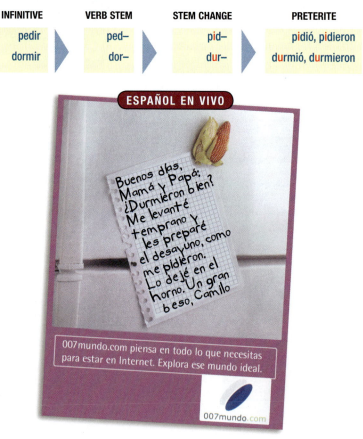

Buenos días, Mamá y Papá; ¿Durmieron bien? Me levanté temprano y les preparé el desayuno, como me pidieron. Lo dejé en el horno. Un gran beso, Camilo

007mundo.com piensa en todo lo que necesitas para estar en Internet. Explora ese mundo ideal.

007mundo.com

Práctica y conversación

 1 **¡Pobre señor Suárez!** Completa las oraciones.

1. Los señores Suárez llegaron al restaurante a las ocho y _____ [seguir] al camarero a una mesa.

2. El señor Suárez _____ [pedir] una chuleta de cerdo. La señora Suárez decidió probar los camarones.

3. El camarero _____ [repetir] el pedido (*the order*).

4. La comida tardó mucho (*took a long time*) en llegar y los señores Suárez casi (*almost*) _____ [dormirse] esperándola.

5. A las nueve el camarero les _____ [servir] la comida.

6. Después de comer la chuleta de cerdo, el señor Suárez _____ [sentirse] muy mal.

7. ¡Pobre señor Suárez! ¿Por qué no _____ [pedir] los camarones?

2 **El camarero distraído** Indica lo que los clientes pidieron y lo que un camarero distraído les sirvió.

MODELO

Claudia / hamburguesa

Claudia pidió una hamburguesa, pero el camarero le sirvió zanahorias.

1. Juan y Rafael / té helado   3. Laura / arroz

_____   _____

2. Nosotros / papas fritas   4. Tú / salmón

_____   _____

3 **Preguntas** Averigua (*Find out*) si tu compañero/a hizo estas actividades la semana pasada. Comparte los resultados con la clase.

¿Pediste una pizza con champiñones?

No, pedí una pizza con carne.

Actividades	Respuestas
1. pedir una pizza con salame	_____
2. dormir más de diez horas	_____
3. quedarse dormido en clase	_____
4. pedir un plato muy caro en un restaurante elegante	_____
5. preferir quedarse en casa en lugar de (*instead of*) salir con amigos	_____
6. ir a una fiesta y vestirse con ropa muy formal	_____

4 **Una cena romántica** En grupos, imaginen que sus amigos, Eduardo y Rosa, salieron a cenar en su primera cita (*date*). Usen las preguntas como guía (*as a guide*).

- ¿Adónde salieron a cenar?
- ¿Qué pidieron?
- ¿Les sirvieron la comida rápidamente (*quickly*)?
- ¿Les gustó la comida?
- ¿Cuánto costó? ¿Quién pagó?
- ¿Van a volver otra vez a ese restaurante en el futuro?
- ¿Van a salir juntos otra vez? ¿Por qué?

 Practice more at
viva.vhlcentral.com.

8.2 Double object pronouns Tutorial

▶ You have already learned that direct and indirect object pronouns replace nouns. You'll now learn how to use these pronouns together.

INDIRECT OBJECT PRONOUNS			DIRECT OBJECT PRONOUNS	
me	nos		lo	los
te	os	**+**		
le (se)	les (se)		la	las

Les recomiendo el jugo de piña... ¿Se lo traigo a todos?

▶ When object pronouns are used together, the indirect object pronoun precedes the direct object pronoun.

I.O.	D.O.	DOUBLE OBJECT PRONOUNS
El camarero **me** muestra el menú.		El camarero **me lo** muestra.
The waiter shows me the menu.		*The waiter shows it to me.*
Nos sirven los platos.		**Nos los** sirven.
They serve us the dishes.		*They serve them to us.*
Maribel **te** pidió una hamburguesa.		Maribel **te la** pidió.
Maribel ordered a hamburger for you.		*Maribel ordered it for you.*

Sí, perfecto.

▶ The indirect object pronouns **le** and **les** always change to **se** when they are used with **lo**, **los**, **la**, and **las**.

I.O.	D.O.	DOUBLE OBJECT PRONOUNS
Le escribí la carta.		**Se la** escribí.
I wrote him/her the letter.		*I wrote it to him/her.*
Les sirvió los entremeses.		**Se los** sirvió.
He served them the hors d'oeuvres.		*He served them to them.*
Le pedimos un café.		**Se lo** pedimos.
We ordered him/her a coffee.		*We ordered it for him/her.*

Qué tal la comida, ¿rica?

▶ Because **se** has multiple meanings, you can clarify to whom the pronoun refers by adding **a usted, a él, a ella, a ustedes, a ellos,** or **a ellas.**

¿El sombrero? Carlos **se** lo vendió **a ella.**
The hat? Carlos sold it to her.

¿Las llaves? Ya **se** las di **a ella.**
The keys? I already gave them to her.

Sí, ¡y nos la sirvieron tan rápidamente!

▶ Double object pronouns are placed before a conjugated verb. With infinitives and present participles, double object pronouns may be placed before the conjugated verb or attached to the end of the infinitive or present participle.

▶ When double object pronouns are attached to an infinitive or a present participle, an accent mark is added to maintain the original stress.

Me lo estoy poniendo.
Estoy poniéndo**melo**.
I am putting it on.

Se la van a traer.
Van a traér**sela**.
They are going to bring it to you.

Práctica y conversación

1 ¿Quién? Cambia los sustantivos subrayados (*underlined nouns*) por pronombres de objeto directo.

MODELO
¿Quién va a traerme la carne del supermercado? [Mi esposo]
Mi *esposo va a traérmela./Mi esposo me la va a traer.*

1. ¿Quién les mandó las invitaciones a los invitados (*guests*)? [Mi hija] _____

2. ¿Quién me puede comprar el pan? [Mi hijo]

_____

3. ¿Quién puede prestarme los platos que necesito? [Mi mamá] _____

4. ¡Los postres (*desserts*)! ¿Quién está preparándonos los postres? [Silvia y Renata]_____

5. Nos falta mantequilla. ¿Quién nos trae la mantequilla? [Mi cuñada] _____

2 En un restaurante 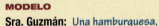 En parejas, representen las conversaciones entre un(a) camarero/a y los clientes.

MODELO
Sra. Guzmán: Una hamburguesa, por favor.
Camarero/a: Enseguida (*right away*) se la traigo.

Sra. Guzmán

1. Tus compañeros/as de cuarto

2. Tu profesor(a) de español

3. Tú

4. Tus padres

5. Srta. Salas

6. Dr. Cifuentes

3 Contestar En parejas, háganse preguntas usando las palabras interrogativas **¿Quién?** o **¿Cuándo?**

MODELO
nos enseña español
Estudiante 1: ¿Quién nos enseña español?
Estudiante 2: La profesora Castro nos lo enseña.

1. te escribe mensajes electrónicos
2. me vas a prestar tu computadora
3. les vende los libros de texto a los estudiantes
4. le enseñó español al/a la profesor(a)
5. te compró esa camiseta
6. me vas a mostrar tu casa o apartamento

4 Preguntas En parejas, háganse estas preguntas. Usen pronombres de objeto directo e indirecto en cada respuesta.

MODELO
Estudiante 1: ¿Quién te va a preparar el desayuno esta mañana?
Estudiante 2: Yo me lo voy a preparar.

1. ¿Me prestas tu coche (*car*)?
2. ¿Me puedes comprar un coche nuevo?
3. ¿Quién te presta dinero cuando lo necesitas?
4. ¿Les prestas tu casa a tus amigos? ¿Por qué?
5. ¿Nos compras el almuerzo a mí y a los otros compañeros de clase?
6. ¿Me describes tu casa?
7. ¿Quién te va a preparar la cena esta noche?
8. ¿Vas a leerles el cuento (*story*) de "Blancanieves" (*Snow White*) a tus nietos? ¿Qué otros cuentos les vas a leer?

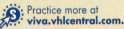
Practice more at
viva.vhlcentral.com.

8.3 Saber and conocer Tutorial

▶ Spanish has two verbs that mean *to know*, **saber** and **conocer**, but they are used differently. Note that only the **yo** forms of **saber** and **conocer** are irregular in the present tense.

Saber and conocer		
	saber	**conocer**
yo	sé	conozco
tú	sabes	conoces
usted/él/ella	sabe	conoce
nosotros/as	sabemos	conocemos
vosotros/as	sabéis	conocéis
ustedes/ellos/ellas	saben	conocen

▶ **Saber** means *to know a fact or piece(s) of information* or *to know how to do something.*

No **sé** tu número de teléfono.
I don't know your telephone number.

Mi hermana **sabe** hablar francés.
My sister knows how to speak French.

▶ **Conocer** means *to know or be familiar/acquainted with a person, place, or thing.*

¿**Conoces** la ciudad de Nueva York?
Do you know New York City?

No **conozco** a tu amigo Esteban.
I don't know your friend Esteban.

▶ As you learned in **Lección 5**, when the direct object of **conocer** is a person or pet, the personal **a** is used.

¿**Conoces a** Rigoberta Menchú?
Do you know Rigoberta Menchú?

¿**Conoces** ese restaurante?
Do you know that restaurant?

▶ These verbs are conjugated like **conocer** in the **yo** form in the present. You will learn how to use **saber**, **conocer**, and related verbs in the preterite in Lesson 9.

conducir (*to drive*)	conduzco, conduces, conduce, etc.
ofrecer (*to offer*)	ofrezco, ofreces, ofrece, etc.
parecer (*to seem*)	parezco, pareces, parece, etc.
traducir (*to translate*)	traduzco, traduces, traduce, etc.

ESPAÑOL EN VIVO

Él sabe dónde comer lo que más le gusta.

Él sabe cómo jugar cuatro horas seguidas.

Él sabe dónde está su regalo de cumpleaños.

Él sabe dónde divertirse.

Oviedo
Centro Comercial
Sabe lo que te gusta.

… y usted sabe dónde puede encontrar un poco de todo.
¿Conoce algún otro lugar como éste?

Práctica y conversación

1 Completar Completa las oraciones con la forma apropiada de **saber** o **conocer**.

1. —Nosotros no _____ Guatemala.
   —Ah, ¿no? Pues yo _____ bien las ciudades de Escuintla, Quetzaltenango y Antigua.

2. —¿_____ ustedes dónde vive Pilar?
   —No, nosotras no _____.

3. Mi amiga Carla _____ conducir, pero yo no _____.

4. —¿_____ a Mateo, mi hermano mayor?
   —No, no lo _____.

5. —Todavía no _____ a tu novio.
   —Sí, ya lo _____.

6. Tú _____ esquiar, pero Tino y Luis son pequeños y no _____.

7. Roberto_____ bien el *Popol Vuh*, el libro sagrado de los mayas; también _____ leer los jeroglíficos de los templos mayas.

2 Oraciones Combina las palabras de las tres columnas para formar oraciones.

MODELO

No conozco a Celine Dion. Yo conozco a Angelina Jolie.

Sujetos	Verbos	Objetos directos
Katie Couric		Cameron Díaz
Celine Dion		Angelina Jolie
Jimmy Kimmel		cantar
Brad Pitt		la ciudad de Montreal en Canadá
Enrique Iglesias		hablar dos lenguas extranjeras
Manny Ramírez	(no) conocer	hacer reír (*laugh*) a la gente
yo	(no) saber	actuar (*perform*) bien
tú		escribir novelas de terror
tu compañero/a		programar computadoras
tu profesor(a)		muchas personas importantes

3 Deportes  Pregúntale a un(a) compañero/a qué deportes practica y por qué. Usen los verbos **saber** y **conocer**.

MODELO

Estudiante 1: ¿Sabes esquiar?
Estudiante 2: Sí, sé esquiar./No, no sé esquiar.
Estudiante 1: ¿Por qué?
Estudiante 2: Porque mi papá me enseñó./Porque no me gusta el invierno.

1.   2.   3.

4.   5.   6.

4 Preguntas Con un(a) compañero/a, contesten las siguientes preguntas.

1. ¿Qué restaurantes buenos conoces? ¿Cenas en esos restaurantes frecuentemente (*frequently*)?

2. En tu familia, ¿quién sabe cocinar mejor (*best*)?

3. ¿Conoces algún mercado cerca que tenga (*has*) productos orgánicos? ¿Vas allí con frecuencia?

4. ¿Sabes el nombre de tres platos latinos? ¿Cuáles? ¿Los has probado?

5. ¿Conoces a algún/alguna chef famoso/a? ¿Qué tipo de comida prepara?

6. ¿Sabes preparar algún plato especial? ¿Cuál es?

7. ¿Sabes que el ajo es bueno para la salud (*health*)? ¿Qué otras comidas o condimentos saludables conoces?

8. ¿Conoces a alguna persona que come solamente hamburguesas y papas fritas?

Practice more at **viva.vhlcentral.com**.

8.4 Comparisons and superlatives

 Tutorial

▶ Comparisons of inequality are formed by placing **más** (*more*) or **menos** (*less*) before adjectives, adverbs, and nouns and **que** (*than*) after them. When the comparison involves a numerical expression, use **de** before the number.

Tengo más hambre
que un elefante.

El té es **más caro que** el jugo.	Luis se despierta **más temprano que** yo.
Tea is more expensive than juice.	*Luis gets up earlier than I (do).*
Susana es **menos generosa que** su prima.	Hay **más de cincuenta** naranjas.
Susana is less generous than her cousin.	*There are more than fifty oranges.*

▶ With verbs, use this construction to make comparisons of inequality:
[*verb*] + **más/menos que**.

El lomo a la plancha
es un poquito más
caro que el caldo.

Mis hermanos **comen más que** yo.	Arturo **duerme menos que** su padre.
My brothers eat more than I (do).	*Arturo sleeps less than his father (does).*

▶ The constructions **tan** + [*adverb, adjective*] + **como** and **tanto/a(s)** + [*singular noun, plural noun*] + **como** are used to make comparisons of equality.

Este plato es **tan delicioso como** aquél.	Tu amigo es **tan simpático como** tú.
This dish is as delicious as that one.	*Your friend is as nice as you (are).*
Yo comí **tanta comida como** tú.	Ustedes probaron **tantos platos como** ellos.
I ate as much food as you (did).	*You tried as many dishes as they (did).*

▶ Comparisons of equality with verbs are formed by placing **tanto como** after the verb. Note that **tanto** does not change in number or gender.

No **duermo tanto como** mi tía.	**Estudiamos tanto como** ustedes.
I don't sleep as much as my aunt (does).	*We study as much as you (do).*

¡ojo!

The absolute superlative, which ends in **–ísimo/a(s)**, is equivalent to the English *extremely/very* + [*adjective/adverb*]. For example: **muchísimo/a(s)** (*very much*), **malísimo/a(s)** (*very bad*), **facilísimo/a(s)** (*extremely easy*).

▶ Form the superlative with this construction: **el/la/los/las** + [*noun*] + **más/menos** + [*adjective*] + **de** Note that the noun is preceded by a definite article. **De** is equivalent to the English *in* or *of*.

Es **el café más rico del** país.	Son **las tiendas menos caras de** la ciudad.
It's the most delicious coffee in the country.	*They are the least expensive stores in the city.*

▶ The noun in a superlative construction can be omitted if it is clear to whom or what the superlative refers.

¿El restaurante El Cráter? Es **el más elegante de** la ciudad.
The El Cráter restaurant? It's the most elegant (one) in the city.

¡ojo!

Note that **joven** takes an accent in its plural form. **Los jóvenes estudian mucho.**

Irregular comparative and superlative forms

Adjectives		Comparative form		Superlative form	
bueno/a	good	mejor	better	el/la mejor	(the) best
malo/a	bad	peor	worse	el/la peor	(the) worst
grande	big	mayor	bigger	el/la mayor	(the) biggest
pequeño/a	small	menor	smaller	el/la menor	(the) smallest
joven	young	menor	younger	el/la menor	(the) youngest
viejo/a	old	mayor	older	el/la mayor	(the) oldest

▶ When **grande** and **pequeño/a** refer to age, use the irregular comparative and superlative forms, **mayor/menor**. However, when **grande** and **pequeño/a** refer to size, use the regular forms, **más grande/más pequeño/a**.

Isabel es **la mayor**.
Isabel is the eldest.

Tu ensalada es **más grande que** ésa.
Your salad is bigger than that one.

▶ **Bien** and **mal** have the same comparative forms as **bueno/a** and **malo/a**.

Julio nada **mejor que** los otros chicos.
Julio swims better than the other boys.

Ellas cantan **peor que** las otras chicas.
They sing worse than the other girls.

Práctica y conversación

Practice more at
viva.vhlcentral.com.

1 Dos parejas de hermanos Escoge (*choose*) la palabra correcta para comparar a las hermanas Lucila y Tita y a los hermanos Mario y Luis.

Lucila y Tita   **Mario y Luis**

1. Lucila es más alta y más atractiva _____ [de, más, menos, que] Tita.
2. Tita es más delgada porque practica _____ [de, más, menos, que] deportes que Lucila.
3. Mario es _____ [tan, tanto, tantos, tantas] interesante como Luis.
4. Mario viaja _____ [tan, tanto, tantos, tantas] como Luis.
5. A Tita le gusta quedarse en casa. Va a _____ [de, más, menos, que] fiestas que su hermana.
6. Lucila es _____ [más, menos de, más que] simpática que Tita porque es alegre.
7. Luis habla _____ [tan, tanto, tantos, tantas] lenguas extranjeras como Mario.
8. ¡Qué casualidad (*coincidence*)! Mario y Luis también son hermanos, pero no hay _____ [tan, tanto, tanta, tantos, tantas] diferencia entre ellos como entre Lucila y Tita.

2 La familia García En grupos, túrnense (*take turns*) para hacer comparaciones entre Rafael, Eva, Esteban y Lourdes.

Esteban
Lourdes
Rafael
Eva

MODELO

Estudiante 1: Esteban es el más activo de la familia.
Estudiante 2: Pues yo creo que Rafael es tan activo como Esteban.
Estudiante 1: Mmm, pero Esteban es mucho más delgado.

3 Comparaciones En parejas, conversen sobre estos temas: cafés y restaurantes, comidas favoritas, los cursos que toman, libros favoritos, periódicos, personas famosas, los profesores, música de moda. Luego, compartan tres datos interesantes con la clase.

MODELO artistas de moda

Estudiante 1: Creo que Amy Winehouse es la mejor artista de estos tiempos.
Estudiante 2: ¡Pero qué dices! Esa artista es malísima. Missy Elliot y Snoop son los mejores. Además, Amy Winehouse no se viste tan bien como Missy Elliot.
Estudiante 1: Estás loco. Amy Winehouse siempre está a la moda. Además, te repito que es la mejor. Por ejemplo, ya tiene más de dos millones de copias vendidas (*copies sold*).

Ampliación

Audio: Activity
Repaso
Video: TV Clip

1 Escuchar 🎧

A Rosa y Roberto están en un restaurante. Escucha la conversación entre ellos y la camarera y toma nota de cuáles son los especiales del día.

TIP Jot down notes as you listen. Jotting down notes while you listen can help you keep track of the important points or details. Focus actively on comprehension rather than on remembering what you have heard.

> **Los especiales del día**

_____ _____ _____

B Usa tus notas para completar las oraciones con la opción correcta.

1. La camarera les dio información sobre _____ (dos / tres / cuatro) especiales del día.

2. Rosa pidió _____ (el arroz con pollo / bistec a la criolla / cerdo con salsa de champiñones y papas).

3. Roberto pidió _____ (los entremeses / bistec a la criolla / cerdo con salsa de champiñones y papas).

4. Roberto va a comer _____ (más platos que / menos platos que / tantos platos como) Rosa.

2 Conversar
En parejas, túrnense (*take turns*) para contestar estas preguntas. Luego compartan las respuestas con la clase.

- ¿Con quién comiste la semana pasada?
- ¿A qué restaurante fueron?
- ¿Qué pidieron? ¿Les gustó la comida?
- ¿Se la sirvieron rápidamente (quickly)?
- ¿Fue mejor o peor que la comida que comes en casa?
- ¿Van a volver a ese restaurante en el futuro?

recursos

WB pp. 77–84

LM pp. 45–48

viva.vhlcentral.com

3 **Escribir** Escribe una crítica sobre un restaurante local.

TIP **Expressing and supporting opinions.** Use details, facts, examples, and other forms of evidence to convince your readers to take your opinions seriously.

Organízalo	Usa un mapa de ideas para organizar comentarios sobre la comida, el servicio, el ambiente (*atmosphere*) y otros datos sobre el restaurante.
Escríbelo	Utiliza tus notas para escribir el primer borrador de la crítica.
Corrígelo	Intercambia (*exchange*) tu composición con la de un(a) compañero/a. Comenta sobre el título, la organización, los detalles específicos y los errores de gramática o de ortografía.
Compártelo	Revisa el primer borrador teniendo en cuenta los comentarios de tu compañero/a. Incorpora nuevas ideas o más información para reforzar (*support*) tu opinión. Luego entrégale (*hand it in*) la crítica a tu profesor(a).

4 **Un paso más** Diseña el menú de un nuevo restaurante en la capital de un país hispano.

- Decide en qué país y ciudad vas a abrir el restaurante.
- Investiga cuáles son las comidas típicas y los platos más populares del país.
- Elige el nombre del restaurante.
- Diseña el menú, incluyendo entremeses, platos principales, ensaladas, postres (*desserts*) y bebidas.
- Indica los precios de los platos en la moneda del país.
- Intercambia tu menú con los de tres o cuatro compañeros/as y comparen los platos que escogieron.

El Tamalito
Especialidades guatemaltecas

5a calle (Los Próceres)
Zona 4, Guatemala
Tel: (502) 345 89 76
Fax: (502) 243 56 34

CONEXIÓN INTERNET

Investiga estos temas en **viva.vhlcentral.com**.

- Capitales de los países hispanos
- Comidas del mundo hispano

Antes de leer

Reading
Additional Reading

Reading for the main idea is a useful strategy. Locate the topic sentences of each paragraph to determine the author's purpose for writing. In particular, the first sentence in each paragraph usually provides clues about its content, as well as impressions of how the entire reading selection is organized.

Examinar el texto

Aquí se presentan dos textos distintos. ¿Qué estrategias puedes usar para leer la crítica? ¿Cuáles son las apropiadas para familiarizarte con el menú? Utiliza las estrategias más eficaces para cada texto. Luego, identifica las estrategias similares que se aplican en los dos textos.

Identificar la idea principal

Lee la primera oración de cada párrafo de la crítica del restaurante **El Palmito**. Apunta el tema principal de cada párrafo. Luego lee el primer párrafo. ¿Crees que el restaurante le gustó a la autora? ¿Por qué? Ahora lee la crítica entera. En tu opinión, ¿cuál es la idea principal de la crítica? ¿Por qué la escribió la autora? Compara tus opiniones con las de un(a) compañero/a.

El Tiempo de Guatemala

Restaurantes
Domingo 9 de mayo, Antigua, Guatemala

37E

Cinco estrellas para El Palmito

Margarita Galán, crítica de restaurantes

El viernes pasado me sorprendí° cuando encontré un restaurante fantástico en el barrio donde vivo. Cené en el restaurante° **El Palmito**, donde se mezclan° de una manera extraordinaria la comida tradicional de Centroamérica y la belleza arquitectónica de nuestra ciudad. Su propietario, Héctor Suárez, es uno de los chefs más respetados de Guatemala.

El exterior del restaurante refleja el estilo colonial de la ciudad. Por dentro°, la decoración rústica crea un ambiente cálido°. Hay que° mencionar también el hermoso patio, lleno° de plantas y flores, donde muchas personas se reúnen para tomar un café en un ambiente relajado° y cordial.

Uno no se puede quejar° del servicio de **El Palmito**. El personal del restaurante es muy amable y atento, desde los cocineros que preparan la comida hasta los camareros que la sirven.

La comida del restaurante es exquisita. Las tortillas, que se sirven con ajiaceite, son deliciosas. La sopa de pollo y huevo es excelente, y los frijoles enchilados, ricos. También recomiendo el tomaticán, cocinado con una gran variedad de verduras muy ricas. De postre°, don Héctor me preparó su especialidad, un rico pastel de yogur.

Les recomiendo que visiten **El Palmito** cuando tengan ocasión°.

El Palmito
de lunes a sábado 10:00a.m.-11:00p.m.
domingo 11:00a.m.-10:00p.m.

Comida ★★★★★
Servicio ★★★★★
Ambiente ★★★★★
Precio ★★★★

Después de leer

¿Comprendiste?

Completa cada oración con la opción correcta.

1. La arquitectura del restaurante es _____ [moderna, colonial, fea].

2. A muchos clientes les gusta tomar el café en _____ [las mesas, el bar, el patio].

3. El dueño del restaurante es uno de los _____ [peores, menores, mejores] chefs de Guatemala.

4. La comida en este restaurante, según la autora, es _____ [muy buena, mala, regular].

5. La crítica _____ [no da información, habla bien, se queja] del restaurante.

Preguntas

Responde a estas preguntas con oraciones completas.

1. ¿Cómo se llama el dueño del restaurante?

   _____

2. ¿Qué tipo de comida se sirve en El Palmito?

   _____

3. ¿Cómo es el ambiente del restaurante?

   _____

4. ¿Quién escribió este artículo?

   _____

5. ¿Cuál es la profesión de la autora del artículo?

   _____

6. ¿Cuántos platos probó la autora del artículo?

   _____

Coméntalo

¿Te interesan las comidas y bebidas que sirven en El Palmito? ¿Cuáles te parecen más interesantes? ¿Por qué? ¿Se sirven platos y bebidas similares a éstos en donde vives?

MENÚ

Entremeses

Pan tostado con
• Queso frito   • Huevos revueltos°

Tortillas con
• Ajicomino (chile, comino°)   • Ajiaceite (chile, aceite)

Sopas

• Cebolla   • Verduras   • Pollo y huevo   • Mariscos

Platos Principales

Chilaquil
(tortilla de maíz, queso y chile)

Tomaticán
(tomate, papas, maíz, chile, arvejas y zanahorias)

Tamales
(maíz, azúcar, ajo, cebolla)

Frijoles enchilados
(frijoles negros, carne de cerdo o de res, arroz, chile)

Postres

• Helado° de limón   • Plátanos° caribeños
• Uvate (uvas, azúcar y ron°)   • Pastel de yogur

Bebidas

• Té helado   • Vino tinto
• Vino blanco   • Agua mineral   • Jugos
• Chilate (maíz, chile y cacao)

---

sorprendí *was surprised*   **mezclan** *mix*   **Por dentro** *Inside*   **ambiente cálido** *warm atmosphere*   **Hay que** *One must*   **lleno** *full*   **ambiente** *atmosphere* **relajado** *relaxed*   **Uno no se puede quejar** *One can't complain*   **postre** *dessert* **cuando tengan ocasión** *when you have the opportunity*   **Huevos revueltos** *Scrambled eggs*   **comino** *cumin*   **Helado** *Ice cream*   **Plátanos** *Plantains*   **ron** *rum*

Las comidas

el/la camarero/a	waiter/waitress
el/la dueño/a	owner
el menú	menu
la sección de (no) fumadores	(non) smoking section
el almuerzo	lunch
la cena	dinner
la comida	food; meal
el desayuno	breakfast
los entremeses	hors d'oeuvres
el plato (principal)	(main) dish
agrio/a	sour
delicioso/a	delicious
dulce	sweet
picante	hot, spicy
rico/a	tasty; delicious
sabroso/a	tasty; delicious
salado/a	salty
almorzar (o:ue)	to have lunch
cenar	to have dinner
desayunar	to have breakfast
pedir (e:i)	to order (food)
probar (o:ue)	to taste; to try
recomendar (e:ie)	to recommend
servir (e:i)	to serve

Las bebidas

el agua (f.) (mineral)	(mineral) water
la bebida	drink
el café	coffee
la cerveza	beer
el jugo (de fruta)	(fruit) juice
la leche	milk
el refresco	soft drink
el té (helado)	(iced) tea
el vino (blanco/tinto)	(white/red) wine

Los granos y las verduras

el ajo	garlic
el arroz	rice
las arvejas	peas
la cebolla	onion
los cereales	cereal; grains
el champiñón	mushroom
la ensalada	salad
los frijoles	beans
la lechuga	lettuce
el maíz	corn
las papas/patatas	potatoes
el tomate	tomato
las verduras	vegetables
la zanahoria	carrot

Las carnes, los pescados y los mariscos

el atún	tuna
el bistec	steak
los camarones	shrimp
la carne	meat
la carne de res	beef
la chuleta de cerdo	pork chop
la hamburguesa	hamburger
el jamón	ham
la langosta	lobster
los mariscos	seafood
el pavo	turkey
el pescado	fish
el pollo (asado)	(roast) chicken
la salchicha	sausage
el salmón	salmon

Las frutas

la banana	banana
las frutas	fruit
el limón	lemon
la manzana	apple
la naranja	orange
las uvas	grapes

Los condimentos y otras comidas

el aceite	oil
el azúcar	sugar
el huevo	egg
la mantequilla	butter
la margarina	margarine
la mayonesa	mayonnaise
el pan (tostado)	(toasted) bread
las papas/ patatas fritas	French fries
la pimienta	pepper
el queso	cheese
la sal	salt
el sándwich	sandwich
la sopa	soup
el vinagre	vinegar

Verbos

conocer	to know; to be acquainted with
conducir	to drive
morir (o:ue)	to die
ofrecer	to offer
parecer	to seem; to appear
saber	to know; to know how
servir (e:i)	to serve
traducir	to translate

Expresiones útiles	See page 172.
Comparisons and superlatives	See pages 182–183.

Audio: Vocabulary Flashcards

recursos

LM p. 48

viva.vhlcentral.com

El Amazonas es el río más caudaloso (*the largest*) del mundo. Por ser muy profundo (*deep*) y ancho (*wide*), tiene otro nombre: "río océano". Desde barcos muy grandes hasta barcos pequeños, como la canoa que vemos en la foto, navegan en él. Alrededor (*around*) del río Amazonas hay una gran selva (*jungle*) y muy poca gente vive allí.

Suramérica I

Venezuela

Área: 912.050 km² (352.144 millas²)
Población: 29.076.000
Capital: Caracas–2.988.000
Ciudades principales: Maracaibo, Valencia, Maracay, Barquisimeto
Moneda: bolívar

SOURCE: Population Division, UN Secretariat

Colombia

Área: 1.138.910 km² (439.734 millas²)
Población: 48.930.000
Capital: Bogotá–8.416.000
Ciudades principales: Cali, Medellín, Barranquilla, Cartagena
Moneda: peso colombiano

SOURCE: Population Division, UN Secretariat

Ecuador

Área: 283.560 km² (109.483 millas²)
Población: 14.192.000
Capital: Quito–1.680.000
Ciudades principales: Guayaquil, Cuenca, Machala, Portoviejo
Moneda: dólar estadounidense

SOURCE: Population Division, UN Secretariat

Perú

Área: 1.285.220 km² (496.224 millas²)
Población: 30.063.000
Capital: Lima–7.590.000
Ciudades principales: Arequipa, Trujillo, Chiclayo, Iquitos
Moneda: nuevo sol

SOURCE: Population Division, UN Secretariat

Interactive map
Video: *Países hispanos*
Reading

Gente

Indígenas de Ecuador

Ecuador tiene una gran población indígena *(native)*. La lengua oficial de Ecuador es el español, pero hoy día también se hablan *(are spoken)* otras lenguas. Aproximadamente unos cuatro millones de ecuatorianos hablan lenguas indígenas; la mayoría de ellos habla quechua. Las comunidades indígenas de Ecuador son excelentes tejedores *(weavers)*; sus tejidos son famosos en todo el mundo por sus colores vivos y sus hermosos diseños *(designs)*. En el mercado de Otavalo se venden mantas *(blankets)*, ropas tradicionales y tapices *(tapestries)* hechos por estas comunidades.

Lugares

El Salto Ángel

El Salto Ángel, en el sureste de Venezuela, es la catarata *(waterfall)* más alta del mundo. Tiene 979 metros (3.212 pies) de altura *(height)*. Es diecisiete veces más alta que las cataratas del Niágara. James C. Angel descubrió esta catarata en 1937 y por eso lleva su nombre. Está en el Parque Nacional Canaima y los indígenas lo llaman *Churún Merú,* que significa "catarata".

Mar Caribe

Barranquilla

Maracaibo

Medellín

Bogotá

Cali

R. Magdalena

COLOMBIA

Pasto

Quito

ECUADOR

Guayaquil

Iquitos

PERÚ

Cordillera de los Andes

Lima

Cuzco

Océano Pacífico

Lago Titica

Arequipa

Puerto España
TRINIDAD

Caracas

VENEZUELA

R. Orinoco

GUAYANA

BRASIL

BOLIVIA

PARAGUAY

recursos

WB
pp. 85–86

VM
pp. 207–210

viva.vhlcentral.com

Literatura

Gabriel García Márquez

Gabriel García Márquez es uno de los escritores contemporáneos más importantes del mundo. Publicó su primer cuento (*short story*) en 1947, cuando era estudiante universitario. Su libro más conocido, *Cien años de soledad*, está escrito en el estilo (*style*) literario llamado "realismo mágico", un estilo que mezcla (*mixes*) la realidad con lo irreal y lo mítico (*mythical*). García Márquez recibió el Premio Nobel de Literatura en 1982.

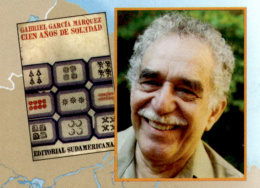

Economía

Las alpacas del Perú

La alpaca es un animal suramericano de la familia de la llama y la vicuña. Vive en rebaños (*herds*) en los Andes del Perú. Es un animal muy importante para la economía del país, ya que da una lana muy buena que los peruanos utilizan para hacer ropa, mantas (*blankets*) y bolsas de alta calidad (*quality*). Pero cuidado: ¡las alpacas escupen (*spit*) para defenderse!

Familia peruana esquilando (*shearing*) una alpaca.

¿Qué aprendiste?

1 ¿Cierto o falso? Indica si las oraciones son ciertas o falsas.

Cierto	Falso	
_____	_____	**1.** El río Amazonas es el más caudaloso del mundo.
_____	_____	**2.** Alrededor del río Amazonas hay una gran playa.
_____	_____	**3.** La moneda de Ecuador es el dólar estadounidense.
_____	_____	**4.** Arequipa es una de las ciudades principales de Venezuela.
_____	_____	**5.** La lengua oficial de Ecuador es el quechua.
_____	_____	**6.** Los tejidos de Ecuador son famosos en todo el mundo.
_____	_____	**7.** Las cataratas del Niágara son más altas que el Salto Ángel.
_____	_____	**8.** Los indígenas llaman *Churún Merú* al Salto Ángel.
_____	_____	**9.** García Márquez ganó el Premio Nobel en 1982.
_____	_____	**10.** García Márquez publicó su primer cuento en 1999.
_____	_____	**11.** La alpaca es de la familia de la llama y la vicuña.
_____	_____	**12.** La alpaca escupe para defenderse.

2 Preguntas Contesta las siguientes preguntas.

1. ¿Qué otro nombre tiene el río Amazonas? ¿Por qué?

2. ¿Qué se vende en el mercado de Otavalo? ¿Qué te gustaría comprar allí?

3. ¿Conoces alguna catarata similar a la de Salto Ángel? ¿Dónde está? ¿Cómo es comparada con la de Salto Ángel?

4. ¿Leíste alguna obra de Márquez? ¿Cuál? Si no, ¿crees que te gustaría leer algo de él?

5. ¿Qué haces si ves una alpaca? ¿Te acercas o te alejas? ¿Por qué?

CONEXIÓN INTERNET

Busca más información sobre estos temas en el sitio viva.vhlcentral.com. Presenta la información a tus compañeros/as de clase.

- Indígenas de Ecuador
- El Salto Ángel
- Gabriel García Márquez
- Las alpacas del Perú

Practice more at
viva.vhlcentral.com.

9 Las celebraciones

Communicative Goals

You will learn how to:
- talk about celebrations and personal relationships
- express congratulations
- ask for the bill in a restaurant
- express gratitude

Para empezar

- ¿Cómo se sienten estas personas, alegres o tristes?
- ¿Celebran un matrimonio o un divorcio?
- ¿Crees que los jóvenes hicieron una fiesta?

Las celebraciones

S Talking Picture
Tutorial
Games

la boda
wedding

LAS FIESTAS

el aniversario (de bodas) *(wedding) anniversary*

el día de fiesta *holiday*

la fiesta *party*

el/la invitado/a *guest*

la Navidad *Christmas*

la quinceañera *young woman celebrating her fifteenth birthday*

la sorpresa *surprise*

celebrar *to celebrate*

cumplir años *to have a birthday*

dejar una propina *to leave a tip*

divertirse (e:ie) *to have fun*

invitar *to invite; to treat*

pagar la cuenta *to pay the bill*

pasarlo bien/mal *to have a good/bad time*

regalar *to give (a gift)*

reírse (e:i) *to laugh*

relajarse *to relax*

sonreír (e:i) *to smile*

sorprender *to surprise*

el cumpleaños
birthday

brindar
to toast

graduarse (de)
to graduate (from)

LOS POSTRES Y OTRAS COMIDAS

la botella de vino *bottle of wine*

los dulces *sweets; candy*

el helado *ice cream*

el pastel *cake*
    de cumpleaños *birthday cake*

los postres *desserts*

las galletas
cookies

el flan
baked custard

el champán
champagne

recursos

WB
pp. 89–90

LM
p. 49

S viva.vhlcentral.com

LAS ETAPAS DE LA VIDA

la etapa *stage*

la juventud *youth*

el nacimiento *birth*

la vida *life*

jubilarse *to retire (from work)*

nacer *to be born*

la niñez
childhood

LAS RELACIONES PERSONALES

la alegría *happiness*

la amistad *friendship*

el amor *love*

el divorcio *divorce*

el estado civil *marital status*

el matrimonio *marriage; married couple*

la pareja *couple; partner*

el/la recién casado/a *newlywed*

casado/a *married*

divorciado/a *divorced*

juntos/as *together*

separado/a *separated*

soltero/a *single*

viudo/a *widowed*

cambiar (de) *to change*

casarse (con) *to get married (to)*

comprometerse (con) *to get engaged (to)*

divorciarse (de) *to get divorced (from)*

enamorarse (de) *to fall in love (with)*

llevarse bien/mal (con) *to get along well/badly (with)*

odiar *to hate*

romper (con) *to break up (with)*

salir (con) *to go out (with); to date*

separarse (de) *to separate (from)*

tener una cita *to have a date; to have an appointment*

la adolescencia
adolescence

la madurez
maturity; middle age

la vejez
old age

la muerte
death

OTRAS PALABRAS

el apellido *last name*

el consejo *advice*

la respuesta *answer*

Práctica y conversación  **Audio: Activities**

1 **¿Lógico o ilógico?** 🎧 Escucha las oraciones e indica si son **lógicas** o **ilógicas**.

	1.	2.	3.	4.	5.	6.
Lógico						
Ilógico						

2 **¡Feliz cumpleaños!** 🎧 Los amigos de Silvia están preparándole una fiesta de cumpleaños. Escucha la conversación y contesta las preguntas.

1. ¿Sabe Silvia que sus amigos le van a dar una fiesta? _____

2. ¿Qué van a comer los amigos en la fiesta? _____

3. ¿A Silvia le gusta el chocolate? _____

4. ¿Dónde compraron el helado? _____

5. ¿Por qué no quieren comer el helado de la cafetería? _____

6. ¿Cuántos años cumple Silvia? _____

7. ¿Con qué brindan los amigos? _____

8. ¿Silvia es mayor o menor que sus amigos? _____

3 **Completar** Completa las oraciones.

1. Nelson y Mildred _____ el septiembre pasado. La boda fue maravillosa.

2. Mi tía le _____ muy grande al camarero.

3. Mi padrastro _____ hace un año.

4. A Alejandra le gustan las galletas. Ella se puso contenta y _____ después de comérselas todas.

5. Luis y yo _____ en la fiesta. Bailamos y comimos mucho.

6. ¡Tengo una nueva sobrina! Ella _____ ayer por la mañana y se llama Sofía.

7. Irene y su esposo _____. Ellos casi nunca se pelean y disfrutan haciendo actividades juntos.

8. Rocío y Eddie _____ en el cine. La película fue muy mala y Rocío estaba (*was*) tan aburrida que se quedó dormida a los cinco minutos de empezar la película.

9. Isabel y yo _____ esta noche. Vamos a ir a un restaurante muy elegante.

dejó una propina	se jubiló
lo pasaron mal	se llevan bien
nació	sonrió
nos divertimos	tenemos una cita
se casaron	pagó la cuenta

recursos

Ⓢ

viva.vhlcentral.com

4 Planes para una fiesta Trabaja con dos compañeros/as para planear una fiesta. Describan la fiesta a la clase. Recuerden incluir la siguiente información.

1. ¿Qué tipo de fiesta es?
2. ¿Dónde va a ser? ¿Cuándo va a ser?
3. ¿A quiénes van a invitar?
4. ¿Qué van a comer? ¿Quiénes van a llevar la comida?
5. ¿Qué van a beber? ¿Quiénes van a llevar las bebidas?
6. ¿Cómo planean entretener a los invitados? ¿Van a bailar o jugar algún juego?

5 Una fiesta inolvidable Cuéntale a un(a) compañero/a cómo fue la fiesta más divertida que tuviste *(had)*. Usa estas preguntas como guía. **¿Qué? ¿Por qué? ¿Cuándo? ¿Dónde? ¿Cómo? ¿Quién(es)?**

Practice more at **viva.vhlcentral.com.**

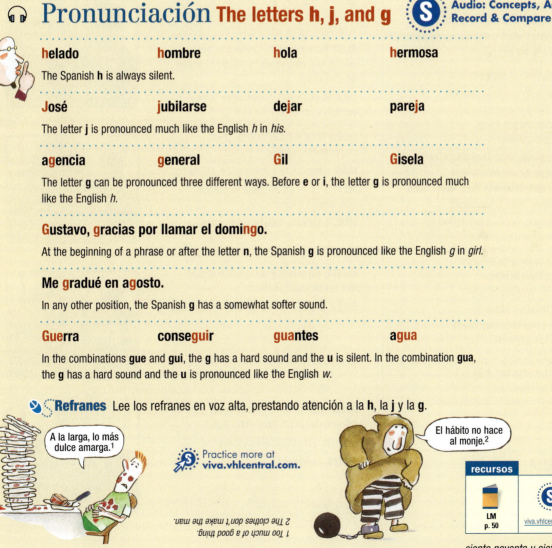

Pronunciación The letters h, j, and g

Audio: Concepts, Activities Record & Compare

helado	**h**ombre	**h**ola	**h**ermosa

The Spanish **h** is always silent.

José	**j**ubilarse	de**j**ar	pare**j**a

The letter **j** is pronounced much like the English *h* in *his.*

a**g**encia	**g**eneral	**G**il	**G**isela

The letter **g** can be pronounced three different ways. Before **e** or **i**, the letter **g** is pronounced much like the English *h*.

Gustavo, **g**racias por llamar el domin**g**o.

At the beginning of a phrase or after the letter **n**, the Spanish **g** is pronounced like the English *g* in *girl*.

Me **g**radué en a**g**osto.

In any other position, the Spanish **g** has a somewhat softer sound.

Guerra	conse**gui**r	**gua**ntes	a**gua**

In the combinations **gue** and **gui**, the g has a hard sound and the **u** is silent. In the combination **gua**, the g has a hard sound and the **u** is pronounced like the English *w*.

Refranes Lee los refranes en voz alta, prestando atención a la **h**, la **j** y la **g**.

A la larga, lo más dulce amarga.[1]

El hábito no hace al monje.[2]

Practice more at **viva.vhlcentral.com.**

1 Too much of a good thing.
2 The clothes don't make the man.

recursos

LM p. 50

viva.vhlcentral.com

¡Feliz cumpleaños, Maite!

Video: *Fotonovela*
Record & Compare

Don Francisco y los estudiantes celebran el cumpleaños de Maite en el restaurante El Cráter.

Expresiones útiles

Celebrating a birthday party

¡Feliz cumpleaños!
Happy birthday!

¡Felicidades!/¡Felicitaciones!
Congratulations!

¿Quién le dijo que es mi cumpleaños?
Who told you that it's my birthday?

Lo supe por don Francisco.
I found out from Don Francisco.

¿Cuántos años cumples/cumple usted?
How old are you now?

Paying and tipping

¿Puede traernos la cuenta?
Can you bring us the bill?

La cuenta, por favor.
The bill, please.

Enseguida, señor/señora/señorita.
Right away, sir/ma'am/miss.

Creo que debemos dejar una buena propina. ¿Qué les parece?
I think we should leave a good tip. What do you guys think?

Expressing gratitude

¡(Muchas) Gracias!
Thank you (very much)!

Muchísimas gracias.
Thank you very, very much.

Gracias por todo.
Thanks for everything.

Gracias una vez más.
Thanks once again.

recursos

VM
pp. 185–186

viva.vhlcentral.com

INÉS A mí me encantan los dulces. Maite, ¿tú qué vas a pedir?

MAITE Ay, no sé. Todo parece tan delicioso. Quizás el pastel de chocolate.

JAVIER Para mí el pastel de chocolate con helado. Me encanta el chocolate. Y tú, Álex, ¿qué vas a pedir?

ÁLEX Generalmente prefiero la fruta, pero hoy creo que voy a probar el pastel de chocolate.

DON FRANCISCO Yo siempre tomo un flan y un café.

DOÑA RITA Y CAMARERO ¡Feliz cumpleaños, Maite!

INÉS ¿Hoy es tu cumpleaños, Maite?

MAITE Sí, el 22 de junio. Y parece que vamos a celebrarlo.

TODOS MENOS MAITE ¡Felicidades!

MAITE ¡Gracias! Pero, ¿quién le dijo que es mi cumpleaños?

DOÑA RITA Lo supe por don Francisco.

ÁLEX Ayer te lo pregunté, ¡y no quisiste decírmelo! ¿Eh? ¡Qué mala eres!

JAVIER ¿Cuántos años cumples?

MAITE Veintitrés.

Practice more at
viva.vhlcentral.com.

DON FRANCISCO

JAVIER

INÉS

ÁLEX

MAITE

DOÑA RITA

CAMARERO

ÁLEX Yo también acabo de cumplir los veintitrés años.

MAITE ¿Cuándo?

ÁLEX El cuatro de mayo.

DOÑA RITA Aquí tienen un flan, pastel de chocolate con helado… y una botella de vino para dar alegría.

MAITE ¡Qué sorpresa! ¡No sé qué decir! Muchísimas gracias.

DON FRANCISCO El conductor no puede tomar vino. Doña Rita, gracias por todo. ¿Puede traernos la cuenta?

DOÑA RITA Enseguida, Paco.

INÉS Creo que debemos dejar una buena propina. ¿Qué les parece?

MAITE Sí, vamos a darle una buena propina a la Sra. Perales. Es simpatiquísima.

DON FRANCISCO Gracias una vez más. Siempre lo paso muy bien aquí.

MAITE Muchísimas gracias, Sra. Perales. Por la comida, por la sorpresa y por ser tan amable con nosotros.

Actividades

1 Preguntas Responde a estas preguntas.

1. ¿Por qué Maite no sabe que le van a celebrar su cumpleaños?
2. ¿Qué pide siempre don Francisco?
3. ¿Qué le encanta a Javier?
4. ¿Cuántos años cumplió Álex? ¿Cuándo?
5. ¿Cuál postre va a pedir Álex?
6. ¿Por qué don Francisco no puede tomar vino?

2 Identificar Identifica quién puede decir estas oraciones.

1. Gracias, doña Rita, pero no puedo tomar vino.
2. ¡Qué simpática es doña Rita! Fue tan amable conmigo.
3. Me encantan los postres de chocolate.
4. Mi amigo acaba de informarme que hoy es el cumpleaños de Maite.

3 Un cumpleaños En grupos, imaginen que celebran el cumpleaños de un(a) amigo/a en un restaurante. Usen la guía para representar la situación.

- Todos le desean feliz cumpleaños a la persona que cumple años y uno le pregunta cuántos años cumple.
- Cada uno le pide al/a la camarero/a un postre y algo de beber.
- Después una persona pide la cuenta.
- Otra persona habla de dejar una propina.
- Los amigos dicen que quieren pagar la cuenta.
- El/La que cumple años les da las gracias por todo.

Semana Santa: vacaciones y tradición

¿Te imaginas pasar veinticuatro horas tocando un tambor° entre miles de personas? Así es como mucha gente celebra el Viernes Santo° en el pequeño pueblo de **Calanda**, España. De todas las celebraciones hispanas, la **Semana Santa°** es una de las más espectaculares y únicas.

Semana Santa es la semana antes de Pascua°, una celebración religiosa que conmemora la Pasión de Jesucristo. Generalmente, la gente tiene unos días de vacaciones en esta semana. Algunas personas aprovechan° estos días para viajar, pero otras prefieren participar en las tradicionales celebraciones religiosas en las calles. En **Antigua**, Guatemala, hacen alfombras° de flores° y altares; también organizan Vía Crucis° y danzas.

Alfombra de flores en Antigua, Guatemala

En las famosas procesiones y desfiles° religiosos de **Sevilla**, España, los fieles° sacan a las calles imágenes religiosas. Las imágenes van encima de plataformas ricamente decoradas con abundantes flores y velas°. En la procesión, los penitentes llevan túnicas y unos sombreros cónicos que les cubren° la cara°. En sus manos llevan faroles° o velas encendidas.

Si visitas algún país hispano durante la Semana Santa, debes asistir a un desfile. Las playas y las discotecas pueden esperar hasta la semana siguiente.

Procesión en Sevilla, España

tocando un tambor *playing a drum* Viernes Santo *Good Friday* Semana Santa *Holy Week* Pascua *Easter Sunday* aprovechan *take advantage of* alfombras *carpets* flores *flowers* Vía Crucis *Stations of the Cross* desfiles *parades* fieles *faithful* velas *candles* cubren *cover* cara *face* faroles *lamps* quema de la chamiza *burning of brushwood* cerro *hill* recorrido *route* cruz *cross*

Otras celebraciones famosas

Ayacucho, Perú: Además de alfombras de flores y procesiones, aquí hay una antigua tradición llamada "quema de la chamiza"°.

Iztapalapa, Ciudad de México: Es famoso el Vía Crucis del cerro° de la Estrella. Es una representación del recorrido° de Jesucristo con la cruz°.

Popayán, Colombia: En las procesiones "chiquitas" los niños llevan imágenes que son copias pequeñas de las que llevan los mayores.

Practice more at
viva.vhlcentral.com.

recursos

VM
pp. 243–244

viva.vhlcentral.com

ACTIVIDADES

1 ¿Cierto o falso? Indica si lo que dicen las oraciones sobre la Semana Santa en los países hispanos es **cierto** o **falso.**

1. La Semana Santa se celebra después de Pascua.
2. Las personas tienen días libres durante la Semana Santa.
3. Todos asisten a las celebraciones religiosas.
4. En los países hispanos, las celebraciones se hacen en las calles.
5. En Antigua y en Ayacucho es típico hacer alfombras de flores.
6. En Sevilla, sacan imágenes religiosas a las calles.
7. En Sevilla, las túnicas cubren la cara.
8. En la procesión en Sevilla algunas personas llevan flores en sus manos.
9. El Vía Crucis de Iztapalapa es en el interior de una iglesia.
10. Las procesiones "chiquitas" son famosas en Sevilla, España.

2 Comparación Compara una celebración del mundo hispano con una celebración importante de tu país. ¿Cómo celebra la gente? ¿Cuáles son actividades típicas? ¿En qué se parecen? ¿En qué se diferencian? Comparte tus ideas con la clase.

CONEXIÓN INTERNET

What do **Semana Santa** and **la Fiesta de San Fermín** have in common? Go to **viva.vhlcentral.com** to find out and to access these components:

- the **Flash cultura** video
- more activities
- additional reading: **Una celebración única**

Flash CULTURA

Las fiestas

1 Preparación ¿Se celebra la Navidad en tu país? ¿Qué otras fiestas importantes se celebran? En cada caso, ¿cuánto tiempo dura? ¿Cuáles son las tradiciones y actividades típicas?

2 El video Mira el episodio de **Flash cultura**.

Vocabulario

los cabezudos *carnival figures with large heads*
los carteles *posters*
fiesta de pueblo *local celebration*
santos de palo *wooden saints*

Los cabezudos son una tradición […] de España.

Es una fiesta de pueblo… una tradición. Vengo todos los años.

3 Elegir Indica cuál de las dos opciones resume mejor este episodio.

a. Las Navidades puertorriqueñas son las más largas y terminan después de las fiestas de la calle San Sebastián. Esta fiesta de pueblo se celebra con baile, música y distintas expresiones artísticas típicas.

b. En la celebración de las Navidades puertorriqueñas, los cabezudos son una tradición de España y son el elemento más importante de la fiesta. A la gente le gusta bailar y hacer procesiones por la noche.

9.1 Irregular preterites Ⓢ Tutorial

Doña Rita les dio una botella de vino a los viajeros.

▶ You already know that **ir** and **ser** are irregular in the preterite. Here are some other verbs that are irregular in the preterite.

Preterite of *tener, venir,* and *decir*		
tener (u-stem)	**venir (i-stem)**	**decir (j-stem)**
yo	tuve	vine	dije
tú	tuviste	viniste	dijiste
Ud./él/ella	tuvo	vino	dijo
nosotros/as	tuvimos	vinimos	dijimos
vosotros/as	tuvisteis	vinisteis	dijisteis
Uds./ellos/ellas	tuvieron	vinieron	dijeron

Hubo una fiesta en el restaurante El Cráter.

▶ Observe the stem changes in the chart: the **e** in **tener** changes to **u**, and the **e** in **venir** and **decir** changes to **i**. Note also that the **c** in **decir** changes to **j**. None of these verbs have written accents in the **yo** or **Ud./él/ella** forms.

▶ These verbs have similar stem changes to **tener**, **venir**, and **decir**.

INFINITIVE	U-STEM	PRETERITE FORMS
poder	pud–	pude, pudiste, pudo, pudimos, pudisteis, pudieron
poner	pus–	puse, pusiste, puso, pusimos, pusisteis, pusieron
saber	sup–	supe, supiste, supo, supimos, supisteis, supieron
estar	estuv–	estuve, estuviste, estuvo, estuvimos, estuvisteis, estuvieron

INFINITIVE	I-STEM	PRETERITE FORMS
querer	quis–	quise, quisiste, quiso, quisimos, quisisteis, quisieron
hacer	hic–	hice, hiciste, hizo, hicimos, hicisteis, hicieron

INFINITIVE	J-STEM	PRETERITE FORMS
traer	traj–	traje, trajiste, trajo, trajimos, trajisteis, trajeron
conducir	conduj–	conduje, condujiste, condujo, condujimos, condujisteis, condujeron
traducir	traduj–	traduje, tradujiste, tradujo, tradujimos, tradujisteis, tradujeron

¡ojo!

Verbs with **j**-stems omit the letter **i** in the **Uds./ellos/ellas** endings.

For example:

tener → tuvieron, but **decir → dijeron.**

Most verbs that end in **–cir** are **j**-stem verbs in the preterite.

For example:

producir → produje, produjiste, produjo, produjimos, produjisteis, produjeron.

The preterite of *dar*

| yo | di | Ud./él/ella | dio | vosotros/as | disteis |
| tú | diste | nosotros/as | dimos | Uds./ellos/ellas | dieron |

▶ The endings for **dar** are the same as the regular preterite endings for **–er** and **–ir** verbs, but there are no written accent marks.

La camarera me **dio** el menú.
The waitress gave me the menu.

Le **di** a Juan algunos consejos.
I gave Juan some advice.

▶ The preterite of **hay** (*inf.* **haber**) is **hubo** (*there was/were*).

Hubo una fiesta el sábado pasado.
There was a party last Saturday.

Hubo muchos invitados.
There were a lot of guests.

Práctica y conversación

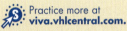
Practice more at
viva.vhlcentral.com.

1 Una fiesta sorpresa Completa estas oraciones con el pretérito de los verbos indicados.

1. El sábado _____ [haber] una fiesta para Elsa.
2. Sofía _____ [hacer] un pastel para la fiesta y Miguel _____ [traer] un flan.
3. Los amigos de Elsa _____ [traer] regalos.
4. El hermano de Elsa no _____ [venir] porque _____ [tener] que trabajar.
5. Su tía María Dolores tampoco _____ [poder] venir.
6. ¡La fiesta le _____ [dar] a Elsa tanta alegría!

2 ¿Qué hicieron? Usa los siguientes verbos para describir lo que hicieron estas personas: **dar, estar, poner, tener, traer.**

1. El señor López/dinero
_____

2. Norma/pavo
_____

3. Nosotros/fiesta
_____

4. Roberto y Elena/regalo
_____

3 Preguntas En parejas, túrnense para contestar estas preguntas.

1. ¿Qué hiciste anoche? ¿Y el domingo pasado?
2. ¿Quiénes no estuvieron en clase la semana pasada?
3. ¿Qué trajiste a clase ayer? ¿Y hoy?
4. ¿Hubo una fiesta en tu casa el sábado?
5. ¿Cuándo fue la última (*last*) vez que tus parientes vinieron a visitarte? ¿Te trajeron algo? ¿Qué te trajeron?
6. ¿Les diste a tus padres un regalo para su aniversario de bodas? ¿Qué les regalaste?

4 Encuesta Averigua (*Find out*) quién de tus compañeros/as hizo cada una de estas actividades. Luego, comparte los resultados con la clase.

Descripciones	Nombres
1. Tuvo un examen ayer.	_____
2. Trajo dulces a clase.	_____
3. Condujo su auto a clase.	_____
4. Estuvo en la biblioteca ayer.	_____
5. Le dio consejos a alguien ayer.	_____
6. No pudo levantarse esta mañana.	_____
7. Tuvo una cita anoche.	_____
8. Hizo un viaje por más de dos semanas el verano pasado.	_____

9.2 Verbs that change meaning in the preterite Tutorial

▶ **Conocer**, **saber**, **poder**, and **querer** change meanings in the preterite.

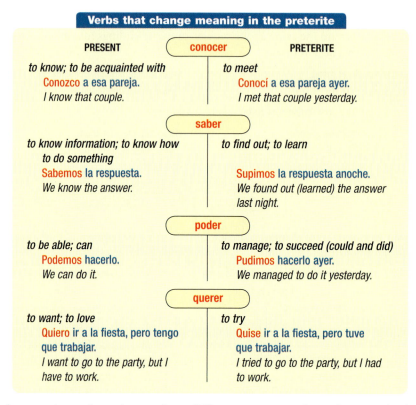

Verbs that change meaning in the preterite		
PRESENT	**conocer**	**PRETERITE**
to know; to be acquainted with		*to meet*
Conozco a esa pareja.		Conocí a esa pareja ayer.
I know that couple.		*I met that couple yesterday.*
	saber	
to know information; to know how to do something		*to find out; to learn*
Sabemos la respuesta.		Supimos la respuesta anoche.
We know the answer.		*We found out (learned) the answer last night.*
	poder	
to be able; can		*to manage; to succeed (could and did)*
Podemos hacerlo.		Pudimos hacerlo ayer.
We can do it.		*We managed to do it yesterday.*
	querer	
to want; to love		*to try*
Quiero ir a la fiesta, pero tengo que trabajar.		Quise ir a la fiesta, pero tuve que trabajar.
I want to go to the party, but I have to work.		*I tried to go to the party, but I had to work.*

▶ In the preterite, **poder** and **querer** have different meanings, depending on whether they are used in affirmative or negative sentences.

Affirmative		**Negative**	
pude	*I was able (to)/succeeded*	no pude	*I failed (to)*
quise	*I tried (to)*	no quise	*I refused (to)*

ESPAÑOL EN VIVO

Ahora todos lo pueden hacer.

Hubo un día en el que la humanidad quiso ir más allá de sus límites. Pudo conocer un mundo increíble. Supo asegurar su futuro.

BANCO DAVIVIENDA

Práctica y conversación

1 Oraciones Forma oraciones con estos elementos. Usa el pretérito.

MODELO

Mis padres / no querer / venir / fiesta
Mis padres no quisieron venir a la fiesta.

1. Anoche / nosotros / saber / que / Carlos y Eva / divorciarse _____

2. Tú / conocer / Nora / clase / historia / ¿no? _____

3. ¿Poder / ustedes / visitar / la Isla de Pascua? _____

4. Ayer / yo / saber / que / Paco / querer / romper / Olivia _____

5. El señor Navarro / querer / jubilarse / pero / no poder _____

6. Gustavo y Elena / conocer / mi esposo / fiesta de Ana _____

7. Yolanda / no poder / dormir / anoche _____

8. Irma / saber / que / nosotros / traer / galletas _____

9. Ayer / yo / no poder / llamar / tú _____

10. Nosotros / querer / pagar la cuenta _____

2 Completar Completa estas frases de una manera lógica.

1. La semana pasada yo supe…
2. Ayer mi compañero/a de cuarto supo…
3. Esta mañana no pude…
4. El fin de semana pasado mis amigos y yo no pudimos…
5. Conocí a mi mejor amigo/a en…
6. Mis padres no quisieron…
7. Mi mejor amigo/a no pudo…
8. Mi novio/a y yo nos conocimos en…
9. El mes pasado en clase no pudimos…
10. Ayer mis amigos quisieron…
11. Mis abuelos pudieron…

3 El fin de semana Prepara dos listas: una con las actividades que hiciste el fin de semana pasado y la otra lista con las actividades que quisiste hacer, pero no pudiste hacer. Luego, compara tu lista con la de un(a) compañero/a, y expliquen por qué no pudieron hacer esas cosas.

Cosas que hice	Cosas que quise hacer
1. _____	1. _____
2. _____	2. _____
3. _____	3. _____
4. _____	4. _____
5. _____	5. _____
6. _____	6. _____
7. _____	7. _____
8. _____	8. _____
9. _____	9. _____
10. _____	10. _____

4 Telenovela En grupos de tres, escriban el guión (*script*) de una escena amorosa entre los tres personajes de la telenovela (*soap opera*) llamada **La mujer doble**. Usen el pretérito de **conocer**, **poder**, **querer** y **saber**. ¡Sean creativos!

Daniel   Mirta   Raúl

PASIÓN   AVENTURA
HECHICERÍA   VENGANZA

LA MUJER DOBLE

Practice more at
viva.vhlcentral.com.

9.3 Relative pronouns

 Tutorial

▶ Relative pronouns are used to combine two sentences or clauses that share a common element, such as a noun or pronoun. Study these diagrams.

La comida que pidieron fue muy sabrosa.

Éste es el flan.	**Manuela preparó el flan.**
This is the flan.	*Manuela made the flan.*

Éste es el flan que Manuela preparó.
This is the flan that Manuela made.

Lourdes es muy inteligente.	**Lourdes estudia español.**
Lourdes is very intelligent.	*Lourdes studies Spanish.*

Lourdes, quien estudia español, es muy inteligente.
Lourdes, who studies Spanish, is very intelligent.

Doña Rita, quien les sirve el vino, es la dueña del restaurante.

▶ Spanish has three commonly used relative pronouns.

> **Common relative pronouns**
>
> que | *that; which; who*   quien(es) | *who; whom; that*   lo que | *that which; what*

¡ojo!

Note that relative pronouns never carry an accent, unlike interrogative words (**qué, quién,** etc.).

▶ **Que**, the most frequently used relative pronoun, can refer to things or to people. Unlike the English *that*, **que** is never omitted.

¿Dónde está el pastel **que** pedí?
Where is the cake (that) I ordered?

El hombre **que** sirve la comida se llama Diego.
The man who serves the food is named Diego.

▶ **Que** is used like the English *that* after verbs like **creer, decir, pensar,** and **suponer.**

Creo que la fiesta es mañana.
I think (that) the party is tomorrow.

Pienso que hiciste bien.
I think (that) you did well.

Ana **dice que** no puede venir.
Ana says (that) she can't come.

Supongo que va a llover.
I suppose (that) it's going to rain.

▶ **Quien** (singular) and **quienes** (plural) refer only to people and are often used after a preposition or the personal **a.**

Eva, **a quien** vi anoche, cumple veinticinco años hoy.
Eva, whom I saw last night, turns twenty-five today.

¿Son ésas las chicas **de quienes** me hablaste la semana pasada?
Are those the girls you told me about last week?

▶ **Quien(es)** is occasionally used instead of **que** in clauses set off by commas.

Lola, **quien** es cubana, es médica.
Lola, who is Cuban, is a doctor.

Mi hermana, **quien** vive en Madrid, me llamó por teléfono.
My sister, who lives in Madrid, called me on the phone.

▶ **Lo que** refers to an idea, a situation, or a past event and means *what* or *the thing that.*

Juana tiene todo **lo que** necesitamos.
Juana has everything we need.

Lo que quiero es verte.
What I want is to see you.

Lo que me molesta es el calor.
What bothers me is the heat.

Lo que más te gusta es divertirte.
What you like most is to have fun.

Práctica y conversación

1 Una fiesta de aniversario Amparo está hablando de la fiesta de aniversario de sus abuelos. Completa las oraciones con las expresiones de la lista.

a quien conozco muy bien	que se graduó
de quienes te hablé	quien es la novia
que saqué	quien se jubiló

1. El sábado fui a la fiesta de aniversario de mis abuelos, _____ la semana pasada.
2. Éstas son las fotos _____ durante la fiesta.
3. Éste es Ramón, mi primo. Es el chico _____ de la universidad en junio.
4. Éste es mi abuelo, _____ el año pasado.
5. Esta mujer, _____ , se llama Ana.
6. Y ésta es Lucita, _____ de Ramón.

2 Una fiesta de cumpleaños Describe la fiesta sorpresa que van a dar Jaime y Tina, usando los pronombres relativos **que, quien, quienes** y **lo que.**

1. Manuela, _____ cumple veintiún años mañana, no sabe que sus amigos están planeando una fiesta.
2. Jaime y Tina son los amigos _____ planean la fiesta.
3. Éstas son las personas _____ van a invitar.
4. Juan y Luz, _____ son los hermanos de Manuela, van a venir.
5. Marco, _____ es el novio de Manuela, va a venir también.
6. _____ Jaime y Tina van a servir de postre es un pastel de chocolate.
7. Todos van a bailar salsa y rock hasta la una de la mañana, _____ va a ser muy divertido.

3 Definiciones En parejas, túrnense para definir estas palabras, usando **que, quien(es)** y **lo que.** Luego compartan sus definiciones con la clase.

MODELO
un pastel de cumpleaños
Estudiante 1: *¿Qué es un pastel de cumpleaños?*
Estudiante 2: *Es un postre que comes en tu cumpleaños./ Es lo que comes en tu cumpleaños.*

1. el helado
2. el champán
3. una propina
4. una boda
5. un invitado
6. la Navidad
7. una recién casada
8. el divorcio
9. la juventud
10. la vejez
11. una viuda
12. una fiesta de quince años

4 Entrevista En parejas, túrnense para hacerse las siguientes preguntas.

1. ¿Qué es lo que más te gusta de las fiestas familiares? ¿Por qué?
2. ¿Qué es lo que menos te gusta de las fiestas familiares? ¿Por qué?
3. ¿Quiénes son las personas con quienes celebras tu cumpleaños?
4. ¿Quién es el/la pariente o amigo/a a quien más le gustan los cumpleaños? ¿Por qué le gustan tanto?
5. ¿Dónde compras los regalos que le das a tu mejor amigo/a?
6. ¿Tienes hermanos/as o amigos/as que están casados/as? ¿Dónde viven?
7. ¿Quién es la persona que más te importa?
8. ¿Quiénes son las personas con quienes te diviertes más? ¿Por qué lo pasas bien con ellos/ellas?

Practice more at
viva.vhlcentral.com.

9.4 ¿Qué? and ¿cuál? Tutorial

▶ As you know, **¿qué?** and **¿cuál?** or **¿cuáles?** mean *what?* or *which?* However, they are not interchangeable.

▶ **¿Qué?** is used to ask for a definition or explanation.

¿Qué es un flan?
What is flan?

¿Qué estudias?
What do you study?

▶ **¿Cuál(es)?** is used when there is a choice among several possibilities.

¿Cuáles quieres, éstos o ésos?
Which (ones) do you want, these ones or those ones?

¿Cuál es tu apellido, Martínez o Vilanova?
What is your last name, Martínez or Vilanova?

▶ **¿Cuál(es)?** cannot be used before a noun; **¿qué?** is used instead.

¿Cuál es tu color favorito?
What is your favorite color?

¿Qué colores te gustan?
What colors do you like?

▶ **¿Qué?** used before a noun has the same meaning as **¿cuál?**.

Qué + [*noun*]	**Cuál + [*verb*]**
¿Qué regalo te gusta?	**¿Cuál** te gusta?
¿Qué dulces quieren ustedes?	**¿Cuáles** quieren ustedes?

Review of interrogative words and phrases

¿a qué hora?	*at what time?*	¿cuándo?	*when?*	¿dónde?	*where?*
¿adónde?	*(to) where?*	¿cuánto/a?	*how much?*	¿por qué?	*why?*
¿cómo?	*how?*	¿cuántos/as?	*how many?*	¿qué?	*what?; which?*
¿cuál(es)?	*what?; which?*	¿de dónde?	*from where?*	¿quién(es)?	*who?*

ESPAÑOL EN VIVO

¿Con quién quieres compartir momentos mágicos?

¿Cuáles son tus prioridades en la vida?

¿Qué es para ti la libertad?

Tú eliges cómo vivir.

BMW

¿Te gusta conducir?

Práctica y conversación

1 Minidiálogos Completa los minidiálogos con las palabras interrogativas correctas.

SORAYA ¿ (1) _____ es la fiesta de aniversario de tus padres?

ERNESTO El sábado por la noche.

• • •

MICAELA ¿ (2) _____ va a ser la fiesta de cumpleaños?

TIMOTEO En casa de mi primo.

• • •

MARCIA ¿ (3) _____ es tu clase favorita?

CARLOS La clase de arte es mi favorita.

• • •

TOMÁS ¿ (4) _____ dinero te van a dar tus abuelos para tu graduación de la universidad?

MERCEDES Dicen que van a darme dos mil dólares.

• • •

LIDIA ¿ (5) _____ compraste para tu sobrino?

MARTA Una raqueta de tenis.

• • •

BLAS ¿ (6) _____ vas después de la boda?

GIL Mi novia y yo vamos al cine. ¿Quieres venir?

2 Completar Completa estas preguntas con una palabra interrogativa. En algunos casos se puede usar más de una palabra interrogativa.

1. ¿En _____ país nacieron tus padres?
2. ¿_____ es la fecha de tu cumpleaños?
3. ¿_____ naciste?
4. ¿_____ es tu estado civil?
5. ¿_____ te relajas?
6. ¿_____ son tus programas de televisión favoritos?
7. ¿_____ es tu mejor amigo?
8. ¿_____ van tus amigos para divertirse?
9. ¿_____ postres te gustan? ¿ _____ te gusta más?
10. ¿_____ problemas tuviste el primer día de clase?
11. ¿_____ primos tienes?

Practice more at
viva.vhlcentral.com.

3 Una invitación En parejas, lean esta invitación. Luego, cada estudiante debe pensar en tres preguntas sobre el texto que su compañero/a debe responder.

MODELO

Estudiante 1: ¿Quiénes se casan?

Estudiante 2: María Luisa y José Antonio

FERNANDO SANDOVAL VALERA   LORENZO VÁSQUEZ AMARAL
ISABEL ARZIPE DE SANDOVAL   ELENA SOTO DE VÁSQUEZ

TIENEN EL AGRADO DE INVITARLOS
A LA BODA DE SUS HIJOS

MARÍA LUISA Y JOSÉ ANTONIO

LA CEREMONIA RELIGIOSA TENDRÁ LUGAR
EL SÁBADO 10 DE JUNIO A LAS DOS DE LA TARDE
EN EL TEMPLO DE SANTO DOMINGO
(CALLE SANTO DOMINGO, 961).

DESPUÉS DE LA CEREMONIA, SÍRVANSE PASAR A LA RECEPCIÓN EN EL SALÓN
DE BAILE DEL HOTEL METRÓPOLI (SOTERO DEL RÍO, 465).

4 Fotos En parejas, túrnense para hacerse preguntas sobre estas personas.

MODELO

Estudiante 1: ¿Quién es esta mujer?

Estudiante 2: Es una estudiante.

Estudiante 1: ¿Dónde está?

Estudiante 2: Está en la biblioteca.

Estudiante 1: ¿Qué está haciendo?

Estudiante 2: Está estudiando para un examen.

1.

3.

2.

4.

Ampliación

 **Audio: Activity**
Repaso
Video: TV Clip

1 Escuchar 🎧

A Escucha la conversación entre Josefina y Rosa. Cuando oigas una de las palabras de la **columna A**, usa el contexto para identificar un sinónimo en la **columna B**.

TIP Guess the meaning of the words through context. Listen to the words and phrases around an unfamiliar word to guess its meaning.

A	B
_____ **1.** festejar	**a.** conmemoración religiosa de una muerte
_____ **2.** te divertiste	**b.** tolera
_____ **3.** dicha	**c.** suerte
_____ **4.** bien parecido	**d.** celebrar
_____ **5.** finge (fingir)	**e.** lo pasaste bien
_____ **6.** soporta (soportar)	**f.** horror
	g. pretende ser algo que no es
	h. guapo

Margarita Robles de García y Roberto García Olmos

Piden su presencia en la celebración del segundo aniversario de bodas el día 13 de marzo con una misa en la Iglesia Virgen del Coromoto a las 6:30 p.m.

❀

Seguida por cena y baile en el restaurante El Campanero, Calle Principal, Las Mercedes a las 8:30 p.m.

B ¿Son solteras Rosa y Josefina? ¿Cómo lo sabes?

2 Conversar

En parejas, comparen cómo celebraron ustedes el Día de Acción de Gracias (*Thanksgiving*) el año pasado. Incluyan esta información.

• *¿Dónde celebraron el día de fiesta? ¿Lo pasaron bien?*

• *¿Cuál fue el menú? ¿Quiénes hicieron la comida?*

• *¿Trajeron ustedes algo? ¿Qué trajeron?*

• *¿Quiénes vinieron a comer? ¿Conocieron a alguien?*

recursos

WB pp. 91–97

LM pp. 51–54

viva.vhlcentral.com

3 **Escribir** En una composición, compara dos celebraciones a las que tú asististe recientemente.

TIP **Use Venn diagrams.** Use Venn diagrams to organize your ideas visually before comparing and contrasting people, places, objects, events, or issues. Differences are listed in the outer rings of the two circles; similarities appear where the circles overlap.

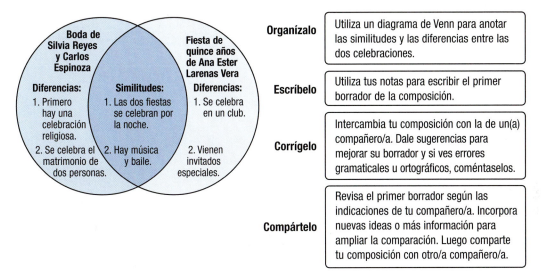

Boda de Silvia Reyes y Carlos Espinoza

Diferencias:
1. Primero hay una celebración religiosa.
2. Se celebra el matrimonio de dos personas.

Similitudes:
1. Las dos fiestas se celebran por la noche.
2. Hay música y baile.

Fiesta de quince años de Ana Ester Larenas Vera

Diferencias:
1. Se celebra en un club.
2. Vienen invitados especiales.

Organízalo Utiliza un diagrama de Venn para anotar las similitudes y las diferencias entre las dos celebraciones.

Escríbelo Utiliza tus notas para escribir el primer borrador de la composición.

Corrígelo Intercambia tu composición con la de un(a) compañero/a. Dale sugerencias para mejorar su borrador y si ves errores gramaticales u ortográficos, coméntaselos.

Compártelo Revisa el primer borrador según las indicaciones de tu compañero/a. Incorpora nuevas ideas o más información para ampliar la comparación. Luego comparte tu composición con otro/a compañero/a.

4 **Un paso más** Imagina que eres periodista en un país hispano. Escribe un artículo sobre un día de fiesta o una celebración que viste.

- Investiga las fiestas, las celebraciones y los festivales de ese país. Elige la celebración que más te interese.
- Explica el nombre de la celebración, cuándo fue y cómo la celebraron.
- Incluye información sobre la ropa especial que llevaron, la comida, la música y el baile.
- Indica qué hiciste tú durante la celebración.
- Presenta el artículo a la clase. Es importante explicar los detalles y mostrar fotos.

CONEXIÓN INTERNET

Investiga estos temas en **viva.vhlcentral.com.**

- Festivales nacionales del mundo hispano
- Fiestas religiosas del mundo hispano

Antes de leer

Reading
Additional Reading

Recognizing root words and word families can help you guess the meaning of words in context, ensuring better comprehension of a reading selection. Using this strategy will enrich your Spanish vocabulary as well.

Look through the reading selection and find words related to these terms. Give the meanings of both sets of words, based on context and on your knowledge of these words or similar words.

Related word	Root word	Meaning
_____	**1.** amar	_____
_____	**2.** éxito	_____
_____	**3.** invitar	_____
_____	**4.** diversión	_____
_____	**5.** sabroso	_____
_____	**6.** oficial	_____

SOCIEDAD

Fiesta de cumpleaños

Marisa Castillo Solís

Marisa Castillo Solís cumplió 21 años el martes pasado. Para celebrarlo, sus amigos Cristina Montes Vallejo y Tomás Méndez Esquivel le organizaron una fiesta sorpresa en casa de Cristina. Marisa estudia periodismo en la Universidad de Buenos Aires y es una gran amante del cine°.

A la fiesta acudió° un grupo de amigos de Marisa y su hermano mayor Martín, quien viajó desde Mendoza para traerle un regalo muy especial: una colección de las mejores películas argentinas de las últimas° décadas. La fiesta fue un gran éxito°. Todos los invitados disfrutaron de° la comida y se divirtieron bailando al son° de diferentes ritmos musicales. De postre, Tomás preparó un delicioso pastel. ¡Felicidades, Marisa!

Aniversario

Lola Navarro de Ibáñez y
Bernardo Ibáñez Narváez

Lola Navarro de Ibáñez y Bernardo Ibáñez Narváez celebraron sus cincuenta años de matrimonio en compañía de sus hijos y nietos. La celebración tuvo lugar° en el restaurante El Tulipán, donde los invitados saborearon° un delicioso banquete. Después de la cena, la Orquesta Armonía animó° la fiesta con canciones para todas las edades. Como regalo de aniversario

de bodas, los hijos de Lola y Bernardo les organizaron un viaje a Cádiz, ciudad de la costa andaluza española, donde se conocieron.

Después de leer

¿Comprendiste?

Indica si lo que se dice en cada oración es **cierto** o **falso**. Corrige las oraciones falsas.

Cierto	Falso	
＿＿＿	＿＿＿	**1.** Martín no pudo asistir a la fiesta de cumpleaños de su hermana.
＿＿＿	＿＿＿	**2.** A Marisa le encantan las películas.
＿＿＿	＿＿＿	**3.** Lola y Bernardo tuvieron una fiesta en su casa para celebrar su aniversario de bodas.
＿＿＿	＿＿＿	**4.** José Luis y Elena se casaron en una ceremonia religiosa.
＿＿＿	＿＿＿	**5.** Después de la boda de José Luis y Elena, los invitados no comieron nada.

Preguntas

Responde a estas preguntas con oraciones completas.

1. ¿Qué les regalaron a Lola y Bernardo?

＿＿＿＿＿＿＿＿＿＿＿＿＿＿＿＿

2. ¿Cuántos años cumplió Marisa?

＿＿＿＿＿＿＿＿＿＿＿＿＿＿＿＿

3. ¿Dónde tuvo lugar el banquete de la boda?

＿＿＿＿＿＿＿＿＿＿＿＿＿＿＿＿

4. ¿Qué le regaló Martín a su hermana Marisa?

＿＿＿＿＿＿＿＿＿＿＿＿＿＿＿＿

5. ¿Cuántos años de matrimonio celebran Lola y Bernardo?

＿＿＿＿＿＿＿＿＿＿＿＿＿＿＿＿

Coméntalo

¿Hay una sección de notas sociales en el periódico de tu universidad, comunidad o región? ¿Qué tipo de información encuentras en la sección de notas sociales? ¿La lees normalmente? ¿Por qué?

Boda

José Luis Pastor Gómez y Elena Limón Ávila

El pasado 10 de agosto, a las 19 horas, se celebró la boda entre José Luis y Elena en Buenos Aires. La ceremonia fue muy emotiva al ser oficiada por un amigo de la pareja. Tras la breve e íntima ceremonia religiosa, los novios se reunieron con sus invitados en la casa de los padres de José Luis. Allí tuvo lugar el banquete nupcial, que comenzó a las 22:15 de la noche y terminó la mañana siguiente.

amante del cine *film lover* acudió *attended* últimas *last few* éxito *success*
disfrutar de *enjoyed* son *sound* tuvo lugar *took place* saborearon *enjoyed (with respect to food)* animó *livened up*

Audio: Vocabulary Flashcards

Las celebraciones

el aniversario (de bodas)	(wedding) anniversary
la boda	wedding
el cumpleaños	birthday
el día de fiesta	holiday
la fiesta	party
el/la invitado/a	guest
la Navidad	Christmas
la quinceañera	young woman celebrating her fifteenth birthday
la sorpresa	surprise
brindar	to toast (drink)
celebrar	to celebrate
cumplir años	to have a birthday
dejar una propina	to leave a tip
divertirse (e:ie)	to have fun
graduarse (de)	to graduate (from)
invitar	to invite; to treat
pagar la cuenta	to pay the bill
pasarlo bien/mal	to have a good/ bad time
regalar	to give (a gift)
reírse (e:i)	to laugh
relajarse	to relax
sonreír (e:i)	to smile
sorprender	to surprise

Los postres y otras comidas

la botella de vino	bottle of wine
el champán	champagne
los dulces	sweets; candy
el flan	baked custard
las galletas	cookies
el helado	ice cream
el pastel	cake
el pastel de cumpleaños	birthday cake
los postres	desserts

Las relaciones personales

la alegría	happiness
la amistad	friendship
el amor	love
el divorcio	divorce
el estado civil	marital status
el matrimonio	marriage; married couple
la pareja	couple; partner
el/la recién casado/a	newlywed
casado/a	married
divorciado/a	divorced
juntos/as	together
separado/a	separated
soltero/a	single
viudo/a	widowed
cambiar (de)	to change
casarse (con)	to get married (to)
comprometerse (con)	to get engaged (to)
divorciarse (de)	to get divorced (from)
enamorarse (de)	to fall in love (with)
llevarse bien/mal (con)	to get along well/ badly (with)
odiar	to hate
romper (con)	to break up (with)
salir (con)	to go out (with); to date
separarse (de)	to separate (from)
tener una cita	to have a date; to have an appointment

Palabras adicionales

el apellido	last name
el consejo	advice
la respuesta	answer

Las etapas de la vida

la adolescencia	adolescence
la etapa	stage
la juventud	youth
la madurez	maturity; middle age
la muerte	death
el nacimiento	birth
la niñez	childhood
la vejez	old age
la vida	life
jubilarse	to retire (from work)
nacer	to be born

Expresiones útiles	See page 198.
Relative pronouns	See page 206.
Interrogative words and phrases	See page 208.

recursos

LM p. 54

viva.vhlcentral.com

10 En el consultorio

Communicative Goals

You will learn how to:
- discuss medical conditions
- talk about parts of the body
- talk about health and medical conditions

Para empezar

- ¿Están en una farmacia o en un hospital?
- ¿La mujer es médica o dentista?
- ¿Qué hace ella, una operación o un examen médico?
- ¿Crees que la paciente está nerviosa?

En el consultorio

Talking Picture Tutorial Games

el ojo
eye

la nariz
nose

la boca
mouth

la oreja
(outer) ear

EL CUERPO

el corazón *heart*
el cuerpo *body*
el estómago *stomach*
el hueso *bone*
la rodilla *knee*
el tobillo *ankle*

el pie *foot*
la pierna *leg*

la cabeza
head

el cuello
neck

la garganta
throat

el brazo
arm

el dedo
finger

LA SALUD

el accidente *accident*
la clínica *clinic*
el consultorio *doctor's office*
el/la doctor(a) *doctor*
el/la enfermero/a *nurse*
el examen médico *physical exam*
el hospital *hospital*
el/la paciente *patient*
la operación *operation*
la radiografía *X-ray*
la sala de emergencia(s) *emergency room*
la salud *health*

la farmacia
pharmacy

el dentista
dentist

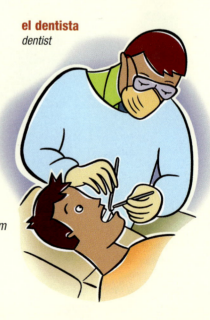

recursos

WB
pp. 99–100

LM
p. 55

viva.vhlcentral.com

tomar(le) la temperatura (a alguien)
to take (someone's) temperature

estornudar
to sneeze

VERBOS

caerse *to fall (down)*
doler (o:ue) *to hurt*
enfermarse *to get sick*
estar enfermo/a *to be sick*
lastimarse (el pie) *to injure (one's foot)*
poner una inyección *to give an injection*
recetar *to prescribe*
romperse (la pierna) *to break (one's leg)*
sacar(se) una muela *to have a tooth pulled*
ser alérgico/a (a) *to be allergic (to)*
tener fiebre (f.) *to have a fever*
torcerse (el tobillo) *to sprain (one's ankle)*
toser *to cough*

LAS ENFERMEDADES Y LOS SÍNTOMAS

el dolor (de cabeza) *(head)ache; pain*
la enfermedad *illness; sickness*
la gripe *flu*
la infección *infection*
el resfriado *cold*
el síntoma *symptom*
la tos *cough*

congestionado/a *congested; stuffed-up*
mareado/a *dizzy; nauseated*

LOS MEDICAMENTOS

el antibiótico *antibiotic*
el medicamento *medication*
la medicina *medicine*
las pastillas *pills; tablets*
la receta *prescription*

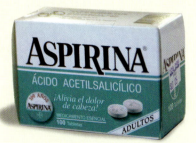

la aspirina
aspirin

ADJETIVOS

embarazada *pregnant*
grave *grave; serious*
médico/a *medical*
saludable *healthy*
sano/a *healthy*

Práctica y conversación

 **Audio: Activities**

1 Escuchar 🎧 Escucha las preguntas y selecciona la respuesta más adecuada.

1. _____
2. _____
3. _____
4. _____
5. _____
6. _____
7. _____
8. _____

a. Tengo dolor de cabeza y fiebre.

b. No fui a la clase porque estaba *(I was)* enfermo.

c. Me caí ayer jugando al tenis.

d. Debes ir a la farmacia.

e. Porque tengo gripe.

f. Sí, tengo mucha tos por las noches.

g. Lo llevaron directamente a la sala de emergencia.

h. No sé. Todavía tienen que tomarme la temperatura.

2 Actividades 👥 En parejas, identifiquen las partes del cuerpo que asocian con estas actividades.

MODELO

nadar

Estudiante 1: Usamos los brazos para nadar.

Estudiante 2: También usamos las piernas.

1. conducir
2. caminar
3. toser

4. comer arroz con pollo
5. comprar un perfume
6. ver una película

7. hablar por teléfono
8. correr en el parque
9. tocar el piano

3 Cuestionario 👥 Selecciona las respuestas que reflejen mejor tu estado de salud. Suma *(add)* los puntos de cada respuesta y anota el resultado. Después, compara los resultados con el resto de la clase.

¿Tienes buena salud?

27–30 puntos — Salud y hábitos excelentes
23–26 puntos — Salud y hábitos buenos
22 puntos o menos — Salud y hábitos problemáticos

1. ¿Con qué frecuencia te enfermas (resfriados, gripe, etc.)?
   • Cuatro veces por año o más. (1 punto)
   • Dos o tres veces por año. (2 puntos)
   • Casi nunca. (3 puntos)

2. ¿Con qué frecuencia tienes dolor de estómago o problemas digestivos?
   • Con mucha frecuencia. (1 punto)
   • A veces. (2 puntos)
   • Casi nunca. (3 puntos)

3. ¿Con qué frecuencia tienes dolor de cabeza?
   • Frecuentemente. (1 punto)
   • A veces. (2 puntos)
   • Casi nunca. (3 puntos)

4. ¿Comes verduras y frutas?
   • No, casi nunca. (1 punto)
   • Sí, a veces. (2 puntos)
   • Sí, todos los días. (3 puntos)

5. ¿Eres alérgico/a a algo?
   • Sí, a muchas cosas. (1 punto)
   • Sí, a algunas cosas. (2 puntos)
   • No. (3 puntos)

6. ¿Haces ejercicios aeróbicos?
   • No, casi nunca hago ejercicios aeróbicos. (1 punto)
   • Sí, a veces. (2 puntos)
   • Sí, con frecuencia. (3 puntos)

7. ¿Con qué frecuencia te haces un examen médico?
   • Nunca o casi nunca. (1 punto)
   • Cada dos años. (2 puntos)
   • Cada año o antes de practicar un deporte. (3 puntos)

8. ¿Con qué frecuencia vas al dentista?
   • Nunca voy al dentista. (1 punto)
   • Sólo cuando me duele una muela. (2 puntos)
   • Por lo menos una vez por año. (3 puntos)

9. ¿Qué desayunas normalmente por la mañana?
   • No como nada. (1 punto)
   • Tomo una bebida dietética. (2 puntos)
   • Como cereales y fruta. (3 puntos)

10. ¿Con qué frecuencia te sientes mareado/a?
   • Frecuentemente. (1 punto)
   • A veces. (2 puntos)
   • Casi nunca. (3 puntos)

recursos

viva.vhlcentral.com

4 ¿Cuáles son sus síntomas? 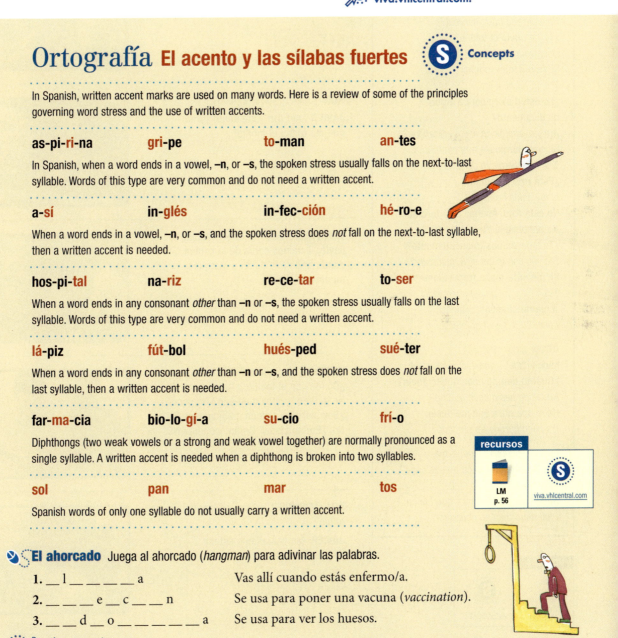 En parejas, túrnense para representar los papeles (*roles*) de un(a) médico/a y su paciente.

5 Un accidente En grupos, conversen sobre un accidente que ustedes, un(a) amigo/a o un miembro de la familia tuvo. Usen estas preguntas de guía: ¿Qué ocurrió? ¿Dónde y cuándo ocurrió? ¿Cómo ocurrió? ¿Quién te ayudó y cómo?

Practice more at **viva.vhlcentral.com.**

Ortografía El acento y las sílabas fuertes (S) Concepts

In Spanish, written accent marks are used on many words. Here is a review of some of the principles governing word stress and the use of written accents.

as-pi-ri-na   **gri-pe**   **to-man**   **an-tes**

In Spanish, when a word ends in a vowel, **–n**, or **–s**, the spoken stress usually falls on the next-to-last syllable. Words of this type are very common and do not need a written accent.

a-sí   **in-glés**   **in-fec-ción**   **hé-ro-e**

When a word ends in a vowel, **–n**, or **–s**, and the spoken stress does *not* fall on the next-to-last syllable, then a written accent is needed.

hos-pi-tal   **na-riz**   **re-ce-tar**   **to-ser**

When a word ends in any consonant *other* than **–n** or **–s**, the spoken stress usually falls on the last syllable. Words of this type are very common and do not need a written accent.

lá-piz   **fút-bol**   **hués-ped**   **sué-ter**

When a word ends in any consonant *other* than **–n** or **–s**, and the spoken stress does *not* fall on the last syllable, then a written accent is needed.

far-ma-cia   **bio-lo-gí-a**   **su-cio**   **frí-o**

Diphthongs (two weak vowels or a strong and weak vowel together) are normally pronounced as a single syllable. A written accent is needed when a diphthong is broken into two syllables.

sol   **pan**   **mar**   **tos**

Spanish words of only one syllable do not usually carry a written accent.

recursos

LM
p. 56

viva.vhlcentral.com

El ahorcado Juega al ahorcado (*hangman*) para adivinar las palabras.

1. __ l __ __ __ __ a   Vas allí cuando estás enfermo/a.
2. __ __ __ __ e __ c __ __ __ n   Se usa para poner una vacuna (*vaccination*).
3. __ __ d __ o __ __ __ __ __ a   Se usa para ver los huesos.

Practice more at **viva.vhlcentral.com.**

¡Uf! ¡Qué dolor!

Video: *Fotonovela*
Record & Compare

Don Francisco y Javier van a la clínica de la doctora Márquez.

Expresiones útiles

Discussing medical conditions

¿Cómo se lastimó el pie?
How did you hurt your foot?

¿Te/Le duele el tobillo?
Does your ankle hurt? (fam./form.)

Sí, (me duele) mucho.
Yes, (it hurts) a lot.

¿Es usted alérgico/a a algún medicamento?
Are you allergic to any medications?

Sí, soy alérgico/a a la penicilina.
Yes, I'm allergic to penicillin.

¿Está roto el tobillo?
Is my ankle broken?

No está roto. Apenas está torcido.
It's not broken. It's just twisted.

¿Te enfermabas frecuentemente?
Did you use to get sick frequently?

Sí, me enfermaba frecuentemente.
Yes, I used to get sick frequently.

Tenía muchas infecciones.
I used to get a lot of infections.

Other expressions

hace + [*time*] + **que** + [*present tense*]:

¿Cuánto tiempo hace que te duele?
How long has it been hurting?

Hace una hora que me duele.
It's been hurting for an hour.

hace + [*period of time*] + **que** + [*preterite*]:

¿Cuánto tiempo hace que se cayó?
How long ago did you fall?

Hace más de una hora que me caí.
I fell more than an hour ago.

recursos

VM
pp. 187–188

viva.vhlcentral.com

JAVIER Estoy aburrido… tengo ganas de dibujar. Con permiso.

INÉS ¡Javier! ¿Qué te pasó?
JAVIER ¡Ay! ¡Uf! ¡Qué dolor! ¡Creo que me rompí el tobillo!

DON FRANCISCO No te preocupes, Javier. Estamos cerca de la clínica donde trabaja la doctora Márquez, mi amiga.

JAVIER ¿Tengo dolor? Sí, mucho. ¿Dónde? En el tobillo. ¿Tengo fiebre? No lo creo. ¿Estoy mareado? Un poco. ¿Soy alérgico a algún medicamento? No. ¿Embarazada? Definitivamente NO.

DRA. MÁRQUEZ ¿Cómo se lastimó el pie?
JAVIER Me caí cuando estaba en el autobús.

DON FRANCISCO

JAVIER

INÉS

DRA. MÁRQUEZ

DRA. MÁRQUEZ ¿Cuánto tiempo hace que se cayó?

JAVIER Ya se me olvidó… déjeme ver… este… eran más o menos las dos o dos y media cuando me caí… o sea, hace más de una hora. ¡Me duele mucho!

DON FRANCISCO Sabes, Javier, cuando era chico, yo les tenía mucho miedo a los médicos. Visitaba mucho al doctor porque me enfermaba con mucha frecuencia… Tenía muchas infecciones de la garganta. No me gustaban las inyecciones ni las pastillas. Una vez me rompí la pierna jugando al fútbol…

JAVIER ¡Doctora! ¿Qué dice? ¿Está roto el tobillo?

DRA. MÁRQUEZ Tranquilo, le tengo buenas noticias, Javier. No está roto el tobillo. Apenas está torcido.

JAVIER Pero, ¿voy a poder ir de excursión con mis amigos?

DRA. MÁRQUEZ Creo que sí. Pero debe descansar y no caminar mucho durante un par de días. Le receto unas pastillas para el dolor.

DRA. MÁRQUEZ Adiós, Francisco. Adiós, Javier. ¡Cuidado! ¡Buena suerte en las montañas!

Practice more at **viva.vhlcentral.com.**

Actividades

1 ¿Cierto o falso? Decide si estas oraciones son **ciertas** o **falsas**.

1. Javier está aburrido y tiene ganas de hacer algo creativo.
2. Javier cree que se rompió la rodilla.
3. Se lastimó cuando se cayó en el autobús.
4. Es alérgico a dos medicamentos.
5. Hace menos de una hora que se cayó.
6. No está mareado, pero sí tiene un poco de fiebre.
7. La Dra. Márquez le sacó una radiografía.
8. Javier tiene el tobillo roto.

2 Ordenar Pon estos eventos en el orden correcto.

_____ **a.** La doctora le saca una radiografía.
_____ **b.** La doctora le receta unas pastillas para el dolor.
_____ **c.** Javier se lastima el tobillo en el autobús.
_____ **d.** Don Francisco le habla a Javier de cuando era chico.
_____ **e.** Javier quiere dibujar un rato (*a while*).
_____ **f.** Don Francisco lo lleva a una clínica.

3 En el consultorio En parejas, preparen una conversación entre un(a) médico/a y su paciente. Sigan la guía.

- El/La paciente se cayó en su casa y piensa que se rompió un dedo.
- El/La médico/a le pregunta al/a la paciente si le duele y cuánto tiempo hace que se cayó.
- El/La paciente describe el dolor.
- El/la médico/a le recomienda un tratamiento (*treatment*).

S Additional Reading
Video: *Flash cultura*

Servicios de salud

¿Sabías que en los países hispanos no necesitas pagar por los servicios de salud? Ésta es una de las diferencias que hay entre países como los Estados Unidos y los países hispanos.

En la mayor parte de estos países, el gobierno ofrece servicios médicos muy baratos o gratuitos° a sus ciudadanos°. Los turistas y extranjeros también pueden tener acceso a los servicios médicos a bajo° costo. La Seguridad Social y organizaciones similares son las responsables de gestionar° estos servicios.

Naturalmente, esto no funciona igual° en todos los países. En Ecuador, México y Perú, la

Cruz verde de farmacia en Madrid, España

situación varía según las regiones. Los habitantes de las ciudades y pueblos grandes tienen acceso a más servicios médicos, mientras que quienes viven en pueblos remotos sólo cuentan con° pequeñas clínicas.

Por su parte, Costa Rica, Colombia, Cuba y España tienen sistemas de salud muy desarrollados°. En España, por ejemplo, todas las personas tienen acceso a ellos y en muchos casos son completamente gratuitos. Según un informe de la Organización Mundial de la Salud, el sistema de salud español ocupa el séptimo° lugar del mundo. Esto se debe no sólo al buen funcionamiento° del sistema, sino también al nivel de salud general de la población. Impresionante, ¿no?

Consulta médica en la
República Dominicana

Las farmacias

Farmacia de guardia: Las farmacias generalmente tienen un horario comercial. Sin embargo°, en cada barrio° hay una farmacia de guardia que abre las veinticuatro horas del día.

Productos farmacéuticos: Todavía hay muchas farmacias tradicionales que están más especializadas en medicinas y productos farmacéuticos. No venden productos de otro tipo.

Recetas: Muchos medicamentos se venden sin receta. Los farmacéuticos aconsejan° a las personas sobre problemas de salud y les dan las medicinas.

Cruz° verde: En muchos países, las farmacias tienen el signo de una cruz verde. Cuando la cruz verde está encendida°, la farmacia está abierta.

gratuitos *free (of charge)*   ciudadanos *citizens*   bajo *low*
gestionar *to manage*   igual *in the same way*   cuentan con *have*
desarrollados *developed*   séptimo *seventh*   funcionamiento *operation*
Sin embargo *However*   barrio *neighborhood*   aconsejan *advise*
Cruz *Cross*   encendida *lit (up)*

Practice more at
viva.vhlcentral.com.

recursos

VM
pp. 245–246

viva.vhlcentral.com

ACTIVIDADES

1 ¿Cierto o falso? Indica si lo que dicen las oraciones es **cierto** o **falso**.

1. En los países hispanos los gobiernos ofrecen servicios de salud accesibles a sus ciudadanos.

2. En los países hispanos los extranjeros tienen que pagar mucho dinero por los servicios médicos.

3. El sistema de salud español es uno de los mejores del mundo.

4. Las farmacias de guardia abren sólo los sábados y domingos.

5. En los países hispanos las farmacias venden una gran variedad de productos.

6. Los farmacéuticos de los países hispanos aconsejan a los enfermos y venden algunas medicinas sin necesidad de receta.

7. En México y otros países, los pueblos remotos cuentan con grandes centros médicos.

8. Muchas farmacias usan una cruz verde como símbolo.

2 Comparación En parejas, comparen el sistema de salud de los países hispanos con el de su país. ¿En qué se parecen? ¿En qué se diferencian? ¿Cuál prefieren ustedes? ¿Por qué?

CONEXIÓN INTERNET

What do health care systems in Cuba and in Spain have in common? Go to **viva.vhlcentral.com** to find out and to access these components:

- the **Flash cultura** video
- more activities
- additional reading: **Una contribución importante a la medicina**

La salud

1 Preparación ¿Qué haces si tienes un pequeño accidente o quieres hacer una consulta? ¿Visitas a tu médico general o vas al hospital? ¿Debes pedir un turno (*appointment*)?

2 El video Mira el episodio de **Flash cultura.**

Vocabulario
la cita previa *previous appointment*
la guardia *emergency room*
Me di un golpe. *I got bumped.*
la práctica *rotation (hands-on medical experience)*

¿Le podría° pedir que me explique qué es la guardia?

Nuestro hospital público es gratuito para todas las personas.

podría *could*

3 ¿Cierto o falso? Indica si las oraciones son **ciertas** o **falsas**.

1. Silvina tuvo un accidente en su automóvil.
2. Silvina fue a la guardia del hospital.
3. La guardia del hospital está abierta sólo durante el día y es necesario tener cita previa.
4. Los entrevistados (*interviewees*) tienen enfermedades graves.
5. En Argentina, los médicos reciben la certificación cuando terminan la práctica.

10.1 The imperfect tense  Tutorial

▶ In Lessons 6–9, you learned the preterite tense. Now you will learn the imperfect tense, which describes past activities in a different way.

Cuando era chico, yo les tenía mucho miedo a los médicos.

Tenía que ir mucho a una clínica. ¡No me gustaban nada las inyecciones!

¡ojo!

The imperfect endings of **–er** and **–ir** verbs are the same. The **nosotros** form of **–ar** verbs has an accent on the first **a** of the ending. **–Er** and **–ir** verb forms carry an accent on the first **i** of the ending.

• • •

Ir, ser, and **ver** are the only irregular verbs in the imperfect.

The imperfect of regular verbs

	cantar	beber	escribir
yo	cantaba	bebía	escribía
tú	cantabas	bebías	escribías
Ud./él/ella	cantaba	bebía	escribía
nosotros/as	cantábamos	bebíamos	escribíamos
vosotros/as	cantabais	bebíais	escribíais
Uds./ellos/ellas	cantaban	bebían	escribían

▶ There are no stem changes in the imperfect tense.

Me **duelen** los pies.
My feet hurt.

Me **dolían** los pies.
My feet were hurting.

▶ The imperfect form of **hay** (*inf.* **haber**) is **había** (*there was/were/used to be*).

Había sólo un médico.
There was only one doctor.

Había dos pacientes allí.
There were two patients there.

Irregular verbs in the imperfect

	ir	ser	ver
yo	iba	era	veía
tú	ibas	eras	veías
Ud./él/ella	iba	era	veía
nosotros/as	íbamos	éramos	veíamos
vosotros/as	ibais	erais	veíais
Uds./ellos/ellas	iban	eran	veían

▶ The imperfect is used to describe past events in a different way than the preterite. Generally, the imperfect describes actions which are seen by the speaker as incomplete or continuing, while the preterite describes actions that have been completed. The imperfect expresses what was happening at a certain time or how things used to be.

¿Qué te **pasó**?
What happened to you?

Me **torcí** el tobillo.
I sprained my ankle.

¿Dónde **vivías** de niño?
Where did you live as a child?

Vivía en San José.
I lived in San José.

▶ Use these expressions with the imperfect to express habitual or repeated actions: **de niño/a** (*as a child*), **todos los días** (*every day*), **mientras** (*while*).

Uses of the imperfect

Habitual or repeated actions	Íbamos al parque los domingos. *We used to go to the park on Sundays.*	**Age**	Los niños tenían seis años. *The children were 6 years old.*
Events or actions that were in progress	Yo leía mientras él estudiaba. *I was reading while he was studying.*	**Physical characteristics**	Era alto y guapo. *He was tall and handsome.*
Telling time	Eran las tres y media. *It was 3:30.*	**Mental or emotional states**	Quería mucho a su familia. *He loved his family very much.*

Práctica y conversación

Practice more at **viva.vhlcentral.com.**

1 **La salud** Completa las oraciones con el imperfecto. Algunos verbos se repiten. Hay dos verbos que no vas a usar.

caerse	esperar	mirar	sentirse
doler	estar	poder	tener
enfermarse	estornudar	querer	toser

1. Después de correr, a Dora le _____ los pies.
2. Ana _____ el termómetro; con tanta fiebre no _____ leerlo.
3. El paciente _____ porque el doctor _____ ocupado atendiendo a otros pacientes.
4. Lorenzo _____ dolor de muelas, pero no _____ ir al dentista porque tenía miedo.
5. Paco y Luis _____ dolor de estómago y _____ unas pastillas para el dolor.
6. Le _____ la cabeza y _____ mareado.
7. Luisa _____ porque es alérgica al polen.
8. Juan Carlos siempre _____ de la bicicleta.

2 **¡Pobre Miguelito!** Completa las oraciones con el imperfecto. Luego, ordénalas lógicamente del 1 al 7.

_____ **a.** Finalmente, Miguelito no _____ [ir] a jugar más. Ahora quería ir a casa a descansar.

_____ **b.** El doctor dijo que no _____ [ser] nada grave.

_____ **c.** El niño le dijo a la enfermera que _____ [dolerle] la nariz.

_____ **d.** _____ [ser] las dos de la tarde y los niños _____ [jugar] en el patio.

_____ **e.** Su mamá _____ [estar] dibujando cuando Miguelito entró llorando.

_____ **f.** Miguelito _____ [tener] mucho dolor.

_____ **g.** El doctor _____ [querer] examinar su nariz.

3 **Entrevista** En parejas, un(a) estudiante debe entrevistar a su compañero/a. Luego compartan los resultados de la entrevista con la clase.

1. ¿Cuántos años tenías en 1998? ¿Y en 2007?
2. ¿Veías mucha televisión cuando eras niño/a?
3. Cuando eras niño/a, ¿qué hacías durante las vacaciones?
4. Cuando eras estudiante de primaria, ¿te gustaban tus maestros?
5. Cuando tenías diez años, ¿cuál era tu programa de televisión favorito?
6. Cuando tenías quince años, ¿cuál era tu grupo musical favorito?
7. Cuando eras estudiante de secundaria, ¿qué hacías con tus amigos/as después de la escuela?
8. Antes de tomar esta clase, ¿sabías hablar español?

4 **Describir** En parejas, túrnense para describir lo que hacían de niños. Elijan una de estas preguntas y compartan la anécdota con su compañero/a.

MODELO

De niña, mi familia y yo siempre íbamos a Tortuguero. Tomábamos un barco desde Limón, y por las noches mirábamos las tortugas (turtles) en la playa. Algunas veces teníamos suerte porque las tortugas venían a poner (lay) huevos. Otras veces, volvíamos al hotel sin ver ninguna tortuga.

- ¿Qué hacías durante las vacaciones cuando eras niño/a?
- ¿Qué hacías en ocasiones especiales?
- ¿Cómo eran las celebraciones con tus amigos/as o familia?
- ¿Cómo era tu escuela? ¿Te gustaban tus maestros/as y compañeros/as?
- ¿Cómo eran tus amigos/as? ¿A qué jugabas con ellos/as?

10.2 Constructions with se Tutorial

▶ As you know, **se** can be used as a reflexive pronoun (**Él <u>se</u> despierta.**).

▶ Non-reflexive verbs can also be used with **se** to form impersonal constructions. In impersonal constructions, the person performing the action is not defined. In English, the passive voice or indefinite subjects (*you, they, one*) are used.

<table>
<tr><td>**Se habla** español en Costa Rica.
Spanish is spoken in Costa Rica.</td><td>**Se puede leer** en la sala de espera.
You can read in the waiting room.</td></tr>
</table>

▶ You often see the impersonal **se** in signs and advertisements.

SE PROHÍBE NADAR

Se necesitan programadores
GRUPO TECNO
Tel. 778-34-34

ENTRADA

Se entra por la izquierda

Bueno, vamos a ver si se le rompió un hueso.

▶ **Se** can also be used to de-emphasize the person who performs an action, implying that the accident or event is not his/her direct responsibility. Use this construction:

se	+	INDIRECT OBJECT PRONOUN	+	VERB	+	SUBJECT
Se		me		cayó		la pluma.

I dropped the pen.

▶ In this construction, what would normally be the direct object of the sentence becomes the subject and agrees with the verb.

	I.O. PRONOUN	+	VERB	+	SUBJECT
Se	me te le nos os les		perdieron cayó dañó rompieron olvidaron		las llaves. la taza. el radio. las botellas. las pastillas.

▶ These verbs are often used with **se** to describe unplanned events.

caer	*to fall; to drop*	olvidar	*to forget*	quedar	*to be left behind*
dañar	*to damage; to break down*	perder (e:ie)	*to lose*	romper	*to break*

▶ **A** + [*noun*] or **a** + [*prepositional pronoun*] is frequently used to clarify or emphasize who is involved in the action.

<table>
<tr><td>**Al estudiante** se le perdió la tarea.
The student lost his homework.</td><td>**A mí** se me olvidó ir a clase ayer.
I forgot to go to class yesterday.</td></tr>
</table>

Práctica y conversación

1 ¿Cierto o falso? Lee estas oraciones sobre la vida en 1901. Indica si lo que dice cada oración es **cierto** o **falso**. Luego corrige las oraciones falsas.

Cierto	Falso	
_____	_____	1. Se veía mucha televisión.
_____	_____	2. Se escribían muchos libros.
_____	_____	3. Se viajaba mucho en tren.
_____	_____	4. Se montaba a caballo.
_____	_____	5. Se mandaban correos electrónicos.
_____	_____	6. Se llevaban minifaldas.

2 Anuncios Traduce estos anuncios (*ads*) al español con el **se** impersonal.

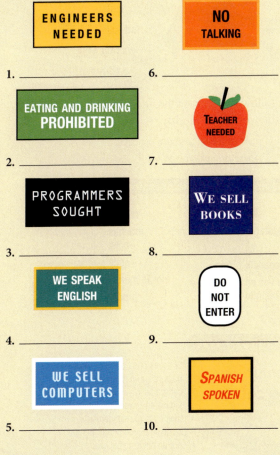

ENGINEERS NEEDED

NO TALKING

1. _____ 6. _____

EATING AND DRINKING PROHIBITED

TEACHER NEEDED

2. _____ 7. _____

PROGRAMMERS SOUGHT

WE SELL BOOKS

3. _____ 8. _____

WE SPEAK ENGLISH

DO NOT ENTER

4. _____ 9. _____

WE SELL COMPUTERS

SPANISH SPOKEN

5. _____ 10. _____

3 Preguntas Trabajen en parejas y usen estas preguntas para entrevistarse.

1. ¿Qué comidas se sirven en tu restaurante favorito?
2. ¿Se te olvidó invitar a alguien a tu última fiesta o cena? ¿A quién?
3. ¿A qué hora se abre la cafetería de tu universidad?
4. ¿Alguna vez se te quedó algo importante en casa?
5. ¿Alguna vez se te perdió algo importante durante un viaje? ¿Qué?
6. ¿Qué se vende en la librería de la universidad?
7. ¿Sabes si en la librería se aceptan cheques?
8. ¿Alguna vez se te rompió un plato o un vaso (*glass*)? ¿Dónde?

4 Minidiálogos En parejas, preparen estos minidiálogos. Luego preséntenlos a la clase.

1. Un(a) profesor(a) de español le pide a un(a) estudiante su cuaderno de práctica (*workbook*). El/La estudiante le explica por qué él/ella no lo tiene.
2. Un(a) turista le pregunta al botones (*bellhop*) dónde se sirve la mejor comida en la ciudad. El botones hace varias sugerencias.
3. Un(a) paciente le dice al/a la doctor(a) que él/ella no puede caminar. El/La doctor(a) examina al/a la paciente y le explica el problema.
4. Un padre le pregunta a su hijo/a qué le pasó al plato que está roto (*broken*) en el piso. El/La hijo/a se disculpa y le explica lo que sucedió.

5 Anuncios En grupos, preparen dos anuncios (*ads*) de televisión para presentar a la clase. Deben usar el imperfecto y dos construcciones con **se**.

MODELO

Se me cayeron unos libros sobre el pie y me dolía mucho. Pero ahora no, gracias a Superaspirina 500. ¡Tomé dos pastillas y se me fue el dolor! Se puede comprar Superaspirina 500 en todas las farmacias Recetamax.

10.3 Adverbs Tutorial

▶ Adverbs describe how, when, and where actions take place. They modify verbs, adjectives, and even other adverbs. The list below contains some adverbs you have already learned.

bien	muy	hoy	temprano	aquí
mal	nunca	siempre	ayer	allí

▶ Most adverbs end in **–mente.** These are equivalent to the English adverbs which end in *–ly.*

lentamente	*slowly*	generalmente	*generally*
verdaderamente	*truly, really*	simplemente	*simply*

▶ To form adverbs which end in **–mente,** add **–mente** to the feminine form of the adjective. If the adjective does not have a feminine form, just add **–mente** to the standard form.

ADJECTIVE	FEMININE FORM	SUFFIX	ADVERB
lento	lenta	–mente	lentamente
fabuloso	fabulosa	–mente	fabulosamente
enorme		–mente	enormemente
feliz		–mente	felizmente

▶ Adverbs that end in **–mente** generally follow the verb, while adverbs that modify an adjective or another adverb precede the word they modify.

Javier dibuja **maravillosamente.**
Javier draws wonderfully.

Inés está **casi siempre** ocupada.
Inés is almost always busy.

Common adverbs and adverbial expressions

a menudo	*often*	así	*like this; so*	menos	*less*
a tiempo	*on time*	bastante	*enough; quite*	muchas veces	*a lot; many times*
a veces	*sometimes*	casi	*almost*		
además (de)	*furthermore; besides*	con frecuencia	*frequently*	poco	*little*
		de vez en cuando	*from time to time*	por lo menos	*at least*
apenas	*hardly; scarcely*			pronto	*soon*

ESPAÑOL EN VIVO

No hay tiempo para el dolor de cabeza.

Si tienes prisa o si simplemente quieres que tu dolor de cabeza se vaya muy pronto, piensa en Bayer. Se asimila mejor y actúa rápidamente. Ya no se puede perder tiempo por un dolor de cabeza.

Práctica y conversación

Practice more at viva.vhlcentral.com.

1 En la clínica Completa las oraciones con los adverbios adecuados.

1. La cita era a las nueve, pero llegamos _____ [aquí, nunca, tarde].

2. El problema fue que _____ [aquí, ayer, así] se nos rompió el despertador.

3. La recepcionista no se enojó porque sabía que normalmente llegamos _____ [a veces, a tiempo, poco].

4. _____ [Por lo menos, Muchas veces, Poco] el doctor estaba listo.

5. _____ [Lentamente, Además, Apenas] tuvimos que esperar cinco minutos.

6. El doctor dijo que nuestra hija Irene necesitaba una operación _____ [temprano, menos, inmediatamente].

7. Cuando Irene salió de la operación, le preguntamos _____ [con frecuencia, nerviosamente, muchas veces] al doctor cómo estaba nuestra hija.

8. _____ [Bastante, Afortunadamente, A menudo] el médico nos contestó que Irene estaba bien.

2 Oraciones Combina palabras de las tres columnas para formar oraciones completas.

MODELO
Mi mejor amigo se enferma frecuentemente.
Jennifer López conduce rápidamente.

Sujetos	Verbos	Adverbios
mi mejor amigo/a	caerse	bien
mi(s) padre(s)	casarse	fabulosamente
el/la profesor(a) de español	conducir	felizmente
yo	divertirse	frecuentemente
los jóvenes	enfermarse	mal
Tiger Woods	estornudar	muchas veces
Jennifer López	ir	poco
Penélope Cruz	levantarse	pronto
todos nosotros	llevarse	rápidamente
	vestirse	tarde
		temprano
		tranquilamente

3 Preguntas Usa estas preguntas para entrevistar a un(a) compañero/a.

1. ¿Qué sabes hacer muy bien?
2. ¿Qué estudias además de español?
3. ¿Hay compañeros/as de clase a quienes apenas conoces?
4. ¿Qué gustos (treats) te das de vez en cuando?
5. ¿Cenas bastante en restaurantes?
6. ¿Te enfermas a menudo?
7. ¿Con qué frecuencia vas al doctor?
8. ¿Qué haces si te sientes congestionado/a y estornudas muchas veces?

4 ¿Con qué frecuencia? Averigua (Find out) con qué frecuencia tus compañeros/as hacen estas actividades. Comparte los resultados con la clase.

MODELO
pasear en bicicleta
Estudiante 1: ¿Paseas en bicicleta con mucha frecuencia?
Estudiante 2: Sí, paseo en bicicleta con mucha frecuencia./No, casi nunca paseo en bicicleta.

Actividades	con mucha frecuencia	de vez en cuando	casi nunca	nunca
1. Nadar	____	____	____	____
2. Jugar al tenis	____	____	____	____
3. Hacer la tarea	____	____	____	____
4. Salir a bailar	____	____	____	____
5. Mirar la televisión	____	____	____	____
6. Dormir en clase	____	____	____	____
7. Perder las gafas	____	____	____	____
8. Tomar medicina	____	____	____	____
9. Ir al dentista	____	____	____	____

Ampliación

**Audio: Activity
Repaso
Video: TV Clip**

1 Escuchar

A Escucha la conversación de la señorita Méndez y Carlos Peña. Marca las frases donde se mencionan los síntomas de Carlos.

TIP Listen for specific information. Identify the subject of a conversation and use your background knowledge to predict what kind of information you might hear. For example, what would you expect to hear in a conversation between a sick person and a doctor's receptionist?

_____ **1.** Tiene infección en los ojos.
_____ **2.** Se lastimó el dedo.
_____ **3.** Tiene tos.
_____ **4.** Está congestionado.
_____ **5.** Está mareado.
_____ **6.** Le duele la cabeza.
_____ **7.** Le duele el estómago.

_____ **8.** No puede dormir.
_____ **9.** Es alérgico a la aspirina.
_____ **10.** Le duele la garganta.
_____ **11.** Tiene frío.
_____ **12.** Se rompió la pierna.
_____ **13.** Le duele la rodilla.
_____ **14.** Siente dolor en los huesos.

B En tu opinión, ¿qué tiene Carlos? ¿Gripe? ¿Un resfriado? ¿Alergia? Explica tu opinión.

2 Conversar
En parejas, preparen una conversación entre un(a) estudiante hipocondríaco/a y un(a) enfermero/a. Presenten la conversación a la clase.

• Decidan qué síntomas tiene el/la estudiante y con qué frecuencia los tiene.

• Decidan qué preguntas le va a hacer el/la enfermero/a. Por ejemplo: ¿Cuánto tiempo hace que comenzaron los síntomas? ¿Tenía el mismo problema cuando era niño/a? ¿Lo tenía la semana pasada?

• Decidan qué consejos le va a dar el/la enfermero/a.

recursos

WB pp. 101–106

LM pp. 57–59

viva.vhlcentral.com

3 **Escribir** Imagina que eres enfermero/a en la sala de emergencia de un hospital. Tienes que escribir cada día un parte (*report*) médico para tu supervisor(a).

TIP **Avoid redundancies.** To avoid repetition of verbs and nouns, consult a Spanish-language thesaurus. You can also use direct object pronouns, possessive adjectives, demonstrative adjectives and pronouns, and prepositional pronouns to streamline your writing.

*Susana se lastimó la rodilla ayer. ~~Susana~~ Ella estaba corriendo por el parque cuando se cayó y se lastimó **la** ~~la rodilla~~.*

Organízalo   Utiliza un mapa de ideas para organizar tu parte médico. Incluye información sobre los pacientes, sus síntomas y el resultado de los tratamientos.

Escríbelo   Utiliza tus apuntes para escribir el primer borrador del parte médico.

Corrígelo   Intercambia tu composición con un(a) compañero/a. Lee su borrador y anota los aspectos mejor escritos (*written*). Ofrécele sugerencias para evitar (*avoid*) redundancias, y si ves algunos errores gramaticales u ortográficos, coméntaselos.

Compártelo   Revisa el primer borrador según las indicaciones de tu compañero/a. Incorpora nuevas ideas o más información si es necesario antes de escribir la versión final del parte médico.

4 **Un paso más** Prepara una presentación sobre el sistema de servicios médicos de un país hispano. Tu presentación debe contestar estas preguntas.

- ¿Qué servicios médicos públicos hay en el país?
- ¿Cuál es el papel (*role*) de las clínicas y los hospitales privados?
- ¿Cómo son los servicios médicos en las ciudades y en las áreas rurales?
- ¿Son populares los tratamientos alternativos?
- ¿Hay personas reconocidas por sus contribuciones a la medicina?

CONEXIÓN INTERNET

Investiga estos temas en viva.vhlcentral.com.

- Hospitales en el mundo hispano
- Clínicas en el mundo hispano
- Médicos famosos del mundo hispano

Antes de leer

Reading
Additional Reading

Using what you already know about a particular subject will often help you better understand a reading selection. For example, if you read an article about a recent medical discovery, you might think about what you already know about health in order to understand unfamiliar words or concepts.

1. A primera vista, ¿cuál es el tema de esta lectura?

_____

_____

2. ¿Qué tipo de documento es? ¿Cómo lo sabes?

_____

_____

3. Basándote en documentos similares que conoces, ¿qué tipo de información esperas encontrar en esta lectura?

_____

_____

El consultorio

Dra. Fernanda Jiménez Ocaña

P: Soy una madre española y le escribo para hacerle una consulta sobre mi hijo. Tiene ocho años y hace una semana que ni come ni duerme bien. Además, desde hace cuatro días° tose constantemente. Al no tomar la cantidad de alimentos° necesarios ni dormir lo suficiente, mi hijo no tiene energía para realizar sus actividades diarias. Estoy un poco preocupada porque es la primera vez que el niño presenta este tipo de síntomas. Todavía no hemos ido° al médico porque me interesa conocer primero su punto de vista°. Muchísimas gracias por su ayuda.

R: Querida° madre española: Gracias por escribir a mi columna. Cuando un niño de la edad de su hijo presenta este tipo de síntomas, puede ser señal° de que tiene una pequeña infección en las vías° respiratorias, producida por una bacteria o por un virus. Creo que debe llevar pronto a su hijo al consultorio de su médico, para evitar° la aparición de una enfermedad crónica como la bronquitis. Si tiene más preguntas o si desea contarme cómo evoluciona su hijo, ya sabe que puede escribirme otra vez.

P: Hola, doctora. Soy un ciclista profesional de Colombia. Hace dos semanas tuve un accidente con mi bicicleta y me lastimé la rodilla. Fui a la sala de emergencias y el médico me hizo una radiografía para ver si tenía un hueso roto. Afortunadamente, los resultados de la radiografía fueron muy buenos y sólo me recetaron unas pastillas y mucho reposo. Le escribo porque, después de este tiempo, sigo sintiendo dolor en la zona de la rodilla. ¿Qué puedo hacer?

R: Querido amigo ciclista: Creo que, en su caso, necesita tener más paciencia. Hay que° comprender que algunas veces el cuerpo requiere más tiempo para recuperarse. Creo que tiene que esperar dos semanas más para ver si el dolor va desapareciendo o no. Si sigue las indicaciones de su médico y no nota ningún cambio, debe volver al hospital. En mi opinión, no debe hacer ningún movimiento con la pierna y debe seguir tomándose las pastillas que le recetaron.

P: Le escribo desde Puerto Rico para pedirle su opinión. Durante este mes y el anterior°, tengo los síntomas de un resfriado que no desaparece nunca. Toso, estoy congestionado y tengo la garganta y los ojos irritados. Mi novia opina que soy alérgico a algo. ¿Cree que eso es posible?

R: Estimado° amigo puertorriqueño: Debe empezar por observar dónde y cuándo aparecen sus síntomas. El otoño y la primavera son las épocas del año en que suele haber° más reacciones alérgicas del tipo que usted presenta. Creo que debe ir al médico y esperar los resultados de las pruebas°. Si le diagnostican un tipo de alergia, no debe preocuparse. En la actualidad, existen tratamientos excelentes, incluyendo antihistamínicos e inyecciones, que calman los efectos de las reacciones alérgicas y lo ayudan a llevar una vida normal.

¡Salud!

Dra. Fernanda Jiménez Ocaña

desde hace cuatro días *for four days* alimentos *foods* no hemos ido *we haven't been* punto de vista *point of view* Querido/a *Dear* señal *sign* vías *passages* evitar *to avoid* Hay que *It is necessary to* el anterior *the previous one* Estimado/a *Dear* suele haber *there are customarily* pruebas *tests*

Después de leer

🕊 ¿Comprendiste?

Indica si cada oración es **cierta** o **falsa**. Corrige las oraciones falsas.

Cierto	Falso	
_____	_____	1. La madre española no come bien.
_____	_____	2. La doctora piensa que el hijo de la española puede tener una infección.
_____	_____	3. La doctora piensa que el ciclista debe practicar más el ciclismo.
_____	_____	4. La radiografía indica que el ciclista colombiano tiene algunos huesos rotos.
_____	_____	5. La doctora cree que el chico puertorriqueño puede tener alergias.
_____	_____	6. Hace dos meses que el puertorriqueño tiene los síntomas de un resfriado.

Preguntas

Responde a estas preguntas con oraciones completas.

1. ¿Con qué frecuencia tose el hijo de la madre española?
2. ¿Cuánto tiempo hace que el colombiano se lastimó la rodilla?
3. ¿Qué hizo el médico cuando el ciclista fue a la sala de emergencias?
4. ¿Por qué debe ser paciente el ciclista?
5. ¿Qué debe hacer la madre española?
6. Según (*According to*) la doctora, ¿cuándo ocurren más frecuentemente las reacciones alérgicas?

Coméntalo

¿Hay una columna de consejos médicos en el periódico de tu ciudad? ¿La lees frecuentemente? ¿Por qué sí o por qué no? Imagina que tú escribes las respuestas de esta columna. ¿Qué deben hacer las tres personas que pidieron consejos?

Audio: Vocabulary Flashcards

El cuerpo

la boca	mouth
el brazo	arm
la cabeza	head
el corazón	heart
el cuello	neck
el cuerpo	body
el dedo	finger
el estómago	stomach
la garganta	throat
el hueso	bone
la nariz	nose
el ojo	eye
la oreja	(outer) ear
el pie	foot
la pierna	leg
la rodilla	knee
el tobillo	ankle

Adjetivos

congestionado/a	congested; stuffed-up
embarazada	pregnant
grave	grave; serious
mareado/a	dizzy; nauseated
médico/a	medical
saludable	healthy
sano/a	healthy

La salud

el accidente	accident
el antibiótico	antibiotic
la aspirina	aspirin
la clínica	clinic
el consultorio	doctor's office
el/la dentista	dentist
el/la doctor(a)	doctor
el dolor (de cabeza)	(head)ache; pain
la enfermedad	illness; sickness
el/la enfermero/a	nurse
el examen médico	physical exam
la farmacia	pharmacy
la gripe	flu
el hospital	hospital
la infección	infection
el medicamento	medication
la medicina	medicine
la operación	operation
el/la paciente	patient
las pastillas	pills; tablets
la radiografía	X-ray
la receta	prescription
el resfriado	cold
la sala de emergencia(s)	emergency room
la salud	health
el síntoma	symptom
la tos	cough

Verbos

caer	to fall; to drop
caerse	to fall (down)
dañar	to damage; to break down
doler (o:ue)	to hurt
enfermarse	to get sick
estar enfermo/a	to be sick
estornudar	to sneeze
lastimarse (el pie)	to injure (one's foot)
olvidar	to forget
poner una inyección	to give an injection
prohibir	to prohibit
quedar	to be left behind
recetar	to prescribe
romper	to break
romperse (la pierna)	to break (one's leg)
sacar(se) una muela	to have a tooth pulled
ser alérgico/a (a)	to be allergic (to)
tener fiebre (f.)	to have a fever
tomar(le) la temperatura (a alguien)	to take (someone's) temperature
torcerse (el tobillo)	to sprain (one's ankle)
toser	to cough

Otras palabras y expresiones

Hace + [time] + que + [present]	to have been doing something for a period of time
Hace + [time] + que + [preterite]	to have done something in the past (ago)
de niño/a	as a child
mientras	while
todos los días	every day

Expresiones útiles	See page 220.
Adverbs	See page 228.

recursos

LM p. 59

viva.vhlcentral.com

¡VIVAN LOS PAÍSES HISPANOS!

Un *snowboarder* salta (*jumps*) en el centro de esquí Portillo, uno de los más famosos y antiguos (*old*) de Chile. El esquí y el *snowboard* se pueden practicar en las montañas nevadas (*snow-capped*) de la Cordillera de los Andes, que se extiende por todo el país. Gente de todo el mundo va a Chile a practicar los deportes de invierno. ¿Te gustaría esquiar en Chile?

Suramérica II

Argentina

Área: 2.780.400 km² (1.074.000 millas²)

Población: 40.738.000

Capital: Buenos Aires– 13.067.000

Ciudades principales: Córdoba, Rosario, Mendoza

Moneda: peso argentino

SOURCE: Population Division, UN Secretariat

Chile

Área: 756.950 km² (292.259 millas²)

Población: 17.134.000

Capital: Santiago de Chile– 5.982.000

Ciudades principales: Concepción, Viña del Mar, Valparaíso, Temuco

Moneda: peso chileno

SOURCE: Population Division, UN Secretariat

Uruguay

Área: 176.220 km² (68.039 millas²)

Población: 3.575.000

Capital: Montevideo– 1.260.000

Ciudades principales: Salto, Paysandú, Las Piedras, Rivera

Moneda: peso uruguayo

SOURCE: Population Division, UN Secretariat

Paraguay

Área: 406.750 km² (157.046 millas²)

Población: 6.882.000

Capital: Asunción– 2.264.000

Ciudades principales: Ciudad del Este, San Lorenzo, Lambaré, Fernando de la Mora

Moneda: guaraní

SOURCE: Population Division, UN Secretariat

Bolivia

Área: 1.098.580 km² (412.162 millas²)

Población: 10.031.000

Capital: La Paz, sede del gobierno (*seat of government*), capital administrativa– 1.692.000; **Sucre,** capital constitucional y judicial

Ciudades principales: Santa Cruz de la Sierra, Cochabamba, Oruro, Potosí

Moneda: peso boliviano

SOURCE: Population Division, UN Secretariat

Interactive map
Video: *Países hispanos*
Reading

Artes

El tango argentino

El tango es un símbolo cultural muy importante de Argentina. Este género (*genre*) musical es una mezcla de ritmos de origen africano, italiano y español, y surgió a finales del siglo XIX entre los porteños (*people of Buenos Aires*). Poco después se hizo popular entre el resto de los argentinos y su fama llegó hasta París. Como baile, el tango en un principio (*at first*) era provocativo y violento, pero se hizo más romántico durante los años 30. Hoy día, este estilo musical es popular en muchas partes del mundo (*world*).

Lugares

El lago Titicaca

Situado en los Andes de Bolivia y Perú, éste es el lago navegable más alto del mundo, a una altitud de 3.815 metros (12.500 pies). Con un área de más de 8.000 kilómetros^2 (3.000 millas^2), también es el segundo lago más grande de Suramérica, después del lago de Maracaibo, en Venezuela. La mitología inca cuenta que los hijos del dios (*god*) Sol emergieron de las profundas aguas del lago Titicaca para fundar su imperio (*empire*).

PERÚ

BOLIVIA

La Paz

Arica

Sucre

Iquique

Antofagasta

Salta

CHILE

Océano
Pacífico

ARGENTINA

Córdoba

Valparaíso

Mendoza

Santiago

Concepción

Cordillera de los Andes

Bahía Blanca

Puerto Montt

Estrecho de
Magallanes

Punta Arenas

Tierra
del Fuego

BRASIL

PARAGUAY

⭐ Asunción

Río Paraná

URUGUAY

● Rosario

⭐ Montevideo

⭐
Buenos Aires

La carne y el mate

En Chile, Uruguay y Argentina, la carne de res es un elemento esencial de la dieta diaria. Los platos más representativos de estas naciones son el asado (*barbecue*), la parrillada (*grilled meat*) y el chivito (*goat*). El mate, una infusión similar al té, también es típico de la región. Esta bebida de origen indígena se bebe a diario y reemplaza al café. Tradicionalmente se toma en una calabaza (*gourd*) con una bombilla (*straw*) de metal.

Los ríos Paraguay y Paraná

Los ríos Paraguay y Paraná sirven de frontera (*border*) natural entre Argentina y Paraguay, y son las principales rutas de transporte de este último (*last*) país. El río Paraguay divide el Gran Chaco de la meseta (*plateau*) Paraná, donde vive la mayoría de los paraguayos. El Paraná tiene unos 3.200 kilómetros navegables; por esta ruta pasan barcos de más de 5.000 toneladas, los cuales viajan desde el estuario (*estuary*) del Río de la Plata hasta la ciudad de Asunción. El río Paraná confluye (*meets*) con el río Iguazú en la frontera entre Brasil, Argentina y Paraguay. Allí forman las cataratas (*waterfalls*) del Iguazú, uno de los sitios turísticos más visitados en Suramérica. Estas extensas cataratas miden unos 70 metros (230 pies) de altura (*height*).

recursos

WB
pp. 107–108

VM
pp. 211–216

Ⓢ
viva.vhlcentral.com

¿Qué aprendiste?

1 ¿Cierto o falso? Decide si lo que dicen las siguientes oraciones es **cierto** o **falso**.

Cierto	Falso	
_____	_____	**1.** Portillo es un centro de esquí en Argentina.
_____	_____	**2.** Viña del Mar y Concepción son dos de las ciudades principales de Chile.
_____	_____	**3.** Asunción es la capital de Uruguay.
_____	_____	**4.** En un principio, el tango era un baile tranquilo.
_____	_____	**5.** El tango es uno de los símbolos culturales más importantes de Argentina.
_____	_____	**6.** El lago Titicaca es el más bajo del mundo.
_____	_____	**7.** El lago Titicaca es el lago más grande de Suramérica después del lago de Maracaibo.
_____	_____	**8.** La carne de res forma parte de la dieta diaria de Argentina y Uruguay.
_____	_____	**9.** El mate es una bebida similar al té.
_____	_____	**10.** El río Paraguay pasa entre Argentina y Chile.
_____	_____	**11.** En la meseta Paraná vive muy poca gente.
_____	_____	**12.** Las cataratas del Iguazú están en la frontera entre Brasil, Paraguay y Argentina.

2 Preguntas Contesta las siguientes preguntas.

1. ¿Qué país de Suramérica crees que es bueno para practicar los deportes de invierno?

2. ¿Viste gente bailando tango alguna vez? Si es así, ¿dónde la viste?

3. ¿Comiste asado alguna vez? Si no, ¿crees que te gustaría?

4. ¿Crees que sería fácil hacer ejercicio en el área del lago Titicaca? ¿Por qué sí o por qué no?

5. ¿Te gustaría visitar el lago Titicaca? ¿Por qué?

6. ¿Por qué crees que las cataratas del Iguazú son uno de los sitios turísticos más visitados de Suramérica?

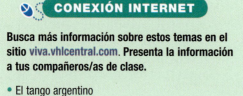

CONEXIÓN INTERNET

Busca más información sobre estos temas en el sitio viva.vhlcentral.com. **Presenta la información a tus compañeros/as de clase.**

• El tango argentino
• El lago Titicaca
• La carne y el mate
• Los ríos Paraguay y Paraná

Practice more at
viva.vhlcentral.com.

11 El carro y la tecnología

Para empezar

- ¿Qué hacen: navegan en Internet o miran televisión por cable?
- ¿Dónde están: en un laboratorio o en la biblioteca?
- ¿Piensas que se divierten? ¿Por qué?
- ¿Crees que los jóvenes de hoy son adictos a la tecnología? ¿Por qué?

El carro y la tecnología

EN LA CALLE

la calle *street*
el camino *route*
el garaje *garage; (mechanic's) repair shop*
la gasolina *gasoline*
la gasolinera *gas station*
el kilómetro *kilometer*
el/la mecánico/a *mechanic*
la milla *mile*
la multa *fine; ticket*
el policía/la mujer policía *police officer*
la policía *police (force)*
el taller (mecánico) *(mechanic's) repair shop*
el tráfico *traffic*
la velocidad máxima *speed limit*

arrancar *to start*
arreglar *to fix; to arrange*
bajar *to go down*
bajar(se) de *to get off of/out of (a vehicle)*
chocar (con) *to run into; to crash*
conducir *to drive*
estacionar *to park*
manejar *to drive*
parar *to stop*
revisar (el aceite) *to check (the oil)*
subir *to go up*
subir(se) a *to get on/into (a vehicle)*

el semáforo
traffic light

LAS PARTES DEL CARRO

el carro *car*
el coche *car*
los frenos *brakes*

el capó
(car) hood

el parabrisas
windshield

el volante
steering wheel

el baúl
trunk

el motor
motor

la llanta
tire

la licencia de conducir
driver's license

llenar (el tanque)
to fill up (the tank)

el televisor
television set

LA TECNOLOGÍA

la cámara digital *digital camera*
la contestadora *answering machine*
el control remoto *remote control*
el disco compacto *CD (compact disc)*
el estéreo *stereo*
el fax *fax (machine)*
el mensaje de texto *text message*
el navegador GPS *GPS*
el radio *radio (set)*
el reproductor de CD *CD player*
        de DVD *DVD player*
        de MP3 *MP3 player*
el teléfono celular *cell phone*
la televisión por cable *cable television*
el videocasete *videocassette*
la videocasetera *VCR*

apagar *to turn off*
funcionar *to work*
llamar *to call*
poner *to turn on*
prender *to turn on*
sonar (o:ue) *to ring*

la cámara (de video)
(video) camera

ADJETIVOS

descompuesto/a *not working; out of order*
lento/a *slow*
lleno/a *full*

la calculadora
calculator

INTERNET Y LA COMPUTADORA

el archivo *file*
la computadora portátil *laptop*
el disco *disk*
Internet *Internet*
el módem *modem*
la página principal *home page*
la pantalla *screen*
el programa de computación *software*
la red *network; Web*
el sitio web *website*

guardar *to save*
imprimir *to print*
navegar en Internet *to surf the Internet*

la computadora
computer

el monitor
monitor

el ratón
mouse

la impresora
printer

el teclado
keyboard

Práctica y conversación  **Audio: Activities**

1 **¿Qué necesitas?** Identifica oralmente los dibujos. Luego escucha las frases e indica el objeto que necesitas para cada actividad.

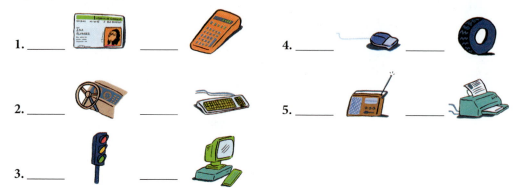

1. _____   _____   4. _____   _____

2. _____   _____   5. _____   _____

3. _____   _____

2 **Problemas con la computadora** Completa la conversación con las palabras de la lista.

arreglar	funciona	llamar	prendiste
descompuesto	la impresora	navegar	el ratón
el disco	imprimir	la pantalla	el teléfono celular

JUAN CARLOS Mariana, la computadora no (1) _____. No veo nada en (2) _____.

MARIANA Pues, ¿la (3) _____?

JUAN CARLOS Tienes razón, no estaba prendida. Ahora no puedo conectarme a Internet. Parece que el módem está (4) _____. ¿Cómo lo puedo (5) _____?

MARIANA ¡Ay, mi amor! No es eso. Es que estoy hablando por teléfono con Sara. Si quieres, la puedo (6) _____ por (7) _____.

JUAN CARLOS Sí, gracias… Bueno, ahora sí estoy conectado. Voy a (8) _____ en Internet un rato y después voy a (9) _____ el trabajo para mi clase de historia. Pero… ¿dónde está (10) _____?

MARIANA Lo siento, ésa sí que está descompuesta.

JUAN CARLOS No te preocupes. Puedo llevar (11) _____ a la universidad e imprimirlo allá.

MARIANA ¡Qué buena idea!

3 **Preguntas** Trabajen en grupos para contestar las siguientes preguntas. Después compartan sus respuestas con la clase.

¿Qué utilizas más: el teléfono celular, el correo electrónico o el *chat*? ¿Cuáles son las ventajas (*advantages*) y desventajas de los diferentes modos de comunicación? ¿Cómo usas la tecnología para divertirte? ¿Y para comunicarte? ¿Y para trabajar?

recursos

viva.vhlcentral.com

4 **En el taller** En parejas, preparen una conversación entre un(a) mecánico/a y un(a) cliente/a cuyo (*whose*) coche se dañó en un accidente. El/La cliente/a le dice al/a la mecánico/a qué ocurrió en el accidente y los dos hablan de las partes dañadas.

5 **Situación** En parejas, preparen una conversación entre el/la director(a) de ventas (*sales*) de una tienda de computadoras y un(a) cliente/a. El cliente puede ser el padre de un niño de seis años, una mujer que va a crear una nueva empresa (*business*) en su casa, un hombre que viaja mucho o un estudiante que no sabe nada de computadoras. El/La director(a) de ventas pregunta lo que el/la cliente/a desea hacer con la computadora y le muestra la computadora que éste/a necesita.

Practice more at **viva.vhlcentral.com.**

Ortografía **La acentuación de palabras similares** **S** Concepts

Although accent marks usually indicate which syllable in a word is stressed, they are also used to distinguish between words that have the same or similar spellings.

| **Él** maneja **el** coche. | **Sí**, voy **si** quieres. |

Although one-syllable words do not usually carry written accents, some *do* have accent marks to distinguish them from words that have the same spelling but different meanings.

| **Sé** cocinar. | **Se** baña. | ¿Tomas **té**? | **Te** duermes. |

Sé (*I know*) and **té** (*tea*) have accent marks to distinguish them from the pronouns **se** and **te**.

| para **mí** | **mi** cámara | **Tú** lees. | **tu** estéreo |

Mí (*me*) and **tú** (*you*) have accent marks to distinguish them from the possessive adjectives **mi** and **tu**.

| **¿Por qué** vas? | Voy **porque** quiero. |

Several words of many syllables have accent marks to distinguish them from words that have similar spellings.

| **Éste** es rápido. | **Este** módem es rápido. |

Demonstrative pronouns have accent marks to distinguish them from demonstrative adjectives.

| **¿Cuándo** fuiste? | Fui **cuando** me llamó. |

Adverbs have accent marks when they are used to convey a question.

recursos

LM p. 62

viva.vhlcentral.com

Crucigrama Utiliza las siguientes pistas (*clues*) para completar el crucigrama. ¡Ojo con los acentos!

Horizontales

1. Él _____ levanta.
4. No voy _____ no puedo.
7. Tú _____ acuestas.
9. ¿ _____ es el examen?
10. Quiero este video y _____ .

Verticales

2. ¿Cómo _____ usted?
3. Eres _____ mi hermano.
5. ¿ _____ tal?
6. Me gusta _____ suéter.
8. Navego _____ la red.

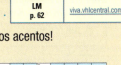

Practice more at **viva.vhlcentral.com.**

Tecnohombre, ¡mi héroe!

Video: Fotonovela
Record & Compare

El autobús se daña.

Expresiones útiles

Talking on the telephone
¿Aló?/¿Bueno?/¿Diga? *Hello?*
¿Quién habla?/¿De parte de quién?
Who is speaking?/Who is calling?
Con él/ella habla.
This is he/she.
Le hablo de parte de...
I'm speaking to you on behalf of...
¿Puedo dejar un recado?
May I leave a message?
Está bien. Llamo más tarde.
That's fine. I'll call later.

Talking about bus/car problems
—**¿Qué pasó?** —**Se nos dañó el autobús.**
—*What happened?* —*The bus broke down.*
Se nos pinchó una llanta.
We got a flat tire.
Está quemado el alternador.
The alternator is burned out.

Saying how far away things are
Está a veinte kilómetros de aquí.
It's twenty kilometers from here.
**Estamos a veinte kilómetros
de la ciudad.**
We're twenty kilometers from the city.

Expressing surprise
¡No me diga/digas!
You don't say! (form.)/(fam.)

Additional vocabulary
aquí mismo *right here*
A sus órdenes. *At your service.*

recursos

VM
pp. 189–190

S
viva.vhlcentral.com

ÁLEX ¿Bueno?... Con él habla... Ah, ¿cómo estás?... Aquí, yo muy bien. Vamos para Ibarra. ¿Sabes lo que pasó? Esta tarde íbamos para Ibarra cuando Javier tuvo un accidente en el autobús. Se cayó y tuvimos que llevarlo a una clínica.

JAVIER Episodio veintiuno: Tecnohombre y los superamigos suyos salvan el mundo una vez más.

INÉS Oh, Tecnohombre, ¡mi héroe!

MAITE ¡Qué cómicos! Un día de éstos, ya van a ver...

ÁLEX Van a ver quién es realmente Tecnohombre. Mis superamigos y yo nos hablamos todos los días por el teléfono Internet, trabajando para salvar el mundo. Pero ahora, con su permiso, quiero escribirle un mensaje electrónico a mi mamá y navegar en la red un ratito.

DON FRANCISCO Chicos, creo que tenemos un problema con el autobús. ¿Por qué no se bajan?

DON FRANCISCO Mmm, no veo el problema.

INÉS Cuando estaba en la escuela secundaria, trabajé en el taller de mi tío. Me enseñó mucho sobre mecánica. Por suerte, arreglé unos autobuses como éste.

DON FRANCISCO ¡No me digas! Bueno, ¿qué piensas?

DON FRANCISCO

JAVIER

INÉS

ÁLEX

MAITE

SR. FONSECA

6

INÉS Pues… no sé… creo que es el alternador. A ver… sí… Mire, don Francisco… está quemado el alternador.

DON FRANCISCO Ah, sí. Pero aquí no podemos arreglarlo. Conozco a un mecánico, pero está en Ibarra, a veinte kilómetros de aquí.

7

ÁLEX ¡Tecnohombre, a sus órdenes!

DON FRANCISCO ¡Eres la salvación, Álex! Llama al Sr. Fonseca al cinco, treinta y dos, cuarenta y siete, noventa y uno. Nos conocemos muy bien. Seguro que nos ayuda.

8

ÁLEX Buenas tardes. ¿Con el Sr. Fonseca por favor?… Soy Álex Morales, cliente de Ecuatur. Le hablo de parte del señor Francisco Castillo… Es que íbamos para Ibarra y se nos dañó el autobús…. Pensamos que es el… el alternador… Estamos a veinte kilómetros de la ciudad…

9

SR. FONSECA Creo que va a ser mejor arreglar el autobús allí mismo. Tranquilo, enseguida salgo.

10

ÁLEX Buenas noticias. El Sr. Fonseca viene enseguida. Piensa que puede arreglar el autobús aquí mismo.

MAITE ¡La Mujer Mecánica y Tecnohombre, mis héroes!

Practice more at
viva.vhlcentral.com.

Actividades

1 Seleccionar Completa cada oración con la opción correcta.

1. Álex quiere
   a. escuchar música.
   b. escribirle a su mamá y navegar en la red.
   c. hablar por el teléfono con amigos.

2. Se les dañó el autobús. Inés dice que
   a. el alternador está quemado.
   b. se les pinchó una llanta.
   c. el taller está quemado.

3. Álex llama al mecánico, el señor
   a. Castillo. b. Ibarra. c. Fonseca.

4. El grupo está a _____ de la ciudad.
   a. veinte millas
   b. veinte grados centígrados
   c. veinte kilómetros

2 ¿Quién? Identifica a quién se refiere cada acción.

1. Tiene un teléfono en el autobús.

2. Conoce a un mecánico en la ciudad.

3. Diagnostica el problema del autobús.

4. Llama al mecánico.

5. Dice que puede arreglar el autobús.

3 Situación En parejas, representen una conversación entre un(a) mecánico/a y un(a) cliente/a. Sigan la guía.

- El/La cliente/a llama al taller y explica el problema del carro.

- El/La mecánico/a le pregunta dónde está en relación con el taller.

- El/La cliente/a le pregunta cuánto dinero cuesta el servicio mecánico y si acepta tarjeta de crédito.

- El/La mecánico/a dice que va enseguida.

BAJO LA LUPA

Additional Reading
Video: *Flash cultura*

Los cibercafés

¿Estás pensando pasar un semestre en Latinoamérica y no quieres llevar tu computadora portátil? ¡No te preocupes! En casi cualquier ciudad latinoamericana, grande o pequeña, te puedes encontrar con **el cibercafé**. Pagando una tarifa° muy barata (¡a veces menos de un dólar por hora!), uno puede disfrutar de° un refresco o un café mientras navega en Internet, escribe correo electrónico o chatea° en múltiples foros virtuales.

De hecho°, el negocio° del cibercafé está mucho más desarrollado° en Latinoamérica que en los Estados Unidos. En las grandes ciudades hispanas, es común ver varios cibercafés en una misma cuadra°. Muchos extranjeros piensan que no puede haber suficientes clientes para todos, pero los cibercafés ofrecen servicios especializados que permiten su coexistencia. Por ejemplo, algunos cibercafés informales atraen° a adolescentes y jóvenes con videojuegos en línea° o servicio de *chat* con cámara. Otros centros de Internet, como los centros telefónicos, atraen a estudiantes o profesionales, ya que generalmente son más tranquilos para hacer las tareas de la escuela o del trabajo.

Sin embargo, para los fanáticos que no se pueden despegar° de las computadoras portátiles, también hay bares, restaurantes

y librerías que ofrecen el servicio inalámbrico° de Internet como lo hace Starbucks en los Estados Unidos y en Canadá. Como ves, Internet está en cada esquina°. ¿Qué esperas para hacer tus maletas y salir para Latinoamérica?

---

tarifa *fee*   **disfrutar de** *enjoy*   **chatea** *chat (from the English verb "to chat")*
De hecho *In fact*   **negocio** *business*   **desarrollado** *developed*
cuadra *(city) block*   **atraen** *attract*   **en línea** *online*   **despegar** *detach*
inalámbrico/a *wireless*   **esquina** *corner*

Mensajes de texto en español

Al igual que en otros idiomas, el chateo está cambiando la forma en que la gente escribe el español. Ésta es una lista de expresiones comunes en el *chat*.

¿K TL?	¿Qué tal?	**CONT, XFA**	Contesta, por favor.
Toy cansada	Estoy cansada.	**TB**	también
TQ MXO.	Te quiero mucho.	**1 BSO**	Un beso.
A2	Adiós.	**¿Q TE PARECE?**	¿Qué te parece?
¿XQ?	¿Por qué?	**T MANDO 1**	Te mando un
GNL	genial	**MSG DSPS**	mensaje después.

Practice more at
viva.vhlcentral.com.

recursos

VM
pp. 247–248

viva.vhlcentral.com

Maravillas de la tecnología

ACTIVIDADES

1 ¿Cierto o falso? Indica si estas oraciones son **ciertas** o **falsas**.

1. Los cibercafés son más populares en las ciudades grandes que en las pequeñas.
2. El servicio de Internet es caro en los cibercafés.
3. Hay más cibercafés en Latinoamérica que en los Estados Unidos.
4. Todos los cibercafés ofrecen servicios similares.
5. Muchos turistas se quejan de que no hay suficientes cibercafés en las ciudades de Latinoamérica.
6. Si eres estudiante, puedes hacer tus tareas en los centros de Internet.
7. En los países hispanos, no hay servicio inalámbrico de Internet.
8. TB significa "también".

2 ¿Cómo te comunicas? Escribe un párrafo breve en donde expliques qué utilizas para comunicarte con tus amigos/as (correo electrónico, teléfono, *chat*, etc.) y de qué hablan cuando se comunican por *chat*.

1 Preparación ¿Con qué frecuencia navegas en Internet? ¿Dónde lo haces, en tu casa o en un lugar público?

2 El video Mira el episodio de **Flash cultura**.

Vocabulario

chateando	*chatting*	**inalámbrica**	*wireless*
comunidad indígena		**usuarios**	*users*
indigenous community			

… los cibercafés se conocen como "cabinas de Internet" y están localizados° por todo el país.

… el primer *hotspot* de Cuzco, que permite a los usuarios navegar de manera inalámbrica…

localizados *located*

3 Elegir Indica cuál de las dos opciones resume mejor este episodio.

- En Cuzco, Internet es un elemento importante para los indígenas peruanos que quieren vender sus productos en otros países. Con Internet inalámbrica, ellos chatean con clientes en otros países.
- En Cuzco, la comunidad y los turistas usan la tecnología de los celulares e Internet para comunicarse con sus familias o vender productos. Para navegar en Internet, se pueden visitar las cabinas de Internet o ir a la Plaza de Armas con una computadora portátil.

CONEXIÓN INTERNET

What do technology in Argentina and in Peru have in common? Go to **viva.vhlcentral.com** to find out and to access these components:

- the **Flash cultura** video
- more activities
- additional reading: **Los automóviles clásicos de Uruguay y Argentina**

11.1 The preterite and the imperfect

Tutorial

▶ The preterite and the imperfect are not interchangeable. The choice between these two tenses depends on the context and on the point of view of the speaker.

Uses of the preterite

To express actions that are viewed by the speaker as completed

Don Francisco estacionó el autobús.
Don Francisco parked the bus.

Fueron a Valparaíso ayer.
They went to Valparaíso yesterday.

To express the beginning or end of a past action

La película empezó a las nueve.
The movie began at nine o'clock.

Ayer terminé el proyecto.
I finished the project yesterday.

To narrate a series of past actions or events

Don Francisco paró el autobús, abrió la ventanilla y saludó a doña Rita.
Don Francisco stopped the bus, opened the window, and greeted Doña Rita.

Uses of the imperfect

To describe an ongoing past action with no reference to its beginning or end

Maite conducía muy rápido en Madrid.
Maite was driving very fast in Madrid.

Javier esperaba en el garaje.
Javier was waiting in the garage.

To express habitual past actions and events

Cuando era joven, jugaba al tenis.
When I was young, I used to play tennis.

Álex siempre revisaba su correo electrónico a las tres.
Álex always checked his e-mail at three o'clock.

To describe physical and emotional states or characteristics

La chica quería descansar. Se sentía mal y tenía dolor de cabeza.
The girl wanted to rest. She felt ill and had a headache.

Ellos eran altos y tenían ojos verdes.
They were tall and had green eyes.

Estábamos felices de ver a la familia.
We were happy to see the family.

Por suerte, arreglé unos autobuses como éste.

Íbamos para Ibarra y se nos dañó el autobús.

▶ When the preterite and the imperfect appear in the same sentence, the imperfect describes what was happening while the preterite describes the action that "interrupted" the ongoing activity.

Navegaba en la red cuando sonó el teléfono.
I was surfing the Web when the phone rang.

Maite leía el periódico cuando llegó Álex.
Maite was reading the newspaper when Álex arrived.

▶ You will see the preterite and the imperfect together in narratives such as fiction, news, and the retelling of events. The imperfect provides background information, such as time, weather, and location. The preterite indicates the specific events that occurred.

Eran las dos de la mañana y el detective ya no podía mantenerse despierto. Se bajó lentamente del coche, estiró las piernas y levantó los brazos.

It was two in the morning, and the detective could no longer stay awake. He slowly stepped out of the car, stretched his legs, and raised his arms.

La luna estaba llena y no había en el cielo ni una sola nube. De repente, el detective escuchó un grito espeluznante.

The moon was full and there wasn't a single cloud in the sky. Suddenly, the detective heard a piercing scream.

Práctica y conversación

1 Un accidente Completa este artículo de periódico con las formas correctas del pretérito o del imperfecto.

Un trágico accidente

Ayer temprano por la mañana (1) _____ [haber] un trágico accidente en el centro de Lima, cuando un autobús (2) _____ [chocar] con un carro. La mujer que (3) _____ [manejar] el carro (4) _____ [morir] al instante. Los paramédicos llevaron al conductor del autobús al hospital porque (5) _____ [tener] varias fracturas. Su estado de salud es todavía muy grave. El conductor del autobús (6) _____ [decir] que no (7) _____ [ver] el carro hasta el último momento porque (8) _____ [haber] mucha niebla y (9) _____ [llover]. Él (10) _____ [intentar] (to attempt) dar un viraje brusco (to swerve), pero (11) _____ [perder] el control del autobús y no (12) _____ [poder] evitar (to avoid) el accidente. Según nos informaron, no (13) _____ [lastimarse] ningún pasajero que (14) _____ [viajar] en el autobús.

2 Combinar Combina elementos de las tres columnas para hablar de lo que hicieron y lo que hacían las personas de la primera columna.

Sujetos	Verbos	Adverbios
el mecánico	arreglar	ayer
David Ortiz	caerse	bien
la mujer policía	chocar	con frecuencia
Bill Gates	conducir	de vez en cuando
mis padres	decir	fácilmente
mis amigos y yo	enamorarse	lentamente
Jennifer López	lastimarse	por aquí
yo	llamar	por fin
	navegar (en)	todos los días
	olvidar	una vez

3 Frases En parejas, completen las frases usando el pretérito o el imperfecto. Luego comparen sus respuestas.

MODELO

De niño/a, yo…

Estudiante 1: De niña, yo vivía con mis abuelos en un apartamento cerca de la escuela.

Estudiante 2: Pues, mi mamá, mis hermanos y yo vivíamos en una casita con un jardín.

Estudiante 1: De niña, me lastimé una vez la rodilla. Mientras corría, me caí.

Estudiante 2: En cambio, yo nunca me lastimé la rodilla, pero me torcía constantemente el tobillo.

1. El verano pasado…
2. Yo manejaba el coche mientras…
3. Anoche mi novio/a…
4. Ayer el/la profesor(a)…
5. La semana pasada un(a) amigo/a…
6. A menudo mi madre…
7. Esta mañana en la cafetería…
8. Navegábamos en la red cuando…

4 Tu primer(a) novio/a Entrevista a un(a) compañero/a acerca de su primer(a) novio/a. Si quieres, puedes añadir (add) otras preguntas.

1. ¿Quién fue tu primer(a) novio/a?
2. ¿Cuántos años tenías cuando lo/la conociste?
3. ¿Cómo era él/ella?
4. ¿Qué le gustaba hacer? ¿Tenían ustedes los mismos pasatiempos?
5. ¿Por cuánto tiempo salieron ustedes?
6. ¿Adónde iban ustedes cuando salían?
7. ¿Pensaban casarse?
8. ¿Cuándo y por qué rompieron ustedes?

5 Un robo misterioso Anoche alguien robó (stole) el examen de la Lección 11 de la oficina de tu profesor(a) y tú tienes que averiguar (to find out) quién lo hizo. Pregúntales a varios compañeros dónde estaban, con quién estaban y qué hicieron entre las ocho y las doce de la noche. Luego decide quién robó el examen.

Practice more at **viva.vhlcentral.com.**

11.2 Por and para Tutorial

▶ Both **por** and **para** mean *for*, but they are not interchangeable. Study their uses in the charts.

Uses of *por*

Motion or a general location *(around, through, along, by)*	La excursión nos llevó por el centro. *The tour took us through downtown.* Pasamos por el parque y por el río. *We passed by the park and along the river.*	**Means by which something is done** *(by, by way of, by means of)*	Ellos viajan por la autopista. *They travel by (way of) highway.* ¿Hablaste con la policía por teléfono? *Did you talk to the police by (on the) phone?*
Duration of an action *(for, during, in)*	Estuve en Montevideo por un mes. *I was in Montevideo for a month.* Miguel estudió por la noche. *Miguel studied during the night.*	**Exchange or substitution** *(for, in exchange for)*	Le di dinero por la videocasetera. *I gave him money for the VCR.* Cambiamos este carro por uno nuevo. *We exchanged this car for a new one.*
Object of a search *(for, in search of)*	Vengo por ti a las ocho. *I am coming for you at eight.* Maite fue por su cámara. *Maite went in search of her camera.*	**Unit of measure** *(per, by)*	Manejé a 120 kilómetros por hora. *I drove 120 kilometers per hour.* Me pagan por hora. *I get paid by the hour.*

Uses of *para*

Destination *(toward, in the direction of)*	Salimos para Mérida hoy. *We are leaving for Mérida today.* Voy para el banco. *I'm going to the bank.*	**Purpose or goal +** [infinitive] *(in order to)*	Juan estudia para (ser) mecánico. *Juan is studying to be a mechanic.*
Deadline or a specific time in the future *(by, for)*	Él va a arreglarlo para el viernes. *He will fix it by Friday.*	**The recipient of something** *(for)*	Compré una calculadora para mi hijo. *I bought a calculator for my son.*
Purpose + [noun/verb] *(for, used for)*	Es una llanta para el carro. *It's a tire for the car.* Un módem sirve para navegar en Internet. *A modem is used to surf the Internet.*	**Comparisons or opinions** *(for, considering)*	Para ser joven, es demasiado serio. *For a young person, he is too serious.* Para mí, esta lección no es difícil. *For me, this lesson isn't difficult.*
		Employment *(for)*	Sara trabaja para Telecom. *Sara works for Telecom.*

Álex habla por teléfono.

▶ **Por** is used in several idiomatic expressions.

por aquí	*around here*	por eso	*that's why; therefore*
por ejemplo	*for example*	por fin	*finally*

▶ When giving an exact time, **de** is used instead of **por** before **la mañana, la tarde,** and **la noche.**

Es para usted.

La clase es a las nueve **de** la mañana. *The class is at nine a.m.*	La clase es **por** la mañana. *The class is in the morning.*
Llegué a las diez **de** la noche. *I arrived at ten p.m.*	Me gusta estudiar **por** la noche. *I like to study at night.*

▶ Often, either **por** or **para** can be used in a sentence, although the meaning may change.

Caminé **por** el parque.
I walked through the park.

Caminé **para** el parque.
I walked to (toward) the park.

Trabajó **por** su padre.
He worked for (in place of) his father.

Trabajó **para** su padre.
He worked for his father('s business).

Se exhibió **por** el pueblo.
It was shown throughout (around) the town.

Se exhibió **para** todo el pueblo.
It was shown for the whole town.

Práctica y conversación

Practice more at **viva.vhlcentral.com.**

1 Un viaje a Buenos Aires Completa este párrafo con las preposiciones **por** o **para**.

El mes pasado, mi esposo y yo hicimos un viaje a Buenos Aires y sólo pagamos dos mil dólares (1) _____ los pasajes. Estuvimos en Buenos Aires (2) _____ una semana y exploramos toda la ciudad. Durante el día caminamos (3) _____ la plaza San Martín, el microcentro y el barrio de La Boca, donde viven muchos artistas. (4) _____ la noche fuimos a una tanguería, que es un tipo de teatro, (5) _____ ver a la gente bailar tango. Dos días después decidimos hacer una excursión (6) _____ las Pampas (7) _____ ver el paisaje y un rodeo con gauchos. (8) _____ eso, alquilamos (*we rented*) un carro y pasamos unos días muy agradables. El último día fuimos a Galerías Pacífico (9) _____ comprar recuerdos (*souvenirs*) (10) _____ nuestros hijos y nietos. Compramos tantos regalos que, al regresar, tuvimos que pagar impuestos (*duties*) cuando pasamos (11) _____ la aduana.

2 Completar Usa **por** o **para** y completa estas frases de una manera lógica.

1. El año pasado compré un regalo…
2. Ayer fui al taller…
3. Necesito hacer la tarea…
4. En casa, hablo con mis amigos/as…
5. Los miércoles tengo clases…
6. A veces voy a la biblioteca…
7. Necesito… dólares…
8. Esta noche tengo que estudiar…
9. Mi padre/madre trabaja…
10. Mi mejor amigo/a estudia…

3 ¿Qué pasa aquí? Usa **por** o **para** y el tiempo presente para describir estos dibujos. Luego, compara tus respuestas con las de un(a) compañero/a.

1. _____
2. _____
3. _____
4. _____
5. _____
6. _____

4 Una subasta En grupos, dramaticen una subasta (*auction*). Cada estudiante debe traer a la clase un objeto o una foto del objeto para vender. Luego, un(a) estudiante es el/la vendedor(a) y los otros son los postores (*bidders*).

MODELO

Vendedor(a): *Aquí tengo una cámara de video. ¿Quién ofrece $400,00 por ella?*

Postor(a) 1: *Te doy $175,00.*

11.3 Stressed possessive adjectives and pronouns

 Tutorial

▶ Spanish has two types of possessive adjectives: the unstressed (short) forms you learned in Lesson 3 and the stressed (long) forms. The stressed possessive adjectives are used for emphasis or to express *(of) mine, (of) yours, (of) his,* and so on.

Episodio veintiuno: Tecnohombre y los superamigos suyos salvan el mundo una vez más.

La Mujer Mecánica y Tecnohombre, ¡mis héroes!

¡Y los míos también!

Stressed possessive adjectives

Singular forms		Plural forms		
MASCULINE	**FEMININE**	**MASCULINE**	**FEMININE**	
mío	mía	míos	mías	*my; (of) mine*
tuyo	tuya	tuyos	tuyas	*your; (of) yours (fam.)*
suyo	suya	suyos	suyas	*your; (of) yours (form.); his; (of) his; her; (of) hers; its*
nuestro	nuestra	nuestros	nuestras	*our; (of) ours*
vuestro	vuestra	vuestros	vuestras	*your; (of) yours (fam.)*
suyo	suya	suyos	suyas	*your; (of) yours (form.); their; (of) theirs*

▶ Stressed possessive adjectives agree in gender and number with the nouns they modify.

mi impresora	▶	la impresora mía	nuestros televisores	▶	los televisores nuestros
my printer		*my printer*	*our television sets*		*our television sets*

▶ Stressed possessive adjectives are placed after the nouns they modify. Unstressed possessive adjectives are placed before the noun.

Son **mis** llaves.　　　　　　　　　　Son las llaves **mías**.
They are my keys.　　　　　　　　　*They are my keys.*

▶ A definite article, an indefinite article, or a demonstrative adjective usually precedes a noun modified by a stressed possessive adjective.

Alberto tenía ◀ **unos** discos **tuyos**.　*Alberto had some disks of yours.*
los discos **tuyos**.　*Alberto had your disks.*
estos discos **tuyos**.　*Alberto had these disks of yours.*

▶ Since **suyo, suya, suyos,** and **suyas** have more than one meaning, you can avoid confusion by using the construction: [*article*] + [*noun*] + **de** + [*subject pronoun or noun*].

el teclado **suyo** ◀ el teclado **de él/ella**　*his/her keyboard*
el teclado **de usted(es)**　*your keyboard*
el teclado **de ellos/ellas**　*their keyboard*
el teclado **de Ramón**　*Ramón's keyboard*

▶ **El** and **la** are usually omitted when a stressed possessive adjective follows the verb **ser**.

¿**Es suya** esta cámara?　　　　　　　No, no **es mía**.

▶ Possessive pronouns are used to replace [*noun*] + [*possessive adjective*]. In Spanish, the possessive pronouns have the same forms as the stressed possessive adjectives, and they are preceded by a definite article.

| la calculadora nuestra | ▶ | la nuestra | el fax tuyo | ▶ | el tuyo | los archivos suyos | ▶ | los suyos |

▶ Possessive pronouns agree in number and gender with the nouns they replace.

Aquí está **mi coche**. ¿Dónde está **el tuyo**?
Here's my car. Where is yours?

¿Tienes **los archivos** de Carlos?
Do you have Carlos' files?

El mío está en el taller de mi hermano Armando.
Mine is at my brother Armando's garage.

No, pero tengo **los nuestros.**
No, but I have ours.

Práctica y conversación

Practice more at
viva.vhlcentral.com.

1 Oraciones Forma oraciones con estos elementos. Usa el presente y haz todos los cambios necesarios.

1. yo / necesitar / usar / impresora / de Miguel / porque / mío / no / funcionar

2. pero / él / no poder / ayudarme / porque / suyo / tampoco / funcionar

3. me gustaría / pedirle / a Juana / su ratón, / pero / suyo / estar / descompuesto

4. yo / no poder / usar / teclado / de Conchita / porque / suyo / estar descompuesto / también

5. y si / yo / pedirte / computadora, / estar / seguro de que / ir a / decirme / que / no poder / usar / tuyo

2 Anuncios Lee este anuncio (*ad*) con un(a) compañero/a. Luego, preparen su propio (*own*) anuncio usando los adjetivos o los pronombres posesivos. Después, conviértanlo en un anuncio de televisión (*commercial*) y preséntenlo a la clase.

Esta computadora y esta impresora pueden ser suyas por sólo

$1799

Características de la computadora
• Procesador: Intel Dual Core a 3000 Mhz
• 3GB DDR2 de memoria
• Disco duro de 250 Gb
• Sistema operativo: Linux

Impresora
• Impresora, fotocopiadora y escáner
• Velocidad: 40 páginas por minuto a color

El precio incluye un año de servicio de Internet gratis.
Para más información, llame al 3 62 19 90 o visite nuestro sitio web www.tecnolibre.com.

3 ¿Es suyo? Un policía ha capturado (*has captured*) al hombre que robó (*robbed*) en tu casa. Ahora quiere saber qué cosas son tuyas. Túrnate con un(a) compañero/a para hacer el papel del policía y usa las pistas (*clues*) para contestar las preguntas.

MODELO
No / pequeño
Policía: Esta computadora, ¿es suya?
Estudiante: No, no es mía. La mía es más pequeña.

1. Sí

4. No / viejo

2. Sí

5. Sí

3. No / nuevo

6. No / caro

Ampliación

Audio: Activity
Repaso
Video: TV Clip

1 Escuchar 🎧

A Escucha a Ricardo Moreno y luego contesta las preguntas.

TIP Recognize the genre of spoken discourse. Identifying the genre (for example: political speech, radio interview, news broadcast) of what you hear can help you figure out what kinds of things you are likely to hear. It will also help you identify the speaker's motives and intentions.

1. ¿Qué tipo de discurso es?

    a. las noticias (*news*) por radio o televisión   b. un anuncio comercial
    c. una reseña (*review*) de una película

2. ¿De qué habla?

    a. de su vida   b. de un producto o servicio   c. de algo que oyó o vio

3. ¿Cuál es el propósito?

    a. relacionarse con alguien   b. informar   c. vender

B ¿Qué pistas (*clues*) te ayudaron a identificar el género de la grabación (*recording*)?

2 Conversar

Con un(a) compañero/a, prepara una conversación sobre la primera vez que manejaste un carro o el día en que fuiste al Departamento de Tráfico para conseguir tu licencia de conducir.

MODLEO

Estudiante 1: *Conseguí la licencia de conducir cuando tenía dieciséis años. Hacía sol y mi mamá me acompañó al Departamento de Tráfico. ¿Tú también conseguiste la tuya a los dieciséis años?*

Estudiante 2: *No, todavía no tengo la mía. En mi estado no podemos conseguir una licencia de conducir hasta los dieciocho años. ¿Cómo fue la primera vez que manejaste?*

Estudiante 1: *Estaba despejado y hacía sol. Eran las tres y media de la tarde, después de clases. Tenía un poco de miedo, pero quería hacerlo. Después de conducir, me sentí muy bien.*

recursos

WB pp. 111–118

LM pp. 63–65

viva.vhlcentral.com

3 **Escribir** Escribe una historia acerca de una experiencia tuya con una máquina electrónica o con el carro.

TIP **Master the simple past tenses.** To be able to write about events that occurred in the past, you will need to know when to use the preterite and the imperfect. The box on this page contains a summary of their uses.

Organízalo | Prepara una lista de todos los detalles que quieres narrar (*narrate*). Identifica qué acciones fueron completadas (pretérito) y cuáles están incompletas o cuáles describen (imperfecto).

Escríbelo | Utiliza tu lista para escribir el primer borrador de tu historia.

Corrígelo | Intercambia tu historia con un(a) compañero/a. Lee su borrador y reflexiona sobre las partes mejor escritas. Da sugerencias sobre los detalles, la lógica de la secuencia de eventos y el uso del pretérito y del imperfecto.

Compártelo | Revisa el primer borrador según las indicaciones de tu compañero/a. Incorpora las nuevas ideas y prepara la versión final. Luego, comparte la historia con la clase.

Preterite
• Past actions viewed as completed
• Beginning or end of past actions
• Series of past actions

Imperfect
• Ongoing past actions
• Habitual past actions
• Physical and emotional states in the past

4 **Un paso más** Busca información sobre los cibercafés en los países hispanos e inventa un cibercafé nuevo. Crea un anuncio de revista para promocionarlo. El anuncio debe incluir estos elementos:

• Una descripción del lugar donde está ubicado (*located*) el cibercafé

• Una descripción de la tecnología y de los servicios que se ofrecen a los clientes

• Fotos o dibujos

• Por qué este cibercafé es mejor que otros

• Los precios

CONEXIÓN INTERNET

Investiga estos temas en viva.vhlcentral.com.

• Cibercafés en el mundo hispano
• Internet en el mundo hispano
• La tecnología en el mundo hispano

Antes de leer

Reading
Additional Reading

One way languages grow is by borrowing words from each other. English words that relate to technology are often borrowed by Spanish and other languages throughout the world. Sometimes the words are modified slightly to fit the sounds of the languages that borrow them. When reading in Spanish, you can often increase your understanding by looking for words borrowed from English or other languages you know.

Examinar el texto

Observa la tira cómica (*comic strip*). ¿De qué trata (*is it about*)? ¿Cómo lo sabes?

Buscar

Esta lectura contiene una palabra tomada (*taken*) del inglés. Trabaja con un(a) compañero/a para encontrarla.

Repasa (*Review*) las nuevas palabras relacionadas con la tecnología que aprendiste en **Preparación** y expande la lista de palabras tomadas del inglés.

_____   _____

_____   _____

Juan Matías Loiseau (1974) Más conocido como *Tute*, este artista nació en el año 1974 en Buenos Aires, Argentina. Estudió diseño gráfico, humorismo y cine. Sus tiras cómicas se publican en Estados Unidos, Francia y toda Latinoamérica.

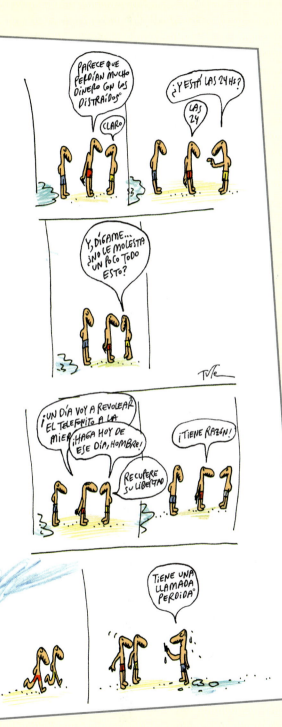

Después de leer

¿Comprendiste?

Indica si las oraciones son **ciertas** o **falsas**.
Corrige las falsas.

Cierto	Falso	
_____	_____	**1.** Hay tres personajes en la tira cómica: un usuario de teléfono, un amigo y un empleado de la empresa (*company*) telefónica.
_____	_____	**2.** El nuevo servicio de teléfono incluye las llamadas telefónicas únicamente.
_____	_____	**3.** El empleado duerme en su propia casa.
_____	_____	**4.** El contrato de teléfono dura (*lasts*) un año.
_____	_____	**5.** El usuario y el amigo están trabajando (*working*).

Preguntas

Responde a estas preguntas con oraciones completas.
Usa el pretérito y el imperfecto.

1. ¿Al usuario le gustaba usar el teléfono celular todo el tiempo? _____

2. ¿Por qué el usuario decidió tirar el teléfono al mar? _____

3. Según el amigo, ¿para qué tenía el usuario que tirar el teléfono celular al mar?

_____

4. ¿Qué ocurrió cuando el usuario tiró el teléfono? _____

5. ¿Qué le dijo el empleado al usuario cuando salió del mar? _____

Coméntalo

¿Cuáles son los aspectos positivos y los negativos de tener teléfono celular? ¿Te sientes identificado/a con el usuario del teléfono? ¿Por qué?

te viene *comes with*   tipo *guy, dude*   te avisa *alerts you*   escuchás *listen (Arg.)*   distraídos *careless*   piso *floor*   bolsa de dormir *sleeping bag*
darle de baja *to suspend*   harto *fed up*   revolear *throw it away with energy (S. America)*   bien hecho *well done*   llamada perdida *missed call*

El carro

el baúl	trunk
la calle	street
el camino	route
el capó	(car) hood
el carro	car
el coche	car
los frenos	brakes
el garaje	garage; (mechanic's) repair shop
la gasolina	gasoline
la gasolinera	gas station
el kilómetro	kilometer
la licencia de conducir	driver's license
la llanta	tire
el/la mecánico/a	mechanic
la milla	mile
el motor	motor
la multa	fine; ticket
el parabrisas	windshield
el policía/la mujer policía	police officer
la policía	police (force)
el semáforo	traffic light
el taller (mecánico)	(mechanic's) repair shop
el tráfico	traffic
la velocidad máxima	speed limit
el volante	steering wheel
arrancar	to start
arreglar	to fix; to arrange
bajar	to go down
bajar(se) de	to get off of/out of (a vehicle)
chocar (con)	to run into; to crash
conducir	to drive
estacionar	to park
llenar (el tanque)	to fill up (the tank)
manejar	to drive
parar	to stop
revisar (el aceite)	to check (the oil)
subir	to go up
subir(se) a	to get on/into (a vehicle)

La tecnología

la calculadora	calculator
la cámara (de video)	(video) camera
digital	digital camera
la contestadora	answering machine
el control remoto	remote control
el disco compacto	CD (compact disc)
el estéreo	stereo
el fax	fax (machine)
el mensaje de texto	text message
el navegador GPS	GPS
el radio	radio (set)
el reproductor de CD	CD player
de DVD	DVD player
de MP3	MP3 player
el teléfono (celular)	(cell) phone
la televisión por cable	cable television
el televisor	television set
el videocasete	videocassette
la videocasetera	VCR
apagar	to turn off
funcionar	to work
llamar	to call
poner	to turn on
prender	to turn on
sonar (o:ue)	to ring
descompuesto/a	not working; out of order
lento/a	slow
lleno/a	full

Expresiones útiles	See page 244.
Stressed possessive adjectives and pronouns	See pages 252–253.

Internet y la computadora

el archivo	file
la computadora	computer
la computadora portátil	laptop
el disco	disk
la impresora	printer
Internet	Internet
el módem	modem
el monitor	monitor
la página principal	home page
la pantalla	screen
el programa de computación	software
el ratón	mouse
la red	network, Web
el sitio web	website
el teclado	keyboard
guardar	to save
imprimir	to print
navegar en Internet	to surf the Internet

Otras palabras y expresiones

para	for; in order to; toward; in the direction of; by; used for; considering
por	for; by; by means of; through; along; during; in; in exchange for; around; in search of; by way of; per
por aquí	around here
por ejemplo	for example
por eso	that's why; therefore
por fin	finally

Audio: Vocabulary Flashcards

recursos

LM p. 65

viva.vhlcentral.com

12 Hogar, dulce hogar

Para empezar

- ¿Qué ves: una casa o una oficina?
- ¿Cómo es la arquitectura, moderna o vieja?
- ¿Tiene balcón? ¿Tiene garaje?
- ¿Dónde viven estas personas: en un lugar frío o tropical?

Hogar, dulce hogar

Talking Picture
Tutorial
Games

LA CASA Y SUS CUARTOS

la alcoba *bedroom*

el altillo *attic*

el balcón *balcony*

la cocina *kitchen*

el comedor *dining room*

la entrada *entrance*

el garaje *garage*

la oficina *office*

el pasillo *hallway*

el patio *patio; yard*

la sala *living room*

el sótano *basement; cellar*

la escalera
stairs; stairway

el jardín
garden; yard

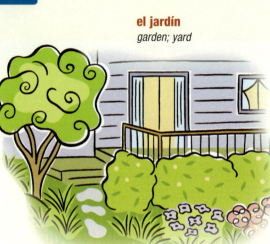

LA MESA

la copa *wineglass; goblet*

la cuchara *spoon*

el cuchillo *knife*

el plato *plate*

la servilleta *napkin*

la taza *cup; mug*

el tenedor *fork*

el vaso *glass*

LOS ELECTRODOMÉSTICOS

la estufa *stove*

el horno (de microondas) *(microwave) oven*

la lavadora *washing machine*

el lavaplatos *dishwasher*

el refrigerador *refrigerator*

la secadora *clothes dryer*

los electrodomésticos
electrical appliances

recursos

WB
pp. 119–120

LM
p. 67

viva.vhlcentral.com

barrer el suelo
to sweep the floor

LOS QUEHACERES DOMÉSTICOS

arreglar *to neaten; to straighten up*

cocinar *to cook*

hacer los quehaceres domésticos
to do household chores

lavar (el suelo, los platos) *to wash (the floor, the dishes)*

limpiar la casa *to clean the house*

pasar la aspiradora *to vacuum*

poner la mesa *to set the table*

quitar la mesa *to clear the table*

sacar la basura *to take out the trash*

sacudir los muebles *to dust the furniture*

planchar la ropa
to iron clothes

hacer la cama
to make the bed

LOS MUEBLES Y OTRAS COSAS

la alfombra *carpet; rug*

la almohada *pillow*

el armario *closet*

la cómoda *chest with drawers*

las cortinas *curtains*

el cuadro *picture*

el estante *bookcase; bookshelves*

la lámpara *lamp*

la luz *light; electricity*

la manta *blanket*

la mesita *end table*

la mesita de noche *nightstand*

la pared *wall*

la pintura *painting; picture*

el sillón *armchair*

el sofá *couch; sofa*

los muebles
furniture

OTRAS PALABRAS

las afueras *suburbs; outskirts*

la agencia de bienes raíces *real estate agency*

el alquiler *rent (payment)*

el ama (m., f.) de casa *homemaker; housekeeper*

el barrio *neighborhood*

el edificio de apartamentos *apartment building*

el hogar *home*

el/la vecino/a *neighbor*

la vivienda *housing*

alquilar *to rent*

ensuciar *to get (something) dirty*

mudarse *to move (residences)*

Práctica y conversación

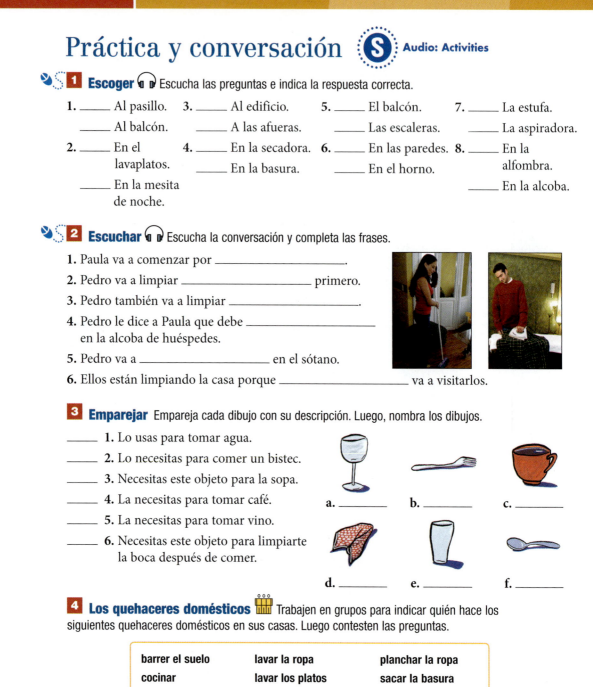

S Audio: Activities

1 Escoger Escucha las preguntas e indica la respuesta correcta.

1. _____ Al pasillo.
   _____ Al balcón.

2. _____ En el lavaplatos.
   _____ En la mesita de noche.

3. _____ Al edificio.
   _____ A las afueras.

4. _____ En la secadora.
   _____ En la basura.

5. _____ El balcón.
   _____ Las escaleras.

6. _____ En las paredes.
   _____ En el horno.

7. _____ La estufa.
   _____ La aspiradora.

8. _____ En la alfombra.
   _____ En la alcoba.

2 Escuchar Escucha la conversación y completa las frases.

1. Paula va a comenzar por _____.

2. Pedro va a limpiar _____ primero.

3. Pedro también va a limpiar _____.

4. Pedro le dice a Paula que debe _____ en la alcoba de huéspedes.

5. Pedro va a _____ en el sótano.

6. Ellos están limpiando la casa porque _____ va a visitarlos.

3 Emparejar Empareja cada dibujo con su descripción. Luego, nombra los dibujos.

_____ 1. Lo usas para tomar agua.

_____ 2. Lo necesitas para comer un bistec.

_____ 3. Necesitas este objeto para la sopa.

_____ 4. La necesitas para tomar café.

_____ 5. La necesitas para tomar vino.

_____ 6. Necesitas este objeto para limpiarte la boca después de comer.

a. _____   b. _____   c. _____

d. _____   e. _____   f. _____

4 Los quehaceres domésticos Trabajen en grupos para indicar quién hace los siguientes quehaceres domésticos en sus casas. Luego contesten las preguntas.

barrer el suelo	lavar la ropa	planchar la ropa
cocinar	lavar los platos	sacar la basura
hacer las camas	pasar la aspiradora	sacudir los muebles

- ¿Quién es la persona de tu grupo que hace más quehaceres?
- ¿Cúales son los quehaceres que más te molestan y los que más te gustan? ¿Por qué?
- ¿Piensas que debes hacer más quehaceres? ¿Por qué?

5 **¿Una casa o un apartamento?** En parejas, comparen las ventajas y desventajas de vivir en una casa o en un apartamento. Consideren el espacio, la comodidad, el precio del alquiler (*rent*), las reglas para las visitas, organizar fiestas, etc.

Practice more at
viva.vhlcentral.com.

Ortografía **Las mayúsculas y las minúsculas** **S** Concepts

Here are the Spanish rules for capitals (**mayúsculas**) and lowercase letters (**minúsculas**).

Los estudiantes llegaron al aeropuerto a las dos. **L**uego fueron al hotel.

In both Spanish and English, the first letter of every sentence is capitalized.

Rubén **B**lades   **P**anamá   **C**olón   los **A**ndes

The first letter of all proper nouns (names of people, countries, cities, etc.) is capitalized.

Cien años de soledad   *Don Quijote de la Mancha*   *El País*   *Muy Interesante*

The first letter of the first word in titles of books, films, and works of art is generally capitalized, as well as the first letter of any proper names. In newspaper and magazine titles, as well as other short titles, the initial letter of each word is often capitalized.

la **s**eñora Ramos   **d**on Francisco   el **p**residente   **S**ra. Vives

Titles associated with people are *not* capitalized unless they appear as the first word in a sentence. Note, however, that the first letter of an abbreviated title is capitalized.

Último   **Á**lex   **MEN**Ú   **PERD**Ó**N**

Accent marks should be retained on capital letters. In practice, however, this rule is often ignored.

lunes   **v**iernes   **m**arzo   **p**rimavera

The first letter of days, months, and seasons is *not* capitalized.

español   **e**stadounidense   **j**aponés   **p**anameños

The first letter of nationalities and languages is *not* capitalized.

Oraciones Lee el diálogo de las serpientes. Ordena las letras para saber de qué palabras se trata. Después escribe las letras indicadas para descubrir por qué llora Pepito.

Profesor Herrera,
¿es cierto que
somos venenosas°?

Sí, Pepito.
¿Por qué lloras?

m n a a P á   ⬭⬜⬜⬜⬜⬜⬜   y a U r u g u   ⬜⬜⬜⬭⬜⬜⬜

s t e m r a   ⬭⬜⬜⬜⬜⬜   r o ñ e s a   ⬜⬜⬜⬜⬜⬭

i g s l é n   ⬜⬜⬜⬭⬜

¡ ⬜orque ⬜e acabo de morder° la ⬜en ⬜u ⬜ !

venenosas *venomous*
morder *to bite*

Respuestas: Panamá, martes, inglés, Uruguay, señora
¡Porque me acabo de morder la lengua!

Practice more at
viva.vhlcentral.com.

¡Les va a encantar la casa!

Video: *Fotonovela*
Record & Compare

Don Francisco y los estudiantes llegan a Ibarra.

Expresiones útiles

Showing people around the house

¡Bienvenido(s)/a(s)!
Welcome!

Síganme, que quiero mostrarles la casa.
Follow me, I want to show you the house.

Allí están la cocina y el comedor.
There's the kitchen and dining room.

Al fondo del pasillo hay un baño.
At the end of the hall there is a bathroom.

Telling people what to do

Quiero que la ayude(n) con los quehaceres domésticos.
I want you to help her with the household chores.

Quiero que arregle(n) su(s) alcoba(s).
I want you to straighten up your room(s).

Quiero que haga(n) las camas.
I want you to make the beds.

Quiero que ponga(n) la mesa.
I want you to set the table.

Cuente con nosotros.
You can count on us.

Insistimos en que nos deje ayudarla a preparar la comida.
We insist that you let us help you make the food.

Le(s) aconsejo que se acueste(n) temprano.
I recommend that you to go to bed early.

Other expressions

No es para tanto.
It's not a big deal.

Gracias por la oferta.
Thanks for the offer.

SRA. VIVES ¡Hola, bienvenidos!

DON FRANCISCO Sra. Vives, le presento a los chicos. Chicos, ésta es la Sra. Vives, el ama de casa.

SRA. VIVES Encantada. Síganme, que quiero mostrarles la casa. ¡Les va a encantar!

SRA. VIVES Esta alcoba es para los chicos. Tienen dos camas, una mesita de noche, una cómoda… En el armario hay más mantas y almohadas por si las necesitan.

SRA. VIVES Javier, no ponga las maletas en la cama. Póngalas en el piso, por favor.

SRA. VIVES Tomen ustedes esta alcoba, chicas.

recursos

VM
pp. 191–192

viva.vhlcentral.com

DON FRANCISCO

JAVIER

INÉS

ÁLEX

MAITE

SRA. VIVES

SRA. VIVES Ésta es la sala. El sofá y los sillones son muy cómodos. Pero, por favor, ¡no los ensucien!

SRA. VIVES Allí están la cocina y el comedor. Al fondo del pasillo hay un baño.

DON FRANCISCO Chicos, a ver… ¡atención! La Sra. Vives les va a preparar las comidas. Pero quiero que ustedes la ayuden con los quehaceres domésticos. Quiero que arreglen sus alcobas, que hagan las camas, que pongan la mesa… ¿entendido?

INÉS Insistimos en que nos deje ayudarla a preparar la comida.

SRA. VIVES No, chicos, no es para tanto, pero gracias por la oferta. Descansen un rato que seguramente están cansados.

ÁLEX Gracias. A mí me gustaría pasear por la ciudad.

INÉS Perdone, don Francisco, ¿a qué hora viene el guía mañana?

DON FRANCISCO ¿Martín? Viene temprano, a las siete de la mañana. Les aconsejo que se acuesten temprano esta noche. ¡Nada de televisión ni de conversaciones largas!

ESTUDIANTES ¡Ay, don Francisco!

Actividades

1 ¿Cierto o falso? Indica si lo que dicen estas oraciones es **cierto** o **falso**.

1. La señora Vives es el ama de casa.
2. Los chicos le muestran la casa a la señora Vives.
3. La alcoba de los chicos tiene dos camas, dos mesitas de noche y una cómoda.
4. La señora Vives no quiere que Javier ponga las maletas en la cama.
5. El sofá y los sillones están en la sala.
6. Inés va a preparar las comidas.

2 En la casa de Ibarra Contesta las preguntas.

1. ¿Quién les muestra la casa a los estudiantes?
2. Si Álex y Javier necesitan mantas y almohadas, ¿dónde deben buscarlas?
3. ¿Quién les dice a los estudiantes que deben ayudar a la señora Vives?
4. ¿Quién dice que los estudiantes pueden ayudar a preparar la comida?
5. ¿A qué hora va a llegar el guía mañana?

3 La casa Describe la casa de una celebridad o de una persona que conoces bien. Luego, comparte la descripción con la clase.

MODELO

La mansión de 50 Cent es espectacular. Tiene una sala muy grande con muebles muy originales. En la cocina hay un estereo donde él escucha su música. Su mansión tiene 19 alcobas y 35 baños.

Practice more at
viva.vhlcentral.com.

BAJO LA LUPA

Additional Reading
Video: *Flash cultura*

El patio central

En las tardes cálidas° de Oaxaca, México; Córdoba, España, o Popayán, Colombia, es un placer sentarse en **el patio central** de una casa y tomar un refresco disfrutando de° una buena conversación. De influencia árabe, esta característica arquitectónica° fue traída° a las Américas por los españoles. En la época° colonial, se construyeron casas, palacios, monasterios, hospitales y escuelas con patio central. Éste es un espacio privado e íntimo en donde se puede disfrutar del sol y de la brisa° estando aislado° de la calle.

El centro del patio es un espacio abierto. Alrededor de° él, separado por columnas, hay un pasillo cubierto°. Así, en el patio hay zonas de sol y de sombra°. El patio es una parte importante de la vivienda familiar y su decoración se cuida° mucho. En el centro del patio muchas veces hay una fuente°, plantas e incluso árboles°. El agua es un elemento muy importante en la ideología islámica porque simboliza la purificación del cuerpo y del alma°. Por esta razón y para disminuir° la temperatura, el agua en estas construcciones es muy importante. El agua y la vegetación ayudan a mantener la temperatura fresca y el patio proporciona° luz y ventilación a todas las habitaciones.

cálidas *hot*   disfrutando de *enjoying*   arquitectónica *architectural*
traída *brought*   época *era*   brisa *breeze*   aislado *isolated*
Alrededor de *Surrounding*   cubierto *covered*   sombra *shade*
se cuida *is looked after*   fuente *fountain*   árboles *trees*   alma *soul*
disminuir *lower*   proporciona *provides*   adineradas *wealthy*

La distribución

Las casas con patio central eran usualmente las viviendas de familias adineradas°. Son casas de dos o tres pisos. Los cuartos de la planta baja son las áreas comunes: cocina, comedor, sala, etc., y tienen puertas al patio. En los pisos superiores están las habitaciones privadas de la familia.

Practice more at
viva.vhlcentral.com.

recursos

VM
pp. 249–250

viva.vhlcentral.com

ACTIVIDADES

1 ¿Cierto o falso? Indica si lo que dicen las oraciones es **cierto** o **falso.**

1. Los patios centrales de Latinoamérica tienen su origen en la tradición indígena.
2. Los españoles llevaron a América el concepto del patio.
3. En la época colonial las casas eran las únicas construcciones con patio central.
4. El patio es una parte importante en estas construcciones, y es por ello que se le presta atención a su decoración.
5. El patio central es un lugar de descanso que da luz y ventilación a las habitaciones.
6. Las fuentes en los patios tienen importancia por razones ideológicas y porque bajan la temperatura.
7. En la ideología española el agua simboliza salud y bienestar del cuerpo y del alma.
8. Las casas con patio central eran para las personas adineradas.
9. Los cuartos de la planta baja son privados.
10. Las alcobas están en los pisos superiores.

2 Viviendas tradicionales Escribe cuatro oraciones sobre una vivienda tradicional que conoces. Explica su origen, en qué lugar se encuentra, qué materiales tiene y cómo es.

CONEXIÓN INTERNET

What do Frida Kahlo's and Pablo Neruda's houses have in common? Go to **viva.vhlcentral.com** to find out, and to access these components:

- the **Flash cultura** video
- more activities
- additional reading: **Las casas de Pablo Neruda**

La casa de Frida

1 Preparación Imagina que eres un(a) artista, ¿cómo sería (*would be*) tu casa? ¿Sería muy diferente de la casa en donde vives ahora?

2 El video Mira el episodio de **Flash cultura.**

Vocabulario

jardinero *gardener*	**la silla de ruedas** *wheelchair*
muros *walls*	**las valiosas obras** *valuable works*

El hogar [de] Frida Kahlo… se caracteriza por su arquitectura típicamente mexicana…

Uno de los espacios más atractivos de esta casa es este estudio que Diego instaló…

3 ¿Cierto o falso? Indica si lo que dicen estas oraciones es **cierto** o **falso**.

1. La casa de Frida Kahlo está en el centro de México, D.F.
2. La casa de Frida se transformó en un museo en los años 50.
3. Frida Kahlo vivió sola en su casa.
4. Entre las obras que se exhiben está el cuadro (*painting*) de *Las dos Fridas.*
5. El jardinero actual (*current*) jamás conoció ni a Frida ni a Diego.
6. En el museo se exhiben la silla de ruedas y los aparatos ortopédicos de Frida.

12.1 Usted and ustedes commands

 Tutorial

▶ Command forms are used to give orders or advice. **Usted** and **ustedes** can be used to refer to a group of people or in formal situations.

No se preocupe...
La vamos a ayudar
en todo lo posible.

Hable con ellos, don Francisco.	**Coma** frutas y verduras.	**Laven** los platos ahora mismo.
Talk to them, Don Francisco.	*Eat fruits and vegetables.*	*Wash the dishes right now.*

▶ Form **usted** and **ustedes** commands (**mandatos**) by dropping the final **–o** of the **yo** form of the present tense. For **–ar** verbs, add **–e** or **–en**. For **–er** and **–ir** verbs, add **–a** or **–an**.

Sí, cuente
con nosotros.

Formal commands (*Ud.* and *Uds.*)			
Infinitive	**Present tense *yo* form**	***Ud.* command**	***Uds.* command**
barrer	barro	barra	barran
decir (e:i)	digo	diga	digan
limpiar	limpio	limpie	limpien
sacudir	sacudo	sacuda	sacudan
salir	salgo	salga	salgan
servir (e:i)	sirvo	sirva	sirvan
venir	vengo	venga	vengan
volver (o:ue)	vuelvo	vuelva	vuelvan

▶ Verbs with irregular **yo** forms have the same irregularity in their formal commands. These verbs include **conducir, conocer, decir, hacer, ofrecer, oír, poner, salir, tener, traducir, traer, venir,** and **ver.**

Oiga, don Francisco…	**¡Salga** inmediatamente!	**Ponga** la mesa, por favor.
Listen, Don Francisco…	*Leave immediately!*	*Set the table, please.*

▶ Stem-changing verbs maintain their stem changes in **usted** and **ustedes** commands.

e:ie	o:ue	e:i
No **pierda** la llave.	**Vuelva** temprano, joven.	**Sirva** la sopa, por favor.
Cierren la puerta.	**Duerman** bien, chicos.	**Repitan** las frases.

▶ Verbs ending in **–car**, **–gar**, and **–zar** have a spelling change in the command forms.

sacar	c	▶	qu	saque, saquen
jugar	g		gu	juegue, jueguen
almorzar	z		c	almuerce, almuercen

▶ These verbs have irregular formal commands:

INFINITIVE	*UD.* COMMAND	*UDS.* COMMAND	INFINITIVE	*UD.* COMMAND	*UDS.* COMMAND
dar	dé	den	saber	sepa	sepan
estar	esté	estén	ser	sea	sean
ir	vaya	vayan			

▶ In affirmative commands, reflexive and object pronouns are attached to the end of the verb. Note that when a pronoun is attached to a verb that has two or more syllables, an accent mark is added.

Siénten**se**, por favor.　　Díga**melo**.　　Acuésten**se** ahora.　　Póngan**las** en el suelo, por favor.

▶ To make a command negative, place **no** before the verb. Note that the pronouns precede the verb.

No ponga las maletas en la cama.　　**No ensucien** los sillones.　　No **se** preocupe.　　No **me lo** dé.
Don't put the suitcases on the bed.　　*Don't dirty the armchairs.*　　*Don't worry.*　　*Don't give it to me.*

▶ **Usted** and **ustedes** can be used after command forms for a more formal, polite tone.

Muéstrele usted la foto a su amigo.　　**Tomen ustedes** esta alcoba.
Show the photo to your friend.　　*Take this bedroom.*

Práctica y conversación

Practice more at
viva.vhlcentral.com.

1 ¡A mudarse! La señora González quiere mudarse. Ayúdala a organizarse, indicando el mandato formal de cada verbo.

1. _____ [leer] los anuncios (*ads*) del periódico y _____ [guardarlos].
2. Decida qué casa quiere y _____ [llamar] al agente. _____ [pedirle] un contrato de alquiler.
3. _____ [decirles] a todos que tienen que ayudar. No _____ [hacerles] las maletas a los niños.
4. El día de la mudanza no _____ [estar] nerviosa.
5. No _____ [preocuparse]. _____ [saber] que todo va a salir bien.

2 ¿Qué dicen? En parejas, miren los dibujos y escriban un mandato lógico para cada uno.

MODELO

Arreglen estas cosas, por favor.

1.

2.

3.

4.

3 Problemas En parejas, túrnense para representar a un(a) estudiante y un(a) profesor(a). El/La estudiante cuenta sus problemas y el/la profesor(a) le da órdenes. Sigan el modelo.

MODELO

Me torcí el tobillo jugando al tenis. Es la tercera vez.

Estudiante 1: *Me torcí el tobillo jugando al tenis. Es la tercera vez.*

Estudiante 2: *No juegue más al tenis. / Vaya a ver a un médico.*

1. Me enfermé después de volver de las vacaciones.
2. Nuestro cuarto es demasiado ruidoso para estudiar.
3. Me duele la cabeza y no puedo hacer la presentación para la clase hoy.
4. ¡Se me olvidó estudiar para el examen!

4 Un programa de consejos En parejas, túrnense para representar los papeles de una persona que da consejos en la radio y los radioyentes (*radio listeners*) que la llaman con estos problemas.

- problemas sentimentales
- problemas académicos
- problemas con los amigos
- problemas financieros
- problemas médicos
- problemas con el coche

5 Un anuncio de televisión En grupos, presenten un anuncio de televisión a la clase. Debe tratar de (*be about*) un detergente, un electrodoméstico o una agencia de bienes raíces. Usen mandatos, los pronombres relativos (**que, quien(es)** o **lo que**) y el **se** impersonal.

MODELO

Compre el lavaplatos Cristal. Tiene todo lo que usted desea. Es el lavaplatos que mejor funciona. Venga a verlo ahora mismo... No pierda ni un minuto más.

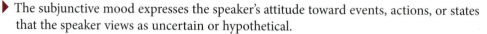

12.2 The present subjunctive · **S** Tutorial

Quiero que
ustedes ayuden con
los quehaceres
domésticos.

▶ The subjunctive mood expresses the speaker's attitude toward events, actions, or states that the speaker views as uncertain or hypothetical.

Es bueno que estudies más.	**Es necesario que no lleguemos tarde.**
It is good that you study more.	*It is necessary that we don't arrive late.*

▶ The subjunctive is mainly used to express: 1) will and influence; 2) emotion; 3) doubt, disbelief, and denial; and 4) indefiniteness and nonexistence.

▶ Some expressions are always followed by clauses in the subjunctive. These include:

Es bueno que...	**Es mejor que...**	**Es malo que...**
It's good that...	*It's better that...*	*It's bad that...*
Es importante que...	**Es necesario que...**	**Es urgente que...**
It's important that...	*It's necessary that...*	*It's urgent that...*

Insistimos en que
nos deje ayudarla a
preparar la comida.

Es bueno que coma verduras.
It is good that I eat vegetables.

Es malo que el niño no hable mucho.
It is bad that the boy does not speak much.

Es necesario que los estudiantes traduzcan la lectura.
It is necessary that the students translate the reading.

Es mejor que vayas con él.
It is better that you go with him.

Es importante que traigamos la tarea.
It is important that we bring our homework.

Es urgente que Luisa sepa la verdad.
It is urgent that Luisa know the truth.

▶ To form the present subjunctive of regular verbs, drop the **–o** ending from the **yo** form of the present indicative, and replace it with the subjunctive endings.

INFINITIVE	PRESENT INDICATIVE	PRESENT SUBJUNCTIVE
hablar	habl**o**	habl**e**
comer	com**o**	com**a**
escribir	escrib**o**	escrib**a**

¡ojo!
You may think that English doesn't have the subjunctive, but it does! While once common, it now mostly survives in set expressions, such as *If I were you…* and *Be that as it may…*

▶ Note the following endings for the subjunctive:

Present subjunctive of regular verbs		
hablar	**comer**	**escribir**
yo	habl**e**	com**a**	escrib**a**
tú	habl**es**	com**as**	escrib**as**
Ud./él/ella	habl**e**	com**a**	escrib**a**
nosotros/as	habl**emos**	com**amos**	escrib**amos**
vosotros/as	habl**éis**	com**áis**	escrib**áis**
Uds./ellos/ellas	habl**en**	com**an**	escrib**an**

▶ Verbs ending in **–car, –gar,** and **–zar** have a spelling change in all forms.

sacar	saque, saques, saque, saquemos, saquéis, saquen
jugar	juegue, juegues, juegue, juguemos, juguéis, jueguen
almorzar	almuerce, almuerces, almuerce, almorcemos, almorcéis, almuercen

Present subjuntive of Stem-changing verbs

▶ **–Ar** and **–er** stem-changing verbs have the same stem changes in the subjunctive as they do in the present indicative.

pensar (e:ie)	piense, pienses, piense, pensemos, penséis, piensen
mostrar (o:ue)	muestre, muestres, muestre, mostremos, mostréis, muestren
entender (e:ie)	entienda, entiendas, entienda, entendamos, entendáis, entiendan
volver (o:ue)	vuelva, vuelvas, vuelva, volvamos, volváis, vuelvan

▶ **–Ir** stem-changing verbs have the same stem changes in the subjunctive as in the present indicative. In addition, the **nosotros/as** and **vosotros/as** forms also undergo a stem change. The unstressed **e** changes to **i** and the unstressed **o** changes to **u**.

pedir (e:i)	pida, pidas, pida, pidamos, pidáis, pidan
sentir (e:ie)	sienta, sientas, sienta, sintamos, sintáis, sientan
dormir (o:ue)	duerma, duermas, duerma, durmamos, durmáis, duerman

▶ Verbs with irregular **yo** forms in the present indicative tense have the same irregularity in the present subjunctive.

INFINITIVE	PRESENT INDICATIVE	PRESENT SUBJUNCTIVE
conducir	conduzco	conduzca
conocer	conozco	conozca
decir	digo	diga
hacer	hago	haga
ofrecer	ofrezco	ofrezca
oír	oigo	oiga
parecer	parezco	parezca
poner	pongo	ponga
tener	tengo	tenga
traducir	traduzco	traduzca
traer	traigo	traiga
venir	vengo	venga
ver	veo	vea

Irregular verbs in the present subjuntive

▶ These five verbs are irregular in the present subjunctive:

Irregular verbs in the present subjunctive					
	dar	**estar**	**ir**	**saber**	**ser**
yo	dé	esté	vaya	sepa	sea
tú	des	estés	vayas	sepas	seas
Ud./él/ella	dé	esté	vaya	sepa	sea
nosotros/as	demos	estemos	vayamos	sepamos	seamos
vosotros/as	deis	estéis	vayáis	sepáis	seáis
Uds./ellos/ellas	den	estén	vayan	sepan	sean

▶ The subjunctive form of **hay** (*there is, there are*) is also irregular: **haya**.

▶ The subjunctive is usually used in complex sentences that consist of a main clause and a subordinate clause. The main clause contains a verb or expression that triggers the use of the subjunctive. The word **que** connects the subordinate clause to the main clause.

Main clause	Connector	Subordinate clause

Es muy importante   que   **vayas** al hotel ahora mismo.

Es necesario que pidas permiso antes de entrar a mi oficina.
It's necessary that you ask permission before you enter my office.

Es bueno que haya clases de español en mi universidad.
It's good that there are Spanish classes at my university.

ESPAÑOL EN VIVO

Para que tenga dientes más sanos...

- Es bueno que vaya al dentista con frecuencia.

- Es necesario que use blanqueador.

- ¡Y lo más importante es que se limpie los dientes con *Dentabrit*!

Dentabrit

Dentabrit

Práctica y conversación

Practice more at
viva.vhlcentral.com.

1 Emparejar Completa las oraciones con el subjuntivo de los verbos. Luego, empareja las oraciones del grupo **A** con las del grupo **B**.

A

1. Es mejor que _____ [nosotros, cenar] en casa. ___

2. Es importante que _____ [yo, tomar] algo para el dolor de cabeza. ___

3. Señora, es urgente que le _____ [yo, sacar] la muela. Parece que tiene una infección. ___

4. Es malo que Ana les _____ [dar] tantos dulces a los niños. ___

5. Es necesario que _____ [ustedes, llegar] a la una de la tarde. ___

6. Es importante que _____ [nosotros, acostarse] temprano esta noche. ___

B

a. Es importante que _____ [ellos, comer] más verduras y frutas.

b. No, es mejor que _____ [nosotros, salir] a comer.

c. Y yo creo que es urgente que _____ [tú, llamar] al médico inmediatamente.

d. En mi opinión, no es necesario que _____ [nosotros, dormir] tanto.

e. ¿Ah, sí? ¿Es necesario que me _____ [yo, tomar] un antibiótico también?

f. Para llegar a tiempo, es necesario que _____ [nosotros, almorzar] temprano.

2 Oraciones Combina los elementos de las tres columnas para formar oraciones. Usa el subjuntivo.

Expresiones	Sujetos	Actividades
Es bueno que	yo	hacer la cama
Es mejor que	mi hermano	levantarse
Es malo que	los padres	sacar la basura
Es importante que	Oprah Winfrey	mudarse
Es necesario que	mis amigos	lavar los platos
Es urgente que	Jennifer López	cocinar
	el/la profesor(a)	barrer el suelo
	Ricky Martin	despertarse
	Shakira	ensuciar la casa
		comer

3 Minidiálogos En parejas, completen los minidiálogos de una manera lógica usando el subjuntivo.

MODELO

Miguelito: Mamá, no quiero arreglar mi cuarto.

Sra. Casas: Es necesario que lo arregles. Y es importante que sacudas los muebles también.

MIGUELITO Mamá, no quiero estudiar. Quiero salir a jugar con mis amigos.

SRA. CASAS (1) _____.

• • •

MIGUELITO Mamá, es que no me gustan las verduras. Prefiero comer pasteles.

SRA. CASAS (2) _____.

• • •

MIGUELITO ¿Tengo que poner la mesa, mamá?

SRA. CASAS (3) _____.

• • •

MIGUELITO No me siento bien, mamá. Me duele todo el cuerpo y tengo fiebre.

SRA. CASAS (4) _____.

4 Entrevista En parejas, usen estas preguntas para entrevistarse. Expliquen sus respuestas.

1. ¿Es importante que los niños ayuden con los quehaceres domésticos?

2. ¿Es urgente que los norteamericanos aprendan otras lenguas?

3. Si un(a) norteamericano/a quiere aprender francés, ¿es mejor que lo aprenda en Francia?

4. En tu universidad, ¿es necesario que los estudiantes vivan en residencias estudiantiles?

5. ¿Es bueno que todos los estudiantes practiquen algún deporte?

6. ¿Es importante que los estudiantes asistan a las clases?

12.3 Subjunctive with verbs of will and influence Tutorial

▶ The subjunctive is used with verbs and expressions of will and influence. Verbs of will and influence are often used when someone wants to affect the actions of other people.

Enrique **quiere** que **salgamos** a cenar.
Enrique wants us to go out for dinner.

Mi madre nos **ruega** que **vayamos** a verla.
My mother is begging us to come see her.

▶ Here are some verbs of will and influence:

Verbs of will and influence

aconsejar	to advise	mandar	to order	recomendar (e:ie)	to recommend
desear	to wish; to desire	necesitar	to need	rogar (o:ue)	to beg; to plead
importar	to be important; to matter	pedir (e:i)	to ask (for)	sugerir (e:ie)	to suggest
		prohibir	to prohibit		
insistir (en)	to insist (on)	querer (e:ie)	to want		

▶ Some impersonal expressions convey will or influence, such as **es necesario que, es importante que, es mejor que,** and **es urgente que.**

Es importante que duermas bien.
It's important that you sleep well.

Es urgente que él lo haga hoy.
It's urgent that he do it today.

▶ When the main clause contains an expression of will or influence and the subordinate clause has a different subject, the subjunctive is required.

Main clause	Connector	Subordinate clause
VERB OF WILL		SUBJUNCTIVE
Mi mamá **prefiere**	que	yo **saque** la basura.

Quiero que arreglen sus alcobas, que hagan las camas, que pongan la mesa...

▶ Indirect object pronouns are often used with the verbs **aconsejar, mandar, pedir, recomendar, rogar** and **sugerir.**

Te aconsejo que estudies.
I advise you to study.

Le ruego que no venga.
I beg you not to come.

Le sugiero que vaya a casa.
I suggest that you go home.

... y les aconsejo que se acuesten temprano esta noche.

▶ All the forms of **prohibir** in the present tense carry a written accent, except for the **nosotros** form: **prohíbo, prohíbes, prohíbe, prohibimos, prohibís, prohíben.**

Ella les **prohíbe** que miren la televisión.
She prohibits them from watching TV.

Nos **prohíben** que nademos en la piscina.
They prohibit us from swimming in the pool.

▶ The infinitive is used if there is no change of subject.

No quiero **sacudir** los muebles.
I don't want to dust the furniture.

Es importante **sacar** la basura.
It's important to take out the trash.

Paco prefiere **descansar**.
Paco prefers to rest.

No es necesario **quitar** la mesa.
It's not necessary to clear the table.

Práctica y conversación

Practice more at **viva.vhlcentral.com.**

1 Entre amigas Completa el diálogo con palabras de la lista.

cocina	haga	ponga	quiere	sé	ser
diga	mires	prohíbe	saber	sea	vaya

IRENE Tengo problemas con Vilma. ¿Qué me recomiendas que le (1) _____?

JULIA Necesito (2) _____ más para aconsejarte.

IRENE Me (3) _____ que mire televisión cuando llego de la escuela.

JULIA Tiene razón. Es mejor que tú no (4) _____ tanta televisión.

IRENE Quiero que (5) _____ más flexible, pero insiste en que yo (6) _____ todo en la casa.

JULIA No es verdad. Yo (7) _____ que Vilma (8) _____ y hace los quehaceres todos los días.

IRENE Sí, pero siempre me pide que (9) _____ los cubiertos en la mesa y que (10) _____ al sótano por las servilletas.

JULIA ¡Vilma sólo (11) _____ que ayudes en la casa!

2 Unos consejos Lee lo que dice cada persona. Luego da consejos lógicos usando verbos como **aconsejar, recomendar** y **prohibir**. Sigue el modelo.

MODELO
El presidente: Quiero comprar la Casa Blanca.
Le aconsejo que compre otra casa.

1. **Tu mamá:** Pienso poner la secadora en la entrada de la casa.
2. **Tu tía:** Voy a ir a la gasolinera para comprar unas elegantes copas de cristal.
3. **Tu profesora:** No voy a corregir los exámenes.
4. **Enrique Iglesias:** Pienso llevar todos mis muebles nuevos al altillo.
5. **Shakira:** Hay una fiesta en mi casa esta noche, pero no quiero arreglar la casa.
6. **Tu papá:** Hoy no tengo ganas de hacer las camas.

3 Preguntas En parejas, túrnense para contestar las preguntas. Usen el subjuntivo.

1. ¿Te dan consejos tus amigos? ¿Qué te aconsejan? ¿Aceptas sus consejos? ¿Por qué?
2. ¿Qué te sugieren tus profesores que hagas antes de terminar los cursos que tomas?
3. ¿Insisten tus amigos/as en que salgas mucho con ellos/as?
4. ¿Qué quieres que te regalen tu familia y tus amigos/as para tu cumpleaños?
5. ¿Qué le recomiendas tú a un(a) amigo/a que no quiere salir los sábados con su novio/a?
6. ¿Qué les aconsejas a los nuevos estudiantes de tu universidad?

4 Recomendaciones En parejas, preparen una lista de seis personas famosas. Un(a) estudiante da el nombre de una persona famosa y el/la otro/a le da un consejo.

MODELO
Estudiante 1: Judge Judy.
Estudiante 2: Le recomiendo que sea más simpática con la gente.
Estudiante 1: Leonardo DiCaprio.
Estudiante 2: Le aconsejo que haga más películas.

5 El apartamento de Luisa En parejas, miren la ilustración. Denle consejos a Luisa sobre cómo arreglar su apartamento. Usen expresiones impersonales y verbos como **aconsejar, sugerir** y **recomendar**.

MODELO
Es mejor que arregles el apartamento más a menudo. Te aconsejo que guardes la tabla de planchar (*ironing board*).

Ampliación

 **Audio: Activity**
Repaso
Video: TV Clip

1 Escuchar 🎧

A Mira los anuncios en esta página y escucha la conversación entre el señor Núñez, Adriana y Felipe. Luego indica si cada descripción se refiere a la casa del anuncio o al apartamento del anuncio.

TIP **Use visual cues.** Visual cues, like illustrations and headings, provide useful clues about what you will hear.

18G

Bienes raíces

Se vende.
4 alcobas, 3 baños, cocina moderna, jardín con árboles frutales. B/. 225.000

Se alquila.
2 alcobas, 1 baño. Balcón. Urbanización Las Brisas. 525

Descripciones	La casa del anuncio	El apartamento del anuncio
1. Es barato.	☐	☐
2. Tiene cuatro alcobas.	☐	☐
3. Tiene oficina.	☐	☐
4. Tiene balcón.	☐	☐
5. Tiene una cocina moderna.	☐	☐
6. Tiene un jardín muy grande.	☐	☐
7. Tiene patio.	☐	☐

B Vuelve a escuchar la conversación e indica cómo es la casa ideal de Adriana y Felipe.

2 Conversar

Con un(a) compañero/a, preparen una conversación entre un(a) psicólogo/a y un(a) paciente que lo/la consulta sobre un problema personal (la familia, el/la novio/a, etc.). Luego presenten la conversación a la clase.

MODELO

Doctora: Buenos días, Ana. ¿Cómo está usted hoy?

Paciente: Buenos días, doctora Rosas. La verdad es que no estoy muy bien. Tengo un problema con mi madre. Ella no quiere que yo vaya a ver a mis amigas. No le importa que me aburra. Me prohíbe conducir por la noche...

recursos

WB pp. 121–126 **LM** pp. 69–71 viva.vhlcentral.com

3 **Escribir** Eres el/la administrador(a) de un edificio de apartamentos. Prepara un contrato de arrendamiento (*lease*) para los nuevos inquilinos (*tenants*).

TIP **Use linking words.** To make your writing more cohesive, use linking words to connect simple sentences or ideas. Some common linking words are: **cuando, mientras, o, pero, porque, pues, que, quien(es), sino** and **y.**

Here are some technical terms that might help you in writing your contract: **el/la arrendatario/a** (*tenant*) **el/la arrendador(a)** (*landlord*) **el/la propietario/a** (*owner*) **las estipulaciones** (*stipulations*) **la parte** (*party*) **por adelantado/anticipado / con antelación** (*in advance*)	**Organízalo** Utiliza un mapa de ideas para organizar la información sobre las fechas del contrato, el precio del alquiler y otros aspectos importantes.

Escríbelo Escribe el primer borrador de tu contrato de arrendamiento.

Corrígelo Intercambia el contrato con un(a) compañero/a. Anota los mejores aspectos, especialmente el uso de las palabras de enlace (*linking words*). Dale sugerencias, y si ves algunos errores, coméntaselos.

Compártelo Revisa el primer borrador según las indicaciones de tu compañero/a. Incorpora nuevas ideas y/o más información, si es necesario, antes de escribir la versión final.

4 **Un paso más** Imagina que quieres construir (*to build*) una casa de vacaciones en un país hispano. Prepara una presentación sobre la casa. Considera estas preguntas.

- ¿Dónde quieres construir la casa? ¿Prefieres que esté en la selva (*jungle*), en una isla, en una montaña o en un lugar con vistas al mar?
- ¿Cómo va a ser la casa? ¿Quieres que sea grande? ¿Cuántos pisos y cuántos cuartos va a tener?
- ¿Qué muebles quieres poner en cada cuarto?
- ¿Qué efectos visuales puedes usar para hacer más interesante la presentación? ¿Tienes mapas, fotos o planos (*blueprints*) de la casa?

CONEXIÓN INTERNET

Investiga estos temas en viva.vhlcentral.com.

- Lugares turísticos del mundo hispano
- Agencias de bienes raíces en el mundo hispano
- Mueblerías (*furniture stores*) en el mundo hispano

Antes de leer

S Reading
Additional Reading

Did you know that a text written in Spanish is often longer than the same text written in English? Since the Spanish language frequently uses more words to express ideas, you will often encounter long sentences when reading in Spanish. Of course, sentence length varies with genre and with authors' individual styles. To help you understand long sentences, identify the main parts of the sentence before trying to read it in its entirety. First, locate the main verb of the sentence, along with its subject, ignoring any words or phrases set off by commas. Then re-read the sentence, adding details like direct and indirect objects, transitional words, and prepositional phrases. Practice this strategy on a few sentences from this reading selection.

For example, locate the main subject and verb in the first sentence of this reading: _____

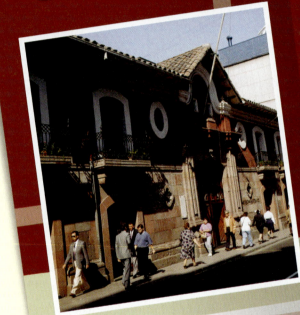

¡Bienvenidos a la
Casa Colorada!

La Casa Colorada es un atractivo edificio de estilo colonial, construido° en 1769. Está situado en el centro de Santiago de Chile, en la calle Merced. En sus orígenes fue la vivienda de Mateo de Toro y Zambrano, un aristócrata chileno conocido por sus actividades en el ejército°, los negocios° y la administración de la ciudad. En la actualidad°, la Casa Colorada no está habitada por nadie.

recursos

viva.vhlcentral.com

El edificio se convirtió en un espacio público en el siglo° XX y en su interior están el Museo de Santiago, la Oficina de Turismo y la Fundación de Vicente Huidobro, donde se encuentra abundante información sobre la vida y la obra° de este escritor chileno. El Museo de Santiago ofrece una exhibición permanente sobre la historia de la ciudad, desde la época precolombina hasta nuestros días.

La Casa Colorada es una obra del arquitecto portugués Joseph de la Vega. Los materiales fundamentales que se utilizaron en su construcción fueron el adobe, la madera° y la cal°. Desde el primer momento, esta casa se convirtió en el centro de atención de la sociedad santiaguina° por la elegancia de su diseño°. Además, una característica que la diferenciaba de otras viviendas del mismo estilo arquitectónico es que su fachada° estaba recubierta de piedra° hasta el primer piso. El edificio empezó a llamarse Casa Colorada en 1888, año en que pintaron su fachada de color rojo.

La composición exterior del edificio es simétrica. En el centro de la fachada hay una gran puerta que sirve de acceso principal a la vivienda; a los lados se ven unos arcos que forman puertas adicionales en el primer piso y ventanas con balcones de hierro forjado° en el segundo. Otra característica interesante del exterior de la casa es la elevación triangular del tejado° sobre la puerta principal.

construido *built*   ejército *army*   negocios *business*   En la actualidad *At the present time*   siglo *century*   obra *work*   madera *wood*   cal *lime*   santiaguina *of Santiago*   diseño *design*   fachada *façade*   recubierta de piedra *covered with stone*   hierro forjado *wrought iron*   tejado *roof*

Después de leer

¿Comprendiste?

Completa las oraciones con las palabras adecuadas.

1. Mateo de Toro y Zambrano, un aristócrata de _____, vivió en la Casa Colorada.
2. Ahora _____ vive en la Casa Colorada.
3. El exterior de la casa es de color _____.
4. La _____ principal está en el centro de la fachada.
5. Los materiales que se utilizaron en su construcción fueron _____, la madera y la cal.
6. En el Museo de Santiago hay una exhibición sobre la _____ de la ciudad.

Preguntas

Responde a estas preguntas con oraciones completas.

1. ¿Cuándo se construyó la Casa Colorada?
   _____

2. ¿Cuándo se convirtió en lugar público?
   _____

3. ¿Dónde están el Museo de Santiago, la Oficina de Turismo y la Fundación de Vicente Huidobro?
   _____

4. ¿Cómo se llamaba el arquitecto de la Casa Colorada?
   _____

5. ¿Por qué la Casa Colorada se diferenciaba de otras viviendas del mismo estilo arquitectónico?
   _____

6. ¿Por qué este edificio se llama la Casa Colorada?
   _____

Coméntalo

¿Te gustaría visitar la Casa Colorada? ¿Te gustaría vivir en una casa similar a ésta? ¿Hay edificios históricos en tu ciudad o comunidad? Explica tus respuestas.

Audio: Vocabulary Flashcards

La casa y sus cuartos

la alcoba	bedroom
el altillo	attic
el balcón	balcony
la cocina	kitchen
el comedor	dining room
la entrada	entrance
la escalera	stairs; stairway
el garaje	garage
el jardín	garden; yard
la oficina	office
el pasillo	hallway
el patio	patio; yard
la sala	living room
el sótano	basement; cellar

Los muebles y otras cosas

la alfombra	carpet; rug
la almohada	pillow
el armario	closet
la cómoda	chest of drawers
las cortinas	curtains
el cuadro	picture
el estante	bookcase; bookshelf
la lámpara	lamp
la luz	light; electricity
la manta	blanket
la mesita	end table
la mesita de noche	nightstand
los muebles	furniture
la pared	wall
la pintura	painting; picture
el sillón	armchair
el sofá	sofa; couch

Los quehaceres domésticos

arreglar	to neaten; to straighten up
barrer el suelo	to sweep the floor
cocinar	to cook
hacer la cama	to make the bed
hacer los quehaceres domésticos	to do household chores
lavar (el suelo, los platos)	to wash (the floor, the dishes)
limpiar la casa	to clean the house
pasar la aspiradora	to vacuum
planchar la ropa	to iron clothes
poner la mesa	to set the table
quitar la mesa	to clear the table
sacar la basura	to take out the trash
sacudir los muebles	to dust the furniture

Los electrodomésticos

la estufa	stove
los electrodomésticos	electric appliances
el horno (de microondas)	(microwave) oven
la lavadora	washing machine
el lavaplatos	dishwasher
el refrigerador	refrigerator
la secadora	clothes dryer

La mesa

la copa	wineglass; goblet
la cuchara	spoon
el cuchillo	knife
el plato	plate
la servilleta	napkin
la taza	cup; mug
el tenedor	fork
el vaso	glass

Otras palabras

las afueras	suburbs; outskirts
la agencia de bienes raíces	real estate agency
el alquiler	rent (payment)
el ama (m., f.) de casa	homemaker; housekeeper
el barrio	neighborhood
el edificio de apartamentos	apartment building
el hogar	home
el/la vecino/a	neighbor
la vivienda	housing
alquilar	to rent
ensuciar	to get (something dirty)
mudarse	to move (residences)

Expresiones útiles	See page 264.
Verbs and expressions of will and influence	See page 274.

La ropa tradicional de los guatemaltecos se llama *huipil* y en ella se puede observar el amor de la cultura maya por la naturaleza (*nature*). El diseño (*design*) y los colores de cada *huipil* indican el pueblo de origen y a veces también el sexo y la edad (*age*) de la persona que lo lleva.

América Central I

Guatemala

Área: 108.890 km^2 (42.042 millas^2)
Población: 14.213.000
Capital: Ciudad de Guatemala–1.103.000
Ciudades principales: Quetzaltenango, Escuíntla, Mazatenango, Puerto Barrios
Moneda: quetzal

SOURCE: Population Division, UN Secretariat

Honduras

Área: 112.492 km^2 (43.870 millas^2)
Población: 7.997.000
Capital: Tegucigalpa–1.075.000
Ciudades principales: San Pedro Sula, El Progreso
Moneda: lempira

SOURCE: Population Division, UN Secretariat

El Salvador

Área: 21.040 km^2 (8.124 millas^2)
Población: 7.461.000
Capital: San Salvador–1.662.000
Ciudades principales: Soyapango, Santa Ana, San Miguel
Moneda: dolar estadounidense

SOURCE: Population Division, UN Secretariat

Deportes

El surfing

El Salvador es uno de los destinos favoritos en Latinoamérica para la práctica del surfing. Cuenta con 300 kilómetros de costa a lo largo del océano Pacífico y sus olas (*waves*) altas son ideales para quienes practican este deporte. De sus playas, La Libertad es la más visitada por surfistas de todo el mundo, gracias a que está muy cerca de la capital salvadoreña.

Ciudades

La Antigua Guatemala

Antigua Guatemala fue fundada en 1543. Fue una capital de gran importancia hasta 1773, cuando un terremoto (*earthquake*) la destruyó. Hoy día, conserva el carácter original de su arquitectura y es un gran centro turístico. Su celebración de la Semana Santa es, para muchas personas, la más importante del hemisferio.

Mar Caribe

Islas de la Bahía

HONDURAS

Sierra de Payas

Río Patuca

Montañas de Colón

Río Coco

Laguna de
Caratasca

NICARAGUA

COSTA RICA

recursos

| WB pp. 127–128 | VM pp. 217–220 | viva.vhlcentral.com |

WB pp. 127–128

Copán

Copán es una zona arqueológica muy importante de Honduras. Fue construida por los mayas. Se calcula que en el año 400 d.C. era una ciudad con más de 150 edificios y una gran cantidad de plazas y canchas (*courts*) para el juego de pelota (*ceremonial ball game*). Las ruinas más famosas del lugar son los edificios adornados con esculturas pintadas a mano, los cetros (*scepters*) ceremoniales de piedra y el templo Rosalila. Una de las actividades más importantes de Copán era la astronomía. ¡Hasta se hacían congresos (*conventions*) de astrónomos!

Naturaleza

El Parque Nacional Montecristo

El Parque Nacional Montecristo se encuentra en la región norte de El Salvador. Se le conoce también como El Trifinio porque se ubica (*it is located*) en el punto donde se unen las fronteras de Guatemala, Honduras y El Salvador. Este bosque reúne muchas especies vegetales y animales, como orquídeas, monos araña (*spider monkeys*), pumas, quetzales y tucanes. En este hermoso bosque, las copas de sus enormes árboles forman una bóveda que impide (*blocks*) que entre la luz del sol.

¿Qué aprendiste?

1 **¿Cierto o falso?** Indica si lo que dicen estas oraciones es **cierto** o **falso**.

Cierto   Falso

_____ _____ **1.** La ropa tradicional de los guatemaltecos se llama Quetzaltenango.

_____ _____ **2.** Los diseños del *huipil* indican el origen de la persona que lo lleva.

_____ _____ **3.** Tegucigalpa es la capital de Honduras.

_____ _____ **4.** La lempira es la moneda de Guatemala.

_____ _____ **5.** En Copán se hacían congresos de geografía.

_____ _____ **6.** Los mayas eran muy buenos astrónomos.

_____ _____ **7.** La Antigua Guatemala es la capital de Guatemala.

_____ _____ **8.** La Antigua Guatemala es muy famosa por su celebración de la Semana Santa.

_____ _____ **9.** El Parque Nacional Montecristo está en El Salvador, en el límite con Honduras y Guatemala.

_____ _____ **10.** Las plantas pequeñas en el bosque del Parque Nacional Montecristo reciben mucho sol.

2 Preguntas Contesta estas preguntas.

1. ¿Qué muestra el *huipil*? ¿Qué indican sus diseños?

2. ¿Crees que la civilización maya era avanzada? ¿Por qué?

3. ¿Por qué crees que la Antigua Guatemala es un importante centro turístico?

4. ¿Qué plantas y animales se encuentran en el Parque Nacional Montecristo? ¿Te gustaría conocerlo? ¿Por qué?

5. ¿Cuál de estos tres países te gustaría (*would you like*) visitar? ¿Por qué?

CONEXIÓN INTERNET

Busca más información sobre estos temas en el sitio viva.vhlcentral.com. Presenta la información a tus compañeros/as de clase.

- Copán
- La Antigua Guatemala
- El Parque Nacional Montecristo

Practice more at
viva.vhlcentral.com.

13 La naturaleza

Communicative Goals

You will learn how to:

- talk about nature
- discuss environmental conditions
- express wishes, desires, and doubts

Para empezar

- ¿Dónde están estas personas?
- ¿Qué hacen?
- ¿Qué ropa y objetos llevan? ¿Por qué?
- ¿Crees que a ellos les importa la naturaleza?

La naturaleza

Talking Picture Tutorial Games

el volcán
volcano

EL MEDIO AMBIENTE

la caza *hunting*

el calentamiento global *global warming*

la conservación *conservation*

la contaminación (del aire; del agua) *(air; water) pollution*

la ecología *ecology*

el ecoturismo *ecotourism*

la energía (solar) *(solar) energy*

la extinción *extinction*

la fábrica *factory*

el gobierno *government*

la ley *law*

el medio ambiente *environment*

el peligro *danger*

la población *population*

el reciclaje *recycling*

el recurso natural *natural resource*

la solución *solution*

ecologista *ecological; ecologist*

renovable *renewable*

LA NATURALEZA

el árbol *tree*

el bosque (tropical) *(tropical; rain) forest*

el césped *grass*

el cielo *sky*

el cráter *crater*

el desierto *desert*

la estrella *star*

la hierba *grass*

el lago *lake*

la luna *moon*

el mundo *world*

la naturaleza *nature*

la nube *cloud*

el océano *ocean*

el paisaje *landscape*

la piedra *rock; stone*

la planta *plant*

la región *region; area*

el río *river*

la selva *jungle*

el sendero *trail*

el sol *sun*

la tierra *land; soil*

el valle *valley*

la flor
flower

la energía nuclear
nuclear energy

la deforestación
deforestation

recursos

WB
pp. 131–132

LM
p. 73

viva.vhlcentral.com

la tortuga marina
sea turtle

LOS ANIMALES

el animal *animal*
la ballena *whale*
el pez *fish*
la vaca *cow*

el mono
monkey

VERBOS

conservar *to conserve*
contaminar *to pollute*
controlar *to control*
cuidar *to take care of*
dejar de (+ *inf*.) *to stop (doing something)*
desarrollar *to develop*
descubrir *to discover*
destruir *to destroy*
estar afectado/a (por) *to be affected (by)*
evitar *to avoid*
mejorar *to improve*
proteger *to protect*
reciclar *to recycle*
recoger *to pick up*
reducir *to reduce*
resolver (o:ue) *to resolve; to solve*
respirar *to breathe*

el pájaro
bird

la botella de vidrio
glass bottle

OTRAS PALABRAS Y EXPRESIONES

el envase de plástico *plastic container*
puro/a *pure*

la lata de aluminio
aluminum can

estar contaminado/a
to be polluted

Práctica y conversación  **Audio: Activities**

1 Escuchar 🎧 Escucha estas oraciones y anota los sustantivos (*nouns*) que se refieren a **las plantas**, **los animales**, **la tierra** y **el cielo**.

Plantas	Animales	Tierra	Cielo
_____	_____	_____	_____
_____	_____	_____	_____
_____	_____	_____	_____

2 Seleccionar 🎧 Escucha las descripciones y escribe el número de la descripción que corresponda a cada foto.

a. _____   b. _____   c. _____   d. _____

3 Completar Completa las oraciones.

1. Si vemos basura en las calles, la debemos _____.
2. Los científicos trabajan para _____ nuevas soluciones.
3. Es necesario que todos trabajemos juntos para _____ los problemas del medio ambiente.
4. Debemos _____ el medio ambiente porque está en peligro.
5. Muchas leyes nuevas _____ el número de árboles que se pueden cortar (*cut down*).
6. Las primeras civilizaciones _____ cerca de los ríos, los lagos y los océanos.
7. Todas las personas del mundo _____ por la contaminación.
8. Los turistas deben tener cuidado de no _____ las regiones que visitan.
9. Podemos conservar los recursos si _____ el aluminio, el vidrio y el plástico.
10. La lluvia ácida, la contaminación y la deforestación _____ el medio ambiente.

contaminar	destruyen	reciclamos
controlan	están afectadas	recoger
cuidan	mejoramos	resolver
descubrir	proteger	se desarrollaron

4 Definir En parejas, definan cada palabra.

1. la población
2. una ballena
3. la lluvia
4. la naturaleza
5. un desierto
6. la caza
7. la ecología
8. un mono
9. el sendero

recursos

Ⓢ

viva.vhlcentral.com

¿Qué es el calentamiento global?

El calentamiento global significa que la temperatura de la Tierra sube.

5 **Situaciones** En grupos pequeños, representen estas situaciones.

• Un(a) ecologista habla con un grupo de familias sobre qué se puede hacer en la casa para proteger el medio ambiente.

• Un(a) representante de la universidad habla con un grupo de estudiantes nuevos sobre la campaña (*campaign*) ambiental de la universidad.

Practice more at **viva.vhlcentral.com.**

Ortografía Los signos de puntuación

S Concepts

In Spanish, as in English, punctuation marks are important because they help you express your ideas in a clear, organized way.

No podía ver las llaves. Las buscó por los estantes, las mesas, las sillas, el suelo; minutos después, decidió mirar por la ventana. Allí estaban…

The **punto y coma (;)**, the **puntos suspensivos (…)**, and the **punto (.)** are used in very similar ways in Spanish and English.

Argentina, Brasil, Paraguay y Uruguay son miembros del Mercosur.

In Spanish, the **coma (,)** is not used in a series before **y** or **o**.

13,5%   29,2°   3.000.000 $2.999,99

In numbers, Spanish uses a **coma** where English uses a decimal point and a **punto** where English uses a comma.

¿Cómo te llamas?   ¿Dónde está?   ¡Ven aquí!   ¡Hola!

Questions in Spanish are preceded and followed by **signos de interrogación (¿ ?)**, and exclamations are preceded and followed by **signos de exclamación (¡ !)**.

¿Palabras de amor? El siguiente diálogo tiene diferentes significados (*meanings*), dependiendo de los signos de puntuación que utilizas y el lugar donde los pones. Intenta encontrar los diferentes significados.

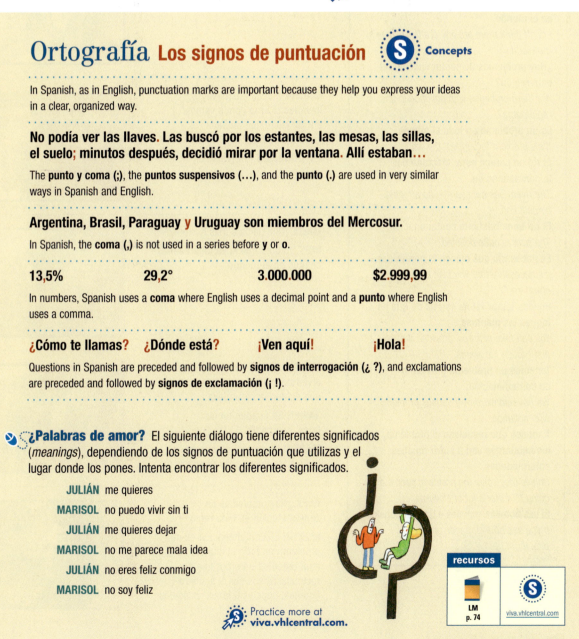

JULIÁN   me quieres

MARISOL   no puedo vivir sin ti

JULIÁN   me quieres dejar

MARISOL   no me parece mala idea

JULIÁN   no eres feliz conmigo

MARISOL   no soy feliz

Practice more at **viva.vhlcentral.com.**

recursos

LM
p. 74

viva.vhlcentral.com

doscientos ochenta y nueve **289**

¡Qué paisaje más hermoso!

Video: *Fotonovela* **Record & Compare**

Martín y los estudiantes visitan el sendero en las montañas.

Expresiones útiles

Talking about the environment

No creo que haya lugares más bonitos en el mundo.
I don't think there are any prettier places in the world.

¿Hay problemas de contaminación en esta región?
Are there problems with pollution in this region/area?

Es un problema en todo el mundo.
It's a problem throughout the world.

El río no parece estar afectado por la contaminación.
The river does not seem to be affected by pollution.

El río tiene bastante contaminación.
The river is quite polluted.

Es necesario que cuiden la naturaleza.
It's necessary that you take care of nature.

Puedes tomar fotos, con tal de que no toques las plantas.
You can take pictures, provided that you don't touch the plants.

Tenemos un problema gravísimo de contaminación.
We have an extremely serious problem with pollution.

A menos que resuelvan el problema, los habitantes van a sufrir muchas enfermedades.
Unless they solve the problem, people are going to suffer a lot of illnesses.

Si ves botellas, papeles o latas, recógelos.
If you see bottles, paper, or cans, pick them up.

DON FRANCISCO Chicos, les presento a Martín Dávalos, el guía de la excursión. Martín, nuestros pasajeros: Maite, Javier, Inés y Álex.

MARTÍN Mucho gusto. Voy a llevarlos al área donde vamos a ir de excursión mañana. ¿Qué les parece?

ESTUDIANTES ¡Sí! ¡Vamos!

MAITE ¡Qué paisaje más hermoso!

INÉS No creo que haya lugares más bonitos en el mundo.

MARTÍN Esperamos que ustedes se diviertan mucho, pero es necesario que cuiden la naturaleza.

JAVIER Se pueden tomar fotos, ¿verdad?

MARTÍN Sí, con tal de que no toques las flores o las plantas.

ÁLEX ¿Hay problemas de contaminación en esta región?

MARTÍN La contaminación es un problema en todo el mundo. Pero aquí tenemos un programa de reciclaje. Si ves por el sendero botellas, papeles o latas, recógelos.

DON FRANCISCO

JAVIER

INÉS

ÁLEX

MAITE

MARTÍN

JAVIER Entiendo que mañana vamos a cruzar un río. ¿Está contaminado?

MARTÍN En las montañas el río no parece estar afectado por la contaminación. Cerca de las ciudades, sin embargo, el río tiene bastante contaminación.

ÁLEX ¡Qué aire tan puro se respira aquí! No es como en la Ciudad de México... Tenemos un problema gravísimo de contaminación.

MARTÍN A menos que resuelvan ese problema, los habitantes van a sufrir muchas enfermedades en el futuro.

INÉS Creo que todos debemos hacer algo para proteger el medio ambiente.

MAITE Yo creo que todos los países deben establecer leyes que controlen el uso de automóviles.

JAVIER Pero Maite, ¿tú vas a dejar de usar tu carro en Madrid?

MAITE Pues, voy a tener que usar el Metro... Pero tú sabes que mi coche es tan pequeñito... casi no contamina nada.

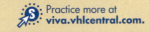
Practice more at
viva.vhlcentral.com.

INÉS ¡Ven, Javier!

JAVIER ¡¡Ya voy!!

recursos

VM
pp. 193–194

viva.vhlcentral.com

Actividades

1 Seleccionar Selecciona la respuesta correcta.

1. Martín va a llevar a los estudiantes al lugar donde van a
   a. contaminar el río.   b. ver tortugas.
   c. ir de excursión.

2. El río está más contaminado cerca de
   a. los bosques.   b. las ciudades.
   c. las montañas.

3. Martín quiere que los estudiantes
   a. recojan la basura de los senderos.
   b. descubran nuevos senderos.
   c. no usen sus autos.

4. La contaminación del aire puede producir
   a. problemas de estómago.
   b. enfermedades respiratorias.
   c. enfermedades mentales.

2 Preguntas Contesta las siguientes preguntas.

1. Según Martín, ¿qué es necesario que hagan los estudiantes? ¿Qué no pueden hacer?

2. ¿Cuáles son los problemas del medio ambiente que mencionan Martín y los estudiantes?

3. ¿Qué cree Maite que deben hacer los países?

4. ¿Qué cosas se pueden reciclar en el programa que menciona Martín?

3 Situación En grupos imaginen que un(a) estudiante es un(a) guía y el resto son turistas que van a hacer una excursión a las montañas. Los/Las turistas preguntan al/a la guía lo que van a ver y lo que deben o no hacer durante la excursión. Usen las **Expresiones útiles.**

BAJO LA LUPA

¡Los Andes se mueven!

Additional Reading Video: *Flash cultura*

Los Andes, la cadena° de montañas más extensa de América, son conocidos como "la espina dorsal° de Suramérica". Sus 7.240 kilómetros (4.500 millas) van desde el norte° de la región entre Venezuela y Colombia, hasta el extremo sur°, entre Argentina y Chile, y pasan por casi todos los países suramericanos. La cordillera° de los Andes, formada hace 27 millones de años, es la segunda más alta del mundo, después de la del Himalaya (aunque° esta última es mucho más "joven", ya que se formó hace apenas cinco millones de años).

Para poder atravesar° de un lado a otro de los Andes, existen varios pasos o puertos° de montaña. Situados a grandes alturas°, son generalmente estrechos° y peligrosos. En algunos de ellos hay, también, vías ferroviarias°.

De acuerdo con° varias instituciones científicas, la cordillera de los Andes se eleva° y se hace más angosta° cada año. La capital de Chile se acerca° a la capital de Argentina a un ritmo° de 19,4 milímetros por año. Si ese ritmo se mantiene°, Santiago y Buenos Aires podrían unirse° en unos... 63 millones de años, ¡casi el mismo tiempo que ha transcurrido° desde la extinción de los dinosaurios!

cadena *range* espina dorsal *spine* norte *north* sur *south* cordillera *mountain range* aunque *although* atravesar *to cross* puertos *passes* alturas *heights* estrechos *narrow* vías ferroviarias *railroad tracks* De acuerdo con *According to* se eleva *rises* angosta *narrow* se acerca *gets closer* ritmo *rate* se mantiene *keeps going* podrían unirse *could join together* ha transcurrido *has gone by* a.C. *Before Christ (B.C.)* desarrollo *development* pico *peak*

Los Andes en números

3 Cordilleras que forman los Andes: Las cordilleras Central, Occidental y Oriental

900 (a.C.°) Año aproximado en que empezó el desarrollo° de la cultura chavín, en los Andes peruanos

600 Número aproximado de volcanes que hay en los Andes

6.962 Metros (**22.841** pies) de altura del Aconcagua (Argentina), el pico° más alto de los Andes

Volcán Misti, Arequipa, Perú

recursos

VM pp. 251–252

viva.vhlcentral.com

Practice more at **viva.vhlcentral.com.**

ACTIVIDADES

1 Escoger Escoge la opción que completa mejor cada oración.

1. Los Andes es la cadena montañosa más extensa del…
   a. mundo.   b. continente americano.
   c. hemisferio norte.

2. "La espina dorsal de Suramérica" es…
   a. los Andes.   b. el Himalaya.
   c. el Aconcagua.

3. La cordillera de los Andes se extiende…
   a. de este a oeste.   b. de sur a oeste.
   c. de norte a sur.

4. El Himalaya y los Andes tienen…
   a. diferente altura.   b. la misma altura.
   c. el mismo color.

5. Es posible atravesar los Andes por medio de…
   a. montañas   b. puertos
   c. aviones

6. El Aconcagua es…
   a. una montaña.   b. un grupo indígena.
   c. un volcán.

2 Maravillas de la naturaleza Escribe un párrafo breve donde describas alguna maravilla de la naturaleza que has (*you have*) visitado y que te impresionó. Puede ser cualquier (*any*) sitio natural: un río, una montaña, una selva, etc.

CONEXIÓN INTERNET

Do you know anything about birds in Peru? Go to **viva.vhlcentral.com** to find out, and to access these components:
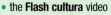
- the **Flash cultura** video
- more activities
- additional reading: **Un paraíso para los observadores de pájaros**

Naturaleza en Costa Rica

1 Preparación ¿Qué sabes de los volcanes de Costa Rica? ¿Y de sus aguas termales? Si no sabes nada, escribe tres predicciones sobre cada tema.

2 El video Mira el episodio de **Flash cultura.**

Vocabulario
aguas termales *hot springs*
hace erupción *erupts*
los poderes curativos *healing powers*
rocas incandescentes *incandescent rocks*

Aquí existen más de cien volcanes. Hoy visitaremos el Parque Nacional Volcán Arenal.

En los alrededores del volcán […] nacen aguas termales de origen volcánico…

3 ¿Cierto o falso? Indica si estas oraciones son **ciertas** o **falsas.**

1. Centroamérica es una zona de pocos volcanes.

2. El volcán Arenal está en un parque nacional.

3. El volcán Arenal hace erupción pocas veces.

4. Las aguas termales cerca del volcán vienen del mar.

5. Cuando Alberto sale del agua, tiene calor.

6. Se pueden ver las rocas incandescentes desde algunos hoteles.

13.1 The subjunctive with verbs of emotion Tutorial

Main clause	Connector	Subordinate clause
Marta espera	que	yo vaya al lago este fin de semana.

Esperamos que ustedes se diviertan mucho en la excursión.

Es triste que tengamos un problema grave de contaminación en la Ciudad de México.

▶ When the main clause of a sentence expresses an emotion or feeling, use the subjunctive in the subordinate clause.

Nos alegramos de que te **gusten** las flores.
We are happy that you like the flowers.

Siento que tú no **vengas** mañana.
I'm sorry that you're not coming tomorrow.

Temo que Ana no **pueda** ir mañana con nosotros.
I'm concerned that Ana won't be able to go with us tomorrow.

Le **sorprende** que Juan **sea** tan joven.
It surprises him that Juan is so young.

Common verbs and expressions of emotion

alegrarse (de)	to be happy	esperar	to hope; to wish	sentir (e:ie)	to be sorry; to regret
es extraño	it's strange	gustar	to be pleasing; to like		
es ridículo	it's ridiculous			sorprender	to surprise
es terrible	it's terrible	molestar	to bother	temer	to be worried, concerned
es triste	it's sad	ojalá (que)	I hope (that); I wish (that)		
es una lástima	it's a shame			tener miedo (de)	to be afraid (of)

Me molesta que la gente no **recicle** el plástico.
It bothers me that people don't recycle plastic.

Me preocupa que no **respiremos** aire puro.
I worry that we don't breathe clean air.

Es una lástima que no **controlemos** la deforestación.
It's a shame we don't control deforestation.

Espera que el gobierno **proteja** el medio ambiente.
He hopes that the government protects the environment.

Using the subjunctive

▶ Use the infinitive after an expression of emotion when there is no change of subject.

Temo **llegar** tarde.
I'm concerned I'll arrive late.

Me molesta **ver** el bosque tropical en peligro.
It bothers me to see the rain forest in danger.

Temo que mi novio **llegue** tarde.
I'm worried my boyfriend will arrive late.

Me alegro de que algunas fábricas **se preocupen** por el medio ambiente.
I'm happy that some factories worry about the environment.

▶ The expression **ojalá (que)** is always followed by the subjunctive. The use of **que** is optional.

Ojalá (que) se conserven nuestros recursos naturales.
I hope (that) our natural resources will be conserved.

Ojalá (que) recojan la basura muy pronto.
I hope (that) they collect the garbage soon.

Práctica y conversación

1 Olga y Sara Completa esta conversación.

alegro	molesta	temer
conozcan	ojalá	tengo miedo de
estén	puedan	vayan
lleguen	sorprender	visitar

OLGA Me alegro de que Adriana y Raquel
(1) _____ a Colombia.

SARA Sí… Es una lástima que (2) _____ cuando
ya comenzaron las clases. Ojalá que la universidad
las ayude a buscar casa. (3) _____ que no
consigan dónde vivir.

OLGA Me (4) _____ que seas tan pesimista. Yo
espero que (5) _____ gente simpática.

SARA ¿Sabías que ellas van a estudiar la deforestación
en las costas? Es triste que en tantos países los
recursos naturales (6) _____ en peligro.

OLGA Me (7) _____ de que no se queden en la
capital por la contaminación, pero (8) _____
tengan tiempo de viajar por el país.

SARA Sí, espero que (9) _____ ir al Museo del
Oro. Sé que también esperan (10) _____ la
Catedral de Sal de Zipaquirá.

2 Diálogo  Usa los siguientes elementos para crear
una conversación entre Juan y la madre de su novia. Añade
palabras si es necesario. Luego, con un(a) compañero/a,
preséntala a la clase.

1. Juan, / esperar / (tú) llamarle / Raquel. / Ser / tu /
novia. / Ojalá / no / sentirse / sola

2. Molestarme / (usted) decirme / lo que / tener / hacer. /
Ahora / mismo / estarle / llamando

3. Alegrarme / oírte / decir / eso. / Ser / terrible / estar /
lejos / cuando / nadie / recordarte

4. Señora, / ¡yo / tener / miedo / (ella) no recordarme /
mí! / Ser / triste / estar / sin / novia

5. Ser / ridículo / (tú) sentirte / así. / Tú / saber / ella /
querer / casarse / contigo

6. Ridículo / o / no, / sorprenderme / todos preocuparse /
ella / y / (nadie) acordarse / mí

3 Oraciones Combina elementos de las tres columnas
para formar oraciones.

MODELO *Es triste que tú no cuides la naturaleza.*

Expresiones	Sujetos	Actividades
Me alegro de que	yo	desarrollar programas de reciclaje
Espero que	tú	
Es extraño que	el gobierno	proteger las ballenas
Me gusta que	el/la profesor(a)	destruir los bosques
Tengo miedo de que	la universidad	
	las fábricas	poner en peligro las tortugas marinas
Es triste que	algunas personas	cuidar la naturaleza
Ojalá que	los centros comerciales	

4 Comentar  En parejas, compartan sus opiniones
sobre las clases que más les gustan y las que menos les
gustan. Usen expresiones como **me alegro de que, temo
que** y **es extraño que**.

MODELO

Estudiante 1: *Mi clase favorita es español. Me alegra que
mi profesor nos ayude con la tarea.*

Estudiante 2: *Yo, en cambio, odio las matemáticas. Temo
que mi profesor piense darnos más tarea.*

5 Problemas  Prepara una lista de tres o cuatro
problemas ambientales en tu escuela. Luego, en grupos escriban
una oración, con el subjuntivo, para cada problema expresando
su reacción. Compartan la información con la clase.

MODELO la basura de la cafetería

Tememos que la basura de la cafetería no se pueda reducir.

6 ¡Es terrible!  En parejas, miren el dibujo y digan qué
piensan sobre el comportamiento (*behavior*) de esta familia.
Usen el subjuntivo y expresiones como **es una lástima que,
es ridículo que** y **es terrible que**.

Practice more at
viva.vhlcentral.com.

13.2 The subjunctive with doubt, disbelief, and denial

▶ The subjunctive is used with expressions of doubt, disbelief, and denial. 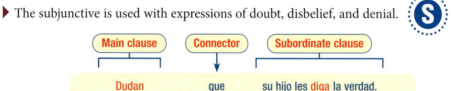 **Ⓢ Tutorial**

¡No creo que haya
lugares más bonitos
en el mundo!

Main clause	Connector	Subordinate clause
Dudan	que	su hijo les **diga** la verdad.

▶ The subjunctive is used in a subordinate clause when there is a change of subject and the main clause implies negation or uncertainty.

Dudo que el río esté
contaminado aquí en
las montañas.

Expressions of doubt, disbelief, or denial

dudar	to doubt	no es cierto	it's not true; it's not certain	es improbable	it's improbable
negar (e:ie)	to deny			(no) es posible	it's (not) possible
no creer	not to believe	no es seguro	it's not certain	(no) es probable	it's (not) probable
no estar seguro/a (de)	not to be sure (of)	no es verdad	it's not true		
		es imposible	it's impossible		

El gobierno **niega** que el agua
esté contaminada.
The government denies that the
water is polluted.

Dudo que el gobierno **resuelva**
el problema.
I doubt that the government will
solve the problem.

▶ In English, the expression *it is probable/possible* indicates a fairly high degree of certainty. In Spanish, however, **es probable/posible** implies inherent uncertainty and therefore triggers the subjunctive in the subordinate clause.

Es posible que **haya** menos bosques
y selvas en el futuro.
It's possible that there will be fewer
forests and jungles in the future.

Es muy probable que **contaminemos**
el medio ambiente.
It's very probable that we're polluting
the environment.

▶ The expressions **quizás** and **tal vez** imply an uncertain possibility and are usually followed by the subjunctive.

Quizás haga sol mañana.
Perhaps it will be sunny tomorrow.

Tal vez veamos la luna esta noche.
Perhaps we will see the moon tonight.

▶ Use the indicative in a subordinate clause when the main clause expresses certainty.

Expressions of certainty

es cierto	it's true; it's certain	es verdad	it's true	no dudar	not to doubt
es obvio	it's obvious	estar seguro/a (de)	to be sure (of)	no hay duda de	there is no doubt
es seguro	it's certain	no cabe duda de	there is no doubt	no negar (e:ie)	not to deny

No negamos que **hay** demasiados carros en las carreteras.
We don't deny that there are too many cars on the highways.

Es cierto que los tigres **están** en peligro de extinción.
It's certain that tigers are in danger of extinction.

▶ The verb **creer** expresses belief or certainty, so it is followed by the indicative. **No creer** implies doubt and is followed by the subjunctive.

Creo que **debemos** usar la energía solar.
I believe we should use solar energy.

No creo que **haya** vida en Marte.
I don't believe that there is life on Mars.

Práctica y conversación

Practice more at **viva.vhlcentral.com.**

1 Conversación Completa el diálogo con las palabras adecuadas.

RAÚL Ustedes dudan que yo (1) _____ [estudio/estudie]. No niego que a veces me (2) _____ [divierto/divierta], pero no cabe duda de que (3) _____ [tomo/tome] mis estudios en serio. Creo que no (4) _____ [tienen/tengan] razón.

PAPÁ Es posible que tu mamá y yo no (5) _____ [tenemos/tengamos] razón. Pero no hay duda de que te (6) _____ [pasas/pases] toda la noche en Internet y escuchando música. No es seguro que (7) _____ [estás/estés] estudiando.

RAÚL Es verdad que (8) _____ [uso/use] mucho Internet, pero ¿no es posible que (9) _____ [es/sea] para buscar información para mis clases?

PAPÁ Dudo que esta conversación nos (10) _____ [va/vaya] a ayudar. Pero tal vez (11) _____ [puedes/puedas] estudiar sin música.

2 Dudas Carolina siempre miente. Expresa tus dudas sobre lo que ella dice.

MODELO

El próximo año mi familia y yo vamos a ir de vacaciones por diez meses. [dudar]

¡Ja! Dudo que vayan a ir de vacaciones por diez meses.

1. Mi tía es la directora del Sierra Club. [no ser verdad]
2. Dos profesores míos juegan para los Osos (*Bears*) de Chicago. [ser imposible]
3. Mi mejor amiga conoce al chef Emeril. [no ser cierto]
4. Mi padre es dueño del Rockefeller Center. [no ser posible]

3 Hablando con un(a) burócrata En parejas, preparen una conversación entre un(a) activista ambiental y un(a) funcionario/a público/a (*government official*). Usen el subjuntivo. Luego presenten la conversación a la clase.

MODELO

Activista: Queremos reducir la contaminación del aire, pero dudo que el gobierno nos ayude.

Funcionario: No es cierto. ¡Lea las noticias del periódico! Es obvio que el gobierno está haciendo muchas cosas para reducir la contaminación del aire.

4 Adivinar Escribe cinco oraciones sobre tu vida presente y futura. Cuatro deben ser falsas y sólo una debe ser cierta. Preséntalas al grupo. El grupo adivina (*guesses*) cuál es la oración cierta y expresa sus dudas sobre las falsas.

MODELO

Estudiante 1: Quiero irme un año a trabajar en la selva.

Estudiante 2: Dudo que te guste vivir en la selva.

Estudiante 3: En cinco años voy a ser presidente de los Estados Unidos.

Estudiante 2: No creo que vayas a ser presidente de los Estados Unidos en cinco años. ¡Tal vez en treinta!

5 Debate En parejas, conversen sobre sus dudas y miedos para cuando se gradúen de la universidad.

MODELO

Estudiante 1: Es improbable que me case inmediatamente.

Estudiante 2: Dudo que nosotros podamos comprarnos una casa después de terminar la universidad.

13.3 The subjunctive with conjunctions (S) Tutorial

▶ Conjunctions are words or phrases that connect clauses in sentences. Certain conjunctions introduce adverbial clauses, which describe *how*, *why*, *when*, and *where* an action takes place. These conjunctions always require the subjunctive.

Conjunctions that require the subjunctive

a menos que	unless	con tal (de) que	provided that	para que	so that
antes (de) que	before	en caso (de) que	in case (that)	sin que	without

¿Se pueden tomar fotos?

Sí, con tal de que no toques las flores.

Voy a dejar un recado **en caso de que** Gustavo me **llame**.
I'm going to leave a message in case Gustavo calls me.

Voy al supermercado **para que tengas** algo de comer.
I'm going to the supermarket so that you'll have something to eat.

A menos que resuelvan el problema, ellos van a sufrir muchas enfermedades.

▶ Use the infinitive after the prepositions **antes de, para,** and **sin** when there is no change of subject. Compare these sentences.

Te llamamos el viernes **antes de salir** de la casa.
We will call you on Friday before leaving the house.

Te llamamos mañana **antes de que salgas.**
We will call you tomorrow before you leave.

Conjunctions used with subjunctive or indicative

cuando	when	en cuanto	as soon as	tan pronto como	as soon as
después (de) que	after	hasta que	until		

Cuando veo basura, la recojo.

▶ With the conjunctions above, use the subjunctive in the subordinate clause if the main clause expresses a future action or command.

Vamos a resolver el problema **cuando desarrollemos** nuevas tecnologías.
We are going to solve the problem when we develop new technology.

Después de que ustedes **tomen** sus refrescos, reciclen las botellas.
After you drink your soft drinks, recycle the bottles.

Voy a formar un club de ecología **tan pronto como empiecen** las clases.

▶ Use the indicative if the verb in the main clause expresses an action that habitually happens or that happened in the past.

Contaminan los ríos **cuando construyen** nuevos edificios.
They pollute the rivers when they build new buildings.

Contaminaron el río **cuando construyeron** ese edificio.
They polluted the river when they built that building.

Siempre vamos de excursión **tan pronto como llega** Rafael.
We always go hiking as soon as Rafael arrives.

Salimos **tan pronto como llegó** Rafael.
We left as soon as Rafael arrived.

Práctica y conversación

1 **Una excursión** Completa las oraciones.

1. Voy a llevar a mis hijos al parque para que _____ [hacer] actividades al aire libre.

2. Vamos a pasar todo el día allí con tal de que ellos no _____ [cansarse].

3. Vamos a alquilar bicicletas en cuanto _____ [llegar] al parque.

4. En bicicleta, podemos explorar el parque sin _____ [caminar] demasiado.

5. Siempre llevamos al perro cuando _____ [ir] al parque.

6. En caso de que _____ [llover], vamos a regresar temprano a la casa.

7. Queremos almorzar a la orilla (*shore*) del río cuando _____ [tener] hambre.

8. Mis hijos van a ver muchas cosas interesantes antes de _____ [salir] del parque.

2 **Oraciones** Completa las siguientes oraciones.

1. No podemos controlar la contaminación del aire a menos que…

2. Voy a reciclar los productos de papel en cuanto…

3. Protegemos los animales en peligro de extinción para que…

4. Mis amigos y yo vamos a recoger la basura de la universidad después de que…

5. Todos podemos conservar energía cuando…

6. No podemos desarrollar nuevas fuentes (*sources*) de energía sin…

7. Debemos comprar coches eléctricos tan pronto como…

8. Hay que eliminar la contaminación del agua para…

9. No podemos proteger la naturaleza sin que…

10. Los gobiernos deben alertar a la población de que las tortugas marinas están en peligro de extinción, tan pronto como…

3 **¿Yo, ambientalista?** En parejas, túrnense para hacerse preguntas sobre sus conductas (*behavior*) ambientales. Usen el subjuntivo para las acciones que todavía no han hecho y el indicativo para las acciones que hacen habitualmente.

> **MODELO** reciclar la basura
> **Estudiante 1:** ¿Reciclas la basura?
> **Estudiante 2:** Sí, siempre reciclo la basura cada semana./ No, no voy a reciclar la basura a menos que tenga recipientes para reciclar.

1. Venir en bicicleta a la universidad

2. Comer alimentos orgánicos

3. Usar excesiva calefacción en invierno

4. Comprar productos ecológicos

5. Interesarse por los animales en peligro de extinción

6. Tomar conciencia del calentamiento global

4 **El fin de semana** Antes de salir de viaje, Javier le deja una lista de instrucciones a su compañero de cuarto. En parejas, túrnense para escribir las instrucciones con el subjuntivo y las conjunciones de la lista.

> **MODELO**
> No dejes las luces prendidas cuando salgas de la casa.

| a menos que |
| cuando |
| en caso de que |
| en cuanto |
| tan pronto como |

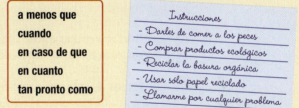

Instrucciones
- *Darles de comer a los peces*
- *Comprar productos ecológicos*
- *Reciclar la basura orgánica*
- *Usar sólo papel reciclado*
- *Llamarme por cualquier problema*

5 **Tres en línea** Formen dos equipos. En la pizarra, una persona comienza a escribir una frase y otra persona de su equipo la termina, usando palabras de la gráfica. El primer equipo que forme tres oraciones seguidas (*in a row*) gana.

> **MODELO**
> **Estudiante 1:** Dudo que podamos eliminar la deforestación…
> **Estudiante 2:** … sin que nos ayude el gobierno.

cuando	con tal de que	para que
antes de que	para	sin que
hasta que	en caso de que	antes de

Practice more at
viva.vhlcentral.com.

Ampliación

S Audio: Activity
Repaso
Video: TV Clip

1 Escuchar 🎧

A Soledad Morales es una activista preocupada por el medio ambiente. Observa el dibujo y escribe tres predicciones sobre lo que piensas que va a decir.

> **TIP** **Use your background knowledge. / Guess meaning from context.** Your background knowledge helps you anticipate the content. If you hear words or expressions you do not understand, you can often guess their meanings based on the surrounding words.

B Escucha lo que Soledad dice e indica si estas oraciones son **ciertas** o **falsas**.

	Cierto	Falso
1. Soledad conversa con unos compañeros de trabajo.	_____	_____
2. Soledad teme que el futuro del medio ambiente no sea bueno.	_____	_____
3. Soledad cree que las distintas formas de vida— la naturaleza, los animales y los humanos— están relacionadas.	_____	_____
4. Soledad dice que la caza ilegal de animales es un problema grave.	_____	_____
5. La contaminación del río afecta la ecología de las playas de Barranquilla.	_____	_____
6. Soledad dice que la comunidad debe dejar de cazar animales en peligro de extinción.	_____	_____

¡Protejamos la Tierra!
NUESTRO PATRIMONIO

C Compara tus predicciones con las respuestas correctas. ¿Fueron tus predicciones correctas? ¿Qué elementos te ayudaron a anticipar el discurso de Soledad?

2 Conversar 🎭 Conversa con un(a) compañero/a sobre cómo evitar la extinción de animales. Esta es una lista de expresiones útiles.

> las áreas protegidas
> la biodiversidad
> el/la cazador(a)
> controlar la caza de animales
> investigar las causas (que provocan)
> provocar alteraciones en el ecosistema

En América, el Puma del Este o de Montaña está en peligro de extinción debido a la caza excesiva y la falta de hábitat.

recursos

WB
pp. 133–138

LM
pp. 75–77

S viva.vhlcentral.com

3 **Escribir** Escribe una carta a un periódico sobre una situación importante que afecta el medio ambiente en tu comunidad.

TIP **Consider your audience and purpose.** Once you have defined both your audience and your purpose, you will be able to decide which tone, vocabulary, and grammatical structures will best serve your needs.

- Are you going to comment on one topic or several?
- Are you intending to register a complaint or to inform others?
- Are you hoping to persuade others to adopt your point of view or to take specific action?

Organízalo	Decide cuál es el propósito de tu carta y planéala.
Escríbelo	Utiliza tus apuntes para escribir el primer borrador de tu carta.
Corrígelo	Intercambia tu carta con un(a) compañero/a. Lee su carta y anota los mejores aspectos. Dale sugerencias para mejorarla. Si ves algunos errores, coméntaselos.
Compártelo	Revisa el primer borrador teniendo en cuenta las indicaciones de tu compañero/a. Si es necesario, incorpora nuevas ideas y/o más información.

4 **Un paso más** Escribe una carta al/a la presidente/a de un país hispano para hablarle de tus dudas, deseos y preocupaciones sobre el futuro de una de las atracciones naturales del país.

Las tortugas marinas están en grave peligro de extinción.

- Investiga algunas de las atracciones naturales del mundo hispano.
- Escoge una y piensa en lo que se puede hacer para protegerla.
- Explica lo que temes de los problemas ambientales, lo que esperas y tus dudas sobre el futuro.
- Presenta recomendaciones para proteger este lugar en el futuro.

CONEXIÓN INTERNET

Investiga estos temas en viva.vhlcentral.com.

- Atracciones naturales de España
- Atracciones naturales de América del Sur
- Atracciones de México, América Central y el Caribe

Antes de leer

S Reading
Additional Reading

Identifying the purpose of a text will help you anticipate the content of a reading selection. For example, if you are reading an advice column in a newspaper, you know to expect questions about people's problems and suggestions from the columnist. The reading selection for this lesson consists of two fables: "El perro y el cocodrilo" by Félix María Samaniego and "El pato y la serpiente" by Tomás de Iriarte. What's a fable? What do the writers of fables attempt to accomplish? What kinds of characters do you expect to read about in fables? How do fables typically end?

_____

_____

_____

Sobre los autores

Félix María Samaniego (1745–1801), nacido en España, escribió las *Fábulas morales*, que ilustran de manera humorística el carácter humano. Los protagonistas de muchas de sus fábulas son animales que hablan.

Tomás de Iriarte (1750–1791), nacido en las Islas Canarias, tuvo gran éxito (*success*) con su libro *Fábulas literarias*. Su tendencia a representar la lógica a través de símbolos de la naturaleza fue de gran influencia para muchos autores de su época.

recursos

S

viva.vhlcentral.com

El perro y el cocodrilo

Bebiendo un perro en el Nilo°,
al mismo tiempo corría.
"Bebe quieto°", le decía
un taimado° cocodrilo.

Díjole° el perro prudente:
"Dañoso° es beber y andar°;
pero ¿es sano el aguardar
a que me claves el diente?°"

¡Oh qué docto° perro viejo!
Yo venero° su sentir°
en esto de no seguir
del enemigo el consejo.

Nilo *Nile*   quieto *in peace*   taimado *sly*   Díjole *Said to him*
Dañoso *Harmful*   andar *to walk*   ¿es sano… diente? *is it good for me to wait for you to sink your teeth into me?*
docto *learned; wise*   venero *revere*   sentir *wisdom*

El pato° y la serpiente

A orillas° de un estanque°,

diciendo estaba un pato:

"¿A qué animal dio el cielo°

los dones que me ha dado?°

"Soy de agua, tierra y aire:

cuando de andar me canso°,

si se me antoja, vuelo°;

si se me antoja, nado".

Una serpiente astuta

que le estaba escuchando,

le llamó con un silbo°,

y le dijo "¡Seo° guapo!

"No hay que echar tantas plantas°;

pues ni anda como el gamo°,

ni vuela como el sacre°,

ni nada como el barbo°;

"y así tenga sabido

que lo importante y raro°

no es entender de todo,

sino ser diestro° en algo".

Después de leer

¿Comprendiste?

Escoge la mejor opción para completar cada oración.

1. El cocodrilo _____ perro.

   a. está preocupado por el   b. quiere comerse al
   c. tiene miedo del

2. El perro _____ cocodrilo.

   a. tiene miedo del   b. es amigo del
   c. quiere quedarse con el

3. El pato cree que es un animal

   a. muy famoso.   b. muy hermoso.
   c. de muchos talentos.

4. La serpiente cree que el pato es

   a. muy inteligente.   b. muy tonto.
   c. muy feo.

Preguntas

Responde a estas preguntas con oraciones completas.

1. ¿Qué representa el cocodrilo?

   _____

2. ¿Qué representa el pato?

   _____

3. ¿Cuál es la moraleja (*moral*) de "El perro y el cocodrilo"?

   _____

4. ¿Cuál es la moraleja de "El pato y la serpiente"?

   _____

Coméntalo

¿Estás de acuerdo (*Do you agree*) con las moralejas de estas fábulas? ¿Por qué? ¿Cuál de estas fábulas te gusta más? ¿Por qué? ¿Conoces otras fábulas? ¿Cuál es su propósito (*purpose*)?

pato *duck*   orillas *bank*   estanque *pond*   cielo *heaven*
los dones... dado   *the gifts that it has given me*
me canso *I get tired*   si se me antoja, vuelo *If I feel like it,*
I fly   silbo *hiss*

Seo *Señor*   No hay que... plantas *There's no reason to boast*
gamo *deer*   sacre *falcon*   barbo *barbel (a type of fish)*
lo... raro *the important and rare thing*   diestro *skillful*

trescientos tres **303**

La naturaleza

el árbol	tree
el bosque (tropical)	(tropical; rain) forest
el cielo	sky
el cráter	crater
el desierto	desert
la estrella	star
la flor	flower
la hierba	grass
el lago	lake
la luna	moon
el mundo	world
la naturaleza	nature
la nube	cloud
el océano	ocean
el paisaje	landscape
la piedra	rock; stone
la planta	plant
la región	region; area
el río	river
la selva	jungle
el sendero	trail
el sol	sun
la tierra	land; soil
el valle	valley
el volcán	volcano

Conjunciones

a menos que	unless
antes (de) que	before
con tal (de) que	provided that
después (de) que	after
en caso (de) que	in case (that)
en cuanto	as soon as
hasta que	until
para que	so that
sin que	without
tan pronto como	as soon as

El medio ambiente

la caza	hunting
el calentamiento global	global warming
la conservación	conservation
la contaminación (del aire; del agua)	(air; water) pollution
la deforestación	deforestation
la ecología	ecology
el ecoturismo	ecotourism
la energía (nuclear; solar)	(nuclear; solar) energy
la extinción	extinction
la fábrica	factory
el gobierno	government
la ley	law
el medio ambiente	environment
el peligro	danger
la población	population
el reciclaje	recycling
el recurso natural	natural resource
la solución	solution
conservar	to conserve
contaminar	to pollute
controlar	to control
cuidar	to take care of
dejar de (+ inf.)	to stop (doing something)
desarrollar	to develop
descubrir	to discover
destruir	to destroy
estar afectado/a (por)	to be affected (by)
estar contaminado/a	to be polluted
evitar	to avoid
mejorar	to improve
proteger	to protect
reciclar	to recycle
recoger	to pick up
reducir	to reduce
resolver (o:ue)	to resolve; to solve
respirar	to breathe
la botella de vidrio	glass bottle
el envase de plástico	plastic container
la lata de aluminio	aluminum can
ecologista	ecological; ecologist
puro/a	pure
renovable	renewable

Las emociones

alegrarse (de)	to be happy
esperar	to hope; to wish
sentir (e:ie)	to be sorry; to regret
temer	to be afraid/concerned; to fear
es extraño	it's strange
es una lástima	it's a shame
es ridículo	it's ridiculous
es terrible	it's terrible
es triste	it's sad
ojalá (que)	I hope (that); I wish (that)

Las dudas y las certezas

(no) creer	(not) to believe
(no) dudar	(not) to doubt
(no) estar seguro/a (de)	(not) to be sure (of)
(no) negar (e:ie)	(not) to deny
es imposible	it's impossible
es improbable	it's improbable
es obvio	it's obvious
no cabe duda de	there is no doubt
no hay duda de	there is no doubt
(no) es posible	it's (not) possible
(no) es probable	it's (not) probable
(no) es cierto	it's (not) true; it's (not) certain
(no) es verdad	it's (not) true
(no) es seguro	it's (not) certain

Los animales

el animal	animal
la ballena	whale
el mono	monkey
el pájaro	bird
el pez	fish
la tortuga marina	sea turtle
la vaca	cow

Expresiones útiles	See page 290.

recursos

LM
p. 77

viva.vhlcentral.com

Audio: Vocabulary Flashcards

14 En la ciudad

Para empezar

- ¿Dónde están ellos, en una calle o en un sendero?
- ¿Qué tienen en sus manos? ¿Por qué?
- ¿Cómo son los edificios, grandes o pequeños?
- ¿Cómo crees que es la vida en esta ciudad?

En la ciudad

Talking Picture Tutorial Games

la pescadería
fish market

EN LA CIUDAD

el banco *bank*
la carnicería *butcher shop*
el correo *post office; mail*
la heladería *ice cream shop*
la joyería *jewelry store*
la lavandería *laundromat*
la panadería *bakery*
la pastelería *pastry shop*
la peluquería *hairdressing salon*
el salón de belleza *beauty salon*
el supermercado *supermarket*
la zapatería *shoe store*

hacer cola *to stand in line*
hacer diligencias *to run errands*

EN EL CORREO

el correo *mail*
el paquete *package*
los sellos *stamps*
el sobre *envelope*

echar (una carta) al buzón *to put (a letter) in the mailbox; to mail (a letter)*
enviar *to send*
mandar *to send*

la ciudad
city

la frutería
fruit store

el cartero
mail carrier

las estampillas
stamps

recursos

WB
pp. 139–140

LM
p. 79

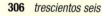
viva.vhlcentral.com

SERIE KY 5296221
Diamante 787
Valparaíso

0-744679-00-5
JUAN FLORES GARCÍA

$ 2.387,00

044-0365
011

Páguese a
la orden de *María Eugenia Castaño*

8 *de noviembre de* 2011

la suma de *dos mil trescientos ochenta y siete con* 00/100
o al portador

pesos m/l

Juan Flores García
Firma autorizada

BANCO ATLANTIS

:54892332.A 0440900657008- 01

el cheque
check

EN EL BANCO

el cheque de viajero *traveler's check*

la cuenta corriente *checking account*

la cuenta de ahorros *savings account*

ahorrar *to save (money)*

cobrar *to cash (a check); to charge (for a product or service)*

depositar *to deposit*

llenar (un formulario) *to fill out (a form)*

pagar al contado *to pay in cash*

pagar a plazos *to pay in installments*

pedir prestado *to borrow*

pedir un préstamo *to apply for a loan*

ser gratis *to be free of charge*

firmar
to sign

el cajero automático
automatic teller machine, ATM

CÓMO LLEGAR

la cuadra *(city) block*

la dirección *address*

la esquina *corner*

cruzar *to cross*

doblar *to turn*

estar perdido/a *to be lost*

quedar *to be located*

(al) este *(to the) east*

(al) oeste *(to the) west*

(al) norte *(to the) north*

(al) sur *(to the) south*

derecho *straight (ahead)*

enfrente de *opposite; facing*

hacia *toward*

el letrero
sign

PARE

indicar cómo llegar
to give directions

Práctica y conversación

 **Audio: Activities**

1 **¿Lógico o ilógico?** 🎧 Escucha las frases e indica si cada frase es **lógica** o **ilógica**.

	1.	2.	3.	4.	5.	6.	7.	8.
Lógico								
Ilógico								

2 **¿Adónde fue?** 🎧 Óscar está hablándote de las diligencias que hizo ayer. Indica adónde fue.

1. _____

2. _____

3. _____

4. _____

5. _____

6. _____

3 **Emparejar** Indica la actividad que se puede hacer en cada lugar.

Lugares

1. carnicería _____ 5. lavandería _____
2. pastelería _____ 6. pescadería _____
3. frutería _____ 7. salón de belleza _____
4. joyería _____ 8. zapatería _____

Actividades

a. comprar galletas e. lavar la ropa
b. conseguir manzanas f. comprar pescado
c. comprar un collar (*necklace*) g. comprar pollo
d. cortarse (*to cut*) el pelo h. probarse unas sandalias

4 **Completar** Completa las oraciones con las palabras de la lista.

1. El banco me regaló un reloj. Lo conseguí _____ .

2. Me gusta _____ dinero, pero no me molesta gastarlo.

3. Tengo que _____ el cheque en el dorso (*on the back*) para cobrarlo.

ahorrar	firmar
cajero automático	gratis
cobra	pagó al contado

4. Mi madre va a un _____ para obtener dinero.

5. Julio lleva su cheque al banco y lo _____ para tener dinero en efectivo.

6. Anoche en el restaurante, Marcos _____ en vez de usar una tarjeta de crédito.

recursos

Ⓢ

viva.vhlcentral.com

5 Situaciones En parejas, representen una conversación entre un(a) empleado/a de banco y uno/a de estos/as clientes/as.

- un(a) estudiante universitario/a que quiere abrir una cuenta corriente
- una persona que quiere pedir un préstamo para comprar una casa
- una persona que quiere información de los servicios que ofrece el banco

6 ¿Dónde está? En grupos, escriban un minidrama en el que unos/as turistas piden ayuda para llegar a tres diferentes sitios de la comunidad en la que viven ustedes. Luego preséntenlo a la clase.

 Practice more at viva.vhlcentral.com.

Ortografía Las abreviaturas  Concepts

In Spanish, as in English, abbreviations are often used in order to save space and time while writing. Here are some of the most commonly used abbreviations in Spanish.

usted → Ud. ustedes → Uds.

As you have already learned, the subject pronouns **usted** and **ustedes** are often abbreviated.

don → D. doña → Dña. doctor(a) → Dr(a).
señor → Sr. señora → Sra. señorita → Srta.

These titles are frequently abbreviated.

centímetro → cm metro → m kilómetro → km
litro → l gramo → g; gr kilogramo → kg

The abbreviations for these units of measurement are often used, but without periods.

por ejemplo → p. ej. página(s) → pág(s).

These abbreviations are often seen in books.

derecha → dcha. izquierda → izq. (izqda.)
código postal → C.P. número → n.º

These abbreviations are often used in mailing addresses.

Practice more at viva.vhlcentral.com.

Banco → Bco. Compañía → Cía.
cuenta corriente → c/c. Sociedad Anónima (*Inc.*) → S.A.

These abbreviations are frequently used in the business world.

Emparejar En la tabla hay nueve abreviaturas. Empareja los cuadros necesarios para formarlas.

S.	c.	C.	c	co.	U
B	c/	Sr	A.	D	dc
ta.	P.	ña.	ha.	m	d.

recursos
LM p. 80
viva.vhlcentral.com

Estamos perdidos.

Video: *Fotonovela*
Record & Compare

Maite y Álex hacen diligencias en el centro.

Expresiones útiles

Giving advice

Les recomiendo/Hay que llevar zapatos cómodos.
I recommend that you/It's necessary to wear comfortable shoes.

Les aconsejo que traigan algo de comer.
I advise you to bring something to eat.

Trae gafas oscuras.
Bring sunglasses. (fam., sing.)

Talking about errands

Necesito pasar por el banco.
I need to go by the bank.

Te acompaño.
I'll go with you.

Getting directions

¿Hay un banco por aquí?
Is there a bank around here?

Dobla a la izquierda/derecha.
Turn to the left/right. (fam., sing.)

Sigue todo derecho.
Go straight ahead. (fam., sing.)

Van a ver un letrero grande.
You're going to see a big sign.

¿Por dónde queda…?
Where is…?

Está a dos cuadras de aquí.
It's two blocks from here.

Allí mismo enfrente del banco hay un supermercado.
Right in front of the bank there is a supermarket.

recursos

VM
pp. 195–196

viva.vhlcentral.com

MARTÍN Y DON FRANCISCO
Buenas tardes.

JAVIER Hola. ¿Qué tal? Estamos conversando sobre la excursión de mañana.

DON FRANCISCO ¿Y ya tienen todo lo que necesitan? A todos los excursionistas yo siempre les recomiendo llevar zapatos cómodos, una mochila, gafas oscuras y un suéter por si hace frío.

JAVIER Todo listo, don Francisco.

MARTÍN Les aconsejo que traigan algo de comer.

ÁLEX Mmm… no pensamos en eso.

MAITE ¡Deja de preocuparte tanto, Álex! Podemos comprar algo en el supermercado ahora mismo. ¿Vamos?

ÁLEX ¡Excelente idea! En cuanto termine mi café te acompaño.

MAITE Necesito pasar por el banco y por el correo para mandar unas cartas.

ÁLEX Está bien.

ÁLEX ¿Necesitan algo del centro?

INÉS ¡Sí! Cuando vayan al correo, ¿pueden echar estas postales al buzón? Además necesito unas estampillas.

ÁLEX Por supuesto.

DON FRANCISCO

JAVIER

INÉS

ÁLEX

MAITE

MARTÍN

JOVEN

JOVEN ¡Hola! ¿Puedo ayudarte en algo?

MAITE Sí, estamos perdidos. ¿Hay un banco por aquí con cajero automático?

JOVEN Mmm… no hay ningún banco en esta calle que tenga cajero automático.

JOVEN Pero conozco uno en la calle Pedro Moncayo que sí tiene cajero automático. Cruzas esta calle y luego doblas a la izquierda. Sigues todo derecho y antes de que lleguen a la Joyería Crespo van a ver un letrero grande del Banco del Pacífico.

MAITE También buscamos un supermercado.

JOVEN Pues, allí mismo enfrente del banco hay un supermercado pequeño. Fácil, ¿no?

MAITE Creo que sí. Muchas gracias por su ayuda.

MAITE Ten, guapa, tus sellos.

INÉS Gracias, Maite. ¿Qué tal les fue en el centro?

MAITE ¡Súper bien! Fuimos al banco y al correo. Luego en el supermercado compramos comida para la excursión. Y antes de regresar, paramos en una heladería.

MAITE ¡Ah! Y otra cosa. Cuando llegamos al centro conocimos a un joven muy simpático que nos dio direcciones. Era muy amable... ¡y muy guapo!

Practice more at
viva.vhlcentral.com.

Actividades

1 ¿Cierto o falso? Decide si estas oraciones son **ciertas** o **falsas**.

1. Don Francisco les ordena a los chicos llevar una cámara.
2. Inés necesita unas estampillas.
3. El joven dice que hay un banco con cajero automático en esa calle.
4. Enfrente del banco hay una heladería.
5. Maite piensa que el joven que conoció en la calle es guapo.

2 Ordenar Pon los eventos en el orden correcto.

_____ **a.** Álex y Maite toman un helado.

_____ **b.** Un joven ayuda a Álex y a Maite a encontrar el banco.

_____ **c.** Álex termina su café.

_____ **d.** Inés les da unas postales a Maite y a Álex para echar al buzón.

_____ **e.** Maite y Álex van al supermercado y compran comida.

_____ **f.** Maite y Álex van al banco y al correo.

3 En la ciudad En parejas, piensen en las personalidades de Álex e Inés y preparen una lista de tres lugares favoritos en la ciudad para cada uno. Expliquen por qué a cada uno le gusta ese lugar con ejemplos de capítulos anteriores de la **Fotonovela**.

4 Conversación En parejas, preparen una conversación entre dos vecinos/as. Uno/a de ustedes acaba de mudarse y necesita ayuda para encontrar estos lugares. Usen las **Expresiones útiles**.

- un banco
- una lavandería
- una heladería
- un supermercado

BAJO LA LUPA

S Additional Reading
Video: *Flash cultura*

Paseando en metro

Hoy es el primer día de Teresa en la Ciudad de México. Debe tomar el metro para ir del centro de la ciudad a Coyoacán, en el sur. Llega a la estación Zócalo y compra un pasaje por el equivalente a dieciocho centavos° de dólar, ¡qué ganga! Con este pasaje puede ir a cualquier° parte de la ciudad o del área metropolitana.

No sólo en México, sino también en ciudades de Venezuela, Chile, Argentina y España, hay sistemas de transporte público eficientes y muy económicos. También suele haber° varios tipos de transporte: autobús, metro, tranvía°, microbús y tren. Generalmente se pueden comprar abonos° de uno o varios días para un determinado tipo de transporte. En algunas ciudades también existen

abonos de transporte combinados que permiten usar, por ejemplo, el metro y el autobús o el autobús y el tren. En estas ciudades, los metros, autobuses y trenes pasan con mucha frecuencia. Las paradas° y estaciones están bien señalizadas°.

Vaya°, Teresa ya está llegando a Coyoacán. Con lo que ahorró en el pasaje del metro, puede comprarse un helado de mango y unos esquites° en el jardín Centenario.

El metro de México, D.F.

El metro		

El primer metro de Suramérica que se abrió al público fue el de Buenos Aires, Argentina (1° de diciembre de 1913); el último, el de Valparaíso, Chile (23 de noviembre de 2005).

Ciudad	Pasajeros/Día (aprox.)
México D.F., México	4.500.000
Madrid, España	2.500.000
Santiago, Chile	2.500.000
Buenos Aires, Argentina	1.700.000
Caracas, Venezuela	1.623.216
Medellín, Colombia	500.000
Guadalajara, México	161.910

centavos *cents* cualquier *any* suele haber *there usually are* tranvía *streetcar* abonos *passes* paradas *stops* señalizadas *labeled* Vaya *Well* esquites *toasted corn kernels*

Practice more at **viva.vhlcentral.com.**

recursos

VM
pp. 253–254

S viva.vhlcentral.com

ACTIVIDADES

1 ¿Cierto o falso? Indica si lo que dice cada oración es **cierto** o **falso**.

1. En la Ciudad de México, el pasaje de metro cuesta 18 dólares.
2. En México, un pasaje se puede usar sólo para ir al centro de la ciudad.
3. En Chile hay varios tipos de transporte público.
4. Un abono es una multa que tienes que pagar si no compras el pasaje de metro de antemano (*in advance*).
5. En ningún caso los abonos de transporte sirven para más de un tipo de transporte.
6. En ciudades con varios tipos de transporte, los trenes, autobuses y metros pasan con mucha frecuencia.
7. Hay pocos letreros en las paradas y estaciones.
8. Los metros en los que viaja más gente cada día están en México, España y Chile.
9. La ciudad de Buenos Aires tiene el sistema de metro más viejo de Latinoamérica.
10. El metro que lleva menos tiempo en servicio es el de la ciudad de Medellín, Colombia.

2 Comparación Compara el servicio de metro en México con el servicio de un transporte público en el área donde vives. Da información de la frecuencia, el precio del pasaje, cuántas personas lo usan y cuál prefieres tú.

CONEXIÓN INTERNET

What do you know about **México, D.F.** and **Bogotá, Colombia**? Go to **viva.vhlcentral.com** to find out more and to access these components:

- the **Flash cultura** video
- more activities
- additional reading: **La transformación de una ciudad**

El Metro del D.F.

1 Preparación Imagina que estás en México, D.F., una de las ciudades más grandes del mundo. ¿Qué transporte usas para ir de un lugar a otro? ¿Por qué?

2 El video Mira el episodio de **Flash cultura**.

Vocabulario			
concurrido *busy, crowded*		**transbordo** *transfer, change*	
se esconde *is hidden*		**tranvía** *streetcar*	

Viajando en el Metro… puedes conocer más acerca de la cultura de este país.

Para la gente… mayor de 60 años, es el transporte totalmente gratuito.

3 Seleccionar Selecciona la respuesta correcta para completar cada oración.

1. El Bosque de Chapultepec es uno de los lugares más _____ (solitarios/concurridos) de la ciudad.
2. En las estaciones _____ (de transbordo/ subterráneas) los pasajeros pueden cambiar de trenes para llegar fácilmente a su destino.
3. Algunas líneas del Metro no son subterráneas, sino superficiales, es decir, _____ (paran/circulan) al nivel de la calle.
4. Dentro de algunas estaciones hay _____ (danzas indígenas/exposiciones de arte).

14.1 The subjunctive in adjective clauses ⓢ Tutorial

¿Hay un banco por aquí que tenga cajero automático?

No hay ningún banco en esta calle que tenga cajero automático.

▸ Adjective clauses modify nouns or pronouns. The subjunctive can be used in adjective clauses to indicate that the existence of someone or something is uncertain or indefinite.

▸ The subjunctive is used in an adjective clause that refers to a person, place, thing, or idea that either does not exist or whose existence is uncertain or indefinite.

Busco **un profesor** que **enseñe** japonés.	¿Conoces **un buen restaurante** que **esté** cerca de mi casa?
I'm looking for a professor who teaches Japanese.	*Do you know a good restaurant that is near my house?*

▸ The indicative is used when the adjective clause refers to a person, place, thing, or idea that is clearly known, certain, or definite.

Quiero ir **al restaurante** que **está** en frente de la biblioteca.	Conozco a **alguien** que **va** a esa peluquería.
I want to go to the restaurant that's in front of the library.	*I know someone who goes to that beauty salon.*

Adjective clauses

Indicative	**Subjunctive**
Necesito el libro que tiene información sobre Venezuela.	Necesito un libro que tenga información sobre Venezuela.
I need the book that has information about Venezuela.	*I need a book that has information about Venezuela.*
Quiero vivir en esta casa que tiene jardín.	Quiero vivir en una casa que tenga jardín.
I want to live in this house that has a garden.	*I want to live in a house that has a garden.*
En mi barrio, hay una heladería que vende helado de mango.	En mi barrio, no hay ninguna heladería que venda helado de mango.
In my neighborhood, there's an ice cream shop that sells mango ice cream.	*In my neighborhood, there isn't an ice cream shop that sells mango ice cream.*

¡ojo!

These verbs are commonly followed by adjective clauses in the subjunctive:

buscar	conocer
encontrar	haber
necesitar	querer

▸ The personal **a** is not used with direct objects that are hypothetical people. However, **alguien** and **nadie** are always preceded by the personal **a** when they function as direct objects.

Necesitamos **un empleado** que **sepa** usar computadoras.	Necesitamos **al empleado** que **sabe** usar computadoras.
We need an employee who knows how to use computers.	*We need the employee who knows how to use computers.*
Buscamos **a alguien** que **pueda** cocinar.	No conocemos **a nadie** que **pueda** cocinar.
We're looking for someone who can cook.	*We don't know anyone who can cook.*

▸ The subjunctive is commonly used in questions when the speaker is unsure. However, if the person who responds to the question knows the information, the indicative is used.

—¿Hay un parque que **esté** cerca de nuestro hotel?	—Sí, hay un parque que **está** muy cerca del hotel.
Is there a park that's close to our hotel?	*Yes, there's a park that's very close to the hotel.*

Práctica y conversación

1 Minidiálogos Completa los minidiálogos con la forma correcta de los verbos indicados.

MARCIA Buscamos un hotel que (1) _____ [tener] piscina.

MARTÍN Hay tres o cuatro hoteles por aquí que (2) _____ [tener] piscina.

• • •

EDUARDO ¿Hay algún buzón por aquí donde yo (3) _____ [poder] echar una carta?

SUSANA Sí, hay uno en la esquina donde (4) _____ [poder] echar una carta.

• • •

ANA Queremos encontrar un restaurante que (5) _____ [servir] comida venezolana.

BENITO Creo que el restaurante en esta cuadra (6) _____ [servir] comida venezolana.

• • •

VICENTE Necesitas al empleado que (7) _____ [entender] este nuevo programa de computación.

MARISOL No hay nadie que (8) _____ [entender] este programa.

2 Completar Completa estas oraciones de manera lógica. Luego, compara tus respuestas con las de un(a) compañero/a.

1. Tengo un(a) amigo/a que…
2. Algún día espero tener un apartamento o una casa que…
3. Quiero visitar un país que…
4. No tengo ningún/ninguna profesor(a) que…
5. Es importante conocer a alguien que…
6. Mi compañero/a de cuarto busca una lavandería que…
7. Un(a) consejero/a (*advisor*) debe ser una persona que…
8. Mi novio/a quiere un perro que…
9. En esta clase no hay nadie que…
10. Mis padres buscan un carro que…

3 Encuesta Averigua (*Find out*) quiénes de tus compañeros/as conocen a alguien que haga estas actividades. Si responden que sí, pregunta quién es y anota sus respuestas. Comparte los resultados con la clase.

Actividades	Nombres	Respuestas
1. Conocer bien su ciudad	_____	_____
2. Hablar japonés	_____	_____
3. Comprender el subjuntivo	_____	_____
4. Odiar ir de compras	_____	_____
5. Ser venezolano/a	_____	_____
6. Trabajar en una zapatería	_____	_____
7. No tener tarjeta de crédito	_____	_____
8. Graduarse este año	_____	_____

4 Anuncios clasificados En parejas, lean estos anuncios y describan el tipo de persona u objeto que se busca. Usen el subjuntivo.

CLASIFICADOS

CLASES DE INGLÉS Profesor de Inglaterra con diez años de experiencia ofrece clases para grupos o instrucción privada para individuos. Llamar al 933-4110 de 16:30 a 18:30.

SE BUSCA CONDOMINIO Se busca condominio en Sabana Grande con 3 alcobas, 2 baños, sala, comedor, lavadora, secadora y aire acondicionado. Tel: 977-2018.

EJECUTIVO DE CUENTAS Se requiere joven profesional con al menos dos años de experiencia en el sector financiero. Se ofrecen beneficios excelentes. Enviar currículum vitae al Banco Unión, Avda. Urdaneta 263, Caracas.

VENDEDOR(A) Se necesita persona dinámica y responsable con buena presencia. Experiencia mínima de un año. Horario de trabajo flexible. Llamar a Joyería Aurora de 10 a 13h y de 16 a 18h. Tel: 263-7553.

PELUQUERÍA UNISEX Se busca persona con experiencia en peluquería y maquillaje para trabajar tiempo completo. Llamar de 9 a 13h. Tel: 261-3548.

COMPARTIR APARTAMENTO Se necesita compañera para compartir apartamento de 2 alcobas en el Chaco. Alquiler 300.000 bolívares por mes. No fumar. Llamar al 951-3642 entre 19 y 22h.

Practice more at
viva.vhlcentral.com.

14.2 Familiar (tú) commands

 Tutorial

Trae algo de comer.

No te preocupes,
el supermercado
está cerca.

▶ Use familiar (**tú**) commands when you want to give an order or advice to someone that you normally address with **tú**.

▶ Affirmative **tú** commands usually have the same form as the **usted/él/ella** form of the present indicative. The pronoun **tú** is only used for emphasis.

Paga al contado.
Pay in cash.

Pide un préstamo.
Ask for a loan.

Affirmative *tú* commands

indicative

Infinitive	Present subjunctive	Affirmative *tú* command
cuidar	él/ella/Ud. cuida	cuida (tú)
tocar	él/ella/Ud. toca	toca (tú)
temer	él/ella/Ud. teme	teme (tú)
volver	él/ella/Ud. vuelve	vuelve (tú)
insistir	él/ella/Ud. insiste	insiste (tú)
pedir	él/ella/Ud. pide	pide (tú)

▶ There are eight irregular affirmative **tú** commands.

decir	di	ir	ve	salir	sal	tener	ten
hacer	haz	poner	pon	ser	sé	venir	ven

Haz los ejercicios.
Do the exercises.

¡**Sal** de aquí ahora mismo!
Leave here at once!

¡**Ten** cuidado con el perro!
Be careful with the dog!

▶ Negative **tú** commands have the same form as the **tú** form of the present subjunctive.

Carlos, **no eches** eso al buzón.
Carlos, don't put that in the mailbox.

Julia, **no cruces** la calle.
Julia, don't cross the street.

¡ojo!

Verbs ending in **-car**, **-gar**, and **-zar** have a spelling change in the negative **tú** commands.

c → qu
sacar   no saques
g → gu
apagar   no apagues
z → c
almorzar   no almuerces

Negative *tú* commands

Infinitive	Present subjunctive	Negative *tú* command
cuidar	tú cuides	no cuides (tú)
tocar	tú toques	no toques (tú)
temer	tú temas	no temas (tú)
volver	tú vuelvas	no vuelvas (tú)
insistir	tú insistas	no insistas (tú)
pedir	tú pidas	no pidas (tú)

¡ojo!

These verbs have irregular negative tú commands:

dar   no des
estar   no estés
ir   no vayas
saber   no sepas
ser   no seas

▶ The negative familiar commands keep the same stem changes as the indicative.

No p**ie**rdas el mapa.
Don't lose the map.

No v**ue**lvas a esa gasolinera.
Don't go back to that gas station.

▶ **Ir** and **ver** have the same **tú** command. Context will determine the meaning.

Ve al supermercado con José.
Go to the supermarket with José.

Ve ese programa… es muy interesante.
Watch that program… it's very interesting.

▶ The placement of reflexive and object pronouns in **tú** commands follows the same rules as in formal commands. When a pronoun is attached to a command of more than two syllables, a written accent is used.

Informal		Formal	
¡Alégra**te**!	Di**me**.	¡Alégren**se**!	Díga**me**.
Be happy!	*Tell me.*	*Be happy!*	*Tell me.*
No **te** sientas triste.	No **me** lo digas.	No **se** sientan tristes.	No **me** lo diga.
Don't feel sad.	*Don't tell me (it).*	*Don't feel sad.*	*Don't tell me (it).*

Práctica y conversación

Practice more at
viva.vhlcentral.com.

1 Unas diligencias Completa los pedidos que la señora Pujol le hace a su esposo. Usa las formas correctas de los mandatos informales.

1. Enrique, _____ [ir] al banco, por favor.
2. Cuando llegues al banco, _____ [depositar] este cheque en nuestra cuenta corriente.
3. No _____ [depositarlo] en la cuenta de ahorros y, por favor, no _____ [pedir] un préstamo.
4. Luego _____ [pasar] por la zapatería y _____ [recoger] mis zapatos.
5. No _____ [pagar] al contado, sino con un cheque.

2 Quehaceres Pedro y Marina no se ponen de acuerdo (*agree*) cuando le dan órdenes a su hijo Miguel. Lee los quehaceres que Pedro le da a Miguel. Después, usa la información entre paréntesis para formar las órdenes que le da Marina. Sigue el modelo.

MODELO
Recoge los libros. (poner la mesa)
No los recojas, Miguel. Pon la mesa.

1. Barre el suelo. (pasar la aspiradora)
2. Plancha la ropa. (hacer las camas)
3. Saca la basura. (quitar la mesa)
4. Ve a la joyería. (ir a la frutería)
5. Dale los libros a Katia. (dárselos a Juan)
6. Prepara la cena. (limpiar el carro)

3 Estoy perdido/a Con un(a) compañero/a, preparen una conversación breve entre un(a) estudiante nuevo/a en la universidad y otro estudiante que le indica cómo llegar a varios lugares.

MODELO
Estudiante 1: *Quiero ir al laboratorio de Ciencias, pero estoy perdido. ¿Me puedes ayudar?*
Estudiante 2: *Sí. Sigue derecho hasta llegar a la Facultad de Negocios. Dobla a la izquierda…*

4 Órdenes En grupos, intercambien tres órdenes con cada uno. Luego, cada uno debe seguir las órdenes que el resto del grupo le da o reaccionar apropiadamente.

MODELO
Estudiante 1: *Dame todo tu dinero.*
Estudiante 2: *No, no quiero dártelo. Muéstrame tu cuaderno.*
Estudiante 1: *Aquí está.*
Estudiante 3: *Ve a la pizarra y escribe tu nombre.*
Estudiante 4: *No quiero. Hazlo tú.*

14.3 Nosotros/as commands

 Tutorial

▶ **Nosotros/as** commands, which correspond to the English *let's* + [*verb*], are used to give orders or suggestions that include yourself and other people.

Crucemos la calle.
Let's cross the street.

No crucemos la calle.
Let's not cross the street.

▶ Both affirmative and negative **nosotros/as** commands are generally formed by using the first person plural form of the present subjunctive.

▶ The affirmative *let's* + [*verb*] may also be expressed with **vamos a** + [*infinitive*]. Remember, however, that **vamos a** + [*infinitive*] can also mean *we are going to (do something)*. Context and tone will determine which meaning is being expressed.

Vamos a cruzar la calle.
Let's cross the street.

Vamos a trabajar mucho.
We're going to work a lot.

¿Quieres ir al supermercado?

▶ To express *let's go*, the present indicative form of **ir** (**vamos**) is used, not the subjunctive. For the negative command, however, the subjunctive (**vayamos**) is used.

Affirmative	Negative
Vamos a la pescadería.	**No vayamos** a la pescadería.
Let's go to the fish market.	*Let's not go to the fish market.*

¡Excelente idea! ¡Vamos!

▶ Object pronouns are attached to affirmative **nosotros/as** commands. A written accent is added to maintain the original stress.

Firmemos el cheque.
Let's sign the check.

Firmémoslo.
Let's sign it.

Escribamos a Ana y a Raúl.
Let's write to Ana and Raúl.

Escribámosles.
Let's write to them.

▶ When **nos** or **se** is attached to an affirmative **nosotros/as** command, the final **–s** is dropped.

Démoselo a ella.
Let's give it to her.

Mandémoselo a ellos.
Let's send it to them.

Sentémonos allí.
Let's sit down there.

Levantémonos temprano.
Let's get up early.

▶ Object pronouns are placed in front of negative **nosotros/as** commands.

No **les paguemos** el préstamo.
Let's not pay them the loan.

No **se lo digamos** a ellos.
Let's not tell them (it).

No **lo compremos.**
Let's not buy it.

No **se la presentemos.**
Let's not introduce her.

▶ The **nosotros/as** command form of **irse** (*to go away*) is **vámonos**. Its negative form is **no nos vayamos**.

¡Vámonos de vacaciones!
Let's go away on vacation!

No nos vayamos de aquí.
Let's not go away from here.

Práctica y conversación

Practice more at
viva.vhlcentral.com.

1 **Conversación** Completa esta conversación con los mandatos de **nosotros/as.**

MARÍA Sergio, ¿quieres hacer diligencias por la tarde?

SERGIO No (1) _____ [dejarlas] para más tarde.
(2) _____ [Hacerlas] ahora.

MARÍA Necesito comprar sellos.

SERGIO Yo también. (3) _____ [Ir] al correo.

MARÍA Pues, antes de ir al correo, necesito sacar dinero de mi cuenta corriente.

SERGIO Bueno, (4) _____ [buscar] un cajero automático.

MARÍA ¿Tienes hambre?

SERGIO Sí. (5) _____ [Cruzar] la calle y (6) _____ [comer] algo en ese café.

MARÍA Buena idea.

SERGIO ¿Nos sentamos aquí?

MARÍA No, no (7) _____ [sentarse] aquí; (8) _____ [sentarse] enfrente de la ventana.

SERGIO ¿Qué pedimos?

MARÍA (9) _____ [Pedir] café y pan dulce.

2 **Hagámoslo** Responde a cada oración; sigue el modelo.

MODELO
Vamos a vender el carro. (Sí)
Sí, vendámoslo.

1. Vamos a levantarnos a las seis. (Sí)
2. Vamos a enviar los paquetes. (No)
3. Vamos al supermercado. (No)
4. Vamos a mandar esta tarjeta postal a nuestros amigos. (No)
5. Vamos a limpiar la habitación. (Sí)
6. Vamos a mirar la televisión. (No)
7. Vamos a bailar. (Sí)
8. Vamos a arreglar la sala. (No)

3 **Decisiones** Imagina que estás con un(a) amigo/a. Túrnense para hacerse estas preguntas. Usen los mandatos de **nosotros/as** en sus respuestas.

1. ¿Vamos al cine en taxi o en autobús?
2. ¿Volvemos al hotel después de la película o tomamos algo en un café?
3. ¿Pagamos la cuenta al contado o con tarjeta de crédito?

4 **Preguntar** Tú y un(a) compañero/a están de vacaciones y se hacen sugerencias para resolver las situaciones. Usen los mandatos de **nosotros/as.**

MODELO
Se nos olvidaron las tarjetas de crédito.
Paguemos en efectivo./ No compremos más regalos.

1. El museo está a sólo una cuadra de aquí.
2. Tenemos hambre.
3. Hay mucha cola en el cine.
4. Tenemos muchos cheques de viajero.
5. Tenemos prisa para llegar al cine.
6. Estamos cansados y queremos dormir.

5 **Turistas** En grupos pequeños, imaginen que están en Caracas por dos días. Lean esta página de una guía turística sobre la ciudad y decidan qué van a hacer hoy por la mañana, por la tarde y por la noche. Usen mandatos de **nosotros/as.**

MODELO
Visitemos el Museo de Arte Contemporáneo Sofía Imber esta mañana. Quiero ver las esculturas (sculptures) de Jesús Rafael Soto.

Guía de Caracas

MUSEOS
- **Museo de Arte Colonial** Avenida Panteón
- **Museo de Arte Contemporáneo Sofía Imber** Parque Central. Esculturas de Jesús Rafael Soto y pinturas de Miró, Chagall y Picasso.
- **Galería de Arte Nacional** Parque Central. Colección de más de 4.000 obras de arte venezolano.

SITIOS DE INTERÉS
- **Plaza Bolívar**
- **Jardín Botánico** Avenida Interna UCV. De 8:00 a 5:00.
- **Parque del Este** Avenida Francisco de Miranda. Parque más grande de la ciudad con serpentarium.
- **Casa Natal de Simón Bolívar** Esquinas San Jacinto y Traposos. Casa colonial donde nació Simón Bolívar.

RESTAURANTES
- **El Barquero** Avenida Luis Roche
- **Restaurante El Coyuco** Avenida Urdaneta
- **Restaurante Sorrento** Avenida Francisco Solano
- **Café Tonino** Avenida Andrés Bello

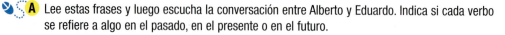

Ampliación

S Audio: Activity
Repaso
Video: TV Clip

1 Escuchar

A Lee estas frases y luego escucha la conversación entre Alberto y Eduardo. Indica si cada verbo se refiere a algo en el pasado, en el presente o en el futuro.

TIP **Listen for specific information and linguistic cues.** You can often get the facts you need by listening for specific pieces of information. You should also be aware of the linguistic structures you hear. By listening for verb endings, you can figure out whether the verbs describe past, present, or future actions. Verb endings also indicate who is performing the action.

1. Demetrio / comprar en Macro _____

2. Alberto / comprar en Macro _____

3. Alberto / estudiar psicología _____

4. carro / tener frenos malos _____

5. Eduardo / comprar un anillo (*ring*) para Rebeca _____

6. Eduardo / estudiar _____

B ¿Crees que Alberto y Eduardo viven en una ciudad grande o en un pueblo? ¿Cómo lo sabes?

2 Conversar

Imagina que tú y tu compañero/a de cuarto tienen problemas económicos. Preparen una conversación en la que hablan de cuatro problemas y proponen soluciones para cada uno. Usen los mandatos de **nosotros/as**.

MODELO

Estudiante 1: No sé qué hacer. Casi no tengo el dinero para el alquiler.

Estudiante 2: Debes ahorrar más dinero… y yo también. No comamos en restaurantes. Prepararemos comida en casa.

Estudiante 1: Tal vez necesitemos mudarnos. Necesitamos un apartamento que sea más barato.

Estudiante 2: ¡Uy! No quiero mudarme. Pídele un préstamo a tu papá, mejor.

Estudiante 1: No lo puedo hacer cada mes. Pero tienes razón, podemos ahorrar dinero comiendo en casa.

Estudiante 2: Y no usemos más las tarjetas de crédito. Paguemos todo de la cuenta corriente para saber mejor adónde va el dinero.

recursos

WB pp. 141–146

LM pp. 81–83

S viva.vhlcentral.com

3 Escribir Escribe una carta a un(a) amigo/a en la cual le explicas claramente cómo llegar a tu casa desde el aeropuerto. Incluye también un mapa detallado para que no se confunda.

TIP **List key words.** When you give directions, you use prepositions that describe location, such as **enfrente de, al lado de,** and **detrás de.** Making a list of these expressions will help you write your directions more efficiently.

Organízalo	Planea la mejor ruta para llegar a tu casa. Apunta las expresiones útiles para indicar cómo llegar, como los nombres de las calles y de los monumentos.
Escríbelo	Dibuja un mapa y utilízalo para escribir el primer borrador de tu carta.
Corrígelo	Intercambia tu carta con un(a) compañero/a. Anota los aspectos mejor escritos. Ofrécele sugerencias. ¿Hay suficientes detalles? ¿Está claro el mapa? Si ves algunos errores, coméntaselos.
Compártelo	Revisa el primer borrador de la carta y el mapa según las indicaciones de tu compañero/a. Incorpora nuevas ideas y prepara la versión final.

4 Un paso más Imagina que eres miembro de un grupo que está promocionando una comunidad modelo en un país hispano. Diseña un folleto (*brochure*) informativo para dar a conocer la comunidad.

- Escoge el lugar ideal para el proyecto. Considera el acceso a las ciudades grandes, los eventos culturales y los recursos naturales.

- Incluye un mapa del país elegido que indique dónde está localizada la comunidad modelo.

- Crea un mapa de la zona que muestre las atracciones principales del centro de la comunidad.

- Explica las características de la comunidad.

CONEXIÓN INTERNET

Investiga estos temas en viva.vhlcentral.com.

- Ciudades en España
- Ciudades en México, el Caribe y Centroamérica
- Ciudades en América del Sur

Antes de leer

Audio: Dramatic Recording
Additional Reading

You can understand a narrative more completely if you identify the point of view of the narrator. You can do this by simply asking yourself from whose perspective is the story being told. Some stories are narrated in the first person. That is, the narrator is a character in the story, and everything you read is filtered through that person's thoughts, emotions, and opinions. Other stories have an omniscient narrator who is not one of the story's characters, but reports the thoughts and actions of all the characters. This reading selection is a short story by Marco Denevi. Is this short story narrated in the first person or by an omniscient narrator? How can you tell?

_____

_____

Sobre el autor

Marco Denevi (1922–1998) escritor y dramaturgo argentino. Estudió derecho y más tarde se convirtió en escritor. Algunas de sus obras, como *Rosaura a las diez*, han sido (*have been*) llevadas al cine. Denevi se caracteriza por su gran creatividad e ingenio, que jamás dejan de sorprender al lector (*reader*).

Esquina peligrosa

Marco Denevi

El señor Epidídimus, el magnate de las finanzas°, uno de los hombres más ricos del mundo, sintió un día el vehemente deseo de visitar el barrio donde había vivido cuando era niño y trabajaba como dependiente de almacén.

Le ordenó a su chofer que lo condujese hasta aquel barrio humilde° y remoto. Pero el barrio estaba tan cambiado que el señor Epidídimus no lo reconoció. En lugar de calles de tierra había bulevares asfaltados°, y las míseras casitas de antaño° habían sido reemplazadas por torres de departamentos°.

Al doblar una esquina vio el almacén, el mismo viejo y sombrío° almacén donde él había trabajado como dependiente cuando tenía doce años.

–Deténgase aquí–le dijo al chofer. Descendió del automóvil y entró en el almacén. Todo se conservaba igual que en la época de su infancia: las estanterías, la anticuada caja registradora°, la balanza de pesas° y, alrededor, el mudo asedio° de la mercadería.

El señor Epidídimus percibió el mismo olor de sesenta años atrás: un olor picante y agridulce a

jabón amarillo, a aserrín° húmedo, a vinagre, a aceitunas, a acaroína°. El recuerdo de su niñez lo puso nostálgico. Se le humedecieron los ojos. Le pareció que retrocedía en el tiempo.

Desde la penumbra del fondo° le llegó la voz ruda del patrón:

–¿Estas son horas de venir? Te quedaste dormido, como siempre.

El señor Epidídimus tomó la canasta de mimbre, fue llenándola con paquetes de azúcar, de yerba y de fideos, y salió a hacer el reparto°.

La noche anterior había llovido y las calles de tierra estaban convertidas en un lodazal°.

(1974)

finanzas *finance*   humilde *humble, modest*   asfaltados *paved with asphalt*
antaño *yesteryear*   torres de departamentos *apartment buildings*   sombrío *somber*
anticuada caja registradora *old-fashioned cash register*   balanza de pesas *scale*
mudo asedio *silent siege*   aserrín *sawdust*   acaroína *disinfectant*
penumbra del fondo *half-light from the back*   reparto *delivery*   lodazal *bog*

Después de leer

¿Comprendiste?

Indica si las oraciones son **ciertas** o **falsas**. Corrige las falsas.

Cierto	Falso	
_____	_____	**1.** El señor Epidídimus tiene una tienda con la que gana poco dinero.
_____	_____	**2.** Epidídimus vivía en un barrio humilde cuando era pequeño.
_____	_____	**3.** Epidídimus le ordenó al chofer que lo llevara a un barrio de gente con poco dinero.
_____	_____	**4.** Cuando Epidídimus entró al almacén se acordó de experiencias pasadas.
_____	_____	**5.** Epidídimus les dio órdenes a los empleados del almacén.

Preguntas

Responde a estas preguntas con oraciones completas.

1. ¿Es rico o pobre Epidídimus? ¿Cómo lo sabes?

_____

2. ¿Por qué Epidídimus va al almacén?

_____

3. ¿De quién es la voz "ruda" que Epidídimus escucha? ¿Qué orden crees que le dio a Epidídimus?

_____

4. ¿Qué hace Epidídimus al final?

_____

Coméntalo

¿Te sorprendió el final de este cuento? ¿Por qué? ¿Qué va a hacer Epidídimus el resto del día?

Audio: Vocabulary Flashcards

En la ciudad

el banco	bank
la carnicería	butcher's shop
el correo	post office
la frutería	fruit store
la heladería	ice cream shop
la joyería	jewelry store
la lavandería	laundromat
la panadería	bakery
la pastelería	pastry shop
la peluquería	hairdressing salon
la pescadería	fish market
el salón de belleza	beauty salon
el supermercado	supermarket
la zapatería	shoe store
hacer cola	to stand in line
hacer diligencias	to run errands

En el correo

el cartero	mail carrier
el correo	mail
las estampillas	stamps
el paquete	package
los sellos	stamps
el sobre	envelope
echar (una carta) al buzón	to put (a letter) in the mailbox; to mail (a letter)
enviar	to send
mandar	to send

En el banco

el cajero automático	automatic teller machine, ATM
el cheque	check
el cheque de viajero	traveler's check
la cuenta corriente	checking account
la cuenta de ahorros	savings account
ahorrar	to save (money)
cobrar	to cash (a check); to charge (for a product or service)
depositar	to deposit
firmar	to sign
llenar (un formulario)	to fill out
pagar a plazos	to pay in installments
pagar al contado	to pay in cash
pedir prestado	to borrow
pedir un préstamo	to apply for a loan
ser gratis	to be free of charge

Las direcciones

la cuadra	(city) block
la dirección	address
la esquina	corner
el letrero	sign
cruzar	to cross
doblar	to turn
estar perdido/a	to be lost
indicar cómo llegar	to give directions
quedar	to be located
(al) este	(to the) east
(al) oeste	(to the) west
(al) norte	(to the) north
(al) sur	(to the) south
derecho	straight (ahead)
enfrente de	opposite; facing
hacia	toward

Expresiones útiles	See page 310.

El Canal de Panamá conecta el océano Pacífico con el océano Atlántico. La construcción de este cauce (*channel*) artificial empezó en 1903 y concluyó diez años después. Es la fuente (*source*) principal de ingresos (*income*) del país, gracias al dinero que aportan los más de 12.000 buques (*ships*) que transitan anualmente por esta ruta.

América Central II

Nicaragua

Área: 129.494 km² (49.998 millas²)
Población: 6.066.000
Capital: Managua–1.312.000
Ciudades principales: León, Masaya, Granada
Moneda: córdoba

SOURCE: Population Division, UN Secretariat

Costa Rica

Área: 51.100 km² (19.730 millas²)
Población: 4.665.000
Capital: San José–1.374.000
Ciudades principales: Alajuela, Cartago, Puntarenas, Heredia
Moneda: colón costarricense

SOURCE: Population Division, UN Secretariat

Panamá

Área: 78.200 km² (30.193 millas²)
Población: 3.509.000
Capital: Ciudad de Panamá–1.379.000
Ciudades principales: Colón, David
Moneda: balboa (es equivalente al dólar estadounidense)

SOURCE: Population Division, UN Secretariat

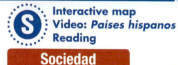

Interactive map
Video: *Países hispanos*
Reading

Sociedad

Costa Rica: una nación progresista

Costa Rica es un país progresista. Tiene un nivel de alfabetización del 96%, uno de los más altos de Latinoamérica. Además, en 1870, Costa Rica abolió la pena de muerte (*death penalty*) y, en 1948, disolvió el ejército (*army*) e hizo obligatoria y gratis la educación para todos los costarricenses.

Museo Nacional de Costa Rica, antiguo cuartel (*barracks*) del ejército (*army*).

Indígenas

La mola

La mola es una forma de arte textil de los kunas, una tribu indígena que vive en las islas San Blas de Panamá. Las molas se hacen con fragmentos de tela (*material*) de vivos colores. Las molas tradicionales tienen diseños (*patterns*) geométricos. Antes se usaban como ropa, pero hoy día también sirven para decorar casas.

HONDURAS

Río Coco

Cordillera Isabela

NICARAGUA

Río Tuma

Sierra Madre

Cordillera de Yolaina

• León
Lago de Managua

Managua ⭐ • Masaya

• Granada

Lago de Nicaragua
Isla Zapatera
Isla Ometepe

Río San Juan

Océano Pacífico

Cordillera de Guanacaste

COSTA RICA

Río Reventazón

Puntarenas

San José ⭐

Cartago • Limón

Cordillera de Talamarca

Mar Caribe

Escritores

Ernesto Cardenal

El nicaragüense Ernesto Cardenal es poeta, escultor y sacerdote (*priest*) católico. Es uno de los escritores más famosos de América Latina. Ha escrito (*He has written*) más de treinta y cinco libros. Desde joven creyó en el poder (*power*) de la poesía para mejorar la sociedad, y trabajó por establecer la igualdad y la justicia en su país.

Política

Óscar Arias

Óscar Arias es actualmente presidente de Costa Rica por segunda vez[1]. Su primer período presidencial fue de 1986 a 1990. Arias tiene una amplia formación académica: estudió en Costa Rica, Estados Unidos e Inglaterra y fue profesor de Ciencias Políticas en la Universidad de Costa Rica. Durante su primer período como presidente, trabajó incansablemente (*tirelessly*) para establecer la paz (*peace*) en Centroamérica. Finalmente, logró (*he achieved*) un acuerdo (*agreement*) de paz con los presidentes de El Salvador, Nicaragua, Honduras y Guatemala. Por sus esfuerzos (*efforts*), ganó el Premio Nobel de la Paz en 1987.

[1] A la fecha de publicación, Óscar Arias ejercía como presidente de Costa Rica en un período programado para terminar en 2010.

Bocas del Toro

Canal de Panamá

Islas San Blas

Cordillera de San Blas

Colón

Río Chepo

Ciudad de Panamá

Serranía de Tabasará

PANAMÁ

David

Isla del Rey

Isla de Coiba

Golfo de Panamá

recursos

WB
pp. 147–148

VM
pp. 221–224

viva.vhlcentral.com

COLOMBIA

¿Qué aprendiste?

1 **¿Cierto o falso?** Indica si estas oraciones son **ciertas** o **falsas**.

Cierto   Falso

_____ _____ **1.** El Canal de Panamá conecta los océanos Pacífico y Atlántico.

_____ _____ **2.** Por el Canal de Panamá pasan más de 12.000 barcos por día.

_____ _____ **3.** La población de Nicaragua es mayor que la de Panamá.

_____ _____ **4.** San José es la capital de Panamá.

_____ _____ **5.** En Costa Rica, la educación es gratis y obligatoria para todos los turistas.

_____ _____ **6.** Costa Rica disolvió el ejército en 1948.

_____ _____ **7.** La mola es una tribu indígena que vive en Panamá.

_____ _____ **8.** Las molas se usan hoy para decorar casas.

_____ _____ **9.** Ernesto Cardenal es uno de los escritores más famosos de América Latina.

_____ _____ **10.** Ernesto Cardenal escribió menos de veinte libros.

_____ _____ **11.** Óscar Arias fue presidente de Panamá.

_____ _____ **12.** Óscar Arias ganó el Premio Nobel de la Paz en 1987.

2 **Preguntas** Contesta estas preguntas.

1. ¿Crees que el Canal de Panamá es importante? ¿Por qué?

2. ¿Estás de acuerdo en que Costa Rica es uno de los países más progresistas del mundo? ¿Por qué?

3. ¿Qué tipos de artesanías en tu país son tan famosas como la mola en Panamá?

4. ¿Conoces a otros escritores o artistas famosos de Latinoamérica? ¿Te gustan?

5. ¿Crees que Óscar Arias mereció (*deserved*) recibir el Premio Nobel de la Paz?

CONEXIÓN INTERNET

Busca más información sobre estos temas en el sitio viva.vhlcentral.com. Presenta la información a tus compañeros/as de clase.

- Costa Rica
- Las molas
- Ernesto Cardenal
- Óscar Arias

Practice more at
viva.vhlcentral.com.

15 El bienestar

Communicative Goals

You will learn how to:
- discuss health, well-being, and nutrition
- describe an action or event in the immediate past
- describe an event that occurred before another past event

Para empezar

- ¿Qué está comiendo ella?
- ¿Crees que es activa o sedentaria?
- ¿Tiene estrés?
- ¿Crees que tiene buena salud? ¿Por qué?

El bienestar

Talking Picture Tutorial Games

EL BIENESTAR

el bienestar *well-being*

aliviar el estrés/la tensión *to relieve stress/tension*

disfrutar (de) *to enjoy; to reap the benefits (of)*

llevar una vida sana *to lead a healthy lifestyle*

(no) fumar *(not) to smoke*

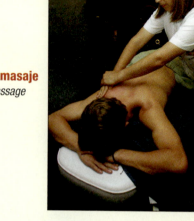

el masaje
massage

EN EL GIMNASIO

el músculo *muscle*

calentarse (e:ie) *to warm up*

entrenarse *to practice; to train*

estar en buena forma *to be in good shape*

hacer ejercicio *to exercise*

hacer ejercicios aeróbicos *to do aerobics*

hacer gimnasia *to work out*

mantenerse en forma *to stay in shape*

sudar *to sweat*

hacer ejercicios de estiramiento
to do stretching exercises

levantar pesas
to lift weights

la clase de ejercicios aeróbicos
aerobics class

LA NUTRICIÓN

la caloría *calorie*

el colesterol *cholesterol*

la grasa *fat*

la merienda *(afternoon) snack*

los minerales *minerals*

la nutrición *nutrition*

la proteína *protein*

adelgazar *to lose weight; to slim down*

aumentar de peso *to gain weight*

consumir alcohol *to consume alcohol*

engordar *to gain weight*

estar a dieta *to be on a diet*

seguir una dieta equilibrada
to eat a balanced diet

descafeinado/a *decaffeinated*

las vitaminas
vitamins

merendar (e:ie)
to have a(n) (afternoon) snack

la bebida alcohólica
alcoholic beverage

ADJETIVOS

activo/a *active*

débil *weak*

flexible *flexible*

sedentario/a *sedentary*

tranquilo/a *calm; quiet*

OTRAS PALABRAS Y EXPRESIONES

la droga *drug*

el/la drogadicto/a *drug addict*

el/la teleadicto/a *couch potato*

apurarse *to hurry; to rush*

darse prisa *to hurry; to rush*

sufrir muchas presiones *to be under a lot of pressure*

tratar de (+ inf.) *to try (to do something)*

en exceso *in excess; too much*

sin *without*

fuerte
strong

Práctica y conversación  **Audio: Activities**

1 Seleccionar 🎧 Escucha el anuncio del gimnasio Sucre. Marca los servicios que se ofrecen.

_____ 1. dietas para adelgazar

_____ 2. programa para aumentar de peso

_____ 3. clases de gimnasia

_____ 4. entrenador personal (_personal trainer_)

_____ 5. programas privados de pesas

_____ 6. clases de estiramiento

_____ 7. masajes

_____ 8. programa para dejar de fumar

_____ 9. programas para teleadictos

_____ 10. clases de ejercicios aeróbicos

2 Combinar Combina las frases de las dos columnas para formar ocho oraciones lógicas.

_____ 1. David levanta pesas…

_____ 2. Estás en buena forma…

_____ 3. Felipe se lastimó…

_____ 4. Mi hermano…

_____ 5. Sara hace ejercicios de…

_____ 6. Mis primos están a dieta…

_____ 7. Para llevar una vida sana,…

_____ 8. Los médicos sufren muchas…

a. aumentó de peso.

b. estiramiento.

c. presiones de sus pacientes.

d. porque quieren adelgazar.

e. porque haces ejercicio.

f. un músculo de la pierna.

g. no se debe fumar.

h. y corre mucho.

3 Describir Describe lo que ocurre en los dibujos.

1. _____ 2. _____ 3. _____ 4. _____

4 Un anuncio En grupos pequeños, imaginen que son dueños/as de un gimnasio con equipo (_equipment_) moderno, entrenadores cualificados y un(a) nutricionista. Preparen un anuncio para la televisión que atraiga (_attracts_) a nuevos clientes. Incluyan esta información: **las ventajas de estar en buena forma, el equipo que tienen, las características únicas del gimnasio, los servicios y las clases que ofrecen, la dirección y el teléfono del gimnasio, el precio para los socios (_members_).**

5 Recomendaciones En parejas, imaginen que están preocupados/as por los malos hábitos de un(a) amigo/a suyo/a que no está bien últimamente (_lately_). Escriban y representen un diálogo en el cual hablan de lo que está pasando en la vida de su amigo/a y los cambios que necesita hacer para llevar una vida sana.

recursos

viva.vhlcentral.com

6 **El teleadicto**  Con un(a) compañero/a, representen una conversación entre un(a) nutricionista y un(a) teleadicto/a. La persona sedentaria habla de sus malos hábitos de salud. El/La nutricionista debe sugerir una dieta equilibrada y una rutina para mantenerse en forma.

 Practice more at **viva.vhlcentral.com.**

Ortografía Las letras **b** y **v**  Concepts

Since there is no difference in pronunciation between the Spanish letters *b* and *v*, spelling words that contain these letters can be tricky. Here are some tips.

nomb**re** **bl**usa** **a**bs**oluto** **descu**br**ir**

The letter *b* is always used before consonants.

bonita** **bot**ella** **bus**car** **bien**estar**

At the beginning of words, the letter **b** is usually used when it is followed by the letter combinations **–on, –or, –ot, –u, –ur, –us, –ien,** and **–ene.**

 Practice more at **viva.vhlcentral.com.**

adelgazab**a** **disfruta**b**an** **i**b**as** **í**b**amos**

The letter *b* is used in the verb endings of the imperfect tense for **–ar** verbs and **ir**.

voy** **v**amos** **estu**v**o** **tu**v**ieron**

The letter *v* is used in the present tense forms of **ir** and in the preterite forms of **estar** and **tener**.

octav**o** **hu**ev**o** **act**iv**a** **gr**av**e**

The letter *v* is used in these noun and adjective endings: **–avo/a, –evo/a, –ivo/a, –ave, –eve.**

El ahorcado Juega al ahorcado (*hangman*) para adivinar las palabras.

1. _ u _ _ _ s   Están en el cielo.
2. _ _ u _ _ _ n   Relacionado con el correo.
3. _ o _ e _ _ a   Está llena de líquido.
4. _ i _ _ e   Fenómeno meteorológico.
5. _ e _ _ _ _ _ s   Los "ojos" de la casa.

recursos
LM p. 86
viva.vhlcentral.com

¡Qué buena excursión!

Video: *Fotonovela*
Record & Compare

Martín y los estudiantes van de excursión a las montañas.

Expresiones útiles

Getting ready to start a hike

Ya veo que han traído lo que necesitan.
I see that you have brought what you need.

¡Todos han venido muy bien equipados!
Everyone has come very well-equipped!

¿(Están) listos?
(Are you) ready?

¡En marcha, pues!
Let's get going, then!

Talking about a hike

¿Cómo les fue en la excursión?
How did the hike go?

Nunca había visto un paisaje tan espectacular.
I had never seen such a spectacular landscape.

Nunca había hecho una excursión. ¡Me encantó!
I had never gone on a hike before. I loved it!

Ha sido la mejor excursión de mi vida.
It's been the best hike of my life.

Showing courtesy

Gracias por todo.
Thanks for everything.

Ha sido un placer.
It's been a pleasure.

¡Cuídense!
Take care!

recursos

VM
pp. 197–198

viva.vhlcentral.com

MARTÍN Buenos días, don Francisco.
DON FRANCISCO ¡Hola, Martín!
MARTÍN Ya veo que han traído lo que necesitan. ¡Todos han venido muy bien equipados!

MARTÍN Muy bien. ¡Atención, chicos! Primero hagamos algunos ejercicios de estiramiento...

MARTÍN Es bueno que se hayan mantenido en buena forma. Entonces, jóvenes, ¿ya están listos?
JAVIER ¡Sí, listísimos! No puedo creer que finalmente haya llegado el gran día.

MARTÍN ¡Fabuloso! ¡En marcha, pues!
DON FRANCISCO ¡Adiós! ¡Cuídense!

Martín y los estudiantes pasan ocho horas caminando en las montañas. Hablan, sacan fotos y disfrutan del paisaje. Se divierten muchísimo.

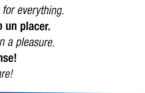

DON FRANCISCO
 JAVIER
 INÉS
 ÁLEX
 MAITE
MARTÍN

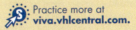

6

DON FRANCISCO ¡Hola! ¡Qué alegría verlos! ¿Cómo les fue en la excursión?

JAVIER Increíble, don Efe. Nunca había visto un paisaje tan espectacular. Es un lugar estupendo. Saqué mil fotos y tengo montones de escenas para dibujar.

7

MAITE Nunca había hecho una excursión. ¡Me encantó! Cuando vuelva a España, voy a tener mucho que contarle a mi familia.

8

INÉS Ha sido la mejor excursión de mi vida. Amigos, Martín, don Efe, mil gracias.

9

ÁLEX Sí, gracias, Martín. Gracias por todo.

MARTÍN No hay de qué. Ha sido un placer.

10

DON FRANCISCO Chicos, pues es hora de volver. Creo que la señora Vives nos ha preparado una cena muy especial.

Practice more at
viva.vhlcentral.com.

Actividades

1 Seleccionar Selecciona la opción que completa mejor cada oración.

1. Antes de salir, el grupo hace…
   a. ejercicios de estiramiento.
   b. ejercicios aeróbicos.
   c. gimnasia.
2. Los excursionistas _____ y hablaron en las montañas.
   a. descansaron
   b. caminaron, dibujaron
   c. sacaron fotos, disfrutaron del paisaje
3. Para Inés, ha sido la mejor excursión…
   a. del viaje.   b. del año.   c. de su vida.
4. La señora Vives les ha preparado…
   a. una cena especial.
   b. un día en las montañas muy especial.
   c. una excursión espectacular.

2 Completar Completa las oraciones con estas expresiones:
aliviar el estrés, grasa, masaje, teleadicta, vitamina.

1. A Javier le duelen los músculos. Necesita un _____.
2. Don Francisco a veces sufre presiones y estrés en su trabajo. Debe hacer ejercicio para _____.
3. A Inés le encanta salir con amigos o leer un buen libro. Ella nunca va a ser una _____.
4. Álex trata de seguir una dieta equilibrada. Por ejemplo, trata de no comer mucha _____.

3 Minidrama En grupos pequeños, preparen un minidrama sobre este episodio. Incluyan un evento dramático e inesperado (*unexpected*) que cambie el final.

BAJO LA LUPA

Additional Reading
Video: *Flash cultura*

Spas naturales

¿Hay algo mejor que un buen baño° para descansar y aliviar la tensión? Y si el baño se toma en una terma°, el beneficio° es mayor. Los tratamientos con agua y lodo° para mejorar la salud y el bienestar son populares en Latinoamérica desde hace muchos siglos°. Las termas son manantiales° naturales de agua caliente. La temperatura facilita la absorción de minerales y otros elementos que el agua contiene y que son buenos para la salud. El agua de las termas se usa en piscinas, baños y duchas o en el sitio natural en el que surge° el agua: pozas°, estanques° o cuevas°.

En Baños de San Vicente, en Ecuador, son muy populares los tratamientos° con lodo volcánico.

Ecotermales en Arenal, Costa Rica

Volcán de lodo El Totumo, Colombia

El lodo caliente se extiende por el cuerpo; así la piel° absorbe los minerales beneficiosos para la salud; también se usa para dar masajes. La lodoterapia es útil para tratar varias enfermedades, además hace que la piel se vea radiante.

En Costa Rica, la actividad volcánica también ha dado° origen a fuentes° y pozas termales. Si te gusta cuidarte y amas la naturaleza, recuerda estos nombres: Las Hornillas y Las Pailas. Son pozas naturales de aguas termales que están cerca del volcán Rincón de la Vieja. ¡Un baño termal en medio de un paisaje tan hermoso es una experiencia única!

Otros balnearios°

Todos ofrecen piscinas, baños, pozas y duchas de aguas termales y además...

Lugar	Servicios
El Edén y Yanasara, Curgos (Perú)	cascadas° de aguas termales
Montbrió del Camp, Tarragona (España)	baños de algas°
Puyuhuapi (Chile)	duchas de agua de mar; baños de algas
Termas de Río Hondo, Santiago del Estero (Argentina)	baños de lodo
Tepoztlán, Morelos (México)	temazcales° aztecas
Uyuni, Potosí (Bolivia)	baños de sal

Practice more at
viva.vhlcentral.com.

recursos

VM
pp. 255–256

viva.vhlcentral.com

baño *bath* terma *hot spring* beneficio *benefit* lodo *mud* siglos *centuries* manantiales *springs* surge *springs forth* pozas *small pools* estanques *ponds* cuevas *caves* tratamientos *treatments* piel *skin* ha dado *has given* fuentes *springs* balnearios *spas* cascadas *waterfalls* algas *seaweed* temazcales *steam and medicinal herb baths*

ACTIVIDADES

1 ¿Cierto o falso? Indica si lo que dicen las oraciones es **cierto** o **falso**.

1. Las aguas termales son beneficiosas para algunas enfermedades, incluido el estrés.
2. Los tratamientos con agua y lodo se conocen sólo desde hace pocos años.
3. Las termas son manantiales naturales de agua caliente.
4. La temperatura de las aguas termales no afecta la absorción de los minerales.
5. Mucha gente va a Baños de San Vicente, Ecuador, por sus playas.
6. Las Hornillas y Las Pailas son pozas de aguas termales en Costa Rica.
7. Es posible ver aguas termales en forma de cascadas.
8. Tepoztlán ofrece temazcales aztecas.

2 Para sentirte mejor 🎁 Entrevista a un(a) compañero/a sobre sus hábitos de salud diarios y semanales y lo que le ayuda a sentirse mejor. Incluyan las actividades deportivas, la alimentación y lo que hacen en sus ratos libres.

CONEXIÓN INTERNET

Do you know any Colombian athletes? Go to **viva.vhlcentral.com** to find out and to access these components:

- the **Flash cultura** video
- more activities
- additional reading: **Una atleta versátil**

Flash CULTURA

¿Estrés? ¿Qué estrés?

1 Preparación ¿Sufres de estrés? ¿Qué situaciones te producen estrés? ¿Qué haces para combatirlo?

2 El video Mira el episodio de **Flash cultura.**

Vocabulario

árabe *Moorish, Arab*
el bullicio *hustle and bustle*
combatir el estrés *to fight against stress*
el ruido *noise*

El tráfico, el ruido de las calles... Todos quieren llegar al trabajo a tiempo.

… la gente viene a "retirarse", a escapar del estrés y el bullicio de la ciudad.

3 ¿Cierto o falso? Indica si las oraciones son **ciertas** o **falsas.** Corrige las oraciones falsas.

1. Madrid es la segunda ciudad más grande de España, después de Barcelona.
2. Madrid es una ciudad muy poco congestionada (*congested*) gracias a los policías de tráfico.
3. Un turista estadounidense intenta saltearse la cola (*cut the line*) para entrar a un espectáculo.
4. En el Parque del Retiro, puedes descansar, hacer gimnasia, etc.
5. Los baños termales Medina Mayrit son de influencia cristiana.
6. En Medina Mayrit es posible bañarse en aguas termales, tomar el té y hasta comer.

15.1 Past participles used as adjectives Tutorial

Forming past participles

Sólo tomo café descafeinado.

Estoy cansada.

▶ The past participles of English verbs often end in –*ed* (*to turn* ➜ *turned*), but many are irregular (*to buy* ➜ *bought*; *to drive* ➜ *driven*).

▶ In Spanish, regular **–ar** verbs form the past participle with **–ado**. Regular **–er** and **–ir** verbs form the past participle with **–ido**.

INFINITIVE	STEM	PAST PARTICIPLE
bailar	bail–	bailado
comer	com–	comido
vivir	viv–	vivido

▶ You already know several past participles used as adjectives: **aburrido, cansado, cerrado, enamorado, interesado, nublado, perdido,** etc.

▶ All irregular past participles, except for those of **decir (dicho)** and **hacer (hecho)**, end in **–to**.

Irregular past participles

abrir	abierto	escribir	escrito	resolver	resuelto
decir	dicho	hacer	hecho	romper	roto
describir	descrito	morir	muerto	ver	visto
descubrir	descubierto	poner	puesto	volver	vuelto

▶ The past participles of **–er** and **–ir** verbs whose stems end in **–a**, **–e**, or **–o** carry a written accent mark on the **i** of the **–ido** ending.

caer	caído	oír	oído	sonreír	sonreído
creer	creído	reír	reído	traer	traído
leer	leído				

La ventana está rota.

Past participles used as adjectives

▶ In Spanish, as in English, past participles can be used as adjectives. They are often used with the verb **estar** to describe a condition or state that results from an action. Like other Spanish adjectives, past participles must agree in gender and number with the nouns they modify.

El gimnasio **está cerrado.**
The gym is closed.

En la entrada, hay algunos letreros **escritos** en español.
In the entrance, there are some signs written in Spanish.

El cheque ya **está firmado.**
The check is already signed.

Tenemos la mesa **puesta** y la cena **hecha.**
We have the table set and dinner made.

La puerta está abierta.

Práctica y conversación

1 Completar Completa estas oraciones con la forma adecuada del participio pasado.

1. El hombre _____ [describir] en ese panfleto es un entrenador personal (*personal trainer*) de gimnasia.

2. Serena Williams es una atleta muy _____ [conocer].

3. ¿Está _____ [hacer] la cena?

4. Los libros _____ [usar] son más baratos que los nuevos.

5. Los documentos están _____ [firmar].

6. Creo que el gimnasio está _____ [abrir] veinticuatro horas al día.

2 Describir Completa las frases con las palabras de la lista. Haz los cambios necesarios.

estar cerrado	estar aburrido
estar muerto	estar descrito
estar roto	estar firmado
estar abierto	no estar hecho

1. Los estudiantes
_____.

2. Los cheques
_____.

3. La ventana
_____.

4. La cama
_____.

5. La puerta
_____.

6. El señor Vargas
_____.

3 Preguntas En parejas, túrnense para hacerse estas preguntas.

1. ¿Qué haces cuando no estás preparado/a para una clase?

2. ¿Qué haces cuando estás perdido/a en una ciudad?

3. ¿Está ordenado tu cuarto?

4. ¿Dejas la luz prendida en tu cuarto?

5. ¿Prefieres comprar libros usados o nuevos? ¿Por qué?

6. ¿Tienes mucho dinero ahorrado?

7. ¿Necesitas pedirles dinero prestado a tus padres?

8. ¿Quiénes están aburridos en la clase?

9. ¿Hay alguien que esté dormido en la clase?

10. ¿Cuándo está abierto el gimnasio de la universidad?

4 Encuesta Averigua quién de tus compañeros/as se identifica con estas descripciones. Anota sus respuestas y comparte los resultados con la clase.

Descripciones	Nombres	Respuestas
1. Tiene algo roto en casa. (¿Qué es?)	_____	_____
2. Lleva algo hecho en Europa o en un país hispano. (¿Qué es?)	_____	_____
3. Deja la puerta de su cuarto abierta por la noche. (¿Por qué?)	_____	_____
4. Toma café descafeinado. (¿Cuándo?)	_____	_____
5. Está interesado/a en trabajar en un banco. (¿Por qué?)	_____	_____
6. Le gusta comprar ropa usada. (¿Dónde y por qué?)	_____	_____
7. Tiene un pariente o un(a) amigo/a muy conocido/a. (¿Quién?)	_____	_____
8. Es teleadicto/a. (¿Cuáles son sus programas favoritos?)	_____	_____

Practice more at
viva.vhlcentral.com.

15.2 The present perfect   **Tutorial**

Ya veo que han traído
todo lo que necesitan.

Todos han venido
muy bien equipados.

▶ The present perfect indicative tense (**el pretérito perfecto de indicativo**) is used to talk about what someone *has done*. It is formed with the present tense of **haber** and a past participle.

Present indicative of *haber*			
Singular forms		**Plural forms**	
yo	he	nosotros/as	hemos
tú	has	vosotros/as	habéis
Ud./él/ella	ha	Uds./ellos/ellas	han

Tú no **has cerrado** la puerta.
You haven't closed the door.

Yo ya **he leído** esos libros.
I've already read those books.

¿**Ha asistido** Juan a la clase?
Has Juan attended class?

Hemos presentado el proyecto.
We have presented the project.

¡ojo!

To say that someone
has just done
something, use **acabar
de** + [infinitive].

Juan **acaba de llegar**.
Juan has just arrived.

Ellos **acaban de salir**.
They have just left.

Acabo de terminar.
I have just finished.

Acabamos de comer.
We have just eaten.

▶ The past participle agrees with the noun when it functions as an adjective, but not when it is part of the present perfect tense.

Clara **ha abierto** las ventanas.
Clara has opened the windows.

Las ventanas están **abiertas**.
The windows are open.

▶ The present perfect is generally used just as in English: to talk about what *has occurred*. It usually refers to the recent past.

He trabajado cuarenta horas.
I have worked forty hours.

¿Cuál es el último libro que **has leído**?
What is the last book that you have read?

▶ **Haber** and the past participle cannot be separated by any word.

Siempre **hemos vivido** en Bolivia.
We have always lived in Bolivia.

Usted nunca **ha venido** a mi oficina.
You have never come to my office.

La señora Vives nos ha
preparado una cena.

▶ The word **no** and any object or reflexive pronouns are placed immediately before **haber**.

Yo **no he cobrado** el cheque.
I have not cashed the check.

Susana ya **lo ha hecho**.
Susana has already done it.

¿Por qué **no lo has cobrado**?
Why haven't you cashed it?

Ellos **no lo han arreglado**.
They haven't fixed it.

No hay de qué.
Ha sido un placer.

▶ In English, *to have* can be either a main verb or an auxiliary verb. As a main verb, it corresponds to **tener**, while as an auxiliary, it corresponds to **haber**.

Tengo un problema.
I have a problem.

He resuelto mi problema.
I have resolved my problem.

▶ The present perfect of **hay** is **ha habido**.

Ha habido muchos problemas.
There have been a lot of problems.

Ha habido un accidente.
There has been an accident.

Práctica y conversación

1 **Completar** Completa estas oraciones sobre el estado de salud y bienestar de algunos estudiantes con el pretérito perfecto del indicativo de estos verbos.

adelgazar	hacer	seguir
aumentar	llevar	sufrir

1. Luisa _____ muchas presiones este año.
2. Juan y Raúl _____ de peso porque no hacen ejercicio.
3. Pero María _____ porque trabaja demasiado y siempre se olvida de comer.
4. Hasta ahora, yo _____ una vida muy sana.
5. Pero tú y yo no _____ gimnasia este semestre.
6. Tú tampoco _____ una dieta equilibrada recientemente.

2 **Estilos de vida** Indica si has hecho estas actividades. Sigue el modelo.

MODELO
Encontrar un buen gimnasio
He encontrado un buen gimnasio. /
Yo no he encontrado un buen gimnasio.

1. Tratar de estar en forma
2. Estar a dieta los últimos dos meses
3. Dejar de tomar refrescos
4. Hacerse una prueba de colesterol
5. Entrenarse cinco días a la semana
6. Cambiar de una vida sedentaria a una vida activa
7. Tomar vitaminas por las noches y por las mañanas
8. Practicar yoga para relajarse
9. Consumir mucha proteína
10. Quedarse despierto/a toda una noche
11. Levantar pesas tres días a la semana
12. Aliviar el estrés

3 **¿Qué han hecho?**  En parejas, describan lo que han hecho y lo que no han hecho estas personas. Usen su imaginación.

1. Jorge y Raúl

2. Natalia y Diego

3. Luisa

4. Ricardo

5. Jacobo

6. Carmen

4 **Describir** En parejas, piensen en una persona que conozcan bien o en una celebridad que lleva una vida muy sana. Luego, describan en un párrafo lo que la persona ha hecho para mantener ese estilo de vida.

MODELO
Lance Armstrong ha llevado una vida muy sana. Ha hecho todo lo posible para mantenerse en forma. Para ganar las competencias de ciclismo, él ha...

Practice more at
viva.vhlcentral.com.

15.3 The past perfect Tutorial

▶ The past perfect indicative (**el pretérito pluscuamperfecto de indicativo**) is used to talk about what someone *had done* or what *had occurred* before another past action, event, or state. The past perfect uses the imperfect of **haber** plus the past participle.

Nunca había
visto un paisaje
tan espectacular.

Nunca había hecho
una excursión.

Past perfect indicative		
cerrar	**perder**	**asistir**
yo	había cerrado	había perdido	había asistido
tú	habías cerrado	habías perdido	habías asistido
Ud./él/ella	había cerrado	había perdido	había asistido
nosotros/as	habíamos cerrado	habíamos perdido	habíamos asistido
vosotros/as	habíais cerrado	habíais perdido	habíais asistido
Uds./ellos/ellas	habían cerrado	habían perdido	habían asistido

Antes de 2009, **había vivido** aquí.
Before 2009, I had lived here.

Cuando llegamos, Luis ya **había salido**.
When we arrived, Luis had already left.

▶ The past perfect is often used with the word **ya** (*already*). Note that **ya** cannot be placed between **haber** and the past participle.

Ella **ya había empezado**
cuando llamaron.
*She had already begun when
they called.*

Cuando llegué a casa, Raúl **ya se
había acostado**.
*When I arrived home, Raúl had
already gone to bed.*

ESPAÑOL EN VIVO

**¡Acabo de descubrir
una nueva vida!**

Hasta el año pasado, siempre había
mirado la tele sentado en el sofá durante
mis ratos libres. ¡Era un sedentario y un
teleadicto! Había aumentado mucho de
peso porque jamás había practicado
ningún deporte.

Este año, he empezado a seguir una
dieta más sana y voy al gimnasio todos
los días. He comenzado a ser una
persona muy activa y he adelgazado.
Disfruto de una vida sana y...
¡Me siento muy feliz!

Manténgase en forma.

¡Venga al Gimnasio Olímpico hoy mismo!

Práctica y conversación

1 Completar Completa los minidiálogos con las formas correctas del pretérito pluscuamperfecto del indicativo.

SARA Antes de cumplir los 15 años, ¿ (1) _____ [estudiar] tú otra lengua?

JOSÉ Sí, (2) _____ [tomar] clases de inglés y de italiano.

• • •

DOLORES Antes del 2009, ¿ (3) _____ [viajar] tú y tu familia a Europa?

TOMÁS Sí, (4) _____ [visitar] Europa tres veces.

• • •

ANTONIO Antes de este año, ¿ (5) _____ [correr] usted en un maratón?

SRA. VERA No, nunca lo (6) _____ [hacer].

• • •

SOFÍA Antes de su enfermedad, ¿ (7) _____ [sufrir] muchas presiones tu tío?

IRENE Sí… y él nunca (8) _____ [mantenerse] en forma.

2 Quehaceres Indica lo que ya había hecho cada miembro de la familia antes de la llegada de la madre, la señora Ferrer.

3 Tu vida En oraciones completas, indica si ya habías hecho estas cosas antes de cumplir los dieciséis años.

1. Escalar una montaña
2. Escribir un poema
3. Leer una novela
4. Enamorarte
5. Montar a caballo
6. Ir de pesca
7. Manejar un carro
8. Navegar en Internet

4 Oraciones En parejas, túrnense para completar estas oraciones, usando el pretérito pluscuamperfecto del indicativo.

1. Cuando yo llamé a mi mejor amigo/a la semana pasada, él/ella ya...
2. Antes de este año, mis amigos/as y yo nunca...
3. Hasta el año pasado, yo siempre...
4. Antes de cumplir los dieciocho años, mi mejor amigo/a...
5. Antes de cumplir los treinta años, mis padres ya...
6. Hasta que cumplí los dieciocho años, yo no...
7. Antes de este semestre, el/la profesor(a) de español no...
8. Antes de tomar esta clase, yo nunca...

5 Lo dudo Escribe cinco oraciones, algunas ciertas y otras falsas, sobre cosas que habías hecho antes de venir a la universidad. Luego, en grupos, túrnense para leer sus oraciones. Cada miembro del grupo debe decir "es cierto" o "lo dudo" después de escuchar cada oración. Luego, el que leyó escribe la reacción de cada compañero/a para ver quién obtiene más respuestas ciertas.

MODELO

Estudiante 1: *Cuando tenía diez años, ya había manejado el carro de mi papá.*

Estudiante 2: *Lo dudo.*

Estudiante 3: *Es cierto.*

6 Entrevista En parejas, preparen una conversación en la que un(a) periodista de televisión está entrevistando (*interviewing*) a un(a) actor/actriz famoso/a que está haciendo un video de ejercicios aeróbicos. El/la periodista le hace preguntas para descubrir esta información:

• Si siempre se había mantenido en forma antes de hacer este video
• Si había seguido una dieta especial antes de hacer este video
• Qué le recomienda a la gente que quiere mantenerse en forma
• Qué le recomienda a las personas que quieren adelgazar
• Qué va a hacer cuando termine el video

Practice more at **viva.vhlcentral.com.**

Ampliación

Audio: Activity
Repaso
Video: TV Clip

1 Escuchar 🎧

A Escucha lo que dice Ofelia Cortez de Bauer. Anota algunos de los cognados que escuchas y también la idea general del discurso.

TIP **Listen for the gist and cognates.** By listening for the gist, you can get the general idea of what you're hearing. Listening for cognates will help you to fill in the details.

Cognados	Idea general
_____	_____
_____	_____
_____	_____

Ahora indica si estas oraciones son **ciertas** o **falsas**.

Cierto	Falso	
_____	_____	**1.** La señora Bauer habla de la importancia de estar en buena forma.
_____	_____	**2.** Según la señora Bauer, es importante que todos sigan el mismo programa.
_____	_____	**3.** La señora Bauer participa en actividades individuales y de grupo.
_____	_____	**4.** Según la señora Bauer, el objetivo más importante de cada persona debe ser adelgazar.

B ¿Qué piensas de los consejos que ella da? ¿Hay otra información que ella debía haber incluido (*included*)?

2 Conversar

Con un(a) compañero/a, preparen una conversación entre el/la enfermero/a de la clínica de la universidad y un(a) estudiante que no se siente bien. Usen estas preguntas como guía.

- ¿Qué problema tiene y de dónde viene?
- ¿Tiene buenos hábitos el/la estudiante?
- ¿Qué ha hecho el/la estudiante en los últimos meses? ¿Cómo se ha sentido?
- ¿Qué recomendaciones tiene el/la enfermero/a para el/la estudiante?
- ¿Qué va a hacer el/la estudiante para llevar una vida más sana?

recursos

| WB pp. 151–156 | LM pp. 87–89 | viva.vhlcentral.com |

3 **Escribir** Desarrolla un plan personal para mejorar tu bienestar físico y emocional. Considera la nutrición, el ejercicio y el estrés.

TIP **Organize your information logically.** To make your writing and message clearer to your readers, organize information chronologically, sequentially, or in order of importance.

Organízalo	Escribe tus objetivos. Anota lo que has hecho hasta ahora, lo que no has hecho y lo que todavía tienes que hacer para conseguir tus objetivos.
Escríbelo	Organiza tus apuntes y escribe el primer borrador de tu plan personal.
Corrígelo	Intercambia tu plan personal con un(a) compañero/a. Dale sugerencias para mejorar la organización. ¿Incluye toda la información pertinente? ¿Es lógica la organización? Si ves algunos errores, coméntaselos.
Compártelo	Prepara la versión final, tomando en cuenta los comentarios de tu compañero/a. Luego con otro/a compañero/a, comparen lo que han escrito. ¿Son similares sus planes? ¿Son diferentes?

4 **Un paso más** Imagina que estás a cargo de (*in charge of*) promocionar una excursión de aventuras con actividades deportivas en algún país hispano. Crea un folleto (*brochure*) atractivo para vender la idea de la excursión. Luego compara tu folleto con los de tus compañeros/as.

- Escoge el país y los lugares que van a visitar.
- Describe las actividades deportivas y de aventura que van a hacer en cada lugar.
- Explica los aspectos de la excursión que son importantes para la salud.
- Incluye el costo del viaje.

CONEXIÓN INTERNET

Investiga estos temas en viva.vhlcentral.com.

- Actividades deportivas en el mundo hispano
- Turismo alternativo en el mundo hispano

Antes de leer

 Audio: Dramatic Recording
Additional Reading

For dramatic effect and to achieve a smoother writing style, authors often do not explicitly supply the reader with all the details of a story. Clues in the text can help you infer those things the writer chooses not to state in a direct manner. You simply "read between the lines" to fill in the missing information and draw conclusions about the story.

Sobre la autora

Cristina Peri Rossi (1941) Nació en Uruguay, pero ahora vive en España. En sus cuentos, novelas y poemas explora las pasiones, el aislamiento (*isolation*) y las incertidumbres (*uncertainties*) que sentimos como seres humanos (*human beings*).

14 (de *Indicios pánicos*)

Cristina Peri Rossi

Ella me ha entregado la felicidad dentro de una caja° bien cerrada, y me la ha dado, diciéndome:

—Ten cuidado, no vayas a perderla, no seas distraída, me ha costado un gran esfuerzo° conseguirla: los mercados estaban cerrados, en las tiendas ya no había y los pocos vendedores ambulantes que existían se han jubilado, porque

Después de leer

¿Comprendiste?

1. La persona que narra el cuento, ¿es hombre o es mujer?

2. El regalo, la felicidad, ¿fue fácil o difícil de conseguir?

3. ¿Dónde compró la persona la felicidad, en la calle o en una tienda?

4. Según la persona que la dio, ¿esta felicidad es de mejor o de peor calidad que la que tenía de joven?

5. Según ella, ¿hay mucho o poco riesgo (*risk*) de perder la felicidad?

6. ¿Por qué no puede abrir la caja la narradora?

7. Al final, ¿qué hace la narradora con la felicidad?

Preguntas

Responde a estas preguntas, sobre la narradora de la historia, con oraciones completas.

1. ¿Qué debe hacer para cuidar la felicidad?

2. ¿Qué límites le impone la felicidad a ella?

3. ¿Cómo quiere que su felicidad afecte a otras personas?

4. ¿Por qué tiene miedo de las polillas?

Coméntalo

En parejas, conversen sobre estas preguntas: ¿Por qué a la persona le resulta (*results*) difícil conseguir la felicidad? ¿Por qué está encerrada en una caja? ¿Vale la pena (*Is it worth it*) tener la "felicidad" guardada en una caja sin usar? ¿Qué simboliza la felicidad en este cuento?

tenían los pies cansados. Ésta es la única que pude hallar° en la plaza, pero es de las legítimas. Tiene un poco menos brillo° que aquella que consumíamos mientras éramos jóvenes y está un poco arrugada°, pero si caminas bien, no notarás° la diferencia. Si la apoyas en alguna parte°, por favor, recógela antes de irte, y si decides tomar un ómnibus, apriétala° bien entre las manos: la ciudad está llena de ladrones° y fácilmente te la podrían arrebatar°.

Después de todas estas recomendaciones soltó° la caja y me la puso entre las manos. Mientras caminaba, noté que no pesaba° mucho pero que era un poco incómoda de usar: mientras la sostenía no podía tocar otra cosa, ni me animaba a dejarla depositada, para hacer las compras. De manera que no podía entretenerme, y menos aún, detenerme a explorar, como era mi costumbre. A la mitad de la tarde tuve frío. Quería abrirla, para saber si era de las legítimas, pero ella me dijo que se podía evaporar. Cuando desprendí° el papel, noté que en la etiqueta° venía una leyenda°:

"Consérvese sin usar."

Desde ese momento tengo la felicidad guardada en una caja. Los domingos de mañana la llevo a pasear, por la plaza, para que los demás me envidien° y lamenten su situación; de noche la guardo en el fondo del ropero°. Pero se aproxima el verano y tengo un temor: ¿cómo la defenderé° de las polillas°?

me… caja *handed me happiness in a box* esfuerzo *effort*
la única que pude hallar *the only one I could find* brillo *shine*
arrugada *wrinkled* no notarás *you won't notice* Si… parte *If you set it down somewhere* apriétala *hold* ladrones *thieves* podrían arrebatar *could snatch* soltó *let go of* no pesaba *it didn't weigh* desprendí *I took off* etiqueta *label* leyenda *inscription* envidien *envy* en… ropero *in the back of the closet* defenderé *will I defend* polillas *moths*

Audio: Vocabulary Flashcards

El bienestar

el bienestar	well-being
la clase de ejercicios aeróbicos	aerobics class
la droga	drug
el/la drogadicto/a	drug addict
el masaje	massage
el músculo	muscle
el/la teleadicto/a	couch potato
adelgazar	to lose weight; to slim down
aliviar el estrés/ la tensión	to relieve stress/ tension
apurarse	to hurry; to rush
aumentar de peso	to gain weight
calentarse (e:ie)	to warm up
darse prisa	to hurry; to rush
disfrutar (de)	to enjoy; to reap the benefits (of)
engordar	to gain weight
entrenarse	to practice; to train
estar a dieta	to be on a diet
estar en buena forma	to be in good shape
(no) fumar	(not) to smoke
hacer ejercicio	to exercise
hacer ejercicios aeróbicos	to do aerobics
hacer ejercicios de estiramiento	to do stretching exercises
hacer gimnasia	to work out
levantar pesas	to lift weights
llevar una vida sana	to lead a healthy lifestyle
mantenerse en forma	to stay in shape
sudar	to sweat
sufrir muchas presiones	to be under a lot of pressure
tratar de (+ inf.)	to try (to do something)

El bienestar: adjetivos

activo/a	active
débil	weak
flexible	flexible
fuerte	strong
sedentario/a	sedentary
tranquilo/a	calm; quiet

La nutrición

la bebida alcohólica	alcoholic beverage
la caloría	calorie
el colesterol	cholesterol
la grasa	fat
la merienda	(afternoon) snack
los minerales	minerals
la nutrición	nutrition
la proteína	protein
las vitaminas	vitamins
consumir alcohol	to consume alcohol
merendar (e:ie)	to have a(n) (afternoon) snack
seguir una dieta equilibrada	to eat a balanced diet
descafeinado/a	decaffeinated

Palabras adicionales

en exceso	in excess; too much
sin	without

Expresiones útiles	See page 334.
Irregular past participles	See page 338.

recursos

LM
p. 89

viva.vhlcentral.com

16 El mundo del trabajo

Para empezar
- ¿Están estudiando o trabajando estas personas?
- ¿Llevan ellos ropa profesional?
- ¿Es posible que sean ingenieros?
- ¿Crees que él sufre de mucho estrés?

Talking Picture Tutorial Games

El mundo del trabajo

el científico
scientist

el actor
actor

LAS OCUPACIONES

el/la abogado/a *lawyer*

la actriz *actress*

el/la arqueólogo/a *archaeologist*

el/la arquitecto/a *architect*

el bailarín *dancer*

la bailarina *dancer*

el/la cantante *singer*

el/la carpintero/a *carpenter*

el/la consejero/a *counselor; advisor*

el/la contador(a) *accountant*

el/la corredor(a) de bolsa *stockbroker*

el/la diseñador(a) *designer*

el/la electricista *electrician*

el/la escritor(a) *writer*

el/la escultor(a) *sculptor*

el/la gerente *manager*

el hombre/la mujer de negocios *businessperson*

el/la jefe/a *boss*

el/la maestro/a *elementary school teacher*

el/la pintor(a) *painter*

el/la poeta *poet*

el/la político/a *politician*

el/la reportero/a *reporter*

el/la secretario/a *secretary*

el/la técnico/a *technician*

el cocinero
cook; chef

la peluquera
hairdresser

el bombero
firefighter

el psicólogo
psychologist

recursos

WB pp. 157–158	**LM** p. 91	viva.vhlcentral.com

Se busca

diseñador gráfico.

Ofrecemos excelentes beneficios.
Para mayor información,
diríjase a nuestra oficina principal,
Calle Castilla, no. 44.

el anuncio
advertisement

LAS ENTREVISTAS

el/la aspirante *candidate; applicant*
los beneficios *benefits*
el/la entrevistador(a) *interviewer*
el puesto *position; job*
el salario *salary*
la solicitud (de trabajo) *(job) application*
el sueldo *salary*

contratar *to hire*
entrevistar *to interview*
ganar *to earn*
obtener *to obtain; to get*
solicitar *to apply (for a job)*

el currículum
résumé

DATOS PERSONALES

Nombre y apellidos: **Carmela Roca**
Fecha de nacimiento: **14 de diciembre de 1987**
Lugar de nacimiento: **Salamanca**
D.N.I.: **7885270-R**
Dirección: **Calle Ferrara 17, 5**
37500 Salamanca
Teléfono: **923 270 118**
Correo electrónico: **rocac@teleline.com**

FORMACIÓN ACADÉMICA
• 2009-2011 Máster en Administración y Dirección de Empresas, Universidad Autónoma de Madrid
• 2005-2009 Licenciada en Administración y Dirección de Empresas por la Universidad de Salamanca

CURSOS Y SEMINARIOS
• 2006 "Gestión y Creación de Empresas", Universidad de Córdoba

EXPERIENCIA PROFESIONAL
• 2007-2009 Contrato de un año en la empresa RAMA, S.L., realizando tareas administrativas
• 2005-2007 Contrato de trabajo haciendo prácticas en Banco Sol

IDIOMAS
• INGLÉS Nivel alto. Título de la Escuela Oficial de Idiomas
• ITALIANO Nivel medio

INFORMÁTICA/COMPUTACIÓN
• Conocimientos de usuario de Mac / Windows
• MS Office

EL MUNDO DEL TRABAJO

el ascenso *promotion*
el aumento de sueldo *raise*
la carrera *career*
la compañía *company; firm*
el empleo *job; employment*
la empresa *company; firm*
la especialización *field of study*
los negocios *business; commerce*
la ocupación *occupation*
el oficio *trade*
la profesión *profession*
el teletrabajo *telecommuting*
el trabajo *job; work*
la videoconferencia *videoconference*

dejar *to quit; to leave behind*
despedir (e:i) *to fire*
invertir (e:ie) *to invest*
renunciar (a) *to resign (from)*
tener éxito *to be successful*

comercial *commercial; business-related*

la reunión
meeting

la entrevista
interview

Práctica y conversación  **Audio: Activities**

1 **¿Lógico o ilógico?** 🎧 Escucha las frases e indica si cada frase es **lógica** o **ilógica**.

	1.	2.	3.	4.	5.	6.	7.	8.
Lógico								
Ilógico								

2 **Completar** Escoge la respuesta que completa cada oración.

1. Quiero conseguir un puesto con _____.

   a. oficios   b. beneficios   c. ocupación

2. Luisa tiene la oportunidad de _____ la empresa donde trabaja.

   a. despedir   b. entrevistar   c. invertir en

3. Mi vecino dejó su _____ porque no le gustaba su jefe.

   a. puesto   b. anuncio   c. ascenso

4. Raúl va a _____ su empleo antes de empezar su propia empresa.

   a. solicitar   b. tener éxito   c. renunciar a

5. Mi madre _____ su carrera como escultora.

   a. tuvo éxito en   b. invirtió   c. entrevistó

6. ¿Cuándo obtuviste _____ más reciente?

   a. la reunión   b. la videoconferencia   c. el aumento de sueldo

7. Jorge llegó tarde a la _____ esta mañana.

   a. reunión   b. especialización   c. carrera

3 **Asociaciones** Escribe las profesiones que asocias con estas palabras.

1. pelo _____

2. novelas _____

3. emociones _____

4. teatro _____

5. periódico _____

6. pinturas _____

7. elecciones _____

8. baile _____

9. leyes _____

10. consejos _____

4 **Conversación** 👥 Contesta las preguntas con un(a) compañero/a.

1. ¿Te gusta tu especialización? ¿Cuál es tu carrera ideal? ¿Por qué?

2. ¿Cómo te preparas para una entrevista? ¿Obtienes siempre los puestos que quieres?

3. ¿Qué características tiene un(a) jefe/a bueno/a?

4. ¿Te gustaría más tener tu propia empresa o trabajar en una oficina? ¿Por qué?

recursos

viva.vhlcentral.com

5 **Una feria de trabajo** La clase va a organizar una feria (*fair*) de trabajo. Unos estudiantes son representantes de compañías y otros están buscando empleo.

Practice more at
viva.vhlcentral.com.

Representantes

- Preparan carteles con el nombre de su compañía.
- Escriben los puestos de trabajo que ofrecen.
- Contestan las preguntas de los aspirantes y describen los puestos disponibles.
- Consiguen los nombres y referencias de los aspirantes.

Aspirantes

- Circulan por la feria de trabajo.
- Hablan con tres representantes y formulan preguntas sobre los puestos que tienen.
- Muestran sus referencias y currículums.
- Escogen el puesto que les gustó más.

Ortografía **Las letras y, ll y h** **S** Concepts

The letters *ll* and *y* were not pronounced alike in Old Spanish. Nowadays, however, *ll* and *y* have the same or similar pronunciations in many parts of the Spanish-speaking world. This similarity results in frequent misspellings. The letter *h*, as you already know, is silent in Spanish, and it is often difficult to know whether words should be written with or without it. Here are some of the word groups that are spelled with each letter.

t**alla**	s**ello**	bot**ella**	amari**llo**

The letter *ll* is used in these endings: **–allo/a, –ello/a, –illo/a**.

llave	**lle**ga	**llo**rar	**llu**via

The letter *ll* is used at the beginning of words in these combinations: **lla–, lle–, llo–, llu–**.

ca**y**endo	le**y**eron	o**y**e	inclu**y**e

The letter *y* is used in some forms of the verbs **caer**, **leer**, and **oír**, and of verbs ending in **–uir**.

recursos

LM
p. 92

viva.vhlcentral.com

hiperactivo	**hosp**ital	**hipo**pótamo	**hum**or

The letter *h* is used at the beginning of words in these combinations: **hiper–, hosp–, hidr–, hipo–, hum–**.

hiato	**hie**rba	**hue**so	**hui**r

The letter *h* is also used in words that begin with these combinations: **hia–, hie–, hue–, hui–**.

Adivinanza Aquí tienes una adivinanza (*riddle*). Intenta descubrir de qué se trata.

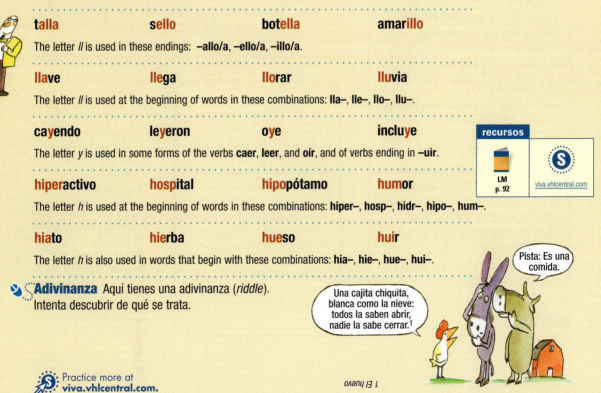

Una cajita chiquita, blanca como la nieve: todos la saben abrir, nadie la sabe cerrar.[1]

Pista: Es una comida.

Memorias del viaje

Los viajeros recuerdan sus experiencias.

Expresiones útiles

Expressing future wishes

Sé que muy pronto será famoso.
I know that he will be famous soon.
Creo que seremos buenos amigos.
I think we'll be good friends.
El próximo verano volveré para pintar más cuadros de lo que vi.
Next summer I'll return to paint more paintings of what I saw.
Cuando la gente los vea, seré famoso.
When people see them, I'll be famous.
Nunca se sabe, es posible que nos casemos un día de estos.
You never know, it's possible that we'll get married one of these days.
Me gustaría conocerlo mejor.
I would like to get to know him better.
Cuando vuelva, me gustaría que Inés, Maite y Álex vinieran conmigo.
When I return, I would like Inés, Maite, and Álex to come with me.

Reminiscing

Además, fue una oportunidad para que Javier y yo pudiéramos conocernos.
Besides, it was an opportunity for Javier and me to get to know each other.
Me sorprendió que mis amigos me organizaran una fiesta de cumpleaños.
It surprised me that my friends organized a birthday party for me.
Dudé que llegáramos a ser amigos.
I doubted that we would become friends.
No quería que el viaje se acabara.
I didn't want the trip to end.

recursos

viva.vhlcentral.com

La excursión a las montañas fue lo que más me gustó del viaje. ¡El paisaje era tan hermoso! Me encantó que mis amigos pudieran disfrutar de la belleza de mi país. Además, fue una oportunidad para que Javier y yo pudiéramos conocernos. Sé que muy pronto será un artista famoso. Nos llevamos muy bien durante el viaje y creo que seremos buenos amigos.

1

INÉS

Para mí, el paisaje de las montañas fue lo mejor del viaje. Tomé varias fotos e hice muchos dibujos. El próximo verano volveré para pintar más cuadros de lo que vi durante este viaje. Ahora soy un pintor desconocido… pero, cuando la gente vea esos cuadros, seré famoso. Estoy casi seguro de ello. Cuando vuelva, me gustaría que Inés, Maite y Álex vinieran conmigo. El viaje no sería tan divertido sin ellos.

2

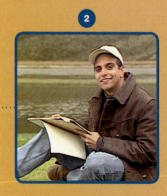

JAVIER

JAVIER

INÉS

ÁLEX

MAITE

3

ÁLEX

Hola, Mario:

Anoche volvimos a Quito. No quería que el viaje se acabara. Nos lo pasamos muy bien, incluso cuando se nos dañó el autobús cerca de Ibarra. Además, conocí a gente interesante, como Maite, que estudia para ser periodista. Durante el viaje, salimos juntos en varias ocasiones. Nunca se sabe, es posible que nos casemos un día de estos…

4

MAITE

El viaje fue estupendo. Me sorprendió que mis amigos me organizaran una fiesta de cumpleaños. Además, conocí a un chico encantador que se llama Álex. Me dijo que estaba pensando en empezar un negocio en Internet. En un primer momento, dudé que llegáramos a ser buenos amigos. Pero ahora me gustaría conocerlo mejor. ¿Quién sabe? Quizás nos convirtamos en algo más que amigos…

Practice more at viva.vhlcentral.com.

Actividades

1 Seleccionar Selecciona la opción más lógica para cada oración.

1. Inés cree que Javier será…
   a. un bombero.
   b. un artista famoso.
   c. un científico.
2. Maite estaba sorprendida de que sus amigos le hubieran organizado…
   a. una fiesta de cumpleaños.
   b. una excursión.
   c. una cena con Álex.
3. Javier volverá el próximo verano para…
   a. correr.   b. viajar.   c. pintar.
4. Álex no quería que el viaje se acabara porque…
   a. se le dañó la computadora.
   b. lo pasó muy bien.
   c. le gustó la comida de doña Rita.
5. Lo que más le gustó a Inés fue…
   a. Javier.
   b. la excursión a las montañas.
   c. el restaurante El Cráter.

2 Preguntas Responde a estas preguntas.

1. ¿Se habían conocido Inés y Javier antes del viaje?
2. ¿Qué piensa Maite de Álex?
3. ¿Qué le gustó más del viaje a Javier?
4. ¿Qué opina Álex sobre su futuro con Maite?

3 La reunión En veinte años, Maite, Álex, Inés y Javier se vuelven a reunir. En grupos, escriban un diálogo explicando qué ha pasado en sus vidas después del viaje. Representen el diálogo delante de la clase.

Beneficios en los empleos

Additional Reading
Video: *Flash cultura*

¿Qué piensas si te ofrecen un trabajo que te da treinta días de vacaciones pagadas? Los beneficios laborales° en los Estados Unidos, España e Hispanoamérica son diferentes en varios sentidos°. En España, por ejemplo, por ley federal los empleados tienen treinta días de vacaciones pagadas al año. Por otra parte, mientras que° en los Estados Unidos se otorga° una licencia por maternidad° de doce semanas, la ley° no especifica que sea pagada, esto depende de cada empresa. En muchos países hispanoamericanos las leyes dictan que esta licencia sea pagada. Países como Chile y Venezuela ofrecen a las madres trabajadoras° dieciocho semanas de licencia pagada.

Otra diferencia está en los sistemas de jubilación° de los países hispanoamericanos. Hasta la década de 1990, la mayoría de los países de Centroamérica y Suramérica tenía un sistema de jubilación público.

Es decir que las personas no tenían que pagar directamente por su jubilación, sino que el Estado la administraba. Sin embargo, en los últimos años las cosas han cambiado en Hispanoamérica: desde hace más de una década ya, casi todos los países han incorporado el sistema privado° de jubilación, y en muchos países podemos encontrar los dos sistemas (público y privado) funcionando al mismo tiempo, como en Colombia, Perú o Costa Rica.

El currículum vitae

- El currículum vitae contiene información personal y es fundamental que sea muy detallado°. En general, mientras más páginas tenga, mejor.
- Normalmente incluye la educación completa del aspirante, todos los trabajos que ha tenido e incluso sus gustos personales y pasatiempos.
- Puede también incluir detalles que no se suele incluir en los Estados Unidos: una foto del aspirante, su estado civil e incluso si tiene auto y de qué tipo.

beneficios laborales *job benefits*   **varios sentidos** *many ways*
mientras que *while*   **se otorga** *is given*   **licencia por maternidad**
maternity leave   **ley** *law*   **madres trabajadoras** *working mothers*
jubilación *retirement*   **privado** *private*   **detallado** *detailed*

recursos

VM
pp. 257–258

viva.vhlcentral.com

Practice more at
viva.vhlcentral.com.

ACTIVIDADES

1 ¿Cierto o falso? Indica si lo que dicen estas oraciones es **cierto** o **falso**.

1. Los trabajadores de los Estados Unidos y los de España tienen beneficios laborales diferentes.

2. La licencia por maternidad es igual en Hispanoamérica y los Estados Unidos.

3. En Venezuela, la licencia por maternidad es de cuatro meses y medio.

4. En España, los empleados tienen treinta días de vacaciones al año.

5. Hasta 1990, muchos países hispanoamericanos tenían un sistema de jubilación privado.

6. En Perú sólo tienen sistema de jubilación privado.

7. En general, el currículum vitae hispano y el estadounidense tienen contenido distinto.

8. En Hispanoamérica, es importante que el currículum vitae tenga pocas páginas.

2 Futuro laboral En parejas, hagan una lista con al menos tres expectativas que tienen sobre su futuro como trabajadores/as y sobre el trabajo que quieren tener. ¿Conocen bien las reglas para conseguir un trabajo? ¿Les gustan? ¿Les disgustan? Luego van a exponer sus ideas ante la clase para un debate.

CONEXIÓN INTERNET

How do people in Spanish-speaking countries search for jobs? Go to **viva.vhlcentral.com** to find out and to access these components:

- the **Flash cultura** video
- more activities
- additional reading:
  Paseador de perros: ¿un oficio con futuro?

El mundo del trabajo

1 Preparación ¿Trabajas? ¿Cuáles son tus metas (*goals*) profesionales?

2 El video Mira el episodio de **Flash cultura**.

Vocabulario

el desarrollo *development*	**promover** *to promote*
el horario *schedule*	**las ventas** *sales*

Gabriela, ¿qué es lo más difícil de ser una mujer policía?

Nuestra principal estrategia de ventas es promover nuestra naturaleza…

3 Escoger Escoge la opción correcta de cada par de afirmaciones.

1. **a.** Todos los ecuatorianos que trabajan en Ecuador son muy felices en su trabajo.
   b. En Ecuador, como en todos los países del mundo, hay personas que aman su trabajo y hay otras que lo odian.

2. **a.** El objetivo principal de la agencia Klein Tours es mostrar al mundo las maravillas de Ecuador.
   b. La agencia de viajes Klein Tours quiere mostrar al mundo que tiene los empleados más fieles y profesionales de toda Latinoamérica.

16.1 The future tense Tutorial

▶ You have already learned how to use **ir a** + [*infinitive*] to express the near future. You will now learn the future tense. Compare these different ways of expressing the future.

PRESENT INDICATIVE

Voy al cine mañana.
I'm going to the movies tomorrow.

PRESENT SUBJUNCTIVE

Ojalá **vaya al cine** mañana.
I hope I will go to the movies tomorrow.

IR A + INFINITIVE

Voy a ir al cine.
I'm going to go to the movies.

FUTURE

Iré al cine.
I will go to the movies.

Future tense of regular verbs

	estudiar	**aprender**	**recibir**
yo	estudiaré	aprenderé	recibiré
tú	estudiarás	aprenderás	recibirás
Ud./él/ella	estudiará	aprenderá	recibirá
nosotros/as	estudiaremos	aprenderemos	recibiremos
vosotros/as	estudiaréis	aprenderéis	recibiréis
Uds./ellos/ellas	estudiarán	aprenderán	recibirán

¡ojo!

All the forms of the future tense have written accents, except the **nosotros/as** form.

. . .

The future of **hay** (*inf.* **haber**) is **habrá** (*there will be*).

La próxima semana **habrá** dos reuniones.
Next week there will be two meetings.

Habrá muchos gerentes en la conferencia.
There will be many managers at the conference.

▶ In Spanish, the future tense consists of one word, whereas in English it is made up of the auxiliary verb *will* or *shall* and the main verb.

¿Cuándo **recibirás** el ascenso?
When will you receive the promotion?

Mañana **aprenderemos** más.
Tomorrow we will learn more.

▶ The future endings are the same for all verbs. For regular verbs, add the endings to the infinitive. For irregular verbs, add the endings to the irregular stem.

Irregular verbs in the future

INFINITIVE	STEM	FUTURE FORMS	INFINITIVE	STEM	FUTURE FORMS
decir	dir–	diré	querer	querr–	querré
haber	habr–	habré	saber	sabr–	sabré
hacer	har–	haré	salir	saldr–	saldré
poder	podr–	podré	tener	tendr–	tendré
poner	pondr–	pondré	venir	vendr–	vendré

▶ Although the English verb *will* can refer to future time, it also refers to someone's willingness to do something. In this case, Spanish uses **querer** + [*infinitive*].

¿**Quieres llamarme**, por favor?
Will you please call me?

¿**Quieren ustedes escucharnos,** por favor?
Will you please listen to us?

▶ English sentences involving expressions such as *I wonder, I bet, must be, may, might,* and *probably* are often conveyed in Spanish using the future of probability. This use of the future tense expresses conjecture about *present* conditions, events, or actions.

—¿Dónde **estarán** mis llaves?
I wonder where my keys are?

—**Estarán** en la cocina.
They're probably in the kitchen.

▶ The future may be used in the main clause of sentences in which the present subjunctive follows a conjunction of time such as **cuando, después (de) que, en cuanto, hasta que,** and **tan pronto como.**

Cuando llegues a la oficina, **hablaremos**.
When you arrive at the office, we will talk.

Saldremos tan pronto como termine su trabajo.
We will leave as soon as you finish your work.

Práctica y conversación

Practice more at
viva.vhlcentral.com.

1 Planes Celia está hablando de sus planes. Repite lo que dice usando el tiempo futuro.

MODELO

Voy a consultar un diccionario en la biblioteca.
Consultaré un diccionario en la biblioteca.

1. Julián me va a decir dónde puedo buscar trabajo.
2. Voy a buscar un puesto que ofrezca ascensos.
3. Álvaro y yo nos vamos a casar pronto.
4. Voy a obtener un puesto en mi especialización.
5. Mis amigos van a intentar (*try*) obtener un teletrabajo.

2 Preguntas En parejas, túrnense para hablar del puesto que prefieren y por qué, basándose en los anuncios. Usen las preguntas como guía y hagan también sus propias preguntas.

SE BUSCA DIRECTOR
de mercadeo para empresa privada. Mínimo de 5 años de experiencia en turismo y conexiones con INTUR (Instituto Nicaragüense de Turismo) y ANTUR (Asociación Nicaragüense de Turismo Receptivo). Debe hablar inglés, español y alemán. Salario anual: 306.000 córdobas. Horario flexible. Buenos beneficios. Envíe currículum por fax al 492-38-67.

MUEBLERÍA MANAGUA
busca carpintero/a. Experiencia en fabricación de muebles finos. Horario: lunes a viernes de 7:30 a 11:30 y de 1:30 a 5:30. Sueldo semanal: 462 córdobas (y beneficios). Comenzará inmediatamente. Solicite en persona: Calle El Lago, Managua.

1. ¿Cuál será tu trabajo?
2. ¿Cuánto te pagarán?
3. ¿Te ofrecerán beneficios?
4. ¿Qué horario tendrás?
5. ¿Crees que te gustará?
6. ¿Cuándo comenzarás?

3 Conversar Tú y un(a) compañero/a viajarán a la República Dominicana por siete días. Indiquen lo que harán y no harán. Digan dónde, cómo, con quién o cuándo lo harán usando el anuncio como guía. Pueden usar sus propias ideas también.

MODELO

Estudiante 1: *¿Qué haremos el martes?*
Estudiante 2: *Visitaremos el Jardín Botánico.*

¡Bienvenido a la República Dominicana!

Se divertirá desde el momento en que llegue al Aeropuerto Internacional de las Américas.
- Visite la ciudad colonial de **Santo Domingo** con su interesante arquitectura.
- Vaya al **Jardín Botánico** y disfrute de nuestra abundante naturaleza.

- En el **Mercado Modelo**, no va a poder resistir la tentación de comprar artesanías.
- No deje de escalar la montaña del **Pico Duarte** (se recomiendan 3 días).
- ¿Le gusta bucear? **Cabarete** tiene todo el equipo que Ud. necesita.
- ¿Desea nadar? **Punta Cana** le ofrece hermosas playas.

4 Una empresa privada En grupos pequeños, hagan planes para formar una empresa privada. Usen las preguntas como guía. Después presenten su plan a la clase.

1. ¿Cómo se llamará y qué tipo de empresa será?
2. ¿Cuántos empleados tendrá y cuáles serán sus oficios?
3. ¿Qué tipo de beneficios se ofrecerán?
4. ¿Quién será el/la gerente y quién será el/la jefe/a?
5. ¿Permitirá su empresa el teletrabajo? ¿Por qué?
6. ¿Dónde pondrán anuncios para buscar empleados?

5 Predicciones En grupos pequeños, especulen sobre lo que ocurrirá en estos años: 2015, 2030 y 2050. Usen su imaginación. Luego compartan sus predicciones con la clase.

16.2 The conditional tense Tutorial

▶ The conditional tense in Spanish expresses what you *would do* or what *would happen* under certain circumstances. In Lesson 7, you learned the polite expression **me gustaría...** (*I would like...*), which uses a conditional form of **gustar**.

The conditional tense

	visitar	comer	aplaudir
yo	visitaría	comería	aplaudiría
tú	visitarías	comerías	aplaudirías
Ud./él/ella	visitaría	comería	aplaudiría
nosotros/as	visitaríamos	comeríamos	aplaudiríamos
vosotros/as	visitaríais	comeríais	aplaudiríais
Uds./ellos/ellas	visitarían	comerían	aplaudirían

▶ The conditional endings are the same for all verbs, and all forms carry a written accent. For regular verbs, add the endings to the infinitive. For irregular verbs, add the conditional endings to the irregular stems.

Irregular verbs in the conditional

INFINITIVE	STEM	CONDITIONAL	INFINITIVE	STEM	CONDITIONAL
decir	dir–	diría	querer	querr–	querría
haber	habr–	habría	saber	sabr–	sabría
hacer	har–	haría	salir	saldr–	saldría
poder	podr–	podría	tener	tendr–	tendría
poner	pondr–	pondría	venir	vendr–	vendría

▶ While in English the conditional is made up of the auxiliary verb *would* and a main verb, in Spanish it consists of one word.

Este aspirante **sería** perfecto para el puesto.
This candidate would be perfect for the job.

¿**Vivirían** ustedes en otro país por un trabajo?
Would you live in another country for a job?

Querría un puesto con un buen salario.
I would like a job with a good salary.

Ganarían más en otra compañía.
They would earn more in another company.

▶ The conditional is commonly used to make polite requests.

¿**Podrías** llamar al gerente, por favor?
Would you call the manager, please?

¿**Sería** tan amable de venir ahora?
Would you be so kind as to come now?

▶ In both Spanish and English, the conditional expresses the future in relation to a past action or state of being. The future indicates what *will happen*, whereas the conditional indicates what *would happen*. The future tense is often used if the main verb is in the present tense. The conditional is often used if the main verb is in one of the past tenses.

Creo que mañana **hará** sol.
I think it will be sunny tomorrow.

Creía que hoy **haría** sol.
I thought it would be sunny today.

▶ The English *would* can also mean *used to*, in the sense of past habitual action. To express past habitual actions, Spanish uses the imperfect instead of the conditional.

Íbamos al parque los sábados.
We would go to the park on Saturdays.

De adolescentes, **comíamos** mucho.
As teenagers, we used to eat a lot.

▶ English sentences involving expressions such as *I wondered if, probably,* and *must have been* are often conveyed in Spanish using the conditional of probability. This use of the conditional expresses conjecture or probability about *past* conditions, events, or actions.

Serían las nueve cuando el jefe me llamó.
It must have been (It was probably) 9 o'clock when my boss called me.

Sonó el teléfono. ¿**Llamaría** Tina para cancelar nuestra cita?
The phone rang. I wondered if it was Tina calling to cancel our date.

Práctica y conversación

Practice more at
viva.vhlcentral.com.

1 Un viaje A la empresa Día le gustaría tener una conferencia en Puerto Rico. Los empleados nos cuentan sus planes de viaje. Complétalos con el condicional.

1. Me _____ [gustar] venir unos días antes de la conferencia para viajar por el país.

2. Ana y Rubén _____ [salir] primero a la playa.

3. Yo _____ [decir] que fuéramos a San Juan.

4. Nosotras _____ [preferir] tener las reuniones por la mañana. Por la tarde _____ [poder] visitar la ciudad.

5. Y nosotros _____ [ver] la zona comercial de la ciudad. Y tú, Luisa, ¿qué _____ [hacer]?

6. El jefe _____ [tener] interés en hacer una videoconferencia. Él _____ [visitar] los museos.

2 Preguntas Forma preguntas con estos elementos. Luego, en parejas, inventen las respuestas. Usen el condicional.

MODELO
hacer (ustedes) / videoconferencia / con / empresa en Chile
—¿*Harían ustedes una videoconferencia con una empresa en Chile?*
—*Sí, haríamos una videoconferencia con una empresa en Chile.*

1. contratar (tú) / primo / para / puesto nuevo

2. invertir (ellos) / dinero / en / compañía nueva

3. solicitar (ella) / trabajo / de abogado

4. renunciar (tú) / puesto / trabajo con más beneficios

3 En tu lugar… Lee las situaciones. Responde con lo que harías en esta situación usando la frase **Yo en tu lugar…** (*If I were you…*). Después, compara tus ideas con las de un(a) compañero/a.

MODELO
Me encanta mi puesto, pero mi jefe nunca me deja hablar.
Estudiante 1: *Me encanta mi puesto, pero mi jefe nunca me deja hablar.*
Estudiante 2: *Pues, yo en tu lugar hablaría con mi jefe sobre este problema.*

1. El año pasado escogí la contabilidad como mi especialización, pero ahora he descubierto que no me gusta trabajar con números todo el día.

2. Me ofrecen un puesto interesantísimo, pero tiene un horario horrible. No volveré a ver a mis amigos jamás.

3. Mi peluquero es maravilloso, pero se va de viaje por dos meses a San Juan. Los otros peluqueros que trabajan en su salón no me gustan. Y tengo que hacer varias presentaciones durante esos dos meses.

4 ¿Qué harías? Quieres saber qué harían tus compañeros/as por un millón de dólares. Escribe ocho preguntas usando el tiempo condicional. Circula por la clase y hazles las preguntas a tus compañeros/as. Anota las respuestas e informa a la clase de los resultados de la encuesta.

MODELO
Estudiante 1: *¿Trabajarías como cantante en Las Vegas?*
Estudiante 2: *Sí, lo haría. Sería un puesto muy interesante.*

16.3 The past subjunctive Tutorial

▶ The past subjunctive (**el pretérito imperfecto de subjuntivo**) is also called the imperfect subjunctive. Like the present subjunctive, it is mainly used in multiple-clause sentences that express will, influence, emotion, commands, indefiniteness, and non-existence.

The past subjunctive		
estudiar	**aprender**	**recibir**
yo estudiara	aprendiera	recibiera
tú estudiaras	aprendieras	recibieras
Ud./él/ella estudiara	aprendiera	recibiera
nosotros/as estudiáramos	aprendiéramos	recibiéramos
vosotros/as estudiarais	aprendierais	recibierais
Uds./ellos/ellas estudiaran	aprendieran	recibieran

No pensé que pudiera terminar la excursión.

▶ For *all* verbs, the past subjunctive is formed with the **Uds./ellos/ellas** form of the preterite. By dropping the **–ron** ending, you establish the stem for all the past subjunctive forms. You then add the past subjunctive endings.

INFINITIVE	PRETERITE FORM	STEM	PAST SUBJUNCTIVE
hablar	ellos hablaron	habla–	hablara, hablaras, habláramos…
beber	ellos bebieron	bebie–	bebiera, bebieras, bebiéramos…
escribir	ellos escribieron	escribie–	escribiera, escribieras, escribiéramos…

Martín mostró mucho interés en que aprendiéramos sobre el medio ambiente.

▶ For verbs with irregular preterites, add the past subjunctive endings to the irregular stem.

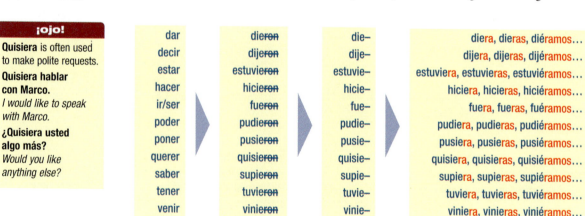

dar	dieron	die–	diera, dieras, diéramos…
decir	dijeron	dije–	dijera, dijeras, dijéramos…
estar	estuvieron	estuvie–	estuviera, estuvieras, estuviéramos…
hacer	hicieron	hicie–	hiciera, hicieras, hiciéramos…
ir/ser	fueron	fue–	fuera, fueras, fuéramos…
poder	pudieron	pudie–	pudiera, pudieras, pudiéramos…
poner	pusieron	pusie–	pusiera, pusieras, pusiéramos…
querer	quisieron	quisie–	quisiera, quisieras, quisiéramos…
saber	supieron	supie–	supiera, supieras, supiéramos…
tener	tuvieron	tuvie–	tuviera, tuvieras, tuviéramos…
venir	vinieron	vinie–	viniera, vinieras, viniéramos…

▶ **–Ir** stem-changing verbs and other verbs with spelling changes follow a similar process to form the past subjunctive.

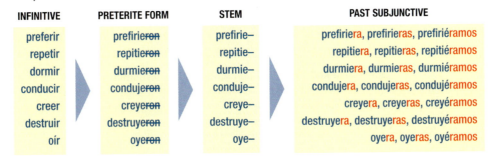

INFINITIVE	PRETERITE FORM	STEM	PAST SUBJUNCTIVE
preferir	prefirieron	prefirie–	prefiriera, prefirieras, prefiriéramos
repetir	repitieron	repitie–	repitiera, repitieras, repitiéramos
dormir	durmieron	durmie–	durmiera, durmieras, durmiéramos
conducir	condujeron	conduje–	condujera, condujeras, condujéramos
creer	creyeron	creye–	creyera, creyeras, creyéramos
destruir	destruyeron	destruye–	destruyera, destruyeras, destruyéramos
oír	oyeron	oye–	oyera, oyeras, oyéramos

▶ The past subjunctive is used in the same contexts and situations as the present subjunctive, except that it describes actions, events or conditions that have already happened. The verb in the main clause is usually in the preterite or the imperfect.

Me pidieron que no **llegara** tarde.
They asked me not to arrive late.

Ellos querían que yo les **escribiera**.
They wanted me to write to them.

Práctica y conversación

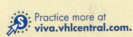 Practice more at **viva.vhlcentral.com.**

1 Conversaciones Completa los minidiálogos con el pretérito imperfecto de subjuntivo de los verbos.

PACO ¿Qué le dijo el consejero a Andrés?

JULIA Le aconsejó que (1) _____ [dejar] los estudios de arte y que (2) _____ [estudiar] una carrera que (3) _____ [pagar] mejor.

PACO ¿No se enojó él de que le (4) _____ [aconsejar] eso?

JULIA Sí, y le dijo que no creía que ninguna carrera le (5) _____ [ir] a gustar más.

• • •

EVA Qué lástima que ellos no te (6) _____ [ofrecer] el puesto de gerente.

LUIS Querían a alguien que (7) _____ [tener] experiencia.

EVA ¿No te molestó que te (8) _____ [decir] eso?

LUIS No, me pidieron que (9) _____ [volver] en un año y (10) _____ [solicitar] el puesto otra vez.

• • •

CARLA Cuánto me alegro de que tus hijas (11) _____ [venir] ayer a visitarte. ¿Cuándo se van?

ANA Bueno, yo esperaba que (12) _____ [quedarse] dos semanas, pero no pueden. Ojalá (13) _____ [poder]. Hace muchísimo tiempo que no las veo.

2 Transformar Cambia las oraciones al pasado. Sigue el modelo.

MODELO
Temo que Juanita no consiga el trabajo.
Temía que Juanita no consiguiera el trabajo.

1. Esperamos que Miguel no renuncie.
2. No hay nadie que responda al anuncio.
3. Me sorprende que ellos no inviertan su dinero.
4. Te piden que no llegues tarde a la oficina.

3 Minidiálogos Trabajen en parejas. Uno/a ha comprado una casa; la otra persona es responsable de las reformas (*improvements*) de la casa. El/la cliente/a llama para quejarse (*to complain*). Usen estas palabras y el modelo como guía.

MODELO
el/la técnico/a / conectar / módem
Estudiante 1: *Le pedí al técnico que conectara el módem, pero todavía no ha venido.*
Estudiante 2: *Yo también le pedí que fuera a su casa.*

1. el/la electricista / poner / electricidad
2. el/la carpintero/a / construir / balcón
3. el/la diseñador(a) / escoger / muebles
4. el/la pintor(a) / pintar / paredes

Ampliación

Audio: Activity
Repaso
Video: TV Clip

1 Escuchar

A Escucha la entrevista de la señora Sánchez y Rafael Ventura Romero. Antes de escucharla, prepara una lista de la información que esperas oír, según tu conocimiento previo (*prior knowledge*) del tema.

TIP **Use background knowledge./Listen for specific information.** Knowing the subject of what you are going to hear will help you use your background knowledge to anticipate words and phrases that you are likely to hear, and to determine important information that you should listen for.

Llena el formulario con la información necesaria. Si no oyes un dato (*piece of information*) que necesitas, escribe *Buscar en el currículum.* ¿Oíste toda la información de tu lista?

Puesto solicitado_____
Nombre y apellidos del solicitante_____
Dirección_____ **Tel.** _____

Educación_____
Experiencia profesional: Puesto_____
Empresa_____
¿Cuánto tiempo?_____
Referencias:
Nombre_____
Dirección_____ **Tel.** _____
Nombre _____
Dirección _____ **Tel.** _____

B ¿Cómo sabes si los resultados de la entrevista han sido positivos para Rafael Ventura?

_____

2 Conversar

Con un(a) compañero/a, conversen sobre sus planes para el futuro. Incluyan esta información en su conversación.

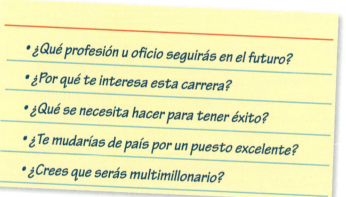

- ¿Qué profesión u oficio seguirás en el futuro?
- ¿Por qué te interesa esta carrera?
- ¿Qué se necesita hacer para tener éxito?
- ¿Te mudarías de país por un puesto excelente?
- ¿Crees que serás multimillonario?

recursos

WB
pp. 159–164

LM
pp. 93–95

viva.vhlcentral.com

3 **Escribir** Escribe una composición sobre tus planes para el futuro. Formula planes para tu vida personal, profesional y financiera. Termina tu composición con una lista de metas (*goals*).

TIP **Use note cards.** Note cards (**fichas**) can help you organize your information. Label the top of each card with a general subject, such as **lugar** or **empleo**. Number the cards so you can easily flip through them to find information.

Organízalo Utiliza fichas para apuntar cada plan o meta para el futuro. Asigna un año a cada meta.

Escríbelo Organiza tus fichas y escribe el primer borrador de tu composición.

Corrígelo Intercambia tu composición con un(a) compañero/a. Léela y anota sus mejores aspectos. ¿Habla de las metas específicas para su futuro? Ofrécele sugerencias para mejorar la organización. Si ves algunos errores, coméntaselos.

Compártelo Revisa el primer borrador de tu composición según las indicaciones de tu compañero/a. Incorpora nuevas ideas y/o más información si es necesario, antes de escribir la versión final.

4 **Un paso más** Imagina que en el futuro trabajarás para una empresa multinacional que tiene sus oficinas más importantes en algún país hispano. Crea una cronología con texto y fotos de tu futura carrera profesional y compártela con la clase.

- Escoge el país y busca información sobre las industrias y las compañías que operen allá.
- Describe la empresa y sus productos.
- Incluye fotos relacionadas con la empresa y con sus productos.
- Describe tu carrera, desde el comienzo hasta tu jubilación.
- Incluye los puestos que vas a tener en la empresa, y también fotos relacionadas con tu carrera.

CONEXIÓN INTERNET

Investiga estos temas en **viva.vhlcentral.com.**

- Empresas en el mundo hispano
- Industrias en el mundo hispano
- Compañías multinacionales en el mundo hispano

Practice more at
viva.vhlcentral.com.

Antes de leer

Audio: Dramatic Recording
Additional Reading

Summarizing a text in your own words can help you understand it better. Before you begin, you may find it helpful to skim the text and jot down a few notes about its general meaning. You can then read it again, writing down important details or noting special characteristics that occur in the text. Your notes will help you summarize what you have read.

The reading selection for this lesson consists of a short story by Augusto Monterroso. What special characteristics in this text could help you summarize it? Skim the story and jot down your ideas.

_____

_____

_____

Sobre el autor

Augusto Monterroso (1921–2003) fue un escritor guatemalteco. Sus textos son concisos, sencillos (*simple*) y accesibles. Su trabajo incluye la parodia, el humor negro, la fábula y el ensayo.

Imaginación y destino

Augusto Monterroso

En la calurosa° tarde de verano un hombre descansa acostado°, viendo° al cielo, bajo un árbol; una manzana cae sobre su cabeza; tiene imaginación, se va a su casa y escribe la Oda a Eva.

En la calurosa tarde de verano un hombre descansa acostado, viendo al cielo, bajo un árbol; una manzana cae sobre su cabeza; tiene imaginación, se va a su casa y establece la Ley° de la Gravitación Universal.

En la calurosa tarde de verano un hombre descansa acostado, viendo al cielo, bajo un árbol; una manzana cae sobre su cabeza; tiene imaginación, observa que el árbol no es un manzano° sino una encina° y descubre, oculto° entre las ramas°, al muchacho travieso° del pueblo que se entretiene° arrojando° manzanas a los señores que descansan bajo los árboles, viendo al cielo, en las calurosas tardes del verano.

El primero era, o se convierte entonces para siempre en el poeta sir James Calisher; el segundo era, o se convierte entonces para siempre en el físico sir Isaac Newton[1]; el tercero pudo ser o convertirse entonces para siempre en el novelista sir Arthur Conan Doyle[2]; pero se convierte, o era ya irremediablemente desde niño, en el Jefe de Policía de San Blas, S.B.[3]

[1] Sir Isaac Newton (1642–1727), matemático y físico británico. Es considerado uno de los científicos más importantes de la historia. Formuló la Ley de la Gravitación Universal.
[2] Sir Arthur Conan Doyle (1859–1930), escritor británico. Sus más famosos protagonistas son Sherlock Holmes y su ayudante, el doctor Watson.
[3] S.B. Abreviatura para San Blas, una isla en Panamá. Una de las novelas de Monterroso tiene lugar en San Blas.

Después de leer

¿Comprendiste?

1. ¿Qué estación del año es y qué tiempo hace?
_____

2. ¿Qué hace el primer hombre después de descansar?
_____

3. ¿Qué hace el segundo hombre después de descansar?
_____

4. ¿Qué encuentra el tercer hombre en el árbol?
_____

5. ¿Cuáles son las profesiones de estos tres hombres al final del cuento?
_____

Preguntas

Responde a estas preguntas con oraciones completas.

1. ¿Por qué lleva el cuento el título "Imaginación y destino"?

2. ¿Por qué utiliza el autor tanta repetición?

3. La misma cosa les ocurre a los tres hombres, pero tienen reacciones distintas. ¿Por qué?

4. El autor escribe "o era ya irremediablemente desde niño". ¿Qué significa esta frase en relación con el resto del cuento?

5. Imagina que hay una cuarta persona en la historia. Escribe un párrafo en el estilo del autor sobre qué le pasa a esta persona cuando "una manzana cae sobre su cabeza".

Coméntalo

En el cuento, tres personajes tienen la misma experiencia con distintos resultados. ¿Has tenido una experiencia así? Un ejemplo es la graduación: un grupo de personas se gradúa el mismo día, pero ¿qué pasa después? ¿Podemos controlar nuestros destinos? ¿Afectarán tus experiencias actuales tu futuro? ¿Cómo sabes qué profesión quieres ejercer (*carry out*) en el futuro?

calurosa *hot*   acostado *lying down*   viendo *looking up*   Ley *Law*
manzano *apple tree*   encina *oak tree*   oculto *hidden*   ramas *branches*
travieso *mischievous*   se entretiene *entertains himself*   arrojando *throwing*

Audio: Vocabulary Flashcards

Las ocupaciones

el/la abogado/a	lawyer
el actor	actor
la actriz	actress
el/la arqueólogo/a	archaeologist
el/la arquitecto/a	architect
el bailarín	dancer
la bailarina	dancer
el/la bombero/a	firefighter
el/la cantante	singer
el/la carpintero/a	carpenter
el/la científico/a	scientist
el/la cocinero/a	cook; chef
el/la consejero/a	counselor; advisor
el/la contador(a)	accountant
el/la corredor(a) de bolsa	stockbroker
el/la diseñador(a)	designer
el/la electricista	electrician
el/la escritor(a)	writer
el/la escultor(a)	sculptor
el/la gerente	manager
el hombre/la mujer de negocios	businessperson
el/la jefe/a	boss
el/la maestro/a	elementary school teacher
el/la peluquero/a	hairdresser
el/la pintor(a)	painter
el/la poeta	poet
el/la político/a	politician
el/la psicólogo/a	psychologist
el/la reportero/a	reporter
el/la secretario/a	secretary
el/la técnico/a	technician

Las entrevistas

el anuncio	advertisement
el/la aspirante	candidate; applicant
los beneficios	benefits
el currículum	résumé
la entrevista	interview
el/la entrevistador(a)	interviewer
el puesto	position; job
el salario	salary
la solicitud (de trabajo)	(job) application
el sueldo	salary
contratar	to hire
entrevistar	to interview
ganar	to earn
obtener	to obtain; to get
solicitar	to apply (for a job)

Palabras adicionales

dentro de (diez años)	within (ten years)
en el futuro	in the future
el porvenir	the future
próximo/a	next

El mundo del trabajo

el ascenso	promotion
el aumento de sueldo	raise
la carrera	career
la compañía	company; firm
el empleo	job; employment
la empresa	company; firm
la especialización	field of study
los negocios	business; commerce
la ocupación	occupation
el oficio	trade
la profesión	profession
la reunión	meeting
el teletrabajo	telecommuting
el trabajo	job; work
la videoconferencia	videoconference
dejar	to quit; to leave behind
despedir (e:i)	to fire
invertir (e:ie)	to invest
renunciar (a)	to resign (from)
tener éxito	to be successful
comercial	commercial; business-related

Expresiones útiles	See page 354.

¡VIVAN LOS PAÍSES HISPANOS!

Una mujer baila flamenco en Sevilla. El flamenco, el baile y su música, expresa las pasiones de la gente de España. Tiene raíces (*roots*) judías (*Jewish*), árabes y africanas. Hoy es popular en todo el mundo. ¿Te gusta la música flamenca?

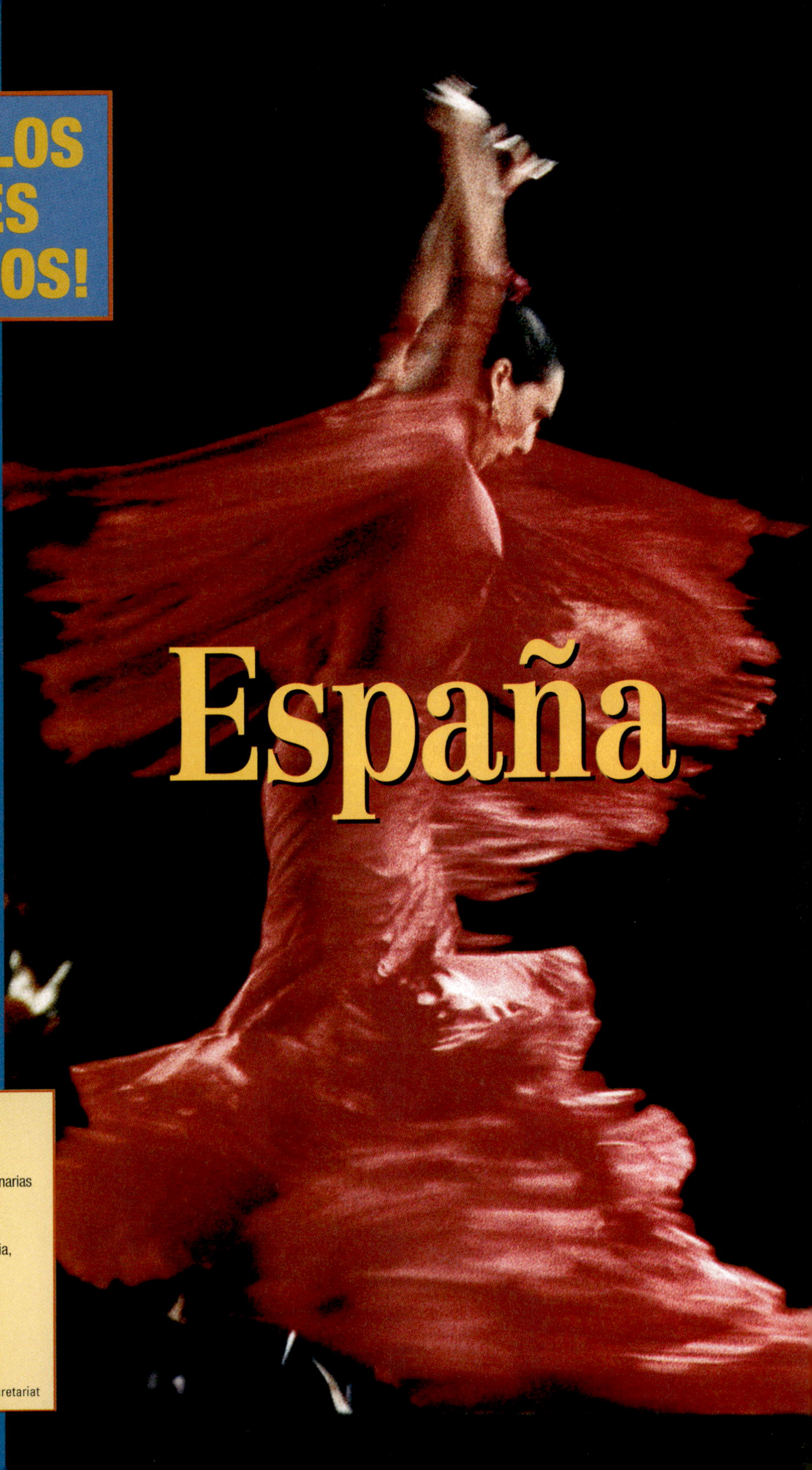

España

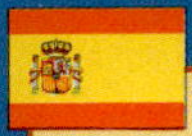

España

Área: 504.750 km^2 (194.884 millas^2), incluyendo las islas Baleares y las islas Canarias

Población: 43.993.000

Capital: Madrid–5.977.000

Ciudades principales: Barcelona, Valencia, Sevilla, Zaragoza

Moneda: euro

SOURCE: Population Division, UN Secretariat

Interactive map
Video: *Países hispanos*
Reading

Lugares

Madrid: La Plaza Mayor

La Plaza Mayor de Madrid es uno de los lugares turísticos más importantes de la capital. Fue construida (*built*) en 1617 y está totalmente rodeada (*surrounded*) por edificios de tres pisos con balcones y pórticos antiguos. En la Plaza Mayor hay muchas cafeterías, donde la gente pasa el tiempo bebiendo café y hablando con amigos.

Celebraciones

La Tomatina

En Buñol, un pequeño pueblo de Valencia, la producción de tomates es un recurso económico muy importante. Cada año en agosto se celebra el festival de La Tomatina. Durante todo un día, miles de personas se tiran (*throw*) tomates. Llegan turistas de todo el mundo, y se usan varias toneladas (*tons*) de tomates.

Mar Cantábrico

La Coruña

Salamanca

Madrid

ESPAÑA

PORTUGAL

Sevilla

Estrecho de Gibraltar

Ceuta

Islas Canarias
La Palma
Tenerife
Gran Canaria
Lanzarote
Fuerteventura
Gomera
Hierro

MARRUECOS

FRANCIA

San Sebastián

ANDORRA

Pirineos

Zaragoza

Barcelona

Valencia

Islas
Baleares

Menorca

Mallorca

Ibiza

Mar
Mediterráneo

elilla

Artes

Velázquez y el Prado

El Prado, en Madrid, es uno de los museos más famosos del mundo. En el Prado hay miles de pinturas importantes, incluyendo obras (*works*) de Botticelli, El Greco y los españoles Goya y Velázquez. Diego Velázquez pintó (*painted*) *Las meninas* en 1656 y es su obra más famosa. Actualmente, *Las meninas* está en el Museo del Prado.

Lugares

La Universidad de Salamanca

La Universidad de Salamanca, fundada en 1218, es la universidad más antigua (*oldest*) de España. Más de 35.000 estudiantes toman clases en esta institución. La universidad está en la ciudad de Salamanca, famosa por sus edificios (*buildings*) históricos, sus puentes (*bridges*) romanos y sus catedrales góticas.

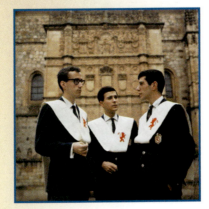

¿Qué aprendiste?

1 **¿Cierto o falso?** Indica si estas oraciones son **ciertas** o **falsas**.

Cierto   Falso

_____ _____ **1.** La moneda de España es la peseta.

_____ _____ **2.** El flamenco es un instrumento musical.

_____ _____ **3.** El flamenco es hoy popular en todo el mundo.

_____ _____ **4.** En la Plaza Mayor no hay cafeterías.

_____ _____ **5.** La Plaza Mayor fue construida en 1617.

_____ _____ **6.** En Buñol, los tomates son un recurso importante.

_____ _____ **7.** Durante La Tomatina, se tiran pelotas.

_____ _____ **8.** En el Museo del Prado hay miles de pinturas importantes.

_____ _____ **9.** *Las meninas* es la obra más famosa de Botticelli.

_____ _____ **10.** En Salamanca se ve la influencia del imperio romano en la arquitectura.

2 **Preguntas** Contesta estas preguntas con oraciones completas.

1. ¿Qué expresa el flamenco?

2. ¿Qué hace la gente en las cafeterías de la Plaza Mayor?

3. ¿Crees que el festival de La Tomatina es aburrido o divertido? ¿Por qué?

4. ¿Por qué crees que el Prado es uno de los museos más famosos del mundo?

5. Si pudieras pasar un semestre en España, ¿qué ciudad elegirías? ¿Por qué?

CONEXIÓN INTERNET

Busca más información sobre estos temas en el sitio viva.vhlcentral.com. Presenta la información a tus compañeros/as de clase.

• La Plaza Mayor
• La Tomatina
• Velázquez y el Prado
• La Universidad de Salamanca

Practice more at
viva.vhlcentral.com.

México

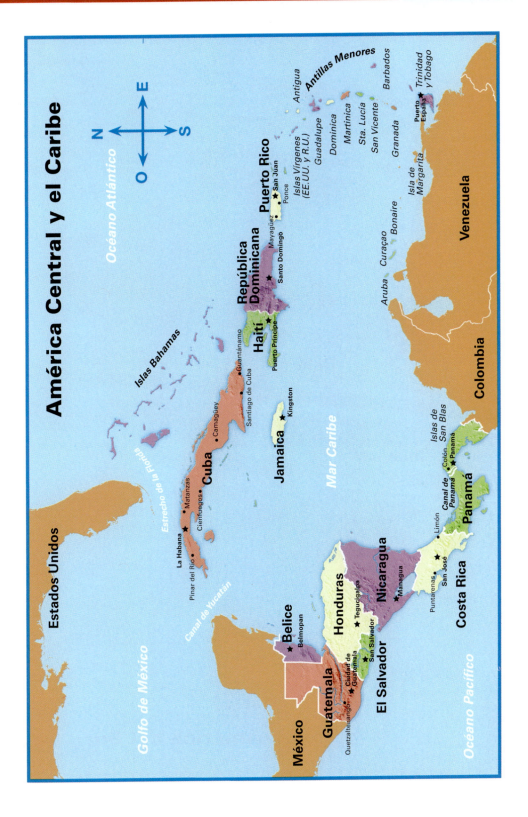

América Central y el Caribe

N · O · S · E

Estados Unidos

Golfo de México

Océano Atlántico

México

Islas Bahamas

Estrecho de la Florida

La Habana
Pinar del Río
Matanzas
Cienfuegos
Cuba
Camagüey
Santiago de Cuba
Guantánamo

Canal de Yucatán

Belice
Belmopan

Guatemala
Quetzaltenango
Ciudad de Guatemala

El Salvador
San Salvador

Honduras
Tegucigalpa

Nicaragua
Managua

Océano Pacífico

Costa Rica
San José
Puntarenas
Limón

Panamá
Colón
Panamá
Canal de Panamá
Islas de San Blas

Jamaica
Kingston

Mar Caribe

Haití
Puerto Príncipe

República Dominicana
Santo Domingo

Puerto Rico
San Juan
Mayagüez
Ponce

Islas Vírgenes (EE.UU. y R.U.)

Antigua

Guadalupe

Dominica

Martinica

Sta. Lucía

San Vicente

Granada

Barbados

Antillas Menores

Aruba
Curaçao
Bonaire

Isla de Margarita

Puerto España
Trinidad y Tobago

Colombia

Venezuela

Mar Caribe

Barranquilla
Maracaibo
Caracas ★
Puerto España ★ Trinidad y
Tobago
Venezuela

Medellín
Colombia
Bogotá ●
Cali ●
R. Orinoco
Georgetown
Guyana
Paramaribo
Surinam
Cayena ●
**Guayana
Francesa**

Pasto ●
★ Quito
Ecuador
Guayaquil
Iquitos ●
R. Negro
R. Amazonas
Manaus ●
Belém ●

Perú
Cordillera de los Andes
R. Madeira

Lima ★
Cuzco ●
Lago Titicaca
Arequipa ●
★ La Paz
Arica ●
Bolivia
Sucre ★
Iquique ●
R. Paraguay

Recife ●

Brasil
★ Brasília

Salvador ●

Belo Horizonte ●

R. Paraná

Antofagasta ●
Salta ●
Paraguay
Asunción ★

São Paulo ●
Santos ●
Río de Janeiro ●

Chile
Córdoba ●
R. Paraná
Rosario ●
R. Uruguay
Porto Alegre ●

Valparaíso ●
Mendoza ●
★ Santiago
Buenos Aires ★
Uruguay
Montevideo ●

Concepción ●
Argentina
Bahía Blanca ●

Océano
Atlántico

Puerto Montt ●

Cordillera de los Andes

N
O — E
S

Estrecho de
Magallanes
Punta Arenas ●
Islas Malvinas

Tierra
del Fuego

América del Sur

Océano
Pacífico

Islas Galápagos
Océano
Pacífico
Isla Pinta
Isla
Marchena
Isla
Genovesa
Isla
Isabela
Línea Ecuatorial
Volcán Darwin
Isla Santiago
(San Salvador)
ECUADOR
Isla
Fernandina
Puerto Ayora
Isla San
Cristóbal
Santo
Tomás
Isla Santa
Cruz
Puerto Barquerizo
Moreno
Isla
Santa María
Isla Española

Islas Canarias

Lanzarote
Arrecife
Puerto del Rosario
Fuerteventura
Marruecos

La Palma
Santa Cruz de la Palma

Tenerife
Santa Cruz de Tenerife
Las Palmas
Gran Canaria

Gomera
Hierro

Océano Atlántico

Menorca

Mallorca
Palma

Islas Baleares

Ibiza

Formentera

Mar Mediterráneo

Andorra

CATALUÑA
Gerona
Tarragona
Barcelona

Pirineos

NAVARRA
Lérida
Zaragoza

PAÍS VASCO
Pamplona
San Sebastián

CANTABRIA
Santander
Bilbao

LA RIOJA

Mar Cantábrico

ASTURIAS
Oviedo
Gijón
Avilés

GALICIA
La Coruña
Pontevedra
Vigo

Oporto

Braga

Coimbra

Serra da Estrela

Portugal
Lisboa

Setúbal

Burgos

CASTILLA-LEÓN
Palencia
Valladolid
Zamora
Salamanca
Segovia
Ávila

ARAGÓN

España
Madrid

CASTILLA-LA MANCHA
Toledo

COMUNIDAD VALENCIANA
Valencia
Alicante

Albacete

Murcia
Cartagena

Sierra Morena
Córdoba

EXTREMADURA
Cáceres
Mérida
Badajoz

ANDALUCÍA
Jaén
Granada
Sevilla

Sierra Nevada
Almería

Málaga

Huelva

Cádiz
Algeciras

Gibraltar (R.U.)
Ceuta (Esp.)

Melilla (Esp.)

Marruecos

Estrecho de Gibraltar

Océano Atlántico

N
E
O
S

377

Glossary of Grammatical Terms

ADJECTIVE A word that modifies or describes a noun or pronoun.

muchos libros	un hombre **rico**
many books	*a **rich** man*
las mujeres **altas**	
*the **tall** women*	

Demonstrative adjective An adjective that points out a specific noun.

esta fiesta	**ese** chico
this party	*that boy*
aquellas flores	
those flowers	

Possessive adjective An adjective that indicates ownership or possession.

tu mejor vestido	Éste es **mi** hermano.
your best dress	*This is **my** brother.*

Stressed possessive adjective A possessive adjective that emphasizes the owner or possessor.

Es un libro **mío**.
*It's **my** book./It's a book **of mine**.*

Es amiga **tuya**; yo no la conozco.
*She's a friend **of yours**; I don't know her.*

ADVERB A word that modifies or describes a verb, adjective, or another adverb.

Pancho escribe **rápidamente**.
*Pancho writes **quickly**.*

Este cuadro es **muy** bonito.
*This painting is **very** pretty.*

ARTICLE A word that points out either a specific (definite) noun or a non-specific (indefinite) noun.

Definite article An article that points out a specific noun.

el libro	**la** maleta
the book	*the suitcase*
los diccionarios	**las** palabras
the dictionaries	*the words*

Indefinite article An article that points out a noun in a general, non-specific way.

un lápiz	**una** computadora
a pencil	*a computer*
unos pájaros	**unas** escuelas
some birds	*some schools*

CLAUSE A group of words that contains both a conjugated verb and a subject, either expressed or implied.

Main (or Independent) clause A clause that can stand alone as a complete sentence.

Pienso ir a cenar pronto.
I plan to go to dinner soon.

Subordinate (or Dependent) clause A clause that does not express a complete thought and therefore cannot stand alone as a sentence.

Trabajo en la cafetería **porque necesito dinero para la escuela**.
*I work in the cafeteria **because I need money for school**.*

COMPARATIVE A word or construction used with an adjective or adverb to express a comparison between two people, places, or things.

Este programa es **más interesante que** el otro.
*This program is **more interesting than** the other one.*

Tomás no es **tan alto como** Alberto.
*Tomás is not **as tall as** Alberto.*

CONJUGATION A set of the forms of a verb for a specific tense or mood or the process by which these verb forms are presented.

Preterite conjugation of **cantar**:

cant**é**	cant**amos**
cant**aste**	cant**asteis**
cant**ó**	cant**aron**

CONJUNCTION A word or phrase used to connect words, clauses, or phrases.

> Susana es de Cuba **y** Pedro es de España.
> *Susana is from Cuba **and** Pedro is from Spain.*

> No quiero estudiar, **pero** tengo que hacerlo.
> *I don't want to study, **but** I have to do it.*

CONTRACTION The joining of two words into one. The only contractions in Spanish are **al** and **del**.

> Mi hermano fue **al** concierto ayer.
> *My brother went **to the** concert yesterday.*

> Saqué dinero **del** banco.
> *I took out money **from the** bank.*

DIRECT OBJECT A noun or pronoun that directly receives the action of the verb.

> Tomás lee **el libro**.   **La** pagó ayer.
> *Tomás reads **the book**.   She paid **it** yesterday.*

GENDER The grammatical categorizing of certain kinds of words, such as nouns and pronouns, as masculine, feminine, or neuter.

> **Masculine**
> *articles* **el**, **lo**s, un**o**, un**o**s
> *pronouns* **él**, **lo**, mí**o**, ést**e**, és**e**
> *adjective* simpátic**o**

> **Feminine**
> *articles* **la**, **la**s, un**a**, un**a**s
> *pronouns* ell**a**, **la**, mí**a**, ést**a**, és**a**, aquéll**a**
> *adjective* simpátic**a**

IMPERSONAL EXPRESSION A third-person expression with no expressed or specific subject.

> **Es muy importante**.   **Llueve** mucho.
> *It's very important*.   *It's raining hard.*

INDIRECT OBJECT A noun or pronoun that receives the action of the verb indirectly; the object, often a living being, to or for whom an action is performed.

> Eduardo **le** dio un libro **a Linda**.
> *Eduardo gave a book **to Linda**.*
> La profesora **me** dio una C en el examen.
> *The professor gave **me** a C on the test.*

INFINITIVE The basic form of a verb. Infinitives in Spanish end in **–ar**, **–er**, or **–ir**.

> **hablar**   **correr**   **abrir**
> *to speak*   *to run*   *to open*

INTERROGATIVE An adjective or pronoun used to ask a question.

> **¿Quién** habla?   **¿Cuántos** compraste?
> ***Who** is speaking?*   ***How many** did you buy?*

> **¿Qué** piensas hacer hoy?
> ***What** do you plan to do today?*

INVERSION Changing the word order of a sentence, often to form a question.

> *Statement:* Elena pagó la cuenta del restaurante.
>   *Elena paid the restaurant bill.*

> *Inversion:* ¿Pagó Elena la cuenta del restaurante?
>   *Did Elena pay the restaurant bill?*

MOOD A grammatical distinction of verbs that indicates whether the verb is intended to make a statement or command, or to express a doubt, emotion, or condition contrary to fact.

Imperative mood Verb forms used to make commands.

> **Di** la verdad.   **Caminen** ustedes conmigo.
> ***Tell** the truth.*   ***Walk** with me.*

> **¡Comamos** ahora!
> ***Let's eat** now!*

Indicative mood Verb forms used to state facts, actions, and states considered to be real.

> **Sé** que **tienes** el dinero.
> ***I know** that **you have** the money.*

Subjunctive mood Verb forms used principally in subordinate (or dependent) clauses to express wishes, desires, emotions, doubts, and certain conditions, such as contrary-to-fact situations.

> Prefieren que **hables** en español.
> *They prefer that **you speak** in Spanish.*

> Dudo que Luis **tenga** el dinero necesario.
> *I doubt that Luis **has** the necessary money.*

379

NOUN A word that identifies people, animals, places, things, and ideas.

hombre	**gato**	**México**
man	*cat*	*Mexico*
casa	**libertad**	**libro**
house	*freedom*	*book*

NUMBER A grammatical term that refers to singular or plural. Nouns in Spanish and English have number. Other parts of a sentence, such as adjectives, articles, and verbs, can also have number.

Singular	**Plural**
una cosa	**unas** cosas
a thing	*some things*
el profesor	**los** profesor**es**
the professor	*the professors*

NUMBERS Words that represent amounts.

Cardinal numbers Words that show specific amounts.

cinco minutos	el año **dos mil quince**
five minutes	*the year 2015*

Ordinal numbers Words that indicate the order of a noun in a series.

el **cuarto** jugador	la **décima** hora
the fourth player	*the tenth hour*

PAST PARTICIPLE A past form of the verb used in compound tenses. The past participle may also be used as an adjective, but it must then agree in number and gender with the word it modifies.

Han **buscado** por todas partes.
They have searched everywhere.

Yo no había **estudiado** para el examen.
I hadn't studied for the exam.

Hay una **ventana rota** en la sala.
There is a broken window in the living room.

PERSON The form of the verb or pronoun that indicates the speaker, the one spoken to, or the one spoken about. In Spanish, as in English, there are three persons: first, second, and third.

Person	Singular	Plural
1st	**yo** *I*	**nosotros/as** *we*
2nd	**tú, Ud.** *you*	**vosotros/as, Uds.** *you*
3rd	**él, ella** *he/she*	**ellos, ellas** *they*

PREPOSITION A word that describes the relationship, most often in time or space, between two other words.

Anita es **de** California.
Anita is from California.

La chaqueta está **en** el carro.
The jacket is in the car.

¿Quieres hablar **con** ella?
Do you want to talk to her?

PRESENT PARTICIPLE In English, a verb form that ends in *–ing*. In Spanish, the present participle ends in **–ndo**, and is often used with **estar** to form a progressive tense.

Mi hermana está **hablando** por teléfono ahora mismo.
My sister is talking on the phone right now.

PRONOUN A word that takes the place of a noun or nouns.

Demonstrative pronoun A pronoun that takes the place of a specific noun.

Quiero **ésta**.
I want this one.

¿Vas a comprar **ése**?
Are you going to buy that one?

Juan prefirió **aquéllos**.
Juan preferred those (over there).

Object pronoun A pronoun that functions as a direct or indirect object of the verb.

Te digo la verdad.	**Me lo** trajo Juan.
I'm telling you the truth.	*Juan brought it to me.*

Reflexive pronoun A pronoun that indicates that the action of a verb is performed by the subject on itself. These pronouns are often expressed in English with –self: *myself, yourself,* etc.

Yo **me bañé** antes de salir.
I bathed (myself) before going out.

Elena **se acostó** a las once y media.
Elena went to bed at eleven-thirty.

Relative pronoun A pronoun that connects a subordinate clause to a main clause.

El chico **que** nos escribió viene a visitarnos mañana.
The boy who wrote us is coming to visit us tomorrow.

Ya sé **lo que** tenemos que hacer.
I already know what we have to do.

Subject pronoun A pronoun that replaces the name or title of a person or thing and acts as the subject of a verb.

Tú debes estudiar más. **Él** llegó primero.
You should study more. *He arrived first.*

SUBJECT A noun or pronoun that performs the action of a verb and is often implied by the verb.

María va al supermercado.
María is going to the supermarket.

(Ellos) Trabajan mucho.
They work hard.

Esos **libros** son muy caros.
Those books are very expensive.

SUPERLATIVE A word or construction used with an adjective or adverb to express the highest or lowest degree of a specific quality among three or more people, places, or things.

Entre todas mis clases, ésta es la **más interesante**.
Among all my classes, this is the most interesting.

Raúl es el **menos simpático** de los chicos.
Raúl is the least pleasant of the boys.

TENSE A set of verb forms that indicates the time of an action or state: past, present, or future.

Compound tense A two-word tense made up of an auxiliary verb and a present or past participle. In Spanish, there are two auxiliary verbs: **estar** and **haber**.

En este momento, **estoy estudiando**.
At this time, I am studying.

El paquete no **ha llegado** todavía.
The package has not arrived yet.

Simple tense A tense expressed by a single verb form.

María **estaba** mal anoche.
María was ill last night.

Juana **hablará** con su mamá mañana.
Juana will speak with her mom tomorrow.

VERB A word that expresses actions or states of being.

Auxiliary verb A verb used with a present or past participle to form a compound tense. **Haber** is the most commonly used auxiliary verb in Spanish.

Los chicos **han** visto los elefantes.
The children have seen the elephants.

Espero que **hayas** comido.
I hope you have eaten.

Reflexive verb A verb that describes an action performed by the subject on itself and is always used with a reflexive pronoun.

Me **compré** un carro nuevo.
I bought myself a new car.

Pedro y Adela **se levantan** muy temprano.
Pedro and Adela get (themselves) up very early.

Spelling-change verb A verb that undergoes a predictable change in spelling in order to reflect its actual pronunciation in the various conjugations.

practicar	c → qu	practico	practiqué
dirigir	g → j	dirijo	dirigí
almorzar	z → c	almorzó	almorcé

Stem-changing verb A verb whose stem vowel undergoes one or more predictable changes in the various conjugations.

entender (e:ie)	entiendo
pedir (e:i)	piden
dormir (o:ue, u)	duermo, durmieron

Verb Conjugation Tables

The verb lists

The list of verbs below and the model-verb tables that start on page 384 show you how to conjugate every verb taught in **¡VIVA!**. Each verb on the list is followed by a model verb that is conjugated according to the same pattern. The number in parentheses indicates where in the tables you can find the conjugated forms of the model verb. If you want to find out how to conjugate **divertirse**, for example, look up number 33, **sentir**, the model for verbs that follow the **e:ie** stem-change pattern.

How to use the verb tables

In the tables you will find the infinitive, present and past participles, and all the simple forms of each model verb. The formation of the compound tenses of any verb can be inferred from the table of compound tenses, pages 384–391, either by combining the past participle of the verb with a conjugated form of **haber** or combining the present participle with a conjugated form of **estar**.

abrazar (z:c) like cruzar (37)

abrir like vivir (3) *except* past participle is **abierto**

aburrir(se) like vivir (3)

acabar de like hablar (1)

acampar like hablar (1)

acompañar like hablar (1)

aconsejar like hablar (1)

acordarse (o:ue) like contar (24)

acostarse (o:ue) like contar (24)

adelgazar (z:c) like cruzar (37)

afeitarse like hablar (1)

ahorrar like hablar (1)

alegrarse like hablar (1)

aliviar like hablar (1)

almorzar (o:ue) like contar (24) *except* (z:c)

alquilar like hablar (1)

anunciar like hablar (1)

apagar (g:gu) like llegar (41)

aplaudir like vivir (3)

apreciar like hablar (1)

aprender like comer (2)

apurarse like hablar (1)

arrancar (c:qu) like tocar (43)

arreglar like hablar (1)

asistir like vivir (3)

aumentar like hablar (1)

ayudar(se) like hablar (1)

bailar like hablar (1)

bajar(se) like hablar (1)

bañarse like hablar (1)

barrer like comer (2)

beber like comer (2)

besar(se) like hablar (1)

brindar like hablar (1)

bucear like hablar (1)

buscar (c:qu) like tocar (43)

caber (4)

caer(se) (5)

calentarse (e:ie) like pensar (30)

calzar (z:c) like cruzar (37)

cambiar like hablar (1)

caminar like hablar (1)

cantar like hablar (1)

casarse like hablar (1)

celebrar like hablar (1)

cenar like hablar (1)

cepillarse like hablar (1)

cerrar (e:ie) like pensar (30)

chocar (c:qu) like tocar (43)

cobrar like hablar (1)

cocinar like hablar (1)

comenzar (e:ie) (z:c) like empezar (26)

comer (2)

compartir like vivir (3)

comprar like hablar (1)

comprender like comer (2)

comprometerse like comer (2)

comunicarse (c:qu) like tocar (43)

conducir (c:zc) (6)

confirmar like hablar (1)

conocer (c:zc) (35)

conseguir (e:i) like seguir (32)

conservar like hablar (1)

consumir like vivir (3)

contaminar like hablar (1)

contar (o:ue) (24)

controlar like hablar (1)

correr like comer (2)

costar (o:ue) like contar (24)

creer (y) (36)

cruzar (z:c) (37)

cubrir like vivir (3) *except* past participle is **cubierto**

cuidar like hablar (1)

cumplir like vivir (3)

dañar like hablar (1)

dar(se) (7)

deber like comer (2)

decidir like vivir (3)

decir (e:i) (8)

declarar like hablar (1)

dejar like hablar (1)

depositar like hablar (1)

desarrollar like hablar (1)

desayunar like hablar (1)

descansar like hablar (1)

describir like vivir (3) *except* past participle is **descrito**

descubrir like vivir (3) *except* past participle is **descubierto**

desear like hablar (1)

despedirse (e:i) like pedir (29)

despertarse (e:ie) like pensar (30)

destruir (y) (38)

dibujar like hablar (1)

disfrutar like hablar (1)

divertirse (e:ie) like sentir (33)

divorciarse like hablar (1)

doblar like hablar (1)

doler (o:ue) like volver (34) *except* past participle is regular

dormir(se) (o:ue, u) (25)

ducharse like hablar (1)

dudar like hablar (1)

durar like hablar (1)

echar like hablar (1)

elegir (e:i) like pedir (29) *except* (g:j)

emitir like vivir (3)

empezar (e:ie) (z:c) (26)

enamorarse like hablar (1)

encantar like hablar (1)

encontrar(se) (o:ue) like contar (24)

enfermarse like hablar (1)

enojarse like hablar (1)
enseñar like hablar (1)
ensuciar like hablar (1)
entender (e:ie) (27)
entrenarse like hablar (1)
entrevistar like hablar (1)
enviar (envío) (39)
escalar like hablar (1)
escribir like vivir (3) *except* past participle is **escrito**
escuchar like hablar (1)
esculpir like vivir (3)
esperar like hablar (1)
esquiar (esquío) like enviar (39)
establecer (c:zc) like conocer (35)
estacionar like hablar (1)
estar (9)
estornudar like hablar (1)
estudiar like hablar (1)
evitar like hablar (1)
explicar (c:qu) like tocar (43)
explorar like hablar (1)
faltar like hablar (1)
fascinar like hablar (1)
firmar like hablar (1)
fumar like hablar (1)
funcionar like hablar (1)
ganar like hablar (1)
gastar like hablar (1)
graduarse (gradúo) (40)
guardar like hablar (1)
gustar like hablar (1)
haber (hay) (10)
hablar (1)
hacer (11)
importar like hablar (1)
imprimir like vivir (3)
informar like hablar (1)
insistir like vivir (3)
interesar like hablar (1)
invertir (e:ie) like sentir (33)
invitar like hablar (1)
ir(se) (12)
jubilarse like hablar (1)
jugar (u:ue) (g:gu) (28)
lastimarse like hablar (1)
lavar(se) like hablar (1)

leer (y) like creer (36)
levantar(se) like hablar (1)
limpiar like hablar (1)
llamar(se) like hablar (1)
llegar (g:gu) (41)
llenar like hablar (1)
llevar(se) like hablar (1)
llover (o:ue) like volver (34) *except* past participle is regular
luchar like hablar (1)
mandar like hablar (1)
manejar like hablar (1)
mantener(se) (e:ie) like tener (20)
maquillarse like hablar (1)
mejorar like hablar (1)
merendar (e:ie) like pensar (30)
mirar like hablar (1)
molestar like hablar (1)
montar like hablar (1)
morir (o:ue) like dormir (25) *except* past participle is **muerto**
mostrar (o:ue) like contar (24)
mudarse like hablar (1)
nacer (c:zc) like conocer (35)
nadar like hablar (1)
navegar (g:gu) like llegar (41)
necesitar like hablar (1)
negar (e:ie) like pensar (30) *except* (g:gu)
nevar (e:ie) like pensar (30)
obedecer (c:zc) like conocer (35)
obtener (e:ie) like tener (20)
ocurrir like vivir (3)
odiar like hablar (1)
ofrecer (c:zc) like conocer (35)
oír (y) (13)
olvidar like hablar (1)
pagar (g:gu) like llegar (41)
parar like hablar (1)
parecer (c:zc) like conocer (35)
pasar like hablar (1)
pasear like hablar (1)
patinar like hablar (1)
pedir (e:i) (29)
peinarse like hablar (1)
pensar (e:ie) (30)

perder (e:ie) like entender (27)
pescar (c:qu) like tocar (43)
pintar like hablar (1)
planchar like hablar (1)
poder (o:ue) (14)
poner(se) (15)
practicar (c:qu) like tocar (43)
preferir (e:ie) like sentir (33)
preguntar like hablar (1)
preocuparse like hablar (1)
preparar like hablar (1)
presentar like hablar (1)
prestar like hablar (1)
probar(se) (o:ue) like contar (24)
prohibir like vivir (3)
proteger (g:j) (42)
quedar(se) like hablar (1)
querer (e:ie) (16)
quitar(se) like hablar (1)
recetar like hablar (1)
recibir like vivir (3)
reciclar like hablar (1)
recoger (g:j) like proteger (42)
recomendar (e:ie) like pensar (30)
recordar (o:ue) like contar (24)
reducir (c:zc) like conducir (6)
regalar like hablar (1)
regatear like hablar (1)
regresar like hablar (1)
reír(se) (e:i) (31)
relajarse like hablar (1)
renunciar like hablar (1)
repetir (e:i) like pedir (29)
resolver (o:ue) like volver (34)
respirar like hablar (1)
revisar like hablar (1)
rogar (o:ue) like contar (24) *except* (g:gu)
romper(se) like comer (2) *except* past participle is **roto**
saber (17)
sacar (c:qu) like tocar (43)
sacudir like vivir (3)
salir (18)
saludar(se) like hablar (1)
seguir (e:i) (gu:g) (32)
sentarse (e:ie) like pensar (30)

sentir(se) (e:ie) (33)
separarse like hablar (1)
ser (19)
servir (e:i) like pedir (29)
solicitar like hablar (1)
sonar (o:ue) like contar (24)
sonreír (e:i) like reír(se) (31)
sorprender like comer (2)
subir like vivir (3)
sudar like hablar (1)
sufrir like vivir (3)
sugerir (e:ie) like sentir (33)
suponer like poner (15)
temer like comer (2)
tener (e:ie) (20)
terminar like hablar (1)
tocar (c:qu) (43)
tomar like hablar (1)
torcerse (o:ue) like volver (34) *except* (c:z) and past participle is regular; e.g., **yo tuerzo**
toser like comer (2)
trabajar like hablar (1)
traducir (c:zc) like conducir (6)
traer (21)
transmitir like vivir (3)
tratar like hablar (1)
usar like hablar (1)
vender like comer (2)
venir (e:ie) (22)
ver (23)
vestirse (e:i) like pedir (29)
viajar like hablar (1)
visitar like hablar (1)
vivir (3)
volver (o:ue) (34)
votar like hablar (1)

Regular verbs: simple tenses

Infinitive	INDICATIVE						SUBJUNCTIVE		IMPERATIVE
	Present	Imperfect	Preterite	Future	Conditional		Present	Past	
hablar	hablo	hablaba	hablé	hablaré	hablaría		hable	hablara	
	hablas	hablabas	hablaste	hablarás	hablarías		hables	hablaras	habla tú (no hables)
Participles:	habla	hablaba	habló	hablará	hablaría		hable	hablara	hable Ud.
hablando	hablamos	hablábamos	hablamos	hablaremos	hablaríamos		hablemos	habláramos	hablemos
hablado	habláis	hablabais	hablasteis	hablaréis	hablaríais		habléis	hablarais	hablad (no habléis)
	hablan	hablaban	hablaron	hablarán	hablarían		hablen	hablaran	hablen Uds.
comer	como	comía	comí	comeré	comería		coma	comiera	
	comes	comías	comiste	comerás	comerías		comas	comieras	come tú (no comas)
Participles:	come	comía	comió	comerá	comería		coma	comiera	coma Ud.
comiendo	comemos	comíamos	comimos	comeremos	comeríamos		comamos	comiéramos	comamos
comido	coméis	comíais	comisteis	comeréis	comeríais		comáis	comierais	comed (no comáis)
	comen	comían	comieron	comerán	comerían		coman	comieran	coman Uds.
vivir	vivo	vivía	viví	viviré	viviría		viva	viviera	
	vives	vivías	viviste	vivirás	vivirías		vivas	vivieras	vive tú (no vivas)
Participles:	vive	vivía	vivió	vivirá	viviría		viva	viviera	viva Ud.
viviendo	vivimos	vivíamos	vivimos	viviremos	viviríamos		vivamos	viviéramos	vivamos
vivido	vivís	vivíais	vivisteis	viviréis	viviríais		viváis	vivierais	vivid (no viváis)
	viven	vivían	vivieron	vivirán	vivirían		vivan	vivieran	vivan Uds.

All verbs: compound tenses

PERFECT TENSES

INDICATIVE

Present Perfect		Past Perfect		Future Perfect		Conditional Perfect	
he	hablado	había	hablado	habré	hablado	habría	hablado
has	comido	habías	comido	habrás	comido	habrías	comido
ha	vivido	había	vivido	habrá	vivido	habría	vivido
hemos		habíamos		habremos		habríamos	
habéis		habíais		habréis		habríais	
han		habían		habrán		habrían	

SUBJUNCTIVE

Present Perfect		Past Perfect	
haya	hablado	hubiera	hablado
hayas	comido	hubieras	comido
haya	vivido	hubiera	vivido
hayamos		hubiéramos	
hayáis		hubierais	
hayan		hubieran	

PROGRESSIVE TENSES

INDICATIVE				SUBJUNCTIVE	
Present Progressive	Past Progressive	Future Progressive	Conditional Progressive	Present Progressive	Past Progressive
estoy	estaba	estaré	estaría	esté	estuviera
estás	estabas	estarás	estarías	estés	estuvieras
está hablando	estaba hablando	estará hablando	estaría hablando	esté hablando	estuviera hablando
estamos comiendo	estábamos comiendo	estaremos comiendo	estaríamos comiendo	estemos comiendo	estuviéramos comiendo
estáis viviendo	estabais viviendo	estaréis viviendo	estaríais viviendo	estéis viviendo	estuvierais viviendo
están	estaban	estarán	estarían	estén	estuvieran

Irregular verbs

	INDICATIVE					SUBJUNCTIVE		IMPERATIVE
Infinitive	Present	Imperfect	Preterite	Future	Conditional	Present	Past	
4 caber	**quepo**	cabía	**cupe**	**cabré**	**cabría**	**quepa**	**cupiera**	
	cabes	cabías	**cupiste**	**cabrás**	**cabrías**	**quepas**	**cupieras**	cabe tú (no **quepas**)
Participles:	cabe	cabía	**cupo**	**cabrá**	**cabría**	**quepa**	**cupiera**	**quepa** Ud.
cabiendo	cabemos	cabíamos	**cupimos**	**cabremos**	**cabríamos**	**quepamos**	**cupiéramos**	**quepamos**
cabido	cabéis	cabíais	**cupisteis**	**cabréis**	**cabríais**	**quepáis**	**cupierais**	cabed (no **quepáis**)
	caben	cabían	**cupieron**	**cabrán**	**cabrían**	**quepan**	**cupieran**	**quepan** Uds.
5 caer(se)	**caigo**	caía	caí	caeré	caería	**caiga**	cayera	
	caes	caías	**caíste**	caerás	caerías	**caigas**	cayeras	cae tú (no **caigas**)
Participles:	cae	caía	**cayó**	caerá	caería	**caiga**	cayera	**caiga** Ud. (no **caiga**)
cayendo	caemos	caíamos	**caímos**	caeremos	caeríamos	**caigamos**	cayéramos	**caigamos**
caído	caéis	caíais	**caísteis**	caeréis	caeríais	**caigáis**	cayerais	caed (no **caigáis**)
	caen	caían	**cayeron**	caerán	caerían	**caigan**	cayeran	**caigan** Uds.
6 conducir	**conduzco**	conducía	**conduje**	conduciré	conduciría	**conduzca**	**condujera**	
(c:zc)	**conduces**	conducías	**condujiste**	conducirás	conducirías	**conduzcas**	**condujeras**	conduce tú (no **conduzcas**)
Participles:	**conduce**	conducía	**condujo**	conducirá	conduciría	**conduzca**	**condujera**	**conduzca** Ud. (no **conduzca**)
conduciendo	**conducimos**	conducíamos	**condujimos**	conduciremos	conduciríamos	**conduzcamos**	**condujéramos**	**conduzcamos**
conducido	**conducís**	conducíais	**condujisteis**	conduciréis	conduciríais	**conduzcáis**	**condujerais**	conducid (no **conduzcáis**)
	conducen	conducían	**condujeron**	conducirán	conducirían	**conduzcan**	**condujeran**	**conduzcan** Uds.

Infinitive	INDICATIVE Present	Imperfect	Preterite	Future	Conditional	SUBJUNCTIVE Present	Past	IMPERATIVE
7 dar	doy	daba	di	daré	daría	dé	diera	
	das	dabas	diste	darás	darías	des	dieras	da tú (no **des**)
Participles:	da	daba	dio	dará	daría	dé	diera	**dé** Ud.
dando	damos	dábamos	dimos	daremos	daríamos	demos	diéramos	**demos**
dado	dais	dabais	disteis	daréis	daríais	deis	dierais	dad (no **deis**)
	dan	daban	dieron	darán	darían	den	dieran	**den** Uds.
8 decir (e:i)	digo	decía	dije	diré	diría	diga	dijera	
	dices	decías	dijiste	dirás	dirías	digas	dijeras	di tú (no **digas**)
Participles:	dice	decía	dijo	dirá	diría	diga	dijera	diga Ud.
diciendo	decimos	decíamos	dijimos	diremos	diríamos	digamos	dijéramos	**digamos**
dicho	decís	decíais	dijisteis	diréis	diríais	digáis	dijerais	decid (no **digáis**)
	dicen	decían	dijeron	dirán	dirían	digan	dijeran	digan Uds.
9 estar	estoy	estaba	estuve	estaré	estaría	esté	estuviera	
	estás	estabas	estuviste	estarás	estarías	estés	estuvieras	está tú (no estés)
Participles:	está	estaba	estuvo	estará	estaría	esté	estuviera	esté Ud.
estando	estamos	estábamos	estuvimos	estaremos	estaríamos	estemos	estuviéramos	estemos
estado	estáis	estabais	estuvisteis	estaréis	estaríais	estéis	estuvierais	estad (no estéis)
	están	estaban	estuvieron	estarán	estarían	estén	estuvieran	estén Uds.
10 haber	he	había	hube	habré	habría	haya	hubiera	
	has	habías	hubiste	habrás	habrías	hayas	hubieras	
Participles:	ha	había	hubo	habrá	habría	haya	hubiera	
habiendo	hemos	habíamos	hubimos	habremos	habríamos	hayamos	hubiéramos	
habido	habéis	habíais	hubisteis	habréis	habríais	hayáis	hubierais	
	han	habían	hubieron	habrán	habrían	hayan	hubieran	
11 hacer	hago	hacía	hice	haré	haría	haga	hiciera	
	haces	hacías	hiciste	harás	harías	hagas	hicieras	haz tú (no **hagas**)
Participles:	hace	hacía	hizo	hará	haría	haga	hiciera	haga Ud.
haciendo	hacemos	hacíamos	hicimos	haremos	haríamos	hagamos	hiciéramos	**hagamos**
hecho	hacéis	hacíais	hicisteis	haréis	haríais	hagáis	hicierais	haced (no **hagáis**)
	hacen	hacían	hicieron	harán	harían	hagan	hicieran	hagan Uds.
12 ir	voy	iba	fui	iré	iría	vaya	fuera	
	vas	ibas	fuiste	irás	irías	vayas	fueras	ve tú (no **vayas**)
Participles:	va	iba	fue	irá	iría	vaya	fuera	vaya Ud.
yendo	vamos	íbamos	fuimos	iremos	iríamos	vayamos	fuéramos	**vamos** (no vayamos)
ido	vais	ibais	fuisteis	iréis	iríais	vayáis	fuerais	id (no **vayáis**)
	van	iban	fueron	irán	irían	vayan	fueran	vayan Uds.
13 oír (y)	oigo	oía	oí	oiré	oiría	oiga	oyera	
	oyes	oías	oíste	oirás	oirías	oigas	oyeras	oye tú (no **oigas**)
Participles:	oye	oía	oyó	oirá	oiría	oiga	oyera	oiga Ud.
oyendo	oímos	oíamos	oímos	oiremos	oiríamos	oigamos	oyéramos	**oigamos**
oído	oís	oíais	oísteis	oiréis	oiríais	oigáis	oyerais	oíd (no **oigáis**)
	oyen	oían	oyeron	oirán	oirían	oigan	oyeran	oigan Uds.

Infinitive	INDICATIVE					SUBJUNCTIVE		IMPERATIVE
	Present	Imperfect	Preterite	Future	Conditional	Present	Past	
14 poder (o:ue)	puedo	podía	pude	podré	podría	pueda	pudiera	
	puedes	podías	pudiste	podrás	podrías	puedas	pudieras	puede tú (no puedas)
	puede	podía	pudo	podrá	podría	pueda	pudiera	pueda Ud.
Participles:	podemos	podíamos	pudimos	podremos	podríamos	podamos	pudiéramos	podamos
pudiendo	podéis	podíais	pudisteis	podréis	podríais	podáis	pudierais	poded (no podáis)
podido	pueden	podían	pudieron	podrán	podrían	puedan	pudieran	puedan Uds.
15 poner	pongo	ponía	puse	pondré	pondría	ponga	pusiera	
	pones	ponías	pusiste	pondrás	pondrías	pongas	pusieras	pon tú (no pongas)
	pone	ponía	puso	pondrá	pondría	ponga	pusiera	ponga Ud.
Participles:	ponemos	poníamos	pusimos	pondremos	pondríamos	pongamos	pusiéramos	pongamos
poniendo	ponéis	poníais	pusisteis	pondréis	pondríais	pongáis	pusierais	poned (no pongáis)
puesto	ponen	ponían	pusieron	pondrán	pondrían	pongan	pusieran	pongan Uds.
16 querer (e:ie)	quiero	quería	quise	querré	querría	quiera	quisiera	
	quieres	querías	quisiste	querrás	querrías	quieras	quisieras	quiere tú (no quieras)
	quiere	quería	quiso	querrá	querría	quiera	quisiera	quiera Ud.
Participles:	queremos	queríamos	quisimos	querremos	querríamos	queramos	quisiéramos	queramos
queriendo	queréis	queríais	quisisteis	querréis	querríais	queráis	quisierais	quered (no queráis)
querido	quieren	querían	quisieron	querrán	querrían	quieran	quisieran	quieran Uds.
17 saber	sé	sabía	supe	sabré	sabría	sepa	supiera	
	sabes	sabías	supiste	sabrás	sabrías	sepas	supieras	sabe tú (no sepas)
	sabe	sabía	supo	sabrá	sabría	sepa	supiera	sepa Ud.
Participles:	sabemos	sabíamos	supimos	sabremos	sabríamos	sepamos	supiéramos	sepamos
sabiendo	sabéis	sabíais	supisteis	sabréis	sabríais	sepáis	supierais	sabed (no sepáis)
sabido	saben	sabían	supieron	sabrán	sabrían	sepan	supieran	sepan Uds.
18 salir	salgo	salía	salí	saldré	saldría	salga	saliera	
	sales	salías	saliste	saldrás	saldrías	salgas	salieras	sal tú (no salgas)
	sale	salía	salió	saldrá	saldría	salga	saliera	salga Ud.
Participles:	salimos	salíamos	salimos	saldremos	saldríamos	salgamos	saliéramos	salgamos
saliendo	salís	salíais	salisteis	saldréis	saldríais	salgáis	salierais	salid (no salgáis)
salido	salen	salían	salieron	saldrán	saldrían	salgan	salieran	salgan Uds.
19 ser	soy	era	fui	seré	sería	sea	fuera	
	eres	eras	fuiste	serás	serías	seas	fueras	sé tú (no seas)
	es	era	fue	será	sería	sea	fuera	sea Ud.
Participles:	somos	éramos	fuimos	seremos	seríamos	seamos	fuéramos	seamos
siendo	sois	erais	fuisteis	seréis	seríais	seáis	fuerais	sed (no seáis)
sido	son	eran	fueron	serán	serían	sean	fueran	sean Uds.
20 tener (e:ie)	tengo	tenía	tuve	tendré	tendría	tenga	tuviera	
	tienes	tenías	tuviste	tendrás	tendrías	tengas	tuvieras	ten tú (no tengas)
	tiene	tenía	tuvo	tendrá	tendría	tenga	tuviera	tenga Ud.
Participles:	tenemos	teníamos	tuvimos	tendremos	tendríamos	tengamos	tuviéramos	tengamos
teniendo	tenéis	teníais	tuvisteis	tendréis	tendríais	tengáis	tuvierais	tened (no tengáis)
tenido	tienen	tenían	tuvieron	tendrán	tendrían	tengan	tuvieran	tengan Uds.

21 traer
Participles: **trayendo**, **traído**

	INDICATIVE					SUBJUNCTIVE		IMPERATIVE
Infinitive	Present	Imperfect	Preterite	Future	Conditional	Present	Past	
traer	**traigo**	traía	**traje**	traeré	traería	**traiga**	**trajera**	
	traes	traías	**trajiste**	traerás	traerías	**traigas**	**trajeras**	trae tú (no **traigas**)
Participles:	trae	traía	**trajo**	traerá	traería	**traiga**	**trajera**	**traiga** Ud.
trayendo	traemos	traíamos	**trajimos**	traeremos	traeríamos	**traigamos**	**trajéramos**	**traigamos**
traído	traéis	traíais	**trajisteis**	traeréis	traeríais	**traigáis**	**trajerais**	traed (no **traigáis**)
	traen	traían	**trajeron**	traerán	traerían	**traigan**	**trajeran**	**traigan** Uds.

22 venir (e:ie)
Participles: **viniendo**, venido

	INDICATIVE					SUBJUNCTIVE		IMPERATIVE
Infinitive	Present	Imperfect	Preterite	Future	Conditional	Present	Past	
venir (e:ie)	**vengo**	venía	**vine**	**vendré**	**vendría**	**venga**	**viniera**	
	vienes	venías	**viniste**	**vendrás**	**vendrías**	**vengas**	**vinieras**	**ven** tú (no **vengas**)
Participles:	**viene**	venía	**vino**	**vendrá**	**vendría**	**venga**	**viniera**	**venga** Ud.
viniendo	venimos	veníamos	**vinimos**	**vendremos**	**vendríamos**	**vengamos**	**viniéramos**	**vengamos**
venido	venís	veníais	**vinisteis**	**vendréis**	**vendríais**	**vengáis**	**vinierais**	venid (no **vengáis**)
	vienen	venían	**vinieron**	**vendrán**	**vendrían**	**vengan**	**vinieran**	**vengan** Uds.

23 ver
Participles: viendo, **visto**

	INDICATIVE					SUBJUNCTIVE		IMPERATIVE
Infinitive	Present	Imperfect	Preterite	Future	Conditional	Present	Past	
ver	**veo**	**veía**	**vi**	veré	vería	**vea**	**viera**	
	ves	**veías**	viste	verás	verías	**veas**	**vieras**	**ve** tú (no **veas**)
Participles:	ve	**veía**	**vio**	verá	vería	**vea**	**viera**	**vea** Ud.
viendo	vemos	**veíamos**	**vimos**	veremos	veíamos	**veamos**	**viéramos**	**veamos**
visto	veis	**veíais**	**visteis**	veréis	veríais	**veáis**	**vierais**	ved (no **veáis**)
	ven	**veían**	**vieron**	verán	verían	**vean**	**vieran**	**vean** Uds.

Stem-changing verbs

24 contar (o:ue)
Participles: contando, contado

	INDICATIVE					SUBJUNCTIVE		IMPERATIVE
Infinitive	Present	Imperfect	Preterite	Future	Conditional	Present	Past	
contar (o:ue)	**cuento**	contaba	conté	contaré	contaría	**cuente**	contara	
	cuentas	contabas	contaste	contarás	contarías	**cuentes**	contaras	**cuenta** tú (no **cuentes**)
Participles:	**cuenta**	contaba	contó	contará	contaría	**cuente**	contara	**cuente** Ud.
contando	contamos	contábamos	contamos	contaremos	contaríamos	contemos	contáramos	contemos
contado	contáis	contabais	contasteis	contaréis	contaríais	contéis	contarais	contad (no contéis)
	cuentan	contaban	contaron	contarán	contarían	**cuenten**	contaran	**cuenten** Uds.

25 dormir (o:ue)
Participles: **durmiendo**, dormido

	INDICATIVE					SUBJUNCTIVE		IMPERATIVE
Infinitive	Present	Imperfect	Preterite	Future	Conditional	Present	Past	
dormir (o:ue)	**duermo**	dormía	dormí	dormiré	dormiría	**duerma**	**durmiera**	
	duermes	dormías	dormiste	dormirás	dormirías	**duermas**	**durmieras**	**duerme** tú (no **duermas**)
Participles:	**duerme**	dormía	**durmió**	dormirá	dormiría	**duerma**	**durmiera**	**duerma** Ud.
durmiendo	dormimos	dormíamos	dormimos	dormiremos	dormiríamos	**durmamos**	**durmiéramos**	**durmamos**
dormido	dormís	dormíais	dormisteis	dormiréis	dormiríais	**durmáis**	**durmierais**	dormid (no **durmáis**)
	duermen	dormían	**durmieron**	dormirán	dormirían	**duerman**	**durmieran**	**duerman** Uds.

26 empezar (e:ie) (z:c)
Participles: empezando, empezado

	INDICATIVE					SUBJUNCTIVE		IMPERATIVE
Infinitive	Present	Imperfect	Preterite	Future	Conditional	Present	Past	
empezar (e:ie) (z:c)	**empiezo**	empezaba	**empecé**	empezaré	empezaría	**empiece**	empezara	
	empiezas	empezabas	empezaste	empezarás	empezarías	**empieces**	empezaras	**empieza** tú (no **empieces**)
Participles:	**empieza**	empezaba	empezó	empezará	empezaría	**empiece**	empezara	**empiece** Ud.
empezando	empezamos	empezábamos	empezamos	empezaremos	empezaríamos	**empecemos**	empezáramos	**empecemos**
empezado	empezáis	empezabais	empezasteis	empezaréis	empezaríais	**empecéis**	empezarais	empezad (no **empecéis**)
	empiezan	empezaban	empezaron	empezarán	empezarían	**empiecen**	empezaran	**empiecen** Uds.

Infinitive	INDICATIVE Present	Imperfect	Preterite	Future	Conditional	SUBJUNCTIVE Present	Past	IMPERATIVE
27 entender (e:ie) Participles: entendiendo entendido	entiendo entiendes entiende entendemos entendéis entienden	entendía entendías entendía entendíamos entendíais entendían	entendí entendiste entendió entendimos entendisteis entendieron	entenderé entenderás entenderá entenderemos entenderéis entenderán	entendería entenderías entendería entenderíamos entenderíais entenderían	entienda entiendas entienda entendamos entendáis entiendan	entendiera entendieras entendiera entendiéramos entendierais entendieran	entiende tú (no entiendas) entienda Ud. entendamos entended (no entendáis) entiendan Uds.
28 jugar (u:ue) (g:gu) Participles: jugando jugado	juego juegas juega jugamos jugáis juegan	jugaba jugabas jugaba jugábamos jugabais jugaban	jugué jugaste jugó jugamos jugasteis jugaron	jugaré jugarás jugará jugaremos jugaréis jugarán	jugaría jugarías jugaría jugaríamos jugaríais jugarían	juegue juegues juegue juguemos juguéis jueguen	jugara jugaras jugara jugáramos jugarais jugaran	juega tú (no juegues) juegue Ud. juguemos jugad (no juguéis) jueguen Uds.
29 pedir (e:i) Participles: pidiendo pedido	pido pides pide pedimos pedís piden	pedía pedías pedía pedíamos pedíais pedían	pedí pediste pidió pedimos pedisteis pidieron	pediré pedirás pedirá pediremos pediréis pedirán	pediría pedirías pediría pediríamos pediríais pedirían	pida pidas pida pidamos pidáis pidan	pidiera pidieras pidiera pidiéramos pidierais pidieran	pide tú (no pidas) pida Ud. pidamos pedid (no pidáis) pidan Uds.
30 pensar (e:ie) Participles: pensando pensado	pienso piensas piensa pensamos pensáis piensan	pensaba pensabas pensaba pensábamos pensabais pensaban	pensé pensaste pensó pensamos pensasteis pensaron	pensaré pensarás pensará pensaremos pensaréis pensarán	pensaría pensarías pensaría pensaríamos pensaríais pensarían	piense pienses piense pensemos penséis piensen	pensara pensaras pensara pensáramos pensarais pensaran	piensa tú (no pienses) piense Ud. pensemos pensad (no penséis) piensen Uds.
31 reír(se) (e:i) Participles: riendo reído	río ríes ríe reímos reís ríen	reía reías reía reíamos reíais reían	reí reíste rió reímos reísteis rieron	reiré reirás reirá reiremos reiréis reirán	reiría reirías reiría reiríamos reiríais reirían	ría rías ría riamos riáis rían	riera rieras riera riéramos rierais rieran	ríe tú (no rías) ría Ud. riamos reíd (no riáis) rían Uds.
32 seguir (e:i) (gu:g) Participles: siguiendo seguido	sigo sigues sigue seguimos seguís siguen	seguía seguías seguía seguíamos seguíais seguían	seguí seguiste siguió seguimos seguisteis siguieron	seguiré seguirás seguirá seguiremos seguiréis seguirán	seguiría seguirías seguiría seguiríamos seguiríais seguirían	siga sigas siga sigamos sigáis sigan	siguiera siguieras siguiera siguiéramos siguierais siguieran	sigue tú (no sigas) siga Ud. sigamos seguid (no sigáis) sigan Uds.
33 sentir(se) (e:ie) Participles: sintiendo sentido	siento sientes siente sentimos sentís sienten	sentía sentías sentía sentíamos sentíais sentían	sentí sentiste sintió sentimos sentisteis sintieron	sentiré sentirás sentirá sentiremos sentiréis sentirán	sentiría sentirías sentiría sentiríamos sentiríais sentirían	sienta sientas sienta sintamos sintáis sientan	sintiera sintieras sintiera sintiéramos sintierais sintieran	siente tú (no sientas) sienta Ud. sintamos sentid (no sintáis) sientan Uds.

34

Infinitive	INDICATIVE					SUBJUNCTIVE		IMPERATIVE
	Present	Imperfect	Preterite	Future	Conditional	Present	Past	
volver (o:ue)	vuelvo	volvía	volví	volveré	volvería	vuelva	volviera	
	vuelves	volvías	volviste	volverás	volverías	vuelvas	volvieras	vuelve tú (no vuelvas)
	vuelve	volvía	volvió	volverá	volvería	vuelva	volviera	vuelva Ud.
Participles:	volvemos	volvíamos	volvimos	volveremos	volveríamos	volvamos	volviéramos	volvamos
volviendo	volvéis	volvíais	volvisteis	volveréis	volveríais	volváis	volvierais	volved (no volváis)
vuelto	vuelven	volvían	volvieron	volverán	volverían	vuelvan	volvieran	vuelvan Uds.

Verbs with spelling changes only

35

Infinitive	INDICATIVE					SUBJUNCTIVE		IMPERATIVE
	Present	Imperfect	Preterite	Future	Conditional	Present	Past	
conocer	conozco	conocía	conocí	conoceré	conocería	conozca	conociera	
(c:zc)	conoces	conocías	conociste	conocerás	conocerías	conozcas	conocieras	conoce tú (no conozcas)
	conoce	conocía	conoció	conocerá	conocería	conozca	conociera	conozca Ud.
Participles:	conocemos	conocíamos	conocimos	conoceremos	conoceríamos	conozcamos	conociéramos	conozcamos
conociendo	conocéis	conocíais	conocisteis	conoceréis	conoceríais	conozcáis	conocierais	conoced (no conozcáis)
conocido	conocen	conocían	conocieron	conocerán	conocerían	conozcan	conocieran	conozcan Uds.

36

Infinitive	INDICATIVE					SUBJUNCTIVE		IMPERATIVE
	Present	Imperfect	Preterite	Future	Conditional	Present	Past	
creer (y)	creo	creía	creí	creeré	creería	crea	creyera	
	crees	creías	creíste	creerás	creerías	creas	creyeras	cree tú (no creas)
	cree	creía	creyó	creerá	creería	crea	creyera	crea Ud.
Participles:	creemos	creíamos	creímos	creeremos	creeríamos	creamos	creyéramos	creamos
creyendo	creéis	creíais	creísteis	creeréis	creeríais	creáis	creyerais	creed (no creáis)
creído	creen	creían	creyeron	creerán	creerían	crean	creyeran	crean Uds.

37

Infinitive	INDICATIVE					SUBJUNCTIVE		IMPERATIVE
	Present	Imperfect	Preterite	Future	Conditional	Present	Past	
cruzar (z:c)	cruzo	cruzaba	crucé	cruzaré	cruzaría	cruce	cruzara	
	cruzas	cruzabas	cruzaste	cruzarás	cruzarías	cruces	cruzaras	cruza tú (no cruces)
	cruza	cruzaba	cruzó	cruzará	cruzaría	cruce	cruzara	cruce Ud.
Participles:	cruzamos	cruzábamos	cruzamos	cruzaremos	cruzaríamos	crucemos	cruzáramos	crucemos
cruzando	cruzáis	cruzabais	cruzasteis	cruzaréis	cruzaríais	crucéis	cruzarais	cruzad (no crucéis)
cruzado	cruzan	cruzaban	cruzaron	cruzarán	cruzarían	crucen	cruzaran	crucen Uds.

38

Infinitive	INDICATIVE					SUBJUNCTIVE		IMPERATIVE
	Present	Imperfect	Preterite	Future	Conditional	Present	Past	
destruir (y)	destruyo	destruía	destruí	destruiré	destruiría	destruya	destruyera	
	destruyes	destruías	destruiste	destruirás	destruirías	destruyas	destruyeras	destruye tú (no destruyas)
	destruye	destruía	destruyó	destruirá	destruiría	destruya	destruyera	destruya Ud.
Participles:	destruimos	destruíamos	destruimos	destruiremos	destruiríamos	destruyamos	destruyéramos	destruyamos
destruyendo	destruís	destruíais	destruisteis	destruiréis	destruiríais	destruyáis	destruyerais	destruid (no destruyáis)
destruido	destruyen	destruían	destruyeron	destruirán	destruirían	destruyan	destruyeran	destruyan Uds.

39

Infinitive	INDICATIVE					SUBJUNCTIVE		IMPERATIVE
	Present	Imperfect	Preterite	Future	Conditional	Present	Past	
enviar	envío	enviaba	envié	enviaré	enviaría	envíe	enviara	
(envío)	envías	enviabas	enviaste	enviarás	enviarías	envíes	enviaras	envía tú (no envíes)
	envía	enviaba	envió	enviará	enviaría	envíe	enviara	envíe Ud.
Participles:	enviamos	enviábamos	enviamos	enviaremos	enviaríamos	enviemos	enviáramos	enviemos
enviando	enviáis	enviabais	enviasteis	enviaréis	enviaríais	enviéis	enviarais	enviad (no enviéis)
enviado	envían	enviaban	enviaron	enviarán	enviarían	envíen	enviaran	envíen Uds.

40

Infinitive	INDICATIVE					SUBJUNCTIVE		IMPERATIVE
	Present	Imperfect	Preterite	Future	Conditional	Present	Past	
graduarse	gradúo	graduaba	gradué	graduaré	graduaría	gradúe	graduara	
(gradúo)	gradúas	graduabas	graduaste	graduarás	graduarías	gradúes	graduaras	gradúa tú (no gradúes)
	gradúa	graduaba	graduó	graduará	graduaría	gradúe	graduara	gradúe Ud.
Participles:	graduamos	graduábamos	graduamos	graduaremos	graduaríamos	graduemos	graduáramos	graduemos
graduando	graduáis	graduabais	graduasteis	graduaréis	graduaríais	graduéis	graduarais	graduad (no graduéis)
graduado	gradúan	graduaban	graduaron	graduarán	graduarían	gradúen	graduaran	gradúen Uds.

41

Infinitive	INDICATIVE					SUBJUNCTIVE		IMPERATIVE
	Present	Imperfect	Preterite	Future	Conditional	Present	Past	
llegar (g:gu)	llego	llegaba	llegué	llegaré	llegaría	llegue	llegara	
	llegas	llegabas	llegaste	llegarás	llegarías	llegues	llegaras	llega tú (no llegues)
Participles:	llega	llegaba	llegó	llegará	llegaría	llegue	llegara	llegue Ud.
llegando	llegamos	llegábamos	llegamos	llegaremos	llegaríamos	lleguemos	llegáramos	lleguemos
llegado	llegáis	llegabais	llegasteis	llegaréis	llegaríais	lleguéis	llegarais	llegad (no lleguéis)
	llegan	llegaban	llegaron	llegarán	llegarían	lleguen	llegaran	lleguen Uds.

42

Infinitive	INDICATIVE					SUBJUNCTIVE		IMPERATIVE
	Present	Imperfect	Preterite	Future	Conditional	Present	Past	
proteger (g:j)	protejo	protegía	protegí	protegeré	protegería	proteja	protegiera	
	proteges	protegías	protegiste	protegerás	protegerías	protejas	protegieras	protege tú (no protejas)
Participles:	protege	protegía	protegió	protegerá	protegería	proteja	protegiera	proteja Ud.
protegiendo	protegemos	protegíamos	protegimos	protegeremos	protegeríamos	protejamos	protegiéramos	protejamos
protegido	protegéis	protegíais	protegisteis	protegeréis	protegeríais	protejáis	protegierais	proteged (no protejáis)
	protegen	protegían	protegieron	protegerán	protegerían	protejan	protegieran	protejan Uds.

43

Infinitive	INDICATIVE					SUBJUNCTIVE		IMPERATIVE
	Present	Imperfect	Preterite	Future	Conditional	Present	Past	
tocar (c:qu)	toco	tocaba	toqué	tocaré	tocaría	toque	tocara	
	tocas	tocabas	tocaste	tocarás	tocarías	toques	tocaras	toca tú (no toques)
Participles:	toca	tocaba	tocó	tocará	tocaría	toque	tocara	toque Ud.
tocando	tocamos	tocábamos	tocamos	tocaremos	tocaríamos	toquemos	tocáramos	toquemos
tocado	tocáis	tocabais	tocasteis	tocaréis	tocaríais	toquéis	tocarais	tocad (no toquéis)
	tocan	tocaban	tocaron	tocarán	tocarían	toquen	tocaran	toquen Uds.

Guide to Vocabulary

Note on alphabetization

For purposes of alphabetization, **ch** and **ll** are not treated as separate letters, but **ñ** still follows **n**. Therefore, in this glossary you will find that **año**, for example, appears after **anuncio**.

Abbreviations used in this glossary

adj.	adjective	*form.*	formal	*pl.*	plural
adv.	adverb	*indef.*	indefinite	*poss.*	possessive
art.	article	*interj.*	interjection	*prep.*	preposition
conj.	conjunction	*i.o.*	indirect object	*pron.*	pronoun
def.	definite	*m.*	masculine	*ref.*	reflexive
d.o.	direct object	*n.*	noun	*sing.*	singular
f.	feminine	*obj.*	object	*sub.*	subject
fam.	familiar	*p.p.*	past participle	*v.*	verb

Spanish-English

A

a *prep.* at; to 1
  ¿A qué hora...? At what time...? 1, 9
  a bordo aboard 1
  a dieta on a diet 15
  a la derecha de to the right of 2
  a la izquierda de to the left of 2
  a la plancha grilled 8
  a la(s) + *time* at + *time* 1
  a menos que unless 13
  a menudo often 10
  a mi nombre in my name 5
  a nombre de in the name of 5
  a plazos in installments 14
  A sus órdenes. At your service. 11
  a tiempo on time 10
  a veces sometimes 10
  a ver let's see 2
abajo *adv.* down
abeja *f.* bee
abierto/a *adj.* open 5; *p.p.* opened 15
abogado/a *m., f.* lawyer 16
abrazar(se) *v.* to hug; to embrace (each other)
abrazo *m.* hug
abrigo *m.* coat 6
abril *m.* April 5
abrir *v.* to open 3
abuelo/a *m., f.* grandfather; grandmother 3
abuelos *pl.* grandparents 3
aburrido/a *adj.* bored; boring 5
aburrir *v.* to bore 7
aburrirse *v.* to get bored

acabar de (+ *inf.*) *v.* to have just (*done something*) 6
acampar *v.* to camp 5
accidente *m.* accident 10
acción *f.* action
aceite *m.* oil 8
ácido/a *adj.* acid 13
acompañar *v.* to go with; to accompany 14
aconsejar *v.* to advise 12
acontecimiento *m.* event
acordarse (o:ue) *v.* to remember 7
acostarse (o:ue) *v.* to lie down; to go to bed 7
activo/a *adj.* active 15
actor *m.* actor 16
actriz *f.* actress 16
actualidades *f., pl.* news; current events
acuático/a *adj.* aquatic 4
adelgazar *v.* to lose weight; to slim down 15
además (de) *adv.* furthermore; besides 10; in addition (to)
adicional *adj.* additional
adiós *m.* goodbye 1
adjetivo *m.* adjective
administración *f.* **de empresas** business administration 2
adolescencia *f.* adolescence 9
¿adónde? *adv.* where (to)? (*destination*) 2, 9
aduana *f.* customs 5
aeróbico/a *adj.* aerobic 15
aeropuerto *m.* airport 5
afectado/a *adj.* affected 13
afeitarse *v.* to shave 7
aficionado/a *adj.* fan 4
afirmativo/a *adj.* affirmative
afueras *f., pl.* suburbs; outskirts 12
agencia *f.* **de bienes raíces** real estate agency 12

agencia de viajes *f.* travel agency 5
agente de viajes *m., f.* travel agent 5
agosto *m.* August 5
agradable *adj.* pleasant
agrio/a *adj.* sour 8
agua *f.* water 8
  agua mineral mineral water 8
ahora *adv.* now
  ahora mismo right now 5
ahorrar *v.* to save money 14
ahorros *m., pl.* savings 14
aire *m.* air 6
ajo *m.* garlic
al (*contraction of* **a** + **el**) 4
  al aire libre open-air 6
  al contado in cash 14
  (al) este (to the) east 14
  al fondo (de) at the end (of) 12
  al lado de next to; beside 2
  (al) norte (to the) north 14
  (al) oeste (to the) west 14
  (al) sur (to the) south 14
alcoba *f.* bedroom 12
alcohol *m.* alcohol 15
alcohólico/a *adj.* alcoholic 15
alegrarse (de) *v.* to be happy 13
alegre *adj.* happy; joyful 5
alegría *f.* happiness 9
alemán, alemana *adj.* German 3
alérgico/a *adj.* allergic 10
alfombra *f.* carpet; rug 12
algo *pron.* something; anything 7
algodón *m.* cotton 6
alguien *pron.* someone; anyone 7
algún, alguno/a(s) *adj.* any; some 7
aliviar *v.* to relieve 15
  aliviar el estrés/la tensión to relieve stress/tension 15
allí *adv.* there 5
  allí mismo right there 14

almacén *m.* department store **6**
almohada *f.* pillow **12**
almorzar (o:ue) *v.* to have lunch **8**
almuerzo *m.* lunch **8**
¿Aló? *interj.* Hello?
　(*on the telephone*) **11**
alojamiento *m.* lodging **5**
alquilar *v.* to rent **12**
alquiler *m.* rent **12**
alternador *m.* alternator **11**
altillo *m.* attic **12**
alto/a *adj.* tall **3**
aluminio *m.* aluminum **13**
amable *adj.* nice; friendly **5**
ama *m., f.* **de casa** homemaker;
　housekeeper **12**; housewife
amarillo/a *adj.* yellow **6**
amigo/a *m., f.* friend **3**
amistad *f.* friendship **9**
amor *m.* love **9**
anaranjado/a *adj.* orange **6**
animal *m.* animal **13**
aniversario (de bodas) *m.* (wedding)
　anniversary **9**
anoche *adv.* last night **6**
anteayer *adv.* the day before yesterday **6**
antes *adv.* before **7**
　antes de *prep.* before **7**
　antes (de) que *conj.* before **13**
antibiótico *m.* antibiotic **10**
antipático/a *adj.* unpleasant **3**
anunciar *v.* to announce; to advertise
anuncio *m.* advertisement **16**
año *m.* year **5**
　el año pasado last year **6**
apagar *v.* to turn off **11**
aparato *m.* appliance **12**
apartamento *m.* apartment **12**
apellido *m.* last name **9**
apenas *adv.* hardly; scarcely; just **10**
aplaudir *v.* to applaud
apreciar *v.* to appreciate
aprender *v.* to learn **3**
apurarse *v.* to hurry; to rush **15**
aquel, aquella *adj.* that; those (over
　there) **6**
aquél, aquélla *pron.* that; those (over
　there) **6**
aquello *neuter, pron.* that; that thing;
　that fact **6**
aquellos/as *pl. adj.* that; those
　(over there) **6**
aquéllos/as *pl. pron.* those (ones)
　(over there) **6**
aquí *adv.* here **1**
　Aquí está... Here it is... **5**
　Aquí estamos en... Here we are
　　at/in... **2**
　aquí mismo right here **11**
árbol *m.* tree **13**
archivo *m.* file **11**

armario *m.* closet **12**
arqueólogo/a *m., f.* archaeologist **16**
arquitecto/a *m., f.* architect **16**
arrancar *v.* to start (*a car*) **11**
arreglar *v.* to fix; to arrange **11**;
　to neaten; to straighten up **12**
arriba *adv.* up
arroz *m.* rice **8**
arte *m.* art **2**
artes *f., pl.* arts
artesanía *f.* craftsmanship; crafts
artículo *m.* article
artista *m., f.* artist **3**
artístico/a *adj.* artistic
arveja *m.* pea **8**
asado/a *adj.* roasted **8**
ascenso *m.* promotion **16**
ascensor *m.* elevator **5**
así *adj.* like this; so (*in such a way*) **10**
　así así so-so
asistir (a) *v.* to attend **3**
aspiradora *f.* vacuum cleaner **12**
aspirante *m., f.* candidate; applicant **16**
aspirina *f.* aspirin **10**
atún *m.* tuna **8**
aumentar *v.* **de peso** to gain weight **15**
aumento *m.* increase **16**
　aumento de sueldo pay raise **16**
aunque *conj.* although
autobús *m.* bus **1**
automático/a *adj.* automatic **14**
auto(móvil) *m.* auto(mobile) **5**
autopista *f.* highway
ave *f.* bird
avenida *f.* avenue
aventura *f.* adventure
avergonzado/a *adj.* embarrassed **5**
avión *m.* airplane **5**
¡Ay! *interj.* Oh!
　¡Ay, qué dolor! Oh, what pain!
ayer *adv.* yesterday **6**
ayudar *v.* to help **12**
ayudarse *v.* to help each other
azúcar *m.* sugar **8**
azul *adj.* blue **6**

B

bailar *v.* to dance **2**
bailarín/bailarina *m., f.* dancer **16**
baile *m.* dance
bajar *v.* to go down **11**
bajar(se) de *v.* to get off of/out of
　(*a vehicle*) **11**
bajo/a *adj.* short (*in height*) **3**
　bajo control under control
balcón *m.* balcony **12**
ballena *f.* whale **13**
ballet *m.* ballet
baloncesto *m.* basketball **4**

banana *f.* banana **8**
banco *m.* bank **14**
banda *f.* band
bandera *f.* flag
bañarse *v.* to bathe; to take a bath **7**
baño *m.* bathroom **7**
barato/a *adj.* cheap **6**
barco *m.* boat **5**
barrer *v.* to sweep **12**
　barrer el suelo to sweep the floor **12**
barrio *m.* neighborhood **12**
bastante *adv.* enough; quite **10**; pretty
basura *f.* trash **12**
baúl *m.* trunk **11**
beber *v.* to drink **3**
bebida *f.* drink **8**
　bebida alcohólica alcoholic
　　beverage **15**
béisbol *m.* baseball **4**
bellas artes *f., pl.* fine arts
belleza *f.* beauty **14**
beneficio *m.* benefit **16**
besar(se) *v.* to kiss (each other) **9**
beso *m.* kiss **9**
biblioteca *f.* library **2**
bicicleta *f.* bicycle **4**
bien *adj.* good; well **1**
bienestar *m.* well-being **15**
¡Bienvenido(s)/a(s)! *adj.* Welcome! **12**
billete *m.* money (*paper*)
billón trillion **6**
biología *f.* biology **2**
bistec *m.* steak **8**
bizcocho *m.* biscuit
blanco/a *adj.* white **6**
bluejeans *m., pl.* jeans **6**
blusa *f.* blouse **6**
boca *f.* mouth **10**
boda *f.* wedding **9**
boleto *m.* ticket
bolsa *f.* bag; purse **6**
bombero/a *m., f.* firefighter **16**
bonito/a *adj.* pretty **3**
borrador *m.* eraser **2**
bosque *m.* forest **13**
　bosque tropical tropical forest;
　　rainforest **13**
bota *f.* boot **6**
botella *f.* bottle **9**
　botella de vino bottle of wine **9**
botones *m., f., sing.* bellhop **5**
brazo *m.* arm **10**
brindar *v.* to toast (*drink*) **9**
bucear *v.* to scuba dive **4**
bueno... *adv.* well... **2**
buen, bueno/a *adj.* good **3, 6**
　¡Buen viaje! Have a good trip! **1**
　buena forma good shape (*physical*) **15**
　¡Buena idea! Good idea! **4**
　Buenas noches. Good evening;
　　Good night. **1**

Buenas tardes. Good afternoon. 1
buenísimo extremely good
¿Bueno? Hello? (*on telephone*) 11
Buenos días. Good morning. 1
bulevar *m.* boulevard
buscar *v.* to look for 2
buzón *m.* mailbox 14

C

caballo *m.* horse 5
cabaña *f.* cabin 5
cabe: no cabe duda de there's no doubt 13
cabeza *f.* head 10
cada *adj.* each 6
caerse *v.* to fall (down) 10
café *m.* café 4; *adj.* brown 6; coffee 8
cafetera *f.* coffee maker
cafetería *f.* cafeteria 2
caído/a *p.p.* fallen 15
caja *f.* cash register 6
cajero/a *m., f.* cashier
cajero automático automatic teller machine (ATM) 14
calcetín *m.* sock 6
calculadora *f.* calculator 11
caldo *m.* soup 8
caldo de patas beef soup 8
calentamiento global *m.* global warming 13
calentarse (e:ie) *v.* to warm up 15
calidad *f.* quality 6
calle *f.* street 11
calor *m.* heat 3
caloría *f.* calorie 15
calzar *v.* to take size... shoes 6
cama *f.* bed 5
cámara *f.* camera 11
cámara de video videocamera 11
cámara digital digital camera 11
camarero/a *m., f.* waiter 8
camarón *m.* shrimp 8
cambiar *v.* (**de**) to change 9
cambio *m.* **de moneda** currency exchange
caminar *v.* to walk 2
camino *m.* route 11
camión *m.* truck; bus
camisa *f.* shirt 6
camiseta *f.* t-shirt 6
campo *m.* countryside 5
canadiense *adj.* Canadian 3
canal *m.* channel (*TV*)
canción *f.* song
candidato/a *m., f.* candidate
cansado/a *adj.* tired 5
cantante *m., f.* singer 16
cantar *v.* to sing 2
capital *f.* capital city 1

capó *m.* (car) hood 11
cara *f.* face 7
caramelo *m.* caramel
carne *f.* meat 8
carne de res beef 8
carnicería *f.* butcher shop 14
caro/a *adj.* expensive 6
carpintero/a *m., f.* carpenter 16
carrera *f.* career 16
carretera *f.* highway
carro *m.* car 11
carta *f.* letter 4; (playing) card
cartel *m.* poster
cartera *f.* wallet 6
cartero *m.* mail carrier 14
casa *f.* house 4; home
casado/a *adj.* married 9
casarse *v.* (**con**) to get married (to) 9
casi *adv.* almost 10
catorce fourteen 1
caza *f.* hunting 13
cebolla *f.* onion 8
celebrar *v.* to celebrate 9
celular *adj.* cellular 11
cena *f.* dinner 8
cenar *v.* to have dinner 8
centro *m.* downtown 4
centro comercial shopping mall 6
cepillarse los dientes/el pelo *v.* to brush one's teeth/one's hair 7
cerámica *f.* pottery
cerca de *prep.* near 2
cerdo *m.* pork 8
cereales *m., pl.* cereal; grains 8
cero zero 1
cerrado/a *adj.* closed 5
cerrar (e:ie) *v.* to close 4
cerveza *f.* beer 8
césped *m.* grass
ceviche *m.* dish of lemon-marinated fish 8
ceviche de camarón lemon-marinated shrimp 8
chaleco *m.* vest
champán *m.* champagne 9
champiñón *m.* mushroom 8
champú *m.* shampoo 7
chaqueta *f.* jacket 6
chau *fam., interj.* bye 1
cheque *m.* (bank) check 14
cheque de viajero traveler's check 14
chévere *adj., fam.* terrific
chico/a *m., f.* boy/girl 1
chino/a *adj.* Chinese
chocar *v.* (**con**) to run into; to crash 11
chocolate *m.* chocolate
choque *m.* collision
chuleta *f.* chop (*food*) 8
chuleta de cerdo pork chop 8
ciclismo *m.* cycling 4

cielo *m.* sky 13
cien(to) one hundred 2, 6
por ciento percent
ciencia *f.* science
ciencia ficción science fiction
científico/a *m., f.* scientist 16
cierto *m.* certain; true 13
es cierto it's true/certain 13
no es cierto it's not true/certain 13
cifra *f.* figure
cinco five 1
cincuenta fifty 2
cine *m.* movie theater 4
cinta *f.* (audio) tape
cinturón *m.* belt 6
circulación *f.* traffic
cita *f.* date; appointment 9
ciudad *f.* city 4
ciudadano/a *adj.* citizen
claro que sí *fam.* of course
clase *f.* class 2
clase de ejercicios aeróbicos aerobics class 15
clásico/a *adj.* classical
cliente/a *m., f.* client 6
clínica *f.* clinic 10
cobrar *v.* to cash a check 14; to charge for a product or service 14
coche *m.* car 11
cocina *f.* kitchen 12; stove
cocinar *v.* to cook 12
cocinero/a *m., f.* cook, chef 16
cola *f.* line 14
colesterol *m.* cholesterol 15
color *m.* color 6
comedia *f.* comedy; play
comedor *m.* dining room 12
comenzar (e:ie) *v.* to begin 4
comer *v.* to eat 3
comercial *adj.* commercial; business-related 16
comida *f.* food; meal 8
como *adv.* like, as 8
¿cómo? *adv.* what?; how? 1, 9
¿Cómo es...? What's... like? 3
¿Cómo está usted? How are you? (*form.*) 1
¿Cómo estás? How are you? (*fam.*) 1
¿Cómo les fue...? *pl.* How did... go for you? 15
¿Cómo se llama usted? What's your name? (*form.*) 1
¿Cómo te llamas (tú)? What's your name? (*fam.*) 1
cómoda *f.* chest of drawers 12
cómodo/a *adj.* comfortable 5
compañero/a *m., f.* **de clase** classmate 2
compañero/a *m., f.* **de cuarto** roommate 2

compañía *f.* company; firm **16**
compartir *v.* to share **3**
completamente *adv.* completely
compositor(a) *m., f.* composer
comprar *v.* to buy **2**
compras *f., pl.* purchases
  ir *v.* **de compras** to go shopping
comprender *v.* to understand **3**
comprobar *v.* to check
comprometerse *v.* **(con)** to get engaged
  (to) **9**
computación *f.* computer science **2**
computadora *f.* computer **1, 11**
  computadora portátil laptop **11**
comunicación *f.* communication
comunicarse *v.* **(con)** to communicate
  (with)
comunidad *f.* community **1**
con *prep.* with **2**
  Con él/ella habla. This is
    he/she. (*on telephone*) **11**
  con frecuencia *adv.* frequently **10**
  Con permiso. Pardon me., Excuse me. **1**
  con tal (de) que provided that **13**
concierto *m.* concert
concordar *v.* to agree
concurso *m.* contest; game show
conducir *v.* to drive **8, 11**
conductor(a) *m., f.* driver, chauffeur **1**
confirmar *v.* to confirm **5**
  confirmar una reservación to confirm
    a reservation **5**
congelador *m.* freezer
congestionado/a *adj.* congested;
  stuffed-up **10**
conmigo *pron.* with me **4**
conocer *v.* to know; to be acquainted
  with **8**
conocido/a *adj.* known
conseguir (e:i) *v.* to get; to obtain **4**
consejero/a *m., f.* counselor; advisor **16**
consejo *m.* advice **9**
conservación *f.* conservation **13**
conservar *v.* to conserve **13**
construir *v.* to build
consultorio *m.* doctor's office **10**
consumir *v.* to consume **15**
contabilidad *f.* accounting **2**
contador(a) *m., f.* accountant **16**
contaminación *f.* pollution **13**;
  contamination
  contaminación del aire/del
    agua air/water pollution **13**
contaminado/a *adj.* polluted **13**
contaminar *v.* to pollute **13**
contar *v.* **(con)** to count (on) **12**
contento/a *adj.* happy; content **5**
contestadora *f.* answering machine **11**
contestar *v.* to answer **2**
contigo *pron.* with you

contratar *v.* to hire **16**
control *m.* control
  control remoto remote control **11**
controlar *v.* to control **13**
conversación *f.* conversation **1**
conversar *v.* to talk; to chat **2**
copa *f.* wineglass; goblet **12**
corazón *m.* heart **10**
corbata *f.* tie **6**
corredor(a) *m., f.* **de bolsa** stockbroker **16**
correo *m.* post office; mail **14**
  correo electrónico e-mail **4**
correr *v.* to run **3**
cortesía *f.* courtesy
cortinas *f., pl.* curtains **12**
corto/a *adj.* short (*in length*) **6**
cosa *f.* thing **1**
costar (o:ue) *f.* to cost **6**
cráter *m.* crater **13**
creer *v.* to believe **13**
  creer *v.* **(en)** to believe (in) **3**
creído/a *p.p.* believed **15**
crema *f.* **de afeitar** shaving cream **7**
crimen *m.* crime; murder
cruzar *v.* to cross **14**
cuaderno *m.* notebook **1**
cuadra *f.* city block **14**
cuadro *m.* picture **12**
cuadros *m., pl.* plaid **6**
¿cuál(es)? *adj., pron.* which?; which
  one(s)? **2**; what? **9**
  ¿Cuál es la fecha de hoy?
    What is today's date? **5**
cuando *conj.* when **7**
¿cuándo? *adv.* when? **2, 9**
¿cuánto(s)/a(s)? *pron.* how much?,
  how many? **1, 9**
  ¿Cuánto cuesta…? How much
    does… cost? **6**
  ¿Cuántos años tienes/tiene?
    How old are you? **3**
cuarenta forty **2**
cuarto *m.* room
cuarto/a *adj.* quarter **1**; fourth **5**
  menos cuarto quarter to (time) **1**
  y cuarto quarter after (time) **1**
cuarto de baño *m.* bathroom
cuatro four **1**
cuatrocientos/as four hundred **6**
cubiertos *m., pl.* silverware
cubierto/a *p.p.* covered
cubrir *v.* to cover
cuchara *f.* spoon **12**
cuchillo *m.* knife **12**
cuello *m.* neck **10**
cuenta *f.* bill **9**; account **14**
  cuenta corriente checking account **14**
  cuenta de ahorros savings account **14**
cuento *m.* story
cuerpo *m.* body **10**

cuidado *m.* care **3**
cuidar *v.* to take care of **13**
¡Cuídense! Take care! **15**
cultura *f.* culture
cumpleaños *m., sing.* birthday **9**
cumplir *v.* **años** to have a birthday **9**
cuñado/a *m., f.* brother-in-law;
  sister-in-law **3**
currículum *m.* résumé **16**;
  curriculum vitae
curso *m.* course **2**

D

danza *f.* dance
dañar *v.* to damage; to break down **11**
dar *v.* to give **6**
  dar un consejo to give advice
  darse *v.* **con** to bump into; to
    run into (something)
  darse prisa to hurry; to rush **15**
de *prep.* of; from **1**
  ¿de dónde? from where? **9**
  ¿De dónde eres? *fam.* Where are
    you from? **1**
  ¿De dónde es (usted)? *form.* Where
    are you from? **1**
  ¿De parte de quién? Who is
    calling? (*on telephone*) **11**
  ¿de quién…? *sing.* whose…? **1**
  ¿de quiénes…? *pl.* whose…? **1**
  de algodón (made of) cotton **6**
  de aluminio (made of) aluminum **13**
  de compras shopping
  de cuadros plaid **6**
  de excursión hiking **4**
  de hecho in fact
  de ida y vuelta round-trip **5**
  de la mañana in the morning;
    A.M. **1**
  de la noche in the evening; at
    night; P.M. **1**
  de la tarde in the afternoon; in the
    early evening; P.M. **1**
  de lana (made of) wool **6**
  de lunares polka-dotted **6**
  de mi vida of my life **15**
  de moda in fashion **6**
  De nada. You're welcome. **1**
  de ninguna manera no way
  de niño/a as a child **10**
  de parte de on behalf of **11**
  de plástico (made of) plastic **13**
  de rayas striped **6**
  de repente suddenly **6**
  de seda (made of) silk **6**
  de vaqueros western (genre)
  de vez en cuando from time to time **10**
  de vidrio (made of) glass **13**

debajo de *prep.* below; under **2**
deber (+ inf.) *v.* to have to (*do something*),
   should (*do something*) **3**
   Debe ser... It must be... **6**
deber *m.* responsibility; obligation
debido a due to; the fact that
débil *adj.* weak **15**
decidido/a *p.p., adj.* decided
decidir *v.* to decide **3**
décimo/a *adj.* tenth **5**
decir *v.* to say; to tell **6**
declarar *v.* to declare; to say
dedo *m.* finger **10**
deforestación *f.* deforestation **13**
dejar *v.* to let **12**; to quit; to leave
   behind **16**
   dejar de (+ inf.) to stop
      (*doing something*) **13**
   dejar una propina to leave a tip **9**
del (*contraction of* **de + el**) of the;
   from the
delante de *prep.* in front of **2**
delgado/a *adj.* thin; slender **3**
delicioso/a *adj.* delicious **8**
demás *pron.* the rest
demasiado *adv.* too much **6**
dentista *m., f.* dentist **10**
dentro de *adv.* within **16**
dependiente/a *m., f.* clerk **6**
deporte *m.* sport **4**
deportista *m.* sports person
deportivo/a *adj.* sports-related **4**
depositar *v.* to deposit **14**
derecha *f.* right **2**
   a la derecha de to the right of **2**
derecho *adj.* straight (ahead) **14**
derechos *m., pl.* rights
desarrollar *v.* to develop **13**
desastre natural *m.* natural disaster
desayunar *v.* to have breakfast **8**
desayuno *m.* breakfast **8**
descafeinado/a *adj.* decaffeinated **15**
descansar *v.* to rest **2**
descompuesto/a *adj.* not working;
   out of order **11**
describir *v.* to describe **3**
descrito/a *p.p.* described **15**
descubierto/a *p.p.* discovered **15**
descubrir *v.* to discover **13**
desde *prep.* from **6**
desear *v.* to want; to wish **2**; to desire **12**
desempleo *m.* unemployment
desierto *m.* desert **13**
desigualdad *f.* inequality
desordenado/a *adj.* disorderly; messy **5**
despacio *adj.* slowly
despedida *f.* farewell; goodbye
despedir (e:i) *v.* to fire **16**
despedirse (e:i) *v.* **(de)** to say goodbye
   (to) **7**
despejado/a *adj.* clear (*weather*)

despertador *m.* alarm clock **7**
despertarse (e:ie) *v.* to wake up **7**
después *adv.* afterwards; then **7**
   después de after **7**
   después (de) que *conj.* after **13**
destruir *v.* to destroy **13**
detrás de *prep.* behind **2**
día *m.* day **1**
   día de fiesta holiday **9**
diario *m.* diary **1**; newspaper
diario/a *adj.* daily **7**
dibujar *v.* to draw **2**
dibujo *m.* drawing
   dibujos animados *m., pl.* cartoons
diccionario *m.* dictionary **1**
dicho/a *p.p.* said **15**
diciembre *m.* December **5**
dictadura *f.* dictatorship
diecinueve nineteen **1**
dieciocho eighteen **1**
dieciséis sixteen **1**
diecisiete seventeen **1**
diente *m.* tooth **7**
dieta *f.* diet **15**
   dieta equilibrada balanced diet **15**
diez ten **1**
difícil *adj.* difficult; hard **3**
¿Diga? Hello? (*on telephone*) **11**
diligencia *f.* errand **14**
dinero *m.* money **6**
dirección *f.* address **14**
director(a) *m., f.* director; (*musical*)
   conductor
disco *m.* disk **11**
disco compacto compact disc (CD) **11**
discriminación *f.* discrimination
discurso *m.* speech
diseñador(a) *m., f.* designer **16**
diseño *m.* design
disfrutar *v.* **(de)** to enjoy; to reap the
   benefits (of) **15**
diversión *f.* entertainment; fun activity **4**
divertido/a *adj.* fun **7**
divertirse (e:ie) *v.* to have fun **9**
divorciado/a *adj.* divorced **9**
divorciarse *v.* **(de)** to get divorced (from) **9**
divorcio *m.* divorce **9**
doblar *v.* to turn **14**
doble *adj.* double
doce twelve **1**
doctor(a) *m., f.* doctor **3, 10**
documental *m.* documentary
documentos *m., pl.* **de viaje** travel
   documents
doler (o:ue) *v.* to hurt **10**
dolor *m.* ache; pain **10**
dolor de cabeza *m.* headache **10**
doméstico/a *adj.* domestic
domingo *m.* Sunday **2**
don/doña title of respect used with
   a person's first name **1**

donde *adv.* where
¿dónde? *adv.* where? **1, 9**
   ¿Dónde está...? Where is...? **2**
dormir (o:ue) *v.* to sleep **4**
dormirse (o:ue) *v.* to go to sleep; to fall
   asleep **7**
dos two **1**
   dos veces twice; two times **6**
doscientos/as two hundred **6**
drama *m.* drama; play
dramático/a *adj.* dramatic
dramaturgo/a *m., f.* playwright
droga *f.* drug **15**
drogadicto/a *m., f.* drug addict **15**
ducha *f.* shower
ducharse *v.* to shower; to take a shower **7**
duda *f.* doubt **13**
dudar *v.* to doubt **13**
dueño/a *m., f.* owner **8**; landlord
dulce *adj.* sweet **8**
dulces *m., pl.* sweets; candy **9**
durante *prep.* during **7**
durar *v.* to last

E

e *conj.* (used instead of **y** before words
   beginning with **i** and **hi**) and
echar *v.* to throw
   echar una carta al buzón to put
      a letter in the mailbox; to mail
      a letter **14**
ecología *f.* ecology **13**
ecologista *adj.* ecological; ecologist **13**
economía *f.* economics
ecoturismo *m.* ecotourism **13**
Ecuador *m.* Ecuador **1**
ecuatoriano/a *adj.* Ecuadorian **3**
edad *f.* age
edificio *m.* building **12**
   edificio de apartamentos
      apartment building **12**
efectivo *m.* cash
ejercicio *m.* exercise **15**
   ejercicios aeróbicos aerobic
      exercises **15**
   ejercicios de estiramiento
      stretching exercises **15**
ejército *m.* army
el *m., sing., def. art.* the **1**
él *sub. pron.* he **1**; *adj. pron.* him
elección *f.* election
electricista *m., f.* electrician **16**
electrodoméstico *m.* electric
   appliance **12**
elegante *adj. m., f.* elegant **6**
elegir *v.* to elect
ella *sub. pron.* she **1**; *obj. pron.* her
ellos/as *sub. pron.* they **1**; them
embarazada *adj.* pregnant **10**

emergencia *f.* emergency **10**
emitir *v.* to broadcast
emocionante *adj.* exciting
empezar (e:ie) *v.* to begin **4**
empleado/a *m., f.* employee **5**
empleo *m.* job; employment **16**
empresa *f.* company; firm **16**
en *prep.* in; on; at **2**
  en casa at home **7**
  en caso (de) que in case (that) **13**
  en cuanto as soon as **13**
  en efectivo in cash
  en exceso in excess; too much **15**
  en línea in-line **4**
  ¡En marcha! Let's get going! **15**
  en mi nombre in my name
  en punto on the dot; exactly;
    sharp (*time*) **1**
  en qué in which; in what; how **2**
  ¿En qué puedo servirles?
    How can I help you? **5**
enamorado/a *adj.* **(de)** in love (with) **5**
enamorarse *v.* **(de)** to fall in love (with) **9**
encantado/a *adj.* delighted; pleased to
  meet you **1**
encantar *v.* to like very much; to love
  (*inanimate objects*) **7**
encima de *prep.* on top of **2**
encontrar (o:ue) *v.* to find **4**
encontrar(se) *v.* to meet (each other);
  to find (each other)
encuesta *f.* poll; survey
energía *f.* energy **13**
  energía nuclear nuclear
    energy **13**
  energía solar solar energy **13**
enero *m.* January **5**
enfermarse *v.* to get sick **10**
enfermedad *f.* illness; sickness **10**
enfermero/a *m., f.* nurse **10**
enfermo/a *adj.* sick **10**
enfrente de *adv.* opposite; facing;
  in front of **14**
engordar *v.* to gain weight **15**
enojado/a *adj.* mad; angry **5**
enojarse *v.* **(con)** to get angry (with) **7**
ensalada *f.* salad **8**
enseguida *adv.* right away **9**
enseñar *v.* to teach **2**
ensuciar *v.* to get (something) dirty **12**;
  to dirty
entender (e:ie) *v.* to understand **4**
entonces *adv.* then **7**
entrada *f.* entrance **12**; ticket
entre *prep.* between; among **2**
entremeses *m., pl.* hors d'oeuvres **8**;
  appetizers
entrenarse *v.* to practice; to train **15**
entrevista *f.* interview **16**
entrevistador(a) *m., f.* interviewer **16**
entrevistar *v.* to interview **16**

envase *m.* container **13**
enviar *v.* to send **14**; to mail
equilibrado/a *adj.* balanced **15**
equipado/a *adj.* equipped **15**
equipaje *m.* luggage **5**
equipo *m.* team **4**
equivocado/a *adj.* wrong; mistaken **5**
eres you are *fam.* **1**
es you are *form.*; he/she/it is **1**
  Es una lástima… It's a shame… **13**
  Es bueno que… It's good that… **12**
  Es de… He/She is from . . . **1**
  Es extraño… It's strange… **13**
  Es importante que… It's
    important that . . . **12**
  Es imposible… It's impossible… **13**
  Es improbable… It's improbable… **13**
  Es la una. It's one o'clock. **1**
  Es malo que… It's bad that… **12**
  Es mejor que… It's better that… **12**
  Es necesario que… It's necessary
    that… **12**
  Es obvio… It's obvious… **13**
  Es ridículo… It's ridiculous… **13**
  Es seguro… It's sure… **13**
  Es terrible… It's terrible… **13**
  Es triste… It's sad… **13**
  Es urgente que… It's urgent
    that… **12**
  Es verdad… It's true… **13**
esa(s) *f., adj.* that; those **6**
ésa(s) *f., pron.* those (ones) **6**
escalar *v.* to climb **4**
  escalar montañas *f., pl.* to climb
    mountains **4**
escalera *f.* stairs; stairway **12**
escoger *v.* choose
escribir *v.* to write **3**
  escribir una carta to write a letter **4**
  escribir un mensaje
    electrónico to write an
    e-mail message **4**
  escribir una (tarjeta) postal
    to write a postcard **4**
escrito/a *p.p.* written **15**
escritor(a) *m., f.* writer **16**
escritorio *m.* desk **2**
escuchar *v.* to listen **2**
  escuchar la radio to listen to
    the radio **2**
  escuchar música to listen to music
escuela *f.* school **1**
esculpir *v.* to sculpt
escultor(a) *m., f.* sculptor **16**
escultura *f.* sculpture
ese *m., sing., adj.* that **6**
ése *m., sing., pron.* that (one) **6**
eso *neuter, pron.* that;
  that thing **6**
esos *m., pl., adj.* those **6**
ésos *m., pl., pron.* those (ones) **6**

España *f.* Spain **1**
español *m.* Spanish (*language*) **2**
español(a) *adj.* Spanish **3**
espárragos *m., pl.* asparagus
especialización *f.* field of study **16**;
  specialization
espectacular *adj.* spectacular **15**
espectáculo *m.* show
espejo *m.* mirror **7**
esperar *v.* to wait (for); to hope **2**;
  to wish **13**
esposo/a *m., f.* husband/wife;
  spouse **3**
esquí *m.* **(acuático)** (water) skiing **4**
esquiar *v.* to ski **4**
esquina *m.* corner **14**
está he/she/it is, you are *form.* **1**
  Está despejado. It's clear.
    (*weather*) **5**
  Está (muy) nublado. It's
    (very) cloudy. (*weather*) **5**
  Está bien. That's fine. **11**
esta(s) *f., adj.* this; these **6**
esta noche tonight **4**
ésta(s) *f., pron.* this (one); these (ones) **6**
  Ésta es… *f.* This is…
    (*introducing someone*) **1**
establecer *v.* to establish
estación *f.* station; season **5**
  estación de autobuses bus
    station **5**
  estación del metro subway
    station **5**
  estación del tren train station **5**
estacionar *v.* to park **11**
estadio *m.* stadium **2**
estado civil *m.* marital status **9**
Estados Unidos *m.* (EE.UU.) United
  States **1**
estadounidense *adj.* from the United
  States **3**
estampado/a *adj.* print
estampilla *f.* stamp **14**
estante *m.* bookcase; bookshelf **12**
estar *v.* to be **2**
  estar a (veinte kilómetros)
    de aquí to be (20 kilometers)
    from here **11**
  estar a dieta to be on a diet **15**
  estar aburrido/a to be bored **5**
  estar afectado/a (por) to be
    affected (by) **13**
  estar bajo control to be under
    control
  estar cansado/a to be tired **5**
  estar contaminado/a to be
    polluted **13**
  estar de acuerdo to agree
  estar de moda to be in fashion **6**
  estar de vacaciones to be on
    vacation **5**

estar en buena forma to be in good shape **15**
estar enfermo/a to be sick **10**
estar listo/a to be ready **15**
estar perdido/a to be lost **14**
estar roto/a to be broken **10**
estar seguro/a (de) to be sure (of) **5, 13**
estar torcido/a to be twisted; to be sprained **10**
estatua *f.* statue
este *m.* east **14**
este *m., sing., adj.* this **6**; *interj.* umm
éste *m., sing., pron.* this (one) **6**
  Éste es... *m.* This is... (*introducing someone*) **1**
estéreo *m.* stereo **11**
estilo *m.* style
estiramiento *m.* stretching **15**
esto *neuter pron.* this; this thing **6**
estómago *m.* stomach **10**
estornudar *v.* to sneeze **10**
estos *m., pl., adj.* these **6**
éstos *m., pl., pron.* these (ones) **6**
estrella *f.* star **11**
  estrella de cine *m., f.* movie star
estrés *m.* stress **15**
estudiante *m., f.* student **1, 2**
estudiantil *adj. m., f.* student
estudiar *v.* to study **2**
estufa *f.* stove **12**
estupendo/a *adj.* stupendous **5**
etapa *f.* stage **9**; step
evitar *v.* to avoid **13**
examen *m.* test; exam **2**
  examen médico physical exam **10**
excelente *adj.* excellent **5**
exceso *m.* excess; too much **15**
excursión *f.* hike; tour; excursion **4**
excursionista *m., f.* hiker **4**
éxito *m.* success **16**
experiencia *f.* experience
explicar *v.* to explain **2**
explorar *v.* to explore
  explorar un pueblo to explore a town
  explorar una ciudad to explore a city
expresión *f.* expression
extinción *f.* extinction **13**
extranjero/a *adj.* foreign
extraño/a *adj.* strange **13**

F

fábrica *f.* factory **13**
fabuloso/a *adj* fabulous **5**
fácil *adj.* easy **3**
  facilísimo extremely easy **8**
falda *f.* skirt **6**
faltar *v.* to lack; to need **7**

familia *f.* family **3**
famoso/a *adj.* famous **16**
farmacia *f.* pharmacy **10**
fascinar *v.* to fascinate; to like very much **7**
favorito/a *adj.* favorite **4**
fax *m.* fax (machine) **11**
febrero *m.* February **5**
fecha *f.* date **5**
feliz *adj.* happy **5**
  ¡Felicidades! Congratulations! (*for an event such as a birthday or anniversary*) **9**
  ¡Felicitaciones! Congratulations! (*for an event such as an engagement or a good grade on a test*) **9**
  ¡Feliz cumpleaños! Happy birthday! **9**
fenomenal *adj.* great **5**; phenomenal
feo/a *adj.* ugly **3**
festival *m.* festival
fiebre *f.* fever **10**
fiesta *f.* party **9**
fijo/a *adj.* set, fixed **6**
fin *m.* end **4**
  fin de semana weekend **4**
finalmente *adv.* finally
firmar *v.* to sign (*a document*) **14**
física *f.* physics **2**
flan *m.* baked custard **9**
flexible *adj.* flexible **15**
flor *f.* flower **13**
folclórico/a *adj.* folk; folkloric
folleto *m.* brochure
fondo *m.* end **12**
forma *f.* shape **15**
formulario *m.* form **14**
foto(grafía) *f.* photograph **1**
francés, francesa *adj.* French **3**
frecuentemente *adv.* frequently **10**
frenos *m., pl.* brakes **11**
fresco/a *adj.* cool
frijoles *m., pl.* beans **8**
frío *m.* cold **3**
fritada *f.* fried dish (pork, fish, etc.)
frito/a *adj.* fried **8**
fruta *f.* fruit **8**
frutería *f.* fruit shop **14**
frutilla *f.* strawberry **8**
fuente *f.* **de fritada** platter of fried food
fuera *adv.* outside
fuerte *adj.* strong **15**
fumar *v.* to smoke **15**
  no fumar not to smoke **15**
funcionar *v.* to work **11**; to function
fútbol *m.* soccer **4**
fútbol americano football **4**
futuro/a *adj.* future **16**
  en el futuro in the future **16**

G

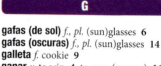

gafas (de sol) *f., pl.* (sun)glasses **6**
gafas (oscuras) *f., pl.* (sun)glasses **14**
galleta *f.* cookie **9**
ganar *v.* to win **4**; to earn (money) **16**
ganga *f.* bargain **6**
garaje *m.* garage; (mechanic's) repair shop **11**; garage **12**
garganta *f.* throat **10**
gasolina *f.* gasoline **11**
gasolinera *f.* gas station **11**
gastar *v.* to spend (*money*) **6**
gato/a *m., f.* cat **3**
gente *f.* people **3**
geografía *f.* geography **2**
gerente *m., f.* manager **16**
gimnasio *m.* gym, gymnasium **4**
gobierno *m.* government **13**
golf *m.* golf **4**
gordo/a *adj.* fat **3**
grabadora *f.* tape recorder **1**
gracias *f., pl.* thank you; thanks **1**
  Gracias por todo. Thanks for everything. **9**
  Gracias una vez más. Thanks once again. **9**
graduarse *v.* **(de)** to graduate (from) **9**
gran, grande *adj.* big; large; great **3**
grasa *f.* fat **15**
gratis *adj.* free of charge **14**
grave *adj.* grave; serious **10**
  gravísimo/a *adj.* extremely serious **13**
grillo *m.* cricket
gripe *f.* flu **10**
gris *adj.* gray **6**
gritar *v.* to scream
guantes *m., pl.* gloves **6**
guapo/a *adj.* handsome; good-looking **3**
guardar *v.* to save (on a computer) **11**
guerra *f.* war
guía *m., f.* guide
gustar *v.* to be pleasing to; to like **2, 7**
  Me gustaría(n)... I would like **7**
gusto *m.* pleasure **1**
  El gusto es mío. The pleasure is mine. **1**
  Gusto de (+ inf.) It's a pleasure to...
  Mucho gusto. Pleased to meet you. **1**

H

haber (*aux.*) *v.* to have (*done something*) **15**
  ha sido un placer it's been a pleasure **15**

habitación *f.* room 5
  habitación doble double room 5
  habitación individual single room 5
habitantes *m., pl.* inhabitants 13
hablar *v.* to talk; to speak 2
hacer *v.* to do; to make 4
  Hace buen tiempo. It's nice weather. 5; The weather is good.
  Hace (mucho) calor. It's (very) hot. (*weather*) 5
  Hace fresco. It's cool. (*weather*) 5
  Hace (mucho) frío. It's (very) cold. (*weather*) 5
  Hace mal tiempo. It's bad weather. 5; The weather is bad.
  Hace (mucho) sol. It's (very) sunny. (*weather*) 5
  Hace (mucho) viento. It's (very) windy. (*weather*) 5
  hacer cola to stand in line 14
  hacer diligencias to do errands; to run errands 14
  hacer ejercicio to exercise 15
  hacer ejercicios aeróbicos to do aerobics 15
  hacer ejercicios de estiramiento to do stretching exercises 15
  hacer un papel (de) to play a role (of) 4
  hacer gimnasia to work out 15
  hacer juego (con) to match 6
  hacer la cama to make the bed 12
  hacer las maletas to pack (one's suitcases) 5
  hacer los quehaceres domésticos to do household chores 12
  hacer turismo to go sightseeing 5
  hacer un viaje to take a trip 5
  hacer una excursión to go on a hike; to go on a tour 5
hacha *f.* ax
hacia *prep.* toward 14
hambre *f.* hunger 3
hamburguesa *f.* hamburger 8
hasta *prep.* until 6; toward
  Hasta la vista. See you later. 1
  Hasta luego. See you later. 1
  Hasta mañana. See you tomorrow. 1
  hasta que until 13
  Hasta pronto. See you soon. 1
hay there is; there are 1
  Hay (mucha) contaminación. It's (very) smoggy.
  Hay (mucha) niebla. It's (very) foggy. 5
  Hay que It is necessary that 14
  No hay duda de There's no doubt 13
  No hay de qué. You're welcome. 1
hecho/a *p.p.* done 15
heladería *f.* ice cream shop 14

helado/a *adj.* iced 8
helado *m.* ice cream 9
hermanastro/a *m., f.* stepbrother/stepsister 3
hermano/a *m., f.* brother/sister 3
hermano/a mayor/menor *m., f.* older/ younger brother/sister 3
hermanos *m., pl.* siblings (brothers and sisters) 3
hermoso/a *adj.* beautiful 6
hierba *f.* grass 13
hijastro/a *m., f.* stepson/stepdaughter 3
hijo/a *m., f.* son/daughter 3
  hijo/a único/a only child 3
  hijos *m., pl.* children 3
historia *f.* history 2; story 1
hockey *m.* hockey 4
hogar *m.* home 12
hola *interj.* hello; hi 1
hombre *m.* man 1
  hombre de negocios businessman 16
hora *f.* hour 1
horario *m.* schedule 2
horno *m.* oven 12
  horno de microondas microwave oven 12
hospital *m.* hospital 10
hotel *m.* hotel 5
hoy *adv.* today 2
  hoy (en) día nowadays
  Hoy es... Today is... 2
huelga *f.* strike (labor)
hueso *m.* bone 10
huésped *m., f.* guest 5
huevo *m.* egg 8
humanidades *f., pl.* humanities 2
huracán *m.* hurricane

I

ida *f.* one way (*travel*)
idea *f.* idea 4
iglesia *f.* church 4
igualdad *f.* equality
igualmente *adv.* likewise 1
impermeable *m.* raincoat 6
importante *adj.* important 3
importar *v.* to be important (to); to matter 7, 12
imposible *adj.* impossible 13
impresora *f.* printer 11
imprimir *v.* to print 11
improbable *adj.* improbable 13
impuesto *m.* tax
incendio *m.* fire
increíble *adj.* incredible 5
indicar *v.* **cómo llegar** to give directions 14
individual *adj.* private (*room*) 5
infección *f.* infection 10

informar *v.* to inform
informe *m.* report; paper (*written work*)
ingeniero/a *m., f.* engineer 3
inglés *m.* English (*language*) 2
inglés, inglesa *adj.* English 3
insistir *v.* **(en)** to insist (on) 12
inspector(a) *m., f.* **de aduanas** customs inspector 5
inteligente *adj.* intelligent 3
intercambiar *v.* exchange
interesante *adj.* interesting 3
interesar *v.* to be interesting to; to interest 7
internacional *adj.* international
Internet *m.* Internet 11
inundación *f.* flood
invertir (e:ie) *v.* to invest 16
invierno *m.* winter 5
invitado/a *m., f.* guest (*at a function*) 9
invitar *v.* to invite; to treat 9
inyección *f.* injection 10
ir *v.* to go 4
  ir a (+ *inf.*) to be going to do something 4
  ir a la playa to go to the beach 5
  ir de compras to go shopping 6
  ir de excursión (a las montañas) to go for a hike (in the mountains) 4
  ir de pesca to go fishing 5
  ir de vacaciones to go on vacation 5
  ir en autobús to go by bus 5
  ir en auto(móvil) to go by car 5; to go by auto(mobile)
  ir en avión to go by plane 5
  ir en barco to go by ship 5
  ir en metro to go by subway
  ir en motocicleta to go by motorcycle 5
  ir en taxi to go by taxi 5
  ir en tren to go by train
irse *v.* to go away; to leave 7
italiano/a *adj.* Italian 3
izquierdo/a *adj.* left 2
  a la izquierda de to the left of 2

J

jabón *m.* soap 7
jamás *adv.* never; not ever 7
jamón *m.* ham 8
japonés, japonesa *adj.* Japanese 3
jardín *m.* garden; yard 12
jefe, jefa *m., f.* boss 16
joven *adj.* young 3
joven *m., f.* youth; young person 1
joyería *f.* jewelry store 14
jubilarse *v.* to retire (*from work*) 9

juego *m.* game
jueves *m., sing.* Thursday 2
jugador(a) *m., f.* player 4
jugar (u:ue) *v.* to play 4
   jugar a las cartas to play cards
jugo *m.* juice 8
   jugo de fruta fruit juice 8
julio *m.* July 5
jungla *f.* jungle
junio *m.* June 5
juntos/as *adj.* together 9
juventud *f.* youth 9

K

kilómetro *m.* kilometer 11

L

la *f., sing., def. art.* the 1
la *f., sing., d.o. pron.* her, it,
   form. you 5
laboratorio *m.* laboratory 2
lago *m.* lake 13
lámpara *f.* lamp 12
lana *f.* wool 6
langosta *f.* lobster 8
lápiz *m.* pencil 1
largo/a *m.* long (*in length*) 6
las *f., pl., def. art.* the 1
las *f., pl., d.o. pron.* them; *form.* you 5
lástima *f.* shame 13
lastimarse *v.* to injure oneself 10
   lastimarse el pie to injure one's
     foot 10
lata *f.* (*tin*) can 13
lavabo *m.* sink
lavadora *f.* washing machine 12
lavandería *f.* laundromat 14
lavaplatos *m., sing.* dishwasher 12
lavar *v.* to wash 12
lavarse *v.* to wash oneself 7
   lavarse la cara to wash one's
     face 7
   lavarse las manos to wash one's
     hands 7
le *sing., i.o. pron.* to/for him, her,
   you *form.* 6
   Le presento a... I would like to
     introduce... to you. *form.* 1
lección *f.* lesson 1
leche *f.* milk 8
lechuga *f.* lettuce 8
leer *v.* to read 3
   leer el correo electrónico
     to read e-mail 4
   leer un periódico to read a
     newspaper 4
   leer una revista to read a magazine 4

leído/a *p.p.* read 15
lejos de *prep.* far from 2
lengua *f.* language 2
   lenguas extranjeras *f., pl.*
     foreign languages 2
lentes *m., pl.* **de contacto** contact lenses
   lentes de sol sunglasses
lento/a *adj.* slow 11
les *pl., i.o. pron.* to/for them, you *form.* 6
letrero *m.* sign 14
levantar *v.* to lift 15
   levantar pesas to lift weights 15
levantarse *v.* to get up 7
ley *f.* law 13
libertad *f.* liberty; freedom
libre *adj.* free 4
librería *f.* bookstore 2
libro *m.* book 2
licencia *f.* **de conducir** driver's license 11
limón *m.* lemon 8
limpiar *v.* to clean 12
   limpiar la casa to clean the house 12
limpio/a *adj.* clean 5
línea *f.* line 4
listo/a *adj.* smart; ready 5
literatura *f.* literature
llamar *v.* to call 11
   llamar por teléfono to call on
     the phone
   llamarse to be called; to be named 7
llanta *f.* tire 11
llave *f.* key 5
llegada *f.* arrival 5
llegar *v.* to arrive 2
llenar *v.* to fill
   llenar el tanque to fill up the tank 11
   llenar un formulario to fill out
     a form 14
lleno/a *adj.* full 11
llevar *v.* to carry 2; to take; to wear 6
   llevar una vida sana to lead
     a healthy lifestyle 15
   llevarse *v.* **bien/mal (con)** to
     get along well/badly (with) 9
llover (o:ue) *v.* to rain 5
   Llueve. It's raining. 5
lluvia *f.* rain
lo *m., sing. d.o. pronoun.* him, it,
   you *form.* 5
   lo mejor the best (thing)
   Lo pasamos de película. We had a
     great time.
   lo peor the worst (thing)
   lo que what; that; which 9
   Lo siento. I'm sorry. 1
   Lo siento muchísimo. I'm so sorry. 4
loco/a *adj.* crazy 6
locutor(a) *m., f.* TV or radio announcer
lomo *m.* **a la plancha** grilled flank steak 8
los *m., pl., def. art.* the 1
los *m., pl., do. pron.* them, you *form.* 5

luchar *v.* **(contra), (por)** to fight; to struggle
   (against), (for)
luego *adv.* afterwards, then 7; *adv.* later 1
lugar *m.* place 4
luna *f.* moon 13
lunar *m.* polka dot 6; mole
lunes *m., sing.* Monday 2
luz *f.* light; electricity 12

M

madrastra *f.* stepmother 3
madre *f.* mother 3
madurez *f.* maturity; middle age 9
maestro/a *m., f.* teacher (*elementary
   school*) 16
magnífico/a *adj.* magnificent 5
maíz *m.* corn 8
mal, malo/a *adj.* bad 3; sick 5
   malísimo very bad 8
maleta *f.* suitcase 1
mamá *f.* mom 3
mandar *v.* to order 12; to send 14;
   to mail
manejar *v.* to drive 11
manera *f.* way
mano *f.* hand 1
   ¡Manos arriba! Hands up!
manta *f.* blanket 12
mantener *v.* to maintain 15
   mantenerse en forma to stay
     in shape 15
mantequilla *f.* butter 8
manzana *f.* apple 8
mañana *f.* morning, A.M. 1;
   tomorrow 1
mapa *m.* map 1, 2
maquillaje *m.* makeup 7
maquillarse *v.* to put on makeup 7
mar *m.* ocean; sea 5
maravilloso/a *adj.* marvelous 5
mareado/a *adj.* dizzy; nauseated 10
margarina *f.* margarine 8
mariscos *m., pl.* seafood 8
marrón *adj. m., f.* brown
martes *m., sing.* Tuesday 2
marzo *m.* March 5
más *adj.* more 2
   el/la/los/las más the most 8
   más de (+ *number*) more
     than (+ *number*) 8
   más tarde later (on) 7
   más... que more... than 8
masaje *m.* massage 15
matemáticas *f., pl.* mathematics 2
materia *f.* course
matrimonio *m.* marriage; married
   couple 9
máximo/a *m., f.* maximum 11
mayo *m.* May 5

mayonesa *f.* mayonnaise **8**
mayor *adj.* older **3**; bigger **8**
  el/la mayor *adj.* the oldest; the biggest **8**
me *pron.* me **5**
  Me duele mucho. It hurts me a lot. **10**
  Me gusta(n)... I like… **2**
  No me gusta(n)... I don't like… **2**
  Me gustaría(n)... I would like… **7**
  Me llamo... My name is… **1**
  Me muero por… I'm dying to (for)…
mecánico/a *m., f.* mechanic **11**
mediano/a *adj.* medium
medianoche *f.* midnight **1**
medias *f., pl.* pantyhose, stockings **6**
medicamento *m.* medication **10**
medicina *f.* medicine **10**
médico/a *m., f.* doctor; physician **3**; *adj.* medical **10**
medio/a *m. adj.* half **3**
  medio *m.* **ambiente** environment **13**
  medio/a *adj.* **hermano/a** half-brother/half-sister **3**
  medios de *m., pl.* **comunicación** means of communication; media
  y media thirty minutes past the hour (*time*) **1**
mediodía *m.* noon **1**
mejor *adj.* better **8**
  el/la mejor *m., f.* the best **8**
mejorar *v.* to improve **13**
melocotón *m.* peach
menor *adj.* younger **3**; smaller **8**
  el/la menor *m., f.* the youngest; the smallest **8**
menos *adv.* less **10**
  el/la/los/las menos the least **8**
  menos cuarto/menos quince quarter to (*time*) **1**
  menos de (+ *number*) less than (+ *number*) **8**
  menos… que less… than **8**
mensaje *m.* **de texto** text message **11**
mensaje *m.* **electrónico** e-mail message **4**
mentira *f.* lie **6**
menú *m.* menu **8**
mercado *m.* market **6**
  mercado al aire libre open-air market **6**
merendar (e:ie) *v.* to snack in the afternoon; to have a(n) (afternoon) snack **15**
merienda *f.* (afternoon) snack **15**
mes *m.* month **5**
mesa *f.* table **2**
mesita *f.* end table **12**
  mesita de noche night stand **12**
metro *m.* subway **5**
mexicano/a *adj.* Mexican **3**
México *m.* Mexico **1**
mí *pron. obj. of prep.* me
mi(s) *poss. adj.* my **3**

microonda *f.* microwave **12**
  horno de microondas microwave oven **12**
miedo *m.* fear **3**
mientras *adv.* while **10**
miércoles *m., sing.* Wednesday **2**
mil one thousand **6**
  mil millones billion **6**
  Mil perdones. I'm so sorry. (*lit.* A thousand pardons.) **4**
milla *f.* mile **11**
millón million **6**
millones (de) millions (of) **6**
mineral *m.* mineral **15**
minuto *m.* minute **1**
mío(s)/a(s) *poss.* my; (of) mine **11**
mirar *v.* to look (at); to watch **2**
  mirar (la) televisión to watch television **2**
mismo/a *adj.* same **3**
mochila *f.* backpack **1**
moda *f.* fashion **6**
módem *m.* modem **11**
moderno/a *adj.* modern
molestar *v.* to bother; to annoy **7**
monitor *m.* monitor **11**
mono *m.* monkey **13**
montaña *f.* mountain **4**
montar *v.* **a caballo** to ride a horse **5**
monumento *m.* monument **4**
mora *f.* blackberry **8**
morado/a *adj.* purple **6**
moreno/a *adj.* dark-haired **3**
morir (o:ue) *v.* to die **8**
mostrar (o:ue) *v.* to show **4**
moto(cicleta) *f.* motorcycle **5**
motor *m.* motor **11**
muchacho/a *m., f.* boy; girl **3**
mucho/a *adj., adv.* many; a lot of; much **2, 3**
  muchas veces a lot; many times **10**
  Muchísimas gracias. Thank you very, very much. **9**
  muchísimo *adj., adv.* very much **2, 8**
  Mucho gusto. Pleased to meet you. **1**
  (Muchas) gracias. Thank you (very much); Thanks (a lot). **1**
mudarse *v.* to move (from one house to another) **12**
muebles *m., pl.* furniture **12**
muela *f.* tooth **10**
muerte *f.* death **9**
muerto/a *p.p.* died **15**
mujer *f.* woman **1**
  mujer de negocios business woman **16**
  mujer policía female police officer **11**

multa *f.* fine; ticket **11**
mundial *adj.* worldwide
mundo *m.* world **13**
municipal *adj.* municipal
músculo *m.* muscle **15**
museo *m.* museum **4**
música *f.* music
musical *adj.* musical
músico/a *m., f.* musician
muy *adv.* very **1**
  Muy amable. That's very kind of you. **5**
  (Muy) bien, gracias. (Very) well, thanks. **1**

N

nacer *v.* to be born **9**
nacimiento *m.* birth **9**
nacional *adj.* national
nacionalidad *f.* nationality **1**
nada *pron., adv.* nothing **1**; not anything **7**
  nada mal not bad at all **5**
nadar *v.* to swim **4**
nadie *pron.* no one, not anyone **7**
naranja *m.* orange **8**
nariz *f.* nose **10**
natación *f.* swimming **4**
natural *adj.* natural **13**
naturaleza *f.* nature **13**
navegador *m.* **GPS** GPS **11**
navegar *v.* **en Internet** to surf the Internet **11**
Navidad *f.* Christmas **9**
necesario/a *adj.* necessary **12**
necesitar *v.* to need **2, 12**
negar (e:ie) *v.* to deny **13**
negativo/a *m.* negative **7**
negocios *m., pl.* business; commerce **16**
negro/a *adj.* black **6**
nervioso/a *adj.* nervous **5**
nevar (e:ie) *v.* to snow **5**
  Nieva. It's snowing. **5**
ni… ni *conj.* neither… nor **7**
niebla *f.* fog
nieto/a *m., f.* grandson/granddaughter **3**
nieve *f.* snow
ningún, ninguno/a(s) *adj.* no; none; not any **7**
  Ningún problema. No problem. **7**
niñez *f.* childhood **9**
niño/a *m., f.* child; boy/girl **3**
no *adv.* no; not **1**
  No cabe duda de There is no doubt **13**
  No es así. That's not the way it is.
  No es para tanto. It's not a big deal. **12**
  No es seguro… It's not sure… **13**
  No es verdad… It's not true… **13**

No está. It's not here. **5**
No está nada mal. It's not bad at all. **5**
no estar de acuerdo to disagree
no estar seguro/a (de) not to be sure (of) **13**
No estoy seguro. I'm not sure.
no hay there is not; there are not **1**
No hay de qué. You're welcome. **1**
No hay duda de There is no doubt **13**
¡No me diga(s)! You don't say! **11**
No me gustan nada. I don't like them at all. **2**
no muy bien not very well **1**
¿no? right? **1**
no quiero I don't want to **4**
no sé I don't know
No te/se preocupe(s). Don't worry. **7**
no tener razón to be wrong **3**
noche *f.* night **1**
nombre *m.* name **5**
norte *m.* north **14**
norteamericano/a *adj.* (North) American **3**
nos *pron.* us **5**
Nos vemos. See you. **1**
nosotros/as *sub. pron.* we **1**; *ob. pron.* us **8**
noticias *f., pl.* news
noticiero *m.* newscast
novecientos/as nine hundred **6**
noveno/a *adj.* ninth **5**
noventa ninety **2**
noviembre *m.* November **5**
novio/a *m., f.* boyfriend/girlfriend **3**
nube *f.* cloud **13**
nublado/a *adj.* cloudy
Está (muy) nublado. It's (very) cloudy.
nuclear *adj.* nuclear **13**
nuera *f.* daughter-in-law **3**
nuestro(s)/a(s) *poss. adj.* our **3**; of ours **11**
nueve nine **1**
nuevo/a *adj.* new **6**
número *m.* number **1**
número (shoe) size **6**
nunca *adj.* never; not ever **7**
nutrición *f.* nutrition **15**

O

o *conj.* or **7**
o... o *conj.* either . . . or **7**
obedecer (c:zc) *v.* to obey

obra *f.* work (*of art, literature, music, etc.*)
obra maestra masterpiece
obtener *v.* to obtain; to get **16**
obvio/a *adj.* obvious **13**
océano *m.* ocean **13**; sea
ochenta eighty **2**
ocho eight **1**
ochocientos/as eight hundred **6**
octavo/a *adj.* eighth **5**
octubre *m.* October **5**
ocupación *f.* occupation **16**
ocupado/a *adj.* busy **5**
ocurrir *v.* to occur; to happen
odiar *v.* to hate **9**
oeste *m.* west **14**
oferta *f.* offer **12**
oficina *f.* office **12**
oficio *m.* trade **16**
ofrecer (c:zc) *v.* to offer **8**
oído *m.* sense of hearing; inner ear
oído *p.p.* heard **15**
oír *v.* to hear **4**
oiga *form., sing.* listen (*in conversation*) **1**
oigan *fam., form., pl.* listen (*in conversation*) **1**
Oye. *fam., sing.* Listen. (*in conversation*) **1**
ojalá (que) *interj.* I hope (that); I wish (that) **13**
ojo *m.* eye **10**
olvidar *v.* to forget **10**
once eleven **1**
ópera *f.* opera **9**
operación *f.* operation **10**
ordenado/a *adj.* orderly **5**; well organized
ordinal *adj.* ordinal (*number*)
oreja *f.* (outer) ear **10**
orquesta *f.* orchestra **9**
ortográfico/a *adj.* spelling
os *fam., pl. pron.* you **5**
otoño *m.* fall, autumn **5**
otro/a *adj.* other; another **6**
otra vez again

P

paciente *m., f.* patient **10**
padrastro *m.* stepfather **3**
padre *m.* father **3**
padres *m., pl.* parents **3**
pagar *v.* to pay **6**
pagar a plazos to pay in installments **14**
pagar al contado to pay in cash **14**
pagar con to pay with **6**
pagar en efectivo to pay in cash
pagar la cuenta to pay the bill **9**
página *f.* page **11**
página principal home page **11**

país *m.* country **1**
paisaje *m.* landscape **13**; countryside
pájaro *m.* bird **13**
palabra *f.* word **1**
pan *m.* bread **8**
pan tostado toasted bread **8**; toast
panadería *f.* bakery **14**
pantalla *f.* screen **11**
pantalones *m., pl.* pants **6**
pantalones cortos shorts **6**
papa *f.* potato **8**
papas fritas *f., pl.* French fries **8**
papá *m.* dad **3**
papás *m., pl.* parents **3**
papel *m.* paper **2**; role
paquete *m.* package **14**
par *m.* pair **6**
par de zapatos pair of shoes **6**
para *prep.* for; in order to; toward; in the direction of; by; used for; considering **11**
para que so that **13**
parabrisas *m., sing.* windshield **11**
parar *v.* to stop **11**
parecer *v.* to seem; to appear **8**
pared *f.* wall **12**
pareja *f.* couple; partner **9**
parientes *m., pl.* relatives **3**
parque *m.* park **4**
párrafo *m.* paragraph
parte: de parte de on behalf of **11**
partido *m.* game **4**; match (*sports*)
pasado/a *adj.* last; past **6**
pasado *p.p.* passed
pasaje *m.* ticket **5**
pasaje de ida y vuelta *m.* round-trip ticket **5**
pasajero/a *m., f.* passenger **1**
pasaporte *m.* passport **5**
pasar *v.* to go through **5**; to pass
pasar la aspiradora to vacuum **12**
pasar por el banco to go by the bank **14**
pasar por la aduana to go through customs **5**
pasar el tiempo to spend time **4**
pasarlo bien/mal to have a good/bad time **9**
pasatiempo *m.* pastime, hobby **4**
pasear *v.* to take a walk; to stroll **4**
pasear en bicicleta to ride a bicycle **4**
pasear por la ciudad/el pueblo to walk around the city/town **4**
pasillo *m.* hallway **12**
pastel *m.* cake **9**
pastel de chocolate chocolate cake **9**
pastel de cumpleaños birthday cake **9**
pastelería *f.* pastry shop **14**
pastilla *f.* pill; tablet **10**

patata *f.* potato **8**
  patatas fritas *f., pl.* French fries **8**
patinar (en línea) *v.* to skate
  (in-line) **4**
patio *m.* patio; yard **12**
pavo *m.* turkey **8**
paz *f.* peace
pedir (e:i) *v.* to ask for; to request **4, 12**;
  to order (*food*) **8**
  pedir prestado to borrow **14**
  pedir un préstamo to apply for
    a loan **14**
peinarse *v.* to comb one's hair **7**
película *f.* movie **4**
peligro *m.* danger **13**
peligroso/a *adj.* dangerous
pelirrojo/a *adj.* red-haired **3**
pelo *m.* hair **7**
pelota *f.* ball **4**
peluquería *f.* hairdressing salon **14**
peluquero/a *m., f.* hairdresser **16**
penicilina *f.* penicillin **10**
pensar (e:ie) *v.* to think **4**
  pensar (+ *inf.*) to intend;
    to plan (*to do something*) **4**
  pensar en to think about **4**
pensión *f.* boarding house **5**
peor *adj.* worse **8**
  el/la peor the worst **8**
pequeño/a *adj.* small **3**
pera *f.* pear
perder (e:ie) *v.* to lose; to miss **4**
perdido/a *adj.* lost
Perdón. Pardon me.; Excuse me. **1**
perezoso/a *adj.* lazy
perfecto/a *adj.* perfect **5**
periódico *m.* newspaper **4**
periodismo *m.* journalism **2**
periodista *m., f.* journalist **3**
permiso *m.* permission
pero *conf.* but **2**
perro/a *m., f.* dog **3**
persona *f.* person **3**
personaje *m.* character
  personaje principal main character
pesas *f., pl.* weights **15**
pesca *f.* fishing **5**
pescadería *f.* fish market **14**
pescado *m.* fish (*cooked*) **8**
pescador(a) *m., f.* fisherman/
  fisherwoman
pescar *v.* to fish **5**
peso *m.* weight **15**
pez *m.* fish (*live*) **13**
picante *adj.* hot, spicy **8**
pie *m.* foot **10**
piedra *f.* rock; stone **13**
pierna *f.* leg **10**
pimienta *f.* pepper **8**
piña *f.* pineapple **8**
pintar *v.* to paint

pintor(a) *m., f.* painter **16**
pintura *f.* painting; picture **12**
piscina *f.* swimming pool **4**
piso *m.* floor (*of a building*) **5**
pizarra *f.* blackboard **2**
placer *m.* pleasure **15**
  Ha sido un placer. It's been a
    pleasure. **15**
planchar *v.* **la ropa** to iron clothes **12**
planes *m., pl.* plans **4**
planta *f.* plant **13**
  planta baja ground floor **5**
plástico *m.* plastic **13**
plato *m.* dish (*in a meal*) **8**; *m.* plate **12**
  plato principal main dish **8**
playa *f.* beach **5**
plazos *m., pl.* periods; time
pluma *f.* pen **2**
población *f.* population **13**
pobre *m., f., adj.* poor **6**
pobreza *f.* poverty
poco/a *adj.* little **5, 10**; few
poder (o:ue) *v.* to be able to; can **4**
poema *m.* poem
poesía *f.* poetry
poeta *m., f.* poet **16**
policía *f.* police (force) **11**; *m.* (male) police
  officer **11**
política *f.* politics
político/a *m., f.* politician **16**
pollo *m.* chicken **8**
  pollo asado roast chicken **8**
ponchar *v.* to deflate; to get a flat (*tire*)
poner *v.* to put; to place **4**; to turn on
  (*electrical appliances*) **11**
  poner la mesa to set the table **12**
  poner una inyección to give an
    injection **10**
ponerse (+ *adj.*) to become (+ *adj.*) **7**;
  to put on **7**
por *prep.* in exchange for; for; by; in;
  through; by means of; along; during;
  around; in search of; by way of; per **11**
  por aquí around here **11**
  por avión by plane
  por ciento percent
  por ejemplo for example **11**
  por eso that's why; therefore **11**
  Por favor. Please. **1**
  por fin finally **11**
  por la mañana in the morning **7**
  por la noche at night **7**
  por la tarde in the afternoon; in
    the evening **7**
  por lo menos at least **10**
  ¿por qué? why? **2, 9**
  por supuesto of course
  por teléfono by phone; on the phone
  por último finally **7**
porque *conj.* because **2**
portátil *adj.* portable **11**

porvenir *m.* future **16**
posesivo/a *adj.* possessive **3**
posible *adj.* possible **13**
  es posible it's possible **13**
  no es posible it's not possible **13**
postal *f.* postcard **4**
postre *m.* dessert **9**
practicar *v.* to practice **2**
  practicar deportes *m., pl.* to play
    sports **4**
precio (fijo) *m.* (fixed, set) price **6**
preferir (e:ie) *v.* to prefer **4, 12**
pregunta *f.* question
preguntar *v.* to ask (*a question*) **2**
premio *m.* prize; award
prender *v.* to turn on **11**
prensa *f.* press
preocupado/a (por) *adj.* worried (about) **5**
preocuparse *v.* **(por)** to worry (about) **7**
preparar *v.* to prepare **2**
preposición *f.* preposition
presentación *f.* introduction
presentar *v.* to introduce; to put on
  (*a performance*)
presiones *f., pl.* pressure **15**
prestado/a *adj.* borrowed
préstamo *m.* loan **14**
prestar *v.* to lend **6**
primavera *f.* spring **5**
primer, primero/a *adj.* first **5**
primo/a *m., f.* cousin **3**
principal *adj.* main **8**
prisa *f.* haste **3**
probable *adj. m., f.* probable **13**
  es probable it's probable **13**
  no es probable it's not probable **13**
probar (o:ue) *v.* to taste; to try **8**
probarse (o:ue) *v.* to try on **7**
problema *m.* problem **1**
profesión *f.* profession **3, 16**
profesor(a) *m., f.* teacher **1**; professor **2**
programa *m.* program **1**
  programa de computación
    software **11**
  programa de entrevistas talk show
programador(a) *m., f.* programmer **3**
prohibir *v.* to prohibit **10, 12**; to forbid
pronombre *m.* pronoun **8**
pronto *adj.* soon **10**
propina *f.* tip **9**
propio/a *adj.* own
proteger *v.* to protect **13**
proteína *f.* protein **15**
próximo/a *adj.* next **16**
prueba *f.* test; quiz **2**
psicología *f.* psychology **2**
psicólogo/a *m., f.* psychologist **16**
publicar *v.* to publish
público *m.* audience
pueblo *m.* town **4**
puerta *f.* door **2**

Puerto Rico *m.* Puerto Rico **1**
puertorriqueño/a *adj.* Puerto Rican **3**
pues *conj.* well **2**; then **15**
puesto *m.* position; job **16**
puesto/a *p.p.* put **15**
puro/a *adj.* pure **13**

Q

que *conj. pron.* that; who; which **9**
   ¡Qué…! How…! **3**
   ¡Qué dolor! What pain!
   ¡Qué gusto (+ *inf.*)! What a
      pleasure to…!
   ¡Qué ropa más bonita!
      What pretty clothes! **6**
   ¡Qué sorpresa! What a surprise!
   ¿qué? what? **1**; which? **9**
   ¿Qué día es hoy? What day is it?
   ¿Qué es? What is it? **1**
   ¿Qué hay de nuevo? What's
      new? **1**
   ¿Qué hicieron ellos/ellas? What
      did they do? **6**
   ¿Qué hicieron ustedes? What did
      you (*form., pl.*) do? **6**
   ¿Qué hiciste? What did you
      (*fam., sing.*) do? **6**
   ¿Qué hizo él/ella? What did
      he/she do? **6**
   ¿Qué hizo usted? What did you
      (*form., sing.*) do? **6**
   ¿Qué hora es? What time is it? **1**
   ¿Qué les parece? What do
      you guys think? **9**
   ¿Qué pasa? What's happening?;
      What's going on? **1**
   ¿Qué pasó? What happened? **11**;
      What's wrong?
   ¿Qué precio tiene? What is the
      price?
   ¿Qué tal? How are you?; How is it
      going? **1**; How is/are…? **2**
   ¿Qué talla lleva/usa usted? What
      size do you wear? **6**
   ¿Qué tiempo hace? How's the
      weather?, What's the weather
      like? **5**
quedar *v.* to be left over; to fit (*clothing*) **7**;
   to be left behind **10**; to be located **14**
quedarse *v.* to stay; to remain **7**
quehaceres *m., pl.* **domésticos** household
   chores **12**
quemado/a *adj.* burned (out) **11**
querer (e:ie) *v.* to want; to love **4**
queso *m.* cheese **8**
quien(es) *pron.* who **1**; whom; that **9**
   ¿Quién es…? Who is…? **1**

¿Quién habla? Who is
   speaking? (*telephone*) **11**
   ¿quién(es)? who?; whom? **1, 9**
química *f.* chemistry **2**
quince fifteen **1**
   menos quince quarter to (*time*) **1**
   y quince quarter after (*time*) **1**
quinceañera *f.* young woman celebrating
   her fifteenth birthday **9**
quinientos/as five hundred **6**
quinto/a *adj.* fifth **5**
quisiera *v.* I would like **8**
quitar la mesa *v.* to clear the table **12**
quitarse *v.* to take off **7**
quizás *adv.* maybe **5**

R

racismo *m.* racism
radio *f.* radio (*medium*)
radio *m.* radio (set) **11**
radiografía *f.* X-ray **10**
rápido/a *adj.* fast
ratón *m.* mouse **11**
ratos libres *m., pl.* spare time **4**
raya *f.* stripe **6**
razón *f.* reason **3**
rebaja *f.* sale **6**
recado *m.* (*telephone*) message **11**
receta *f.* prescription **10**
recetar *v.* to prescribe **10**
recibir *v.* to receive **3**
reciclaje *m.* recycling **13**
reciclar *v.* to recycle **13**
recién casado/a *m., f.* newlywed **9**
recoger *v.* to pick up **13**
recomendar (e:ie) *v.* to recommend **8, 12**
recordar (o:ue) *v.* to remember **4**
recorrer *v.* to tour an area
recurso *m.* resource **13**
   recurso natural natural resource **13**
red *f.* network; Web **11**
reducir *v.* to reduce **13**
refresco *m.* soft drink **8**
refrigerador *m.* refrigerator **12**
regalar *v.* to give (*as a gift*) **9**
regalo *m.* gift **6**
regatear *v.* to bargain **6**
región *f.* region; area **13**
regresar *v.* to return **2**
regular *adj. m., f.* so-so; OK **1**
reído *p.p.* laughed **15**
reírse (e:i) *v.* to laugh **9**
relaciones *f., pl.* relationships
relajarse *v.* to relax **9**
reloj *m.* clock; watch **2**
renovable *adj.* renewable **13**
renunciar *v.* **(a)** to resign (from) **16**

repetir (e:i) *v.* to repeat **4**
reportaje *m.* report
reportero/a *m., f.* reporter **16**; journalist
representante *m., f.* representative
reproductor de CD *m.* CD player **11**
reproductor de DVD *m.* DVD player **11**
reproductor de MP3 *m.* MP3 player **11**
resfriado *m.* cold (*illness*)
residencia estudiantil *f.* dormitory **2**
resolver (o:ue) *v.* to resolve; to solve **13**
respirar *v.* to breathe **13**
respuesta *f.* answer **9**
restaurante *m.* restaurant **4**
resuelto/a *p.p.* resolved **15**
reunión *f.* meeting **16**
revisar *v.* to check **11**
   revisar el aceite to check the oil **11**
revista *f.* magazine **4**
rico/a *adj.* rich **6**; *adj.* tasty; delicious **8**
ridículo *adj.* ridiculous **13**
río *m.* river **13**
riquísimo/a *adj.* extremely delicious **8**
rodilla *f.* knee **10**
rogar (o:ue) *v.* to beg; to plead **12**
rojo/a *adj.* red **6**
romántico/a *adj.* romantic
romper *v.* **(con)** to break up (with) **9**
romper(se) *v.* to break **10**
   romperse la pierna to break one's leg **10**
ropa *f.* clothing; clothes **6**
   ropa interior underwear **6**
rosado/a *adj.* pink **6**
roto/a *adj.* broken **10**; *p.p.* broken **15**
rubio/a *adj.* blond(e) **3**
ruso/a *adj.* Russian
rutina *f.* routine **7**
   rutina diaria daily routine **7**

S

sábado *m.* Saturday **2**
saber *v.* to know; to know how **8**
sabrosísimo/a *adj.* extremely delicious
sabroso/a *adj.* tasty; delicious **8**
sacar *v.* to take out **12**
   sacar fotos to take pictures **5**
   sacar la basura to take out
      the trash **12**
   sacar(se) una muela to have a
      tooth pulled **10**
sacudir *v.* to dust **12**
   sacudir los muebles dust the furniture **12**
sal *f.* salt **8**
sala *f.* living room **12**; room
   sala de emergencia(s) emergency
      room **10**
salado/a *adj.* salty **8**
salario *m.* salary **16**

salchicha *f.* sausage 8
salida *f.* departure; exit 5
salir *v.* to leave 4; to go out
  salir con to leave with; to go out
    with 4; to date (*someone*) 9
  salir de to leave from 4
  salir para to leave for (*a place*) 4
salmón *m.* salmon 8
salón *m.* **de belleza** beauty salon 14
salud *f.* health 10
saludable *adj.* healthy 10
saludar(se) *v.* to greet (each other)
saludo *m.* greeting 1
  saludos a... greetings to... 1
sandalia *f.* sandal 6
sándwich *m.* sandwich 8
sano/a *adj.* healthy 10
se *ref. pron.* himself, herself, itself, *form.*
  yourself, themselves, yourselves 7
se *impersonal* one 10
  Se nos dañó... The... broke down. 11
  Se hizo... He/she/it became...
  Se nos pinchó una llanta.
    We got a flat tire. 11
secadora *f.* clothes dryer 12
sección de (no) fumadores *f.*
  (non) smoking section 8
secretario/a *m., f.* secretary 16
secuencia *f.* sequence
sed *f.* thirst 3
seda *f.* silk 6
sedentario/a *adj.* sedentary 15; related
  to sitting
seguir (e:i) *v.* to follow; to continue;
  to keep (doing something) 4
  seguir una dieta equilibrada to eat
    a balanced diet 15
según *prep.* according to
segundo/a *adj.* second 5
seguro/a *adj.* sure; safe; confident 5
seis six 1
seiscientos/as six hundred 6
sello *m.* stamp 14
selva *f.* jungle 13
semáforo *m.* traffic light 11
semana *f.* week 2
  fin *m.* **de semana** weekend 4
  la semana pasada last week 6
semestre *m.* semester 2
sendero *m.* trail 13; trailhead
sentarse (e:ie) *v.* to sit down 7
sentir(se) (e:ie) *v.* to feel 7; to be sorry;
  to regret 13
señor (Sr.) *m.* Mr.; sir 1
señora (Sra.) *f.* Mrs.; ma'am 1
señorita (Srta.) *f.* Miss 1; young woman 2
separado/a *adj.* separated 9
separarse *v.* **(de)** to separate (from) 9
septiembre *m.* September 5

séptimo/a *adj.* seventh 5
ser *v.* to be 1
  ser aficionado/a (a) to be a fan (of) 4
  ser alérgico/a (a) to be allergic (to) 10
  ser gratis to be free of charge 14
serio/a *adj.* serious
servilleta *f.* napkin 12
servir (e:i) *v.* to help 5; to serve 8
sesenta sixty 2
setecientos/as seven hundred 6
setenta seventy 2
sexismo *m.* sexism
sexto/a *adj.* sixth 5
sí *adv.* yes 1
si *conj.* if 13
SIDA *m.* AIDS
sido *p.p.* been 15
siempre *adv.* always 7
siete seven 1
silla *f.* chair 2
sillón *m.* armchair 12
similar *adj. m., f.* similar
simpático/a *adj.* nice; likeable 3
sin *prep.* without 13, 15
  sin duda without a doubt
  sin embargo *adv.* however
  sin que *conj.* without 13
sino *conj.* but
síntoma *m.* symptom 10
sitio *m.* **web** website 11
situado/a *p.p.* located
sobre *m.* envelope 14; *prep.* on; over 2
sobrino/a *m., f.* nephew/niece 3
sociología *f.* sociology 2
sofá *m.* couch; sofa 12
sois *fam.* you are 1
sol *m.* sun 4, 5, 13
solar *adj.* solar 13
solicitar *v.* to apply (*for a job*) 16
solicitud (de trabajo) *f.* (job) application 16
sólo *adv.* only 3
soltero/a *adj.* single 9; unmarried
solución *f.* solution 13
sombrero *m.* hat 6
somos we are 1
son you/they are 1
  Son las... It's... o'clock. 1
sonar (o:ue) *v.* to ring 11
sonreído *p.p.* smiled 15
sonreír (e:i) *v.* to smile 9
sopa *f.* soup 8
sorprender *v.* to surprise 9
sorpresa *f.* surprise 9
sótano *m.* basement; cellar 12
soy I am 1
  Soy yo. That's me. 1
  soy de... I'm from... 1
su(s) *poss. adj.* his; her; its; *form.* your; their 3
subir *v.* to go up 11

subir(se) a to get on/into (a vehicle) 11
sucio/a *adj.* dirty 5
sucre *m.* former Ecuadorian currency 6
sudar *v.* to sweat 15
suegro/a *m., f.* father-in-law;
  mother-in-law 3
sueldo *m.* salary 16
suelo *m.* floor 12
sueño *m.* sleep 3
suerte *f.* luck 3
suéter *m.* sweater 6
sufrir *v.* to suffer 13
  sufrir muchas presiones to
    be under a lot of pressure 15
  sufrir una enfermedad to
    suffer (from) an illness 13
sugerir (e:ie) *v.* to suggest 12
supermercado *m.* supermarket 14
suponer *v.* to suppose 4
sur *m.* south 14
sustantivo *m.* noun
suyo(s)/a(s) *poss.* (of) his/her; (of) hers;
  (of) its; (of) *form.* your, (of) yours, (of)
  theirs; their 11

T

tal vez *adv.* maybe 5
talentoso/a *adj.* talented
talla *f.* size 6
  talla grande large 6
taller *m.* **(mecánico)** (mechanic's) repair
  shop 11
también *adv.* also; too 2, 7
tampoco *adv.* neither; not either 7
tan *adv.* so 5
  tan pronto como as soon as 13
  tan... como as... as 8
tanque *m.* tank 11
tanto *adv.* so much
  tanto... como as much... as 8
  tantos/as... como
    as many... as 8
tarde *adv.* late 7
tarde *f.* afternoon; evening; P.M. 1
tarea *f.* homework 2
tarjeta *f.* card 4
  tarjeta de crédito credit card 6
  tarjeta postal postcard 4
taxi *m.* taxi(cab) 5
taza *f.* cup; mug 12
te *fam. pron.* you 5
  Te presento a... I would like to
    introduce... to you. (*fam.*) 1
  ¿Te gustaría? Would you like to?
  ¿Te gusta(n)...? Do you like...? 2
té *m.* tea 8
  té helado iced tea 8

teatro *m.* theater
teclado *m.* keyboard 11
técnico/a *m., f.* technician 16
tejido *m.* weaving
teleadicto/a *m., f.* couch potato 15
teléfono (celular) *m.* (cellular) telephone 11
telenovela *f.* soap opera
teletrabajo *m.* telecommuting 16
televisión *f.* television 11
    televisión por cable cable television 11
televisor *m.* television set 11
temer *v.* to be afraid/concerned; to fear 13
temperatura *f.* temperature 10
temprano *adv.* early 7
tenedor *m.* fork 12
tener *v.* to have 3
    tener… años to be… years old 3
    Tengo… años. I'm… years old. 3
    tener (mucho) calor to be (very) hot 3
    tener (mucho) cuidado to be (very) careful 3
    tener dolor de to have a pain in
    tener éxito to be successful 16
    tener fiebre to have a fever 10
    tener (mucho) frío to be (very) cold 3
    tener ganas de (+ inf.) to feel like (doing something) 3
    tener (mucha) hambre *f.* to be (very) hungry 3
    tener (mucho) miedo to be (very) afraid/scared of 3
    tener miedo (de) que to be afraid that
    tener planes to have plans 4
    tener (mucha) prisa to be in a (big) hurry 3
    tener que (+ inf.) *v.* to have to (do something) 3
    tener razón to be right 3
    tener (mucha) sed to be (very) thirsty 3
    tener (mucho) sueño to be (very) sleepy 3
    tener (mucha) suerte to be (very) lucky 3
    tener tiempo to have time
    tener una cita to have a date; an appointment 9
tenis *m.* tennis 4
tensión *f.* tension
tercer, tercero/a *adj.* third 5
terminar *v.* to end; to finish 2
    terminar de (+ inf.) to finish (doing something)
terremoto *m.* earthquake
terrible *adj.* terrible 13
terror *m.* horror
ti *prep., obj. of prep., fam.* you
tiempo *m.* time 4; weather
    tiempo libre free time 4

tienda *f.* shop; store 6
    tienda de campaña *f.* tent 5
tierra *f.* land; soil 13
tinto/a *adj.* red (wine) 8
tío/a *m., f.* uncle/aunt 3
tíos *m.* aunts and uncles 3
título *m.* title
tiza *f.* chalk 2
toalla *f.* towel 7
tobillo *m.* ankle 10
tocar *v.* to play (*a musical instrument*); to touch 13
todavía *adv.* yet; still 5
todo *m.* everything 5
    Todo está bajo control. Everything is under control.
todos/as *m., f., pl.* all of us; *m., pl.* everybody; everyone
    ¡Todos a bordo! All aboard! 1
todo(s)/a(s) *adj.* all 4; whole; every; *adv.* completely
    en todo el mundo throughout the world 13
    todos los días every day 10
    (todo) derecho straight ahead 14
tomar *v.* to take; to drink 2
    tomar clases to take classes 2
    tomar el sol to sunbathe 4
    tomar en cuenta to take into account 8
    tomar fotos to take pictures 13
    tomar(le) la temperatura (a alguien) to take (someone's) temperature 10
tomate *m.* tomato 8
tonto/a *adj.* silly; foolish 3
torcerse (el tobillo) *v.* to sprain (one's ankle) 10
torcido/a *adj.* twisted; sprained 10
tormenta *f.* storm
tornado *m.* tornado
tortilla *f.* tortilla 8
    tortillas de maíz tortilla made of corn flour 8
tortuga marina *f.* marine turtle 13
tos *f., sing.* cough 10
toser *v.* to cough 10
tostado/a *adj.* toasted 8
tostadora *f.* toaster
trabajador(a) *adj.* hard-working 3
trabajar *v.* to work 2
trabajo *m.* job; work 16; written work
traducir *v.* to translate 8
traer *v.* to bring 4
tráfico *m.* traffic 11
tragedia *f.* tragedy
traído/a *p.p.* brought 15
traje *m.* suit 6
    traje de baño bathing suit 6
tranquilo/a *adj.* calm; quiet 15
    ¡Tranquilo! Stay calm!
transmitir to broadcast

tratar de (+ inf.) *v.* to try (*to do something*) 15
Trato hecho. It's a deal.
trece thirteen 1
treinta thirty 1
    y treinta thirty minutes past the hour (time) 1
tren *m.* train 5
tres three 1
trescientos/as three hundred 6
trimestre *m.* trimester; quarter 2
triste *adj.* sad 5
tú *fam. sing. sub. pron.* you 1
    Tú eres… You are… 1
tu(s) *fam. poss. adj.* your 3
turismo *m.* tourism 5
turista *m., f.* tourist 1
turístico/a *adj.* touristic
tuyo(s)/a(s) *fam. poss. pron.* your; (of) yours 11

U

u *conj.* (*used instead of* **o** *before words beginning with* **o** *and* **ho**) or
Ud. *form., sing. sub. pron.* you 1
Uds. *form., pl. sub. pron.* you 1
último/a *adj.* last
un, uno/a *indef. art.* a; one 1
    una vez once; one time 6
    una vez más once again 9
único/a *adj.* only 3
universidad *f.* university 2; college
unos/as *pron.* some 1
urgente *adj.* urgent 12
usar *v.* to wear; to use 6
usted *form., sing. sub. pron.* you 1
ustedes *form., pl. sub. pron.* you 1
útil *adj.* useful
uva *f.* grape 8

V

vaca *f.* cow
vacaciones *f., pl.* vacation 5
valle *m.* valley 13
Vamos. Let's go. 4
vaquero *m.* cowboy
    de vaqueros *m., pl.* western (*genre*)
varios/as *adj., pl.* several 8
vaso *m.* glass 12
veces *f., pl.* times 6
vecino/a *m., f.* neighbor 12
veinte twenty 1
veinticinco twenty-five 1
veinticuatro twenty-four 1
veintidós twenty-two 1
veintinueve twenty-nine 1
veintiocho twenty-eight 1
veintiséis twenty-six 1
veintisiete twenty-seven 1

veintitrés twenty-three **1**
veintiún, veintiuno/a twenty-one **1**
vejez *f.* old age **9**
velocidad *f.* speed **11**
   velocidad máxima speed limit **11**
vendedor(a) *m., f.* salesperson **6**
vender *v.* to sell **6**
venir *v.* to come **3**
ventana *f.* window **2**
ver *v.* to see **4**
   ver películas *f., pl.* to see movies **4**
   a ver let's see **2**
verano *m.* summer **5**
verbo *m.* verb
verdad *f.* truth **6**
   ¿verdad? right? **1**
verde *adj.*, green; not ripe **5**
verduras *pl., f.* vegetables **8**
vestido *m.* dress **6**
vestirse (e:i) *v.* to get dressed **7**
vez *f.* time **6**
viajar *v.* to travel **2**
viaje *m.* trip **5**
viajero/a *m., f.* traveler **5**
vida *f.* life **9**
video *m.* video **1**
videocasete *m.* video cassette **11**
videocasetera *f.* VCR **11**
videoconferencia *f.* video conference **16**
vidrio *m.* glass **13**
viejo/a *adj.* old **3**
viento *m.* wind
viernes *m., sing.* Friday **5**
vinagre *m.* vinegar **8**
vino *m.* wine **8**
   vino blanco white wine **8**
   vino tinto red wine **8**
violencia *f.* violence
visitar *v.* to visit **4**
   visitar un monumento to visit a monument **4**
visto/a *p.p.* seen **15**
vitamina *f.* vitamin **15**
viudo/a *adj.* widowed **9**
vivienda *f.* housing **12**
vivir *v.* to live **3**
vivo/a *adj.* lively; alive **5**; bright
volante *m.* steering wheel **11**
volcán *m.* volcano **13**
vóleibol *m.* volleyball **4**
volver (o:ue) *v.* to return **4**
   volver *v.* **a ver(te/lo/la)** to see (you/him/her) again
vos *pron.* you
vosotros/as *fam., pl. sub. pron.* you **1**
votar *v.* to vote
vuelta *f.* return trip
vuelto/a *p.p.* returned **15**
vuestro(s)/a(s) *poss. adj.* your **3**; (of) yours **11**

W

walkman *m.* Walkman

Y

y *conj.* and **1**
   y cuarto quarter after (*time*) **1**
   y media half-past (*time*) **1**
   y quince quarter after (*time*) **1**
   y treinta thirty (minutes past the hour) **1**
   ¿Y tú? *fam.* And you? **1**
   ¿Y usted? *form.* And you? **1**
ya *adv.* already **6**
yerno *m.* son-in-law **3**
yo *sub. pron.* I **1**
   Yo soy… I'm… **1**
yogur *m.* yogurt

Z

zanahoria *f.* carrot **8**
zapatería *f.* shoe store **14**
zapato *m.* shoe **6**
   par *m.* **de zapatos** pair of shoes **6**
   zapatos de tenis sneakers **6**

English-Spanish

A

A.M. **mañana** *f.* 1
able: be able to **poder (o:ue)** *v.* 4
aboard **a bordo** 1
accident **accidente** *m.* 10
accompany **acompañar** *v.* 14
account **cuenta** *f.* 14
accountant **contador(a)** *m., f.* 16
accounting **contabilidad** *f.* 2
ache **dolor** *m.* 10
acquainted: be acquainted with
    conocer *v.* 8
action **acción** *f.*
active **activo/a** *adj.* 15
actor **actor** *m.* 16
actress **actriz** *f.* 16
addict (*drug*) **drogadicto/a** *adj.* 15
additional **adicional** *adj.*
address **dirección** *f.* 14
adjective **adjetivo** *m.*
adolescence **adolescencia** *f.* 9
adventure **aventura** *f.*
advertise **anunciar** *v.*
advertisement **anuncio** *m.* 16
advice **consejo** *m.* 9
    give advice **dar** *v.* **un consejo**
advise **aconsejar** *v.* 12
advisor **consejero/a** *m., f.* 16
aerobic **aeróbico/a** *adj.* 15
    aerobic exercises **ejercicios
        aeróbicos** 15
    aerobics class **clase de
        ejercicios aeróbicos** 15
affected **afectado/a** *adj.* 13
    be affected (by) **estar** *v.*
        afectado/a (por) 13
affirmative **afirmativo/a** *adj.*
afraid: be (very) afraid **tener (mucho)
    miedo** 3
    be afraid **temer** *v.* 13
after **después de** *prep.* 7; **después
    (de) que** *conj.* 13
afternoon **tarde** *f.* 1
afterward **después** *adv.* 7; **luego** *adv.* 7
again **otra vez** *adv.*
age **edad** *f.*
agree **concordar** *v.* agree; **estar** *v.* **de
    acuerdo**
agreement **acuerdo** *m.*
AIDS **SIDA** *m.*
air **aire** *m.* 6
    air pollution **contaminación del
        aire** 13
airplane **avión** *m.* 5
airport **aeropuerto** *m.* 5
alarm clock **despertador** *m.* 7

alcohol **alcohol** *m.* 15
alcoholic **alcohólico/a** *adj.* 15
    alcoholic beverage **bebida
        alcohólica** 15
all **todo(s)/toda(s)** *adj.* 4
    All aboard! **¡Todos a bordo!** 1
    all of us **todos/as** *m., f., pl.*
    all over the world **en todo el
        mundo**
allergic **alérgico/a** *adj.* 10
    be allergic (to) **ser alérgico/a (a)** 10
alleviate **aliviar** *v.*
almost **casi** *adv.* 10
alone **solo/a** *adj.*
along **por** *prep.* 11
already **ya** *adv.* 6
also **también** *adv.* 2; 7
alternator **alternador** *m.* 11
although **aunque** *conj.*
aluminum **aluminio** *m.* 13
    (made of) aluminum **de aluminio** 13
always **siempre** *adv.* 7
American (*North*)
    norteamericano/a *adj.* 3
among **entre** *prep.* 2
amusement **diversión** *f.*
and **y** *conj.* 1; **e** *conj.* (*before words beginning
    with i or hi*)
    And you? **¿Y tú?** *fam.* 1;
        ¿Y usted? *form.* 1
angry **enojado/a** *adj.* 5
    get angry (with) **enojarse** *v.* **(con)** 7
animal **animal** *m.* 13
ankle **tobillo** *m.* 10
anniversary **aniversario** *m.* 9
    wedding anniversary **aniversario
        de bodas** 9
announce **anunciar** *v.*
announcer (*TV/radio*) **locutor(a)** *m., f.*
annoy **molestar** *v.* 7
another **otro/a** *adj.* 6
answer **contestar** *v.* 2; **respuesta** *f.* 9
answering machine
    contestadora *f.* 11
antibiotic **antibiótico** *m.* 10
any **algún, alguno/a(s)** *adj.* 7
anyone **alguien** *pron.* 7
anything **algo** *pron.* 7
apartment **apartamento** *m.* 12
apartment building **edificio de
    apartamentos** 12
appear **parecer** *v.* 8
appetizers **entremeses** *m., pl.*
applaud **aplaudir** *v.*
apple **manzana** *f.* 8
appliance (*electric*) **electrodoméstico**
    m. 12
applicant **aspirante** *m., f.* 16
application **solicitud** *f.* 16
    job application **solicitud de
        trabajo** 16

apply (*for a job*) **solicitar** *v.* 16
    apply for a loan **pedir** *v.* **un
        préstamo** 14
appointment **cita** *f.* 9
    have an appointment **tener** *v.*
        una cita 9
appreciate **apreciar** *v.*
April **abril** *m.* 5
aquatic **acuático/a** *adj.* 4
archaeologist **arqueólogo/a** *m., f.* 16
architect **arquitecto/a** *m., f.* 16
area **región** *f.* 13
arm **brazo** *m.* 10
armchair **sillón** *m.* 12
army **ejército** *m.*
around **por** *prep.* 11
    around here **por aquí** 11
arrange **arreglar** *v.* 11
arrival **llegada** *f.* 5
arrive **llegar** *v.* 2
art **arte** *m.* 2
    fine arts **bellas artes** *f., pl.*
article **artículo** *m.*
artist **artista** *m., f.* 3
artistic **artístico/a** *adj.*
arts **artes** *f., pl.*
as **como** *conj.* 8
    as… as **tan… como** 8
    as a child **de niño/a** 10
    as many… as **tantos/as… como** 8
    as much… as **tanto… como** 8
    as soon as **en cuanto** *conj.* 13;
        tan pronto como *conj.* 13
ask (*a question*) **preguntar** *v.* 2
    ask for **pedir (e:i)** *v.* 4, 12
asparagus **espárragos** *m., pl.*
aspirin **aspirina** *f.* 10
at **a** *prep.* 1; **en** *prep.* 2
    at + *time* **a la(s)** + *time* 1
    at home **en casa** 7
    at least **por lo menos** 10
    at night **por la noche** 7
    at the end (of) **al fondo (de)** 12
    At what time…? **¿A qué hora…?**
        1, 9
    At your service. **A sus órdenes.** 11
attend **asistir (a)** *v.* 3
attic **altillo** *m.* 12
attract **atraer** *v.*
audience **público** *m.*
August **agosto** *m.* 5
aunt **tía** *f.* 3
    aunts and uncles **tíos** *m., pl.* 3
automatic **automático/a** *adj.* 14
    automatic teller machine (ATM)
        cajero automático 14
automobile **automóvil** *m.* 5
autumn **otoño** *m.* 5
avenue **avenida** *f.*
avoid **evitar** *v.* 13
award **premio** *m.*

B

backpack **mochila** *f.* 1
bad **mal, malo/a** *adj.* 3
It's bad that… **Es malo que…** 12
It's not bad at all. **No está nada mal.** 5
bag **bolsa** *f.* 6
bakery **panadería** *f.* 14
balanced **equilibrado/a** *adj.* 15
balanced diet **dieta equilibrada** 15
balcony **balcón** *m.* 12
ball **pelota** *f.* 4
ballet **ballet** *m.*
banana **banana** *f.* 8
band **banda** *f.*
bank **banco** *m.* 14
bargain **ganga** *f.* 6; **regatear** *v.* 6
baseball (*game*) **béisbol** *m.* 4
basement **sótano** *m.* 12
basketball (*game*) **baloncesto** *m.* 4
bath **baño** *m.*
take a bath **bañarse** *v.* 7
bathe **bañarse** *v.* 7
bathing suit **traje** *m.* **de baño** 6
bathroom **baño** *m.* 7; **cuarto de baño** *m.*
be **ser** *v.* 1; **estar** *v.* 2
be… years old **tener… años** 3
beach **playa** *f.* 5
go to the beach **ir a la playa** 5
beans **frijoles** *m., pl.* 8
beautiful **hermoso/a** *adj.* 6
beauty **belleza** *f.* 14
beauty salon **peluquería** *f.*; **salón** *m.* **de belleza** 14
because **porque** *conj.* 2
because of **por** *prep.*
become (+ *adj.*) **ponerse** (+ *adj.*) 7; **convertirse** *v.*
bed **cama** *f.* 5
go to bed **acostarse (o:ue)** *v.* 7
bedroom **alcoba** *f.* 12; **cuarto** *m.*; **recámara** *f.*
beef **carne** *f.* **de res** 8
beef soup **caldo** *m.* **de patas** 8
been **sido** *p.p.* 15
beer **cerveza** *f.* 8
before **antes** *adv.* 7; **antes de** *prep.* 7; **antes (de) que** *conj.* 13
beg **rogar (o:ue)** *v.* 12
begin **comenzar (e:ie)** *v.* 4; **empezar (e:ie)** *v.* 4
behalf: on behalf of **de parte de** 11
behind **detrás de** *prep.* 2
believe **creer** *v.* 13
believe (in) **creer** *v.* **(en)** 3
believed **creído** *p.p.* 15
bellhop **botones** *m., f., sing.* 5
beloved **enamorado/a** *adj.*
below **debajo de** *prep.* 2
belt **cinturón** *m.* 6

benefit **beneficio** *m.* 16
beside **al lado de** *prep.* 2
besides **además (de)** *adv.* 10
best **mejor** *adj.* 8
the best **el/la mejor** *m., f.* 8; **lo mejor** *neuter*
better **mejor** *adj.* 8
It's better that… **Es mejor que…** 12
between **entre** *prep.* 2
bicycle **bicicleta** *f.* 4
big **gran, grande** *adj.* 3
bigger **mayor** *adj.* 8
biggest, (the) **el/la mayor** *m., f.* 8
bill **cuenta** *f.* 9
billion **mil millones** 6
biology **biología** *f.* 2
bird **pájaro** *m.* 13; **ave** *f.*
birth **nacimiento** *m.* 9
birthday **cumpleaños** *m., sing.* 9
birthday cake **pastel de cumpleaños** 9
have a birthday **cumplir** *v.* **años** 9
biscuit **bizcocho** *m.*
black **negro/a** *adj.* 6
blackberry **mora** *f.* 8
blackboard **pizarra** *f.* 2
blanket **manta** *f.* 12
block (city) **cuadra** *f.* 14
blond(e) **rubio/a** *adj.* 3
blouse **blusa** *f.* 6
blue **azul** *adj.* 6
boarding house **pensión** *f.* 5
boat **barco** *m.* 5
body **cuerpo** *m.* 10
bone **hueso** *m.* 10
book **libro** *m.* 2
bookcase **estante** *m.* 12
bookshelves **estante** *m.* 12
bookstore **librería** *f.* 2
boot **bota** *f.* 6
bore **aburrir** *v.* 7
bored **aburrido/a** *adj.* 5
be bored **estar** *v.* **aburrido/a** 5
get bored **aburrirse** *v.*
boring **aburrido/a** *adj.* 5
born: be born **nacer** *v.* 9
borrow **pedir prestado** 14
borrowed **prestado/a** *adj.*
boss **jefe** *m.*, **jefa** *f.* 16
bother **molestar** *v.* 7
bottle **botella** *f.* 9
bottle of wine **botella de vino** 9
bottom **fondo** *m.*
boulevard **bulevar** *m.*
boy **chico** *m.* 1; **muchacho; niño** *m.* 3
boyfriend **novio** *m.* 3
brakes **frenos** *m., pl.* 11
bread **pan** *m.* 8
break **romper(se)** *v.* 10
break (one's leg) **romperse (la pierna)** 10

break down **dañar** *v.* 10
The bus broke down. **Se nos dañó el autobús.** 11
break up (with) **romper** *v.* **(con)** 9
breakfast **desayuno** *m.* 8
have breakfast **desayunar** *v.* 8
breathe **respirar** *v.* 13
bring **traer** *v.* 4
broadcast **transmitir** *v.*; **emitir** *v.*
brochure **folleto** *m.*
broken **roto/a** *adj.* 10; **roto/a** *p.p.* 15
be broken **estar roto/a** 10
brother **hermano** *m.* 3
brother-in-law **cuñado** *m., f.* 3
brothers and sisters **hermanos** *m., pl.* 3
brought **traído/a** *p.p.* 15
brown **café** *adj.* 6; **marrón** *adj.*
brunet(te) **moreno/a** *adj.*
brush **cepillar** *v.* 7
brush one's hair **cepillarse el pelo** 7
brush one's teeth **cepillarse los dientes** 7
build **construir** *v.*
building **edificio** *m.* 12
bullfight **corrida** *f.* **de toros**
bump into (*something accidentally*) **darse con**
burned (out) **quemado/a** *adj.* 11
bus **autobús** *m.* 1
bus station **estación** *f.* **de autobuses** 5
business **negocios** *m., pl.* 16
business administration **administración** *f.* **de empresas** 2
business-related **comercial** *adj.* 16
businessman **hombre** *m.* **de negocios** 16
businesswoman **mujer** *f.* **de negocios** 16
busy **ocupado/a** *adj.* 5
but **pero** *conj.* 2; **sino** *conj.* (*in negative sentences*)
butcher shop **carnicería** *f.* 14
butter **mantequilla** *f.* 8
buy **comprar** *v.* 2
by **por** *conj.* 11; **para** *prep.* 11
by means of **por** *prep.* 11
by phone **por teléfono**
by plane **en avión** 5
by way of **por** *prep.* 11
Bye. **Chau.** *interj. fam.* 1

C

cabin **cabaña** *f.* 5
cable television **televisión** *f.* **por cable** *m.* 11
café **café** *m.* 4
cafeteria **cafetería** *f.* 2
cake **pastel** *m.* 9

calculator **calculadora** *f.* 11
call **llamar** *v.* 11
    call on the phone **llamar por teléfono**
    be called **llamarse** *v.* 7
calm **tranquilo/a** *adj.* 15
    Stay calm! **¡Tranquilo/a!**
calorie **caloría** *f.* 15
camera **cámara** *f.* 11
    digital camera **cámara digital** 11
camp **acampar** *v.* 5
can **lata** *f.* 13
can **poder (o:ue)** *v.* 4
Canadian **canadiense** *adj.* 3
candidate **aspirante** *m. f.* 16;
    candidate **candidato/a** *m., f.*
candy **dulces** *m., pl.* 9
capital city **capital** *f.* 1
car **coche** *m.* 11; **carro** *m.* 11;
    auto(móvil) *m.* 5
caramel **caramelo** *m.*
card **tarjeta** *f.* 4; (*playing*) **carta** *f.*
care **cuidado** *m.* 3
    take care of **cuidar** *v.* 13
career **carrera** *f.* 16
careful: be (very) careful **tener** *v.*
    (mucho) cuidado 3
caretaker **ama** *m., f.* **de casa** 12
carpenter **carpintero/a** *m., f.* 16
carpet **alfombra** *f.* 12
carrot **zanahoria** *f.* 8
carry **llevar** *v.* 2
cartoons **dibujos** *m., pl.* **animados**
case: in case (that) **en caso (de) que** 13
cash (a check) **cobrar** *v.* 14; **efectivo** *m.*
    cash register **caja** *f.* 6
    pay in cash **pagar** *v.* **al contado,**
    pagar en efectivo
cashier **cajero/a** *m., f.*
cat **gato/a** *m., f.* 3
CD player **reproductor** *m.* **de CD** 11
celebrate **celebrar** *v.* 9
cellar **sótano** *m.* 12
cellular **celular** *adj.* 11
    cellphone **teléfono** *m.*
    celular 11
cereal **cereales** *m., pl.* 8
certain **cierto** *m.*; **seguro** *m.* 13
    it's (not) certain **(no) es**
    seguro/cierto 13
chair **silla** *f.* 2
chalk **tiza** *f.* 2
champagne **champán** *m.* 9
change **cambiar** *v.* (**de**) 9
channel (*TV*) **canal** *m.*
character (*fictional*) **personaje** *m.*
    main character **personaje principal**
charge (*for a product or service*)
    cobrar *v.* 14
chauffeur **conductor(a)** *m., f.* 1

chat **conversar** *v.* 2
cheap **barato/a** *adj.* 6
check **comprobar** *v.*; **revisar** *v.* 11; (*bank*)
    cheque *m.* 14
    check the oil **revisar el aceite** 11
checking account **cuenta** *f.* **corriente** 14
cheese **queso** *m.* 8
chef **cocinero/a** *m., f.* 16
chemistry **química** *f.* 2
chest of drawers **cómoda** *f.* 12
chicken **pollo** *m.* 8
child **niño/a** *m., f.* 3
childhood **niñez** *f.* 9
children **hijos** *m., pl.* 3
Chinese **chino/a** *adj.*
chocolate **chocolate** *m.*
    chocolate cake **pastel** *m.* **de**
    chocolate
cholesterol **colesterol** *m.* 15
choose **escoger** *v.*
chop (*food*) **chuleta** *f.* 8
Christmas **Navidad** *f.* 9
church **iglesia** *f.* 4
citizen **ciudadano/a** *m., f.*
city **ciudad** *f.* 4
class **clase** *f.* 2
    take classes **tomar** *v.* **clases** 2
classical **clásico/a** *adj.*
classmate **compañero/a** *m., f.* **de clase** 2
clean **limpio/a** *adj.* 5; **limpiar** *v.* 12
    clean the house *v.* **limpiar la casa** 12
clear (*weather*) **despejado/a** *adj.* 5
    clear the table **quitar** *v.* **la mesa** 12
    It's clear. (*weather*) **Está**
    despejado.
clerk **dependiente/a** *m., f.* 6
client **cliente/a** *m., f.* 6
climb **escalar** *v.* 4
    climb mountains **escalar**
    montañas 4
clinic **clínica** *f.* 10
clock **reloj** *m.* 2
close **cerrar (e:ie)** *v.* 4
closed **cerrado/a** *adj.* 5
closet **armario** *m.* 12
clothes **ropa** *f.* 6
    clothes dryer **secadora** *f.* 12
clothing **ropa** *f.* 6
cloud **nube** *f.* 13
cloudy **nublado/a** *adj.* 5
    It's (very) cloudy. **Está (muy)**
    nublado. 5
coat **abrigo** *m.* 6
coffee **café** *m.* 8
    coffee maker **cafetera** *f.*
cold **frío** *m.* 3; (*disease*) **resfriado** *m.* 10
    be (very) cold (*feel*) **tener (mucho)**
    frío 3
    It's (very) cold. (*weather*) **Hace**
    (mucho) frío. 5

college **universidad** *f.*
collision **choque** *m.*
color **color** *m.* 6
comb one's hair **peinarse** *v.* 7
come **venir** *v.* 3
comedy **comedia** *f.*
comfortable **cómodo/a** *adj.* 5
commerce **negocios** *m., pl.* 16
commercial **comercial** *adj.* 16
communicate (with) **comunicarse** *v.* (**con**)
communication **comunicación** *f.*
    means of communication
    medios *m., pl.* **de comunicación**
community **comunidad** *f.* 1
compact disc (CD) **disco** *m.* **compacto** 11
    compact disc player **reproductor** *m.*
    de CD 11
company **compañía** *f.* 16; **empresa** *f.* 16
comparison **comparación** *f.*
completely **completamente** *adv.*
composer **compositor(a)** *m., f.*
computer **computadora** *f.* 1, 11
    computer disc **disco** *m.* 11
    computer monitor **monitor** *m.* 11
    computer programmer
    programador(a) *m., f.* 3
    computer science **computación** *f.* 2
concerned: to be concerned **temer** *v.* 13
concert **concierto** *m.*
conductor (*musical*) **director(a)** *m., f.*
confirm **confirmar** *v.* 5
    confirm a reservation **confirmar**
    una reservación 5
congested **congestionado/a** *adj.* 10
Congratulations! **¡Felicidades!** 9;
    ¡Felicitaciones! 9
conservation **conservación** *f.* 13
conserve **conservar** *v.* 13
considering **para** *prep.* 11
consume **consumir** *v.* 15
contact lenses **lentes** *m., pl.* **de**
    contacto
container **envase** *m.* 13
contamination **contaminación** *f.*
content **contento/a** *adj.* 5
contest **concurso** *m.*
continue **seguir (e:i)** *v.* 4
control **control** *m.*; **controlar** *v.* 13
    be under control **estar bajo control**
conversation **conversación** *f.* 2
converse **conversar** *v.*
cook **cocinar** *v.* 12; **cocinero/a** *m., f.* 16
cookie **galleta** *f.* 9
cool **fresco/a** *adj.* 5
    It's cool. (*weather*) **Hace fresco.** 5
corn **maíz** *m.*
corner **esquina** *m.* 14
cost **costar (o:ue)** *v.* 6
cotton **algodón** *m.* 6
    (made of) cotton **de algodón** 6

couch **sofá** *m.* 12
couch potato **teleadicto/a** *m., f.* 15
cough **tos** *f.* 10; **toser** *v.* 10
counselor **consejero/a** *m., f.* 16
count (on) **contar** *v.* **(con)** 12
country (*nation*) **país** *m.* 1
countryside **campo** *m.* 5; **paisaje** *m.*
couple **pareja** *f.* 9
  couple (married) **matrimonio** *m.* 9
course **curso** *m.* 2; **materia** *f.*
courtesy **cortesía** *f.*
cousin **primo/a** *m., f.* 3
cover **cubrir** *v.*
covered **cubierto** *p.p.*
cow **vaca** *f.*
cowboy **vaquero** *m.*
crafts **artesanía** *f.*
craftsmanship **artesanía** *f.*
crash **chocar** *v.* **(con)** 11
crater **cráter** *m.* 13
crazy **loco/a** *adj.* 6
create **crear** *v.*
credit **crédito** *m.* 6
  credit card **tarjeta** *f.* **de crédito** 6
crime **crimen** *m.*
cross **cruzar** *v.* 14
culture **cultura** *f.*
cup **taza** *f.* 12
currency exchange **cambio** *m.* **de moneda**
current events **actualidades** *f., pl.*
curriculum vitae **currículum** *m.*
curtains **cortinas** *f., pl.* 12
custard (*baked*) **flan** *m.* 9
custom **costumbre** *f.*
customer **cliente/a** *m., f.*
customs **aduana** *f.* 5
  customs inspector **inspector(a)**
    m., f. **de aduanas** 5
cycling **ciclismo** *m.* 4

D

dad **papá** *m.* 3
daily **diario/a** *adj.* 7
  daily routine **rutina** *f.* **diaria** 7
damage **dañar** *v.* 10
dance **bailar** *v.* 2; **danza** *f.*; **baile** *m.*
dancer **bailarín/bailarina** *m., f.* 16
danger **peligro** *m.* 13
dangerous **peligroso/a** *adj.*
dark-haired **moreno/a** *adj.* 3
date (*appointment*) **cita** *f.* 9; (*calendar*)
  fecha *f.* 5; (*someone*) **salir** *v.* **con**
  (alguien) 9
  date: have a date **tener** *v.* **una cita** 9
daughter **hija** *f.* 3
  daughter-in-law **nuera** *f.* 3
day **día** *m.* 1
  day before yesterday **anteayer** *adv.* 6

deal **trato** *m.*
  It's a deal. **Trato hecho.**
  It's not a big deal. **No es para**
    tanto. 12
death **muerte** *f.* 9
decaffeinated **descafeinado/a** *adj.* 15
December **diciembre** *m.* 5
decide **decidir** *v.* 3
decided **decidido/a** *p.p., adj.*
declare **declarar** *v.*
deforestation **deforestación** *f.* 13
delicious **delicioso/a** *adj.* 8; **rico/a** *adj.* 8;
  sabroso/a *adj.* 8
delighted **encantado/a** *adj.* 1
dentist **dentista** *m., f.* 10
deny **negar (e: ie)** *v.* 13
department store **almacén** *m.* 6
departure **salida** *f.* 5
deposit **depositar** *v.* 14
describe **describir** *v.* 3
described **descrito/a** *p.p.* 15
desert **desierto** *m.* 13
design **diseño** *m.*
designer **diseñador(a)** *m., f.* 16
desire **desear** *v.* 12
desk **escritorio** *m.* 2
dessert **postre** *m.* 9
destroy **destruir** *v.* 13
develop **desarrollar** *v.* 13
diary **diario** *m.* 1
dictatorship **dictadura** *f.*
dictionary **diccionario** *m.* 1
die **morir (o:ue)** *v.* 8
died **muerto/a** *p.p.* 15
diet **dieta** *f.* 15
  balanced diet **dieta equilibrada** 15
  be on a diet **estar** *v.* **a dieta** 15
  eat a balanced diet **seguir una**
    dieta equilibrada 15
difficult **difícil** *adj.* 3
dining room **comedor** *m.* 12
dinner **cena** *f.* 8
  have dinner **cenar** *v.* 8
direction: in the direction of **para** *prep.* 11
directions: give directions **indicar cómo**
  llegar *v.* 14
director **director(a)** *m., f.*
dirty **ensuciar** *v.*; **sucio/a** *adj.* 5
  get (something) dirty **ensuciar** *v.* 12
disagree **no estar de acuerdo**
disaster **desastre** *m.*
discover **descubrir** *v.* 13
discovered **descubierto** *p.p.* 15
discrimination **discriminación** *f.*
dish **plato** *m.* 8
  main dish **plato principal** 8
dishwasher **lavaplatos** *m., sing.* 12
disk **disco** *m.* 11
disorderly **desordenado/a** *adj.* 5
dive **bucear** *v.* 4

divorce **divorcio** *m.* 9
divorced **divorciado/a** *adj.* 9
  get divorced (from) **divorciarse** *v.* **(de)** 9
dizzy **mareado/a** *adj.* 10
do **hacer** *v.* 4
  do aerobics **hacer ejercicios**
    aeróbicos 15
  do errands **hacer diligencias**
  do household chores **hacer**
    quehaceres *m., pl.* **domésticos** 12
  do stretching exercises **hacer**
    ejercicios de estiramiento 15
doctor **médico/a** *m., f.* 3;
  doctor(a) *m., f.* 10
documentary (*film*) **documental** *m.*
dog **perro/a** *m., f.* 3
domestic **doméstico/a** *adj.*
  domestic appliance
  electrodoméstico *m.* 12
done **hecho/a** *p.p.* 15
door **puerta** *f.* 2
dormitory **residencia** *f.* **estudiantil** 2
double **doble** *adj.* 5
  double room **habitación** *f.* **doble** 5
doubt **duda** *f.* 13; **dudar** *v.* 13
  There is no doubt… **No cabe duda**
    de… 13; **No hay duda de…** 13
down **abajo** *adv.*
downtown **centro** *m.* 4
drama **drama** *m.*
dramatic **dramático/a** *adj.*
draw **dibujar** *v.* 2
drawing **dibujo** *m.*
dress **vestido** *m.* 6
  get dressed **vestirse (e:i)** *v.* 7
drink **beber** *v.* 3; **bebida** *f.* 8; **tomar** *v.* 2
  Do you want something to drink?
    ¿Quieres algo de tomar?
drive **conducir** *v.* 8; **manejar** *v.* 11
driver **conductor(a)** *m., f.* 1
drug *f.* **droga** 15
  drug addict **drogadicto/a** *adj.* 15
due to **por** *prep.*
  due to the fact that **debido a**
during **durante** *prep.* 7; **por** *prep.* 11
dust **sacudir** *v.* 12
  dust the furniture **sacudir los**
    muebles 12
DVD player **reproductor de DVD** *m.* 11
dying: I'm dying to (for)… **me muero por…**

E

each **cada** *adj.* 6
eagle **águila** *f.*
ear (outer) **oreja** *f.* 10
early **temprano** *adv.* 7
earn **ganar** *v.* 16
earthquake **terremoto** *m.*

ease **aliviar** *v.*
east **este** *m.* 14
  to the east **al este** 14
easy **fácil** *adj.* 3
  extremely easy **facilísimo** 8
eat **comer** *v.* 3
ecological **ecologista** *adj.* 13
ecologist **ecologista** *adj.* 13
ecology **ecología** *f.* 13
economics **economía** *f.*
ecotourism **ecoturismo** *m.* 13
Ecuador **Ecuador** *m.* 1
Ecuadorian **ecuatoriano/a** *adj.* 3
effective **eficaz** *adj. m., f.*
egg **huevo** *m.* 8
eight **ocho** 1
eight hundred **ochocientos/as** 6
eighteen **dieciocho** 1
eighth **octavo/a** 5
eighty **ochenta** 2
either… or **o… o** *conj.* 7
elect **elegir** *v.*
election **elecciones** *f., pl.*
electrician **electricista** *m., f.* 16
electricity **luz** *f.* 12
elegant **elegante** *adj.* 6
elevator **ascensor** *m.* 5
eleven **once** 1
e-mail **correo** *m.* **electrónico** 4
  e-mail message **mensaje** *m.*
    electrónico 4
  read e-mail **leer** *v.* **el correo**
    electrónico 4
embarrassed **avergonzado/a** *adj.* 5
embrace (each other) **abrazar(se)** *v.*
emergency **emergencia** *f.* 10
  emergency room **sala** *f.* **de**
    emergencia(s) 10
employee **empleado/a** *m., f.* 5
employment **empleo** *m.* 16
end **fin** *m.* 4; **terminar** *v.* 2
  end table **mesita** *f.* 12
energy **energía** *f.* 13
engaged: get engaged (to)
  comprometerse *v.* **(con)** 9
engineer **ingeniero/a** *m., f.* 3
English (*language*) **inglés** *m.* 2; **inglés,**
  inglesa *adj.* 3
enjoy **disfrutar** *v.* **(de)** 15
enough **bastante** *adj.* 10
entertainment **diversión** *f.* 4
entrance **entrada** *f.* 12
envelope **sobre** *m.* 14
environment **medio ambiente** *m.* 13
equality **igualdad** *f.*
equipped **equipado/a** *adj.* 15
eraser **borrador** *m.* 2
errand *f.* **diligencia** 14
establish **establecer** *v.*
evening **tarde** *f.* 1
event **acontecimiento** *m.*

every day **todos los días** 10
everybody **todos/as** *m., f., pl.*
everything **todo** *m.* 5
  Everything is under control. **Todo**
    está bajo control.
exactly **en punto** *adv.* 1
exam **examen** *m.* 2
excellent **excelente** *adj.* 5
excess **exceso** *m.* 15
  in excess **en exceso** 15
exchange **intercambiar** *v.*
  in exchange for **por** 11
exciting **emocionante** *adj. m., f.*
excursion **excursión** *f.* 4
excuse **disculpar** *v.*
Excuse me. (*May I?*) **Con permiso.** 1;
  (*I beg your pardon.*) **Perdón.** 1
exercise **ejercicio** *m.* 15
  hacer *v.* **ejercicio** 15
exit **salida** *f.* 5
expensive **caro/a** *adj.* 6
experience **experiencia** *f.*
explain **explicar** *v.* 2
explore **explorar** *v.*
  explore a city/town **explorar una**
    ciudad/pueblo
expression **expresión** *f.*
extinction **extinción** *f.* 13
eye **ojo** *m.* 10

F

fabulous **fabuloso/a** *adj* 5
face **cara** *f.* 7
facing **enfrente de** *prep.* 14
fact: in fact **de hecho**
factory **fábrica** *f.* 13
fall (down) **caerse** *v.* 10
  fall asleep **dormirse (o:ue)** *v.* 7
  fall in love (with) **enamorarse** *v.*
    (de) 9
fall (*season*) **otoño** *m.* 5
fallen **caído/a** *p.p.* 15
family **familia** *f.* 3
famous **famoso/a** *adj.* 16
fan **aficionado/a** *adj.* 4
  be a fan (of) **ser aficionado/a (a)** 4
far from **lejos de** *prep.* 2
farewell **despedida** *f.*
fascinate **fascinar** *v.* 7
fashion **moda** *f.* 6
  be in fashion **estar** *v.* **de moda** 6
fast **rápido/a** *adj.*
fat **gordo/a** *adj.* 3; **grasa** *f.* 15
father **padre** *m.* 3
father-in-law **suegro** *m.* 3
favorite **favorito/a** *adj.* 4
fax (machine) **fax** *m.* 11
fear **miedo** *m.* 3; **temer** *v.* 13
February **febrero** *m.* 5

feel *v.* **sentir(se) (e:ie)** 7
  feel like (*doing something*) **tener**
    ganas de (+ *inf.*) 3
festival **festival** *m.*
fever **fiebre** *f.* 10
  have a fever **tener** *v.* **fiebre** 10
few **pocos/as** *adj. pl.*
field: field of study **especialización** *f.* 16
fifteen **quince** 1
  young woman celebrating her
    fifteenth birthday
    quinceañera *f.* 9
fifth **quinto/a** *adj.* 5
fifty **cincuenta** 2
fight **luchar** *v.* **(por)**
figure (*number*) **cifra** *f.*
file **archivo** *m.* 11
fill **llenar** *v.*
  fill out a form **llenar un formulario** 14
  fill up the tank **llenar el tanque** 11
finally **finalmente** *adv*; **por último** 7;
  por fin 11
find **encontrar (o:ue)** *v.* 4
  find (each other) **encontrar(se)** *v.*
fine arts **bellas artes** *f., pl.*
fine **multa** *f.* 11
  That's fine. **Está bien.** 11
finger **dedo** *m.* 10
finish **terminar** *v.* 4
  finish (*doing something*)
    terminar *v.* **de (+ *inf.*)**
fire **incendio** *m.*; **despedir (e:i)** *v.* 16
firefighter **bombero/a** *m., f.* 16
firm **compañía** *f.* 16; **empresa** *f.* 16
first **primer, primero/a** *adj.* 5
fish (*food*) **pescado** *m.* 8; **pescar** *v.* 5;
  (*live*) **pez** *m.* 13
  fish market **pescadería** *f.* 14
fisherman **pescador** *m.*
fisherwoman **pescadora** *f.*
fishing **pesca** *f.* 5
fit (*clothing*) **quedar** *v.* 7
five **cinco** 1
five hundred **quinientos/as** 6
fix (*put in working order*) **arreglar** *v.* 11
fixed **fijo/a** *adj.* 6
flag **bandera** *f.*
flank steak **lomo** *m.* 8
flat tire: We got a flat tire. **Se nos**
  pinchó una llanta. 11
flexible **flexible** *adj.* 15
flood **inundación** *f.*
floor (*story in a building*) **piso** *m.* 5;
  suelo *m.* 12
  ground floor **planta** *f.* **baja** 5
  top floor **planta** *f.* **alta**
flower **flor** *f.* 13
flu **gripe** *f.* 10
fog **niebla** *f.*
foggy: It's (very) foggy. **Hay (mucha) niebla.** 5
folk **folclórico/a** *adj.*

follow **seguir (e:i)** *v.* 4
food **comida** *f.* 8
foolish **tonto/a** *adj.* 3
foot **pie** *m.* 10
football **fútbol** *m.* **americano** 4
for **para** *prep.* 11; **por** *prep.* 11
　for example **por ejemplo** 11
　for me **para mí**
forbid **prohibir** *v.*
foreign **extranjero/a** *adj.*
　foreign languages **lenguas**
　　f., pl. **extranjeras** 2
forest **bosque** *m.* 13
forget **olvidar** *v.* 10
fork **tenedor** *m.* 12
form **formulario** *m.* 14
forty **cuarenta** 2
forward **en marcha** *adv.*
four **cuatro** 1
four hundred **cuatrocientos/as** 6
fourteen **catorce** 1
fourth **cuarto/a** *adj.* 5
free **libre** *adj.* 4
　be free of charge **ser gratis** 14
　free time **tiempo** *m.* **libre** 4;
　　ratos *m., pl.* **libres** 4
freedom **libertad** *f.*
freezer **congelador** *m.*
French **francés, francesa** *adj.* 3
　French fries **papas** *f., pl* **fritas** 8;
　　patatas *f., pl* **fritas** 8
frequently **frecuentemente** *adv.* 10;
　con frecuencia 10
Friday **viernes** *m., sing.* 2
fried **frito/a** *adj.* 8
　fried potatoes **papas** *f., pl.* **fritas**;
　　patatas *f., pl.* **fritas**
friend **amigo/a** *m., f.* 3
friendly **amable** *adj.* 5
friendship **amistad** *f.* 9
from **de** *prep.* 1; **desde** *prep.* 6
　from where? **¿de donde?** 9
　from the United States
　　estadounidense *adj.* 3
　from time to time **de vez en**
　　cuando 10
　He/She/It is from… **Es de…** 1
　I'm from… **Soy de…** 1
fruit **fruta** *f.* 8
　fruit juice **jugo** *m.* **de fruta** 8
　fruit shop **frutería** *f.* 14
full **lleno/a** *adj.* 11
fun **divertido/a** *adj.* 7
　fun activity **diversión** *f.* 4
　have fun **divertirse (e:ie)** *v.* 9
function **funcionar** *v.*
furniture **muebles** *m., pl.* 12
furthermore **además (de)** *adv.* 10
future **futuro** *m.* 16; **porvenir** *m.* 16
　in the future **en el futuro** 16

gain weight **aumentar** *v.* **de peso** 15;
　engordar *v.* 15
game (*match*) **partido** *m.* 4; **juego** *m.* 5
　game show **concurso** *m.*
garage **garaje** *m.* 11, 12
garden **jardín** *m.* 12
garlic **ajo** *m.* 8
gas station **gasolinera** *f.* 11
gasoline **gasolina** *f.* 11
geography **geografía** *f.* 2
German **alemán, alemana** *adj.* 3
get **conseguir (e:i)** *v.* 4; **obtener** *v.* 16
　get along well/badly (with)
　　llevarse *v.* **bien/mal (con)** 9
　get bored **aburrirse** *v.*
　get off of/out of (a vehicle)
　　bajar(se) *v.* **de** 11
　get on/into (a vehicle)
　　subir(se) *v.* **a** 11
　get up **levantarse** *v.* 7
gift **regalo** *m.* 6
girl **chica** *f.* 1; **muchacha**; **niña** *f.* 3
girlfriend **novia** *f.* 3
give **dar** *v.* 6; (*as a gift*) **regalar** 9
　give directions **indicar cómo**
　　llegar *v.* 14
glass (*drinking*) **vaso** *m.* 12; **vidrio** *m.* 13
　(made of) glass **de vidrio** 13
glasses **gafas** *f., pl.* 6
　sunglasses **gafas de sol** 6
global warming **calentamiento**
　global *m.* 13
gloves **guantes** *m., pl.* 6
go **ir** *v.* 4
　go away **irse** 7
　go by boat **ir en barco** 5
　go by bus **ir en autobús** 5
　go by car **ir en auto(móvil)** 5
　go by motorcycle **ir en**
　　motocicleta 5
　go by plane **ir en avión** 5
　go by subway **ir en metro** 5
　go by taxi **ir en taxi** 5
　go by the bank **pasar por el banco** 14
　go by train **ir en tren** 5
　go by **pasar** *v.* **por**
　go down; **bajar** *v.* 11
　go fishing **ir de pesca** 5
　go for a hike (in the mountains) **ir de**
　　excursión (a las montañas) 4
　go out **salir** *v.* 9
　go out with **salir con** 4, 9
　go through customs **pasar por la**
　　aduana 5
　go up **subir** *v.* 11
　go with **acompañar** *v.* 14
　Let's get going. **En marcha.** 15
　Let's go. **Vamos.** 4

goblet **copa** *f.* 12
going to: be going to (*do something*) **ir a**
　(+ *inf.*) 4
golf **golf** *m.* 4
good **buen, bueno/a** *adj.* 1, 3
　Good afternoon. **Buenas tardes.** 1
　Good evening. **Buenas noches.** 1
　Good idea! **¡Buena idea!** 4
　Good morning. **Buenos días.** 1
　Good night. **Buenas noches.** 1
　I'm good, thanks. **Bien, gracias.** 1
　It's good that… **Es bueno que…** 12
goodbye **adiós** *m.* 1
　say goodbye (to) **despedirse** *v.*
　　(de) (e:i) 7
good-looking **guapo/a** *adj.* 3
government **gobierno** *m.* 13
GPS **navegador** *m.* **GPS** 11
graduate (from) **graduarse** *v.* **(de)** 9
grains **cereales** *m., pl.* 8
granddaughter **nieta** *f.* 3
grandfather **abuelo** *m.* 3
grandmother **abuela** *f.* 3
grandparents **abuelos** *m., pl.* 3
grandson **nieto** *m.* 3
grape **uva** *f.* 8
grass **hierba** *f.* 13; **césped** *m.*
grave **grave** *adj.* 10
gray **gris** *adj. m., f.* 6
great **gran, grande** *adj.* 3;
　fenomenal *adj.* 5
green **verde** *adj. m., f.* 5
greet (each other) **saludar(se)** *v.*
greeting **saludo** *m.* 1
　Greetings to… **Saludos a…** 1
grilled (*food*) **a la plancha** 8
　grilled flank steak **lomo a la**
　　plancha 8
ground floor **planta** *f.* **baja** 5
guest (*at a house/hotel*) **huésped** *m., f.* 5;
　(*invited to a function*) **invitado/a** *m., f.* 9
guide **guía** *m., f.*
gym **gimnasio** *m.* 4
gymnasium **gimnasio** *m.* 4

hair **pelo** *m.* 7
hairdresser **peluquero/a** *m., f.* 16
hairdressing salon **peluquería** *f.* 14
half **medio/a** *adj.* 3
　half-brother **medio hermano** 3;
　half-sister **media hermana** 3
　half-past (*time*) **y media** 1
hallway **pasillo** *m.* 12
ham **jamón** *m.* 8
hamburger **hamburguesa** *f.* 8
hand **mano** *f.* 1
Hands up! **¡Manos arriba!**

handsome **guapo/a** *adj.* 3
happen **ocurrir** *v.*
happiness **alegría** *f.* 9
Happy birthday! **¡Feliz cumpleaños!** 9
happy **alegre** *adj.* 5; **contento/a** *adj.* 5;
   feliz *adj.* 5
  be happy **alegrarse** *v.* **(de)** 13
hard **difícil** *adj.* 3
hard-working **trabajador(a)** *adj.* 3
hardly **apenas** *adv.* 10
haste **prisa** *f.* 3
hat **sombrero** *m.* 6
hate **odiar** *v.* 9
have **tener** *v.* 3
  Have a good trip! **¡Buen viaje!** 1
  have a tooth pulled **sacar(se) una**
    muela 10
  have to (*do something*) **tener**
    que (+ *inf.***)** 3; **deber (+** *inf.***)** 3
he **él** *sub. pron.* 1
he is **él es** 1
he/she/it is, you (*form., sing.*) are **está** 2
head **cabeza** *f.* 10
headache **dolor de cabeza** *m.* 10
health **salud** *f.* 10
healthful **saludable** *adj.*
healthy **sano/a, saludable** *adj.* 10
  lead a healthy life **llevar** *v.* **una**
    vida sana 15
hear **oír** *v.* 4
heard **oído/a** *p.p.* 15
hearing: sense of hearing **oído** *m.*
heart **corazón** *m.* 10
heat **calor** *m.* 3
Hello. **Hola.** *interj.* 1; (*on the telephone*) **Aló.**
  11; **¿Bueno?** 11; **Diga.** 11
help **ayudar** *v.* 12; **servir (e:i)** *v.* 5
  help each other **ayudarse** *v.*
her **su(s)** *poss. adj.* 3; **la** *pron.* 5; **le** *pron.* 6;
  hers **suyo(s)/a(s)** *poss. pron.* 11
here **aquí** *adv.* 1
  Here it is… **Aquí está…** 5
  Here we are at/in… **Aquí estamos**
    en… 2
  It's not here. **No está.** 5
Hi. **Hola.** *interj.* 1
highway **autopista** *f.*; **carretera** *f.*
hike **excursión** *f.* 4
  go on a hike **hacer una excursión** 5;
    ir de excursión 4
hiker **excursionista** *m., f.* 4
hiking **de excursión** 4
him **lo** *pron.* 5; **le** *pron.* 6
hire **contratar** *v.* 16
his **su(s)** *poss. adj.* 3; **suyo(s)/a(s)**
  poss. pron. 11
history **historia** *f.* 2
hobby **pasatiempo** *m.* 4
hockey **hockey** *m.* 4

holiday **día** *m.* **de fiesta** 9
home **hogar** *m.* 12
  home page **página** *f.* **principal** 11
homemaker **ama** (*m., f.*) **de casa** 12
homework **tarea** *f.* 2
hood (car) **capó** *m.* 11
hope **esperar** *v.* 2, 13
  I hope (that) **ojalá (que)** *interj.* 13
horror **terror** *m.*
hors d'oeuvres **entremeses** *m., pl.* 8
horse **caballo** *m.* 5
hospital **hospital** *m.* 10
hot **picante** *adj.* 8
hot: be (very) hot (*feel*) **tener (mucho)**
  calor 3; (*weather*) **hacer (mucho)**
  calor 5
hotel **hotel** *m.* 5
hour **hora** *f.* 1
house **casa** *f.* 2
household chores **quehaceres** *m., pl.*
  domésticos 12
housekeeper **ama** *m., f.* **de casa** 12
housing **vivienda** *f.* 12
How…! **¡Qué…!** 3
  how **¿cómo?** *adv.* 1, 9
  How are you? **¿Qué tal?** 1
  How are you? **¿Cómo estás?**
    fam. 1
  How are you? **¿Cómo está usted?**
    form. 1
  How can I help you? **¿En qué**
    puedo servirles? 5
  How did… go for you? **¿Cómo les**
    fue…? 15
  How is it going? **¿Qué tal?** 1
  How is/are . . . ? **¿Qué tal…?** 2
  How much/many?
    ¿Cuánto(s)/a(s)? *pron.* 1, 9
  How much does… cost? **¿Cuánto**
    cuesta…? 6
  How old are you? **¿Cuántos**
    años tienes? *fam.* 3
  How's the weather? **¿Qué tiempo**
    hace? 5
however **sin embargo** *adv.*
hug (each other) **abrazar(se)** *v.*
humanities **humanidades** *f., pl.*
hunger **hambre** *f.* 3
hungry: be (very) hungry **tener** *v.*
  (mucha) hambre 3
hunting **caza** *f.* 13
hurricane **huracán** *m.*
hurry **apurarse; darse prisa** *v.* 15
  be in a (big) hurry **tener** *v.*
    (mucha) prisa 3
hurt **doler (o:ue)** *v.* 10
  It hurts me a lot. **Me duele mucho.** 10
husband **esposo** *m.* 3

I **yo** *sub. pron.* 1
  I am… **Yo soy…** 1
  I don't like them at all. **No me**
    gustan nada. 2
  I hope (that) **Ojalá (que)** *interj.* 13
  I wish (that) **Ojalá (que)** *interj.* 13
  I would like… **me gustaría(n)…** 7
  I would like to introduce… to you.
    Le presento a… *form.* 1;
    Te presento a… *fam.* 1
ice cream **helado** *m.* 9
  ice cream shop **heladería** *f.* 14
iced **helado/a** *adj.* 9
  iced tea **té helado** 8
idea **idea** *f.* 4
if **si** *conj.* 13
illness **enfermedad** *f.* 10
important **importante** *adj.* 3
  be important to **importar** *v.* 7, 12
  It's important that… **Es**
    importante que… 12
impossible **imposible** *adj.* 13
  It's impossible… **Es imposible…** 13
improbable **improbable** *adj.* 13
  It's improbable… **Es improbable…** 13
improve **mejorar** *v.* 13
in **en** *prep.* 2; **por** *prep.* 11
  in the afternoon **de la tarde** 1;
    por la tarde 7
  in the evening **de la noche** 1;
    (*early*) **por la tarde** 7
  in the morning **de la mañana** 1;
    por la mañana 7
  in love (with) **enamorado/a (de)** 5
  in which **en qué** 2
  in front of **delante de** *prep.* 2;
    enfrente 14
increase **aumento** *m.* 16
incredible **increíble** *adj.* 5
inequality **desigualdad** *f.*
infection **infección** *f.* 10
inform **informar** *v.*
inhabitants **habitantes** *m., pl* 13
injection **inyección** *f.* 10
  give an injection **poner** *v.* **una**
    inyección 10
injure (oneself) **lastimarse** *v.* 10
  injure (one's foot) **lastimarse**
    (el pie) 10
inner ear **oído** *m.*
insist (on) **insistir** *v.* **(en)** 12
installments: pay in installments
  pagar *v.* **a plazos** 14
intelligent **inteligente** *adj.* 3
intend **pensar** *v.* **(+** *inf.***)** 4
interest **interesar** *v.* 7

interesting **interesante** *adj.* 3
  be interesting to **interesar** *v.* 7
international **internacional** *adj. m., f.*
Internet **red** *f.*; **Internet** *m.* 11
interview **entrevista** *f.* 16; interview
  entrevistar *v.* 16
interviewer **entrevistador(a)** *m., f.* 16
introduction **presentación** *f.*
invest **invertir (e:ie)** *v.* 16
invite **invitar** *v.* 9
iron clothes **planchar** *v.* **la ropa** 12
it **lo/la** *pron.* 5
Italian **italiano/a** *adj.* 3
its **su(s)** *poss. adj.* 3, **suyo(s)/a(s)**
  poss. pron. 11

jacket **chaqueta** *f.* 6
January **enero** *m.* 5
Japanese **japonés, japonesa** *adj.* 3
jeans **bluejeans** *m., pl.* 6
jewelry store **joyería** *f.* 14
job **empleo** *m.* 16; **puesto** *m.* 16;
  trabajo *m.* 16
  job application **solicitud** *f.* **de**
    trabajo 16
jog **correr** *v.*
journalism **periodismo** *m.* 2
journalist **periodista** *m., f.* 3;
  reportero/a *m., f.*
joy **alegría** *f.*
  give joy **dar** *v.* **alegría**
joyful **alegre** *adj.* 5
juice **jugo** *m.* 8
July **julio** *m.* 5
June **junio** *m.* 5
jungle **selva** *f.* 13, **jungla** *f.*
just **apenas** *adv.* 10
  have just done something
    acabar de (+ inf.) 6

keep (doing something) **seguir**
  (e:ie) *v.* 4
key **llave** *f.* 5
keyboard **teclado** *m.* 11
kilometer **kilómetro** *m.* 11
kind: That's very kind of you. **Muy**
  amable. *adj.* 5
kiss (each other) **besar(se)** *v.*; **beso** *m.* 6
kitchen **cocina** *f.* 12
knee **rodilla** *f.* 10
knife **cuchillo** *m.* 12
know **saber** *v.* 8; **conocer** *v.* 8
know how **saber** *v.* 8

laboratory **laboratorio** *m.* 2
lack **faltar** *v.* 7
lake **lago** *m.* 13
lamp **lámpara** *f.* 12
land **tierra** *f.* 13
landlord **dueño/a** *m., f.*
landscape **paisaje** *m.* 13
language **lengua** *f.* 2
laptop (computer) **computadora** *f.*
  portátil 11
large **gran, grande** *adj.* 3
large (*clothing size*) **talla** *f.* **grande** *adj.* 6
last **durar** *v.*; **pasado/a** *adj.* 6;
  último/a *adj.*
  last name **apellido** *m.* 9
  last night **anoche** *adv.* 6
  last week **la semana pasada** 6
  last year **el año pasado** 6
late **tarde** *adv.* 7
later (on) **más tarde** *adv.* 7
  See you later. **Hasta la vista.** 1;
    Hasta luego. 1
laugh **reírse (e:i)** *v.* 9
laughed **reído** *p.p.* 15
laundromat **lavandería** *f.* 14
law **ley** *f.* 13
lawyer **abogado/a** *m., f.* 16
lazy **perezoso/a** *adj.*
learn **aprender** *v.* 3
least, (the) **el/la/los/las menos** 8
leave **salir** *v.* 4; **irse** *v.* 7
  leave a tip **dejar una propina** 9
  leave for (*a place*) **salir para** 4
  leave from **salir de** 4
  leave behind **dejar** *v.* 16
left **izquierdo/a** *adj.* 2
  be left behind **quedar** *v.* 10
  be left over **quedar** *v.* 7
  to the left of **a la izquierda de** 2
leg **pierna** *f.* 10
lemon **limón** *m.* 8
lend **prestar** *v.* 6
less **menos** *adv.* 10
  less… than **menos… que** 8
  less than (+ *number*) **menos de**
    (+ *number*) 8
lesson **lección** *f.* 1
let **dejar** *v.* 12
  let's see **a ver** 2
letter **carta** *f.* 4
lettuce **lechuga** *f.* 8
liberty **libertad** *f.*
library **biblioteca** *f.* 2
license (*driver's*) **licencia** *f.* **de conducir** 11
lie **mentira** *f.* 6
lie down **acostarse (o:ue)** *v.* 7

life **vida** *f.* 9
  of my life **de mi vida** 15
lifestyle: lead a healthy lifestyle
  llevar una vida sana 15
lift **levantar** *v.* 15
  lift weights **levantar pesas** 15
light **luz** *f.* 12
like **como** *adv.* 8; **gustar** *v.* 2, 7
  like this **así** *adv.* 10
  like very much **encantar** *v.*;
    fascinar *v.* 7
  I like… **me gusta(n)…** 2
  I like… very much *v.* **Me**
    encanta…
  Do you like… ? **¿Te gusta(n)…?** 2
likeable **simpático/a** *adj.* 3
likewise **igualmente** *adv.* 1
line **línea** *f.* 4; **cola** (*queue*) *f.* 14
listen to **escuchar** *v.* 2
  Listen! (*command*) **¡Oye!** *fam.,*
    *sing.*1; **¡Oiga!** *form., sing.*; **¡Oigan!**
    fam., form., pl.
  listen to music **escuchar música**
  listen to the radio **escuchar la radio**
literature **literatura** *f.*
little (*quantity*) **poco/a** *adj.* 5; **poco** *adv.* 10
live **vivir** *v.* 3
living room **sala** *f.* 12
loan **préstamo** *m.* 14; **prestar** *v.* 6
lobster **langosta** *f.* 8
located **situado/a** *adj.*
  be located **quedar** *v.* 14
lodging **alojamiento** *m.* 5
long **largo/a** *adj.* 6
look (at) **mirar** *v.* 2
look for **buscar** *v.* 2
lose **perder (e:ie)** *v.* 4
  lose weight **adelgazar** *v.* 15
lost **perdido/a** *adj.* 14
  be lost **estar perdido/a** 14
lot, a **muchas veces** 10
lot of, a **mucho/a** *adj.* 2
love (*another person*) **querer (e:ie)** *v.* 4;
  (*things*) **encantar** *v.* 7; **amor** *m.* 9;
  in love (with) **enamorado/a (de)** *adj.* 5
luck **suerte** *f.* 3
lucky: be (very) lucky **tener (mucha) suerte** 3
luggage **equipaje** *m.* 5
lunch **almuerzo** *m.* 8
  have lunch **almorzar (o:ue)** *v.* 8

ma'am **señora (Sra.)** *f.* 1
mad **enojado/a** *adj.* 5
magazine **revista** *f.* 4
  read a magazine **leer una revista** 4

magnificent **magnífico/a** *adj.* 5
mail **correo** *m.* 14; **enviar** *v.*, **mandar** *v.*
  mail a letter **echar una carta al buzón** 14
  mail carrier **cartero/a** *m.* 14
mailbox **buzón** *m.* 14
main **principal** *adj. m., f.* 8
maintain **mantener** *v.* 15
make **hacer** *v.* 4
  make the bed **hacer la cama** 12
makeup **maquillaje** *m.* 7
man **hombre** *m.* 1
manager **gerente** *m., f.* 16
many **mucho/a** *adj.* 3
  many times **muchas veces** 10
map **mapa** *m.* 1, 2
March **marzo** *m.* 5
margarine **margarina** *f.* 8
marinated fish **ceviche** *m.* 8
  lemon-marinated shrimp **ceviche de camarón** 8
marine turtle **tortuga marina** *f.* 13
marital status **estado** *m.* **civil** 9
market **mercado** *m.* 6
  open-air market **mercado al aire libre** 6
marriage **matrimonio** *m.* 9
married **casado/a** *adj.* 9
  get married (to) **casarse** *v.* **(con)** 9
marvelous **maravilloso/a** *adj.* 5
marvelously **maravillosamente** *adv.*
massage **masaje** *m.* 15
masterpiece **obra** *f.* **maestra**
match (*sports*) **partido** *m.*
  match **hacer** *v.* **juego (con)** 6
mathematics **matemáticas** *f., pl.* 2
matter **importar** *v.* 7, 12
maturity **madurez** *f.* 9
maximum **máximo/a** *m.* 11
May **mayo** *m.* 5
maybe **tal vez** *adv.* 5; **quizás** *adv.* 5
mayonnaise **mayonesa** *f.* 8
me **me** *pron.* 5
meal **comida** *f.* 8
means of communication **medios** *m., pl.* **de comunicación**
meat **carne** *f.* 8
mechanic **mecánico/a** *m., f.* 11
  (mechanic's) repair shop **taller** *m.* **mecánico** 11; **garaje** *m.* 11
media **medios** *m., pl.* **de comunicación**
medical **médico/a** *adj.* 10
medication **medicamento** *m.* 10
medicine **medicina** *f.* 10
medium **mediano/a** *adj.*
meet (each other) **encontrar(se)** *v.*
meeting **reunión** *f.* 16
menu **menú** *m.* 8
message (*telephone*) **recado** *m.* 11;
  (*text message*) **mensaje** *m.* **de texto** 11;

(*e-mail message*) **mensaje** *m.* **electrónico** 4
messy **desordenado/a** *adj.* 5
Mexican **mexicano/a** *adj.* 3
Mexico **México** *m.* 1
microwave **microonda** *f.* 12
  microwave oven **horno** *m.* **de microondas** 12
middle age **madurez** *f.* 9
midnight **medianoche** *f.* 1
mile **milla** *f.* 11
milk **leche** *f.* 8
million **millón** 6
  million of **millón de** 6
mine **mío/a(s)** *poss. pron.* 11
mineral **mineral** *m.* 15
  mineral water **agua** *f.* **mineral** 8
minute **minuto** *m.* 1
mirror **espejo** *m.* 7
Miss **señorita (Srta.)** *f.* 1
miss **perder (e:ie)** *v.* 4
mistaken **equivocado/a** *adj.* 5
modem **módem** *m.* 11
modern **moderno/a** *adj.*
mom **mamá** *f.* 3
Monday **lunes** *m., sing.* 2
money **dinero** *m.* 6
monitor **monitor** *m.* 11
monkey **mono** *m.* 13
month **mes** *m.* 5
monument **monumento** *m.* 4
moon **luna** *f.* 13
more **más** *adj.* 2
  more... than **más... que** 8
  more than (+ *number*) **más de (+ *number*)** 8
morning **mañana** *f.* 1
most, (the) **el/la/los/las más** 8
mother **madre** *f.* 3
mother-in-law **suegra** *f.* 3
motor **motor** *m.* 1
motorcycle **moto(cicleta)** *f.* 5
mountain **montaña** *f.* 4
mouse **ratón** *m.* 11
mouth **boca** *f.* 10
move (*to another house/city/country*) **mudarse** *v.* 12
movie **película** *f.* 4
  movie star **estrella** *f.* **de cine**
  movie theater **cine** *m.* 4
MP3 player **reproductor** *m.* **de MP3** 11
Mr. **señor (Sr.)** *m.* 1
Mrs. **señora (Sra.)** *f.* 1
much **mucho/a** *adj.* 2, 3
mug **taza** *f.* 12
municipal **municipal** *adj.*
murder **crimen** *m.*
muscle **músculo** *m.* 15
museum **museo** *m.* 4
mushroom **champiñón** *m.* 8
music **música** *f.*

musical **musical** *adj.*
musician **músico/a** *m., f.*
must: It must be . . . **Debe ser…** 6
my **mi(s)** *poss. adj.* 3; **mío(s)/a(s)** *poss. pron.* 11

name **nombre** *m.* 5
  in my name **a mi nombre** 5
  in the name of **a nombre de** 5
  last name **apellido** *m.* 9
  My name is… **Me llamo…** 1
  be named **llamarse** *v.* 7
napkin **servilleta** *f.* 12
national **nacional** *adj., m., f.*
nationality **nacionalidad** *f.* 1
natural **natural** *adj., m., f.* 13
  natural disaster **desastre** *m.* **natural**
  natural resource **recurso** *m.* **natural** 13
nature **naturaleza** *f.* 13
nauseated **mareado/a** *adj.* 10
near **cerca de** *prep.* 2
neaten **arreglar** *v.* 12
necessary **necesario/a** *adj.* 12
  It's necessary that… **Es necesario que…** 12; **Hay que…** 14
neck **cuello** *m.* 10
need **faltar** *v.* 7; **necesitar** *v.* 2, 12
negative **negativo/a** *adj.*
neighbor **vecino/a** *m., f.* 12
neighborhood **barrio** *m.* 12
neither… nor **ni… ni** *conj.* 7; neither **tampoco** *adv.* 7
nephew **sobrino** *m.* 3
nervous **nervioso/a** *adj.* 5
network **red** *f.* 11
never **nunca** *adv.* 7; **jamás** *adv.* 7
new **nuevo/a** 6
newlywed **recién casado/a** *m., f.* 9
news **noticias** *f., pl.*; **actualidades** *f., pl.*
newscast **noticiero** *m.*
newspaper **periódico** *m.* 4; **diario** *m.*
  read a newspaper **leer un periódico** 4
next **próximo/a** *adj.* 16
next to **al lado de** 2
nice **simpático/a** *adj.* 3; **amable** *adj.* 5
niece **sobrina** *f.* 3
night **noche** *f.* 1
  night stand **mesita** *f.* **de noche** 12
nine **nueve** 1
nine hundred **novecientos/as** 6
nineteen **diecinueve** 1
ninety **noventa** 2
ninth **noveno/a** 5
no **no** 1; **ningún, ninguno/a(s)** *adj.* 7
  no one **nadie** *pron.* 7
  No problem. **Ningún problema.** 7
  no way **de ninguna manera**

none **ningún, ninguno/a(s)** *pron.* 7
noon **mediodía** *m.* 1
nor **ni** *conj.* 7
north **norte** *m.* 14
   to the north **al norte** 14
nose **nariz** *f.* 10
not **no** 1
   not any **ningún, ninguno/a(s)** *adj.* 7
   not anyone **nadie** *pron.* 7
   not anything **nada** *pron.* 7
   not bad at all **nada mal** 5
   not either **tampoco** *adv.* 7
   not ever **nunca** *adv.* 7; **jamás** *adv.* 7
   Not very well. **No muy bien.** 1
   not working **descompuesto/a** *adj.* 11
notebook **cuaderno** *m.* 1
nothing **nada** *pron.* 1, 7
noun **sustantivo** *m.*
November **noviembre** *m.* 5
now **ahora** *adv.*
nowadays **hoy (en) día** *adv.*
nuclear energy **energía nuclear** 13
number **número** *m.* 1
nurse **enfermero/a** *m., f.* 10
nutrition **nutrición** *f.* 15

O

o'clock: It's… o'clock **Son las…** 1
   It's one o'clock. **Es la una.** 1
obey **obedecer (c:zc)** *v.*
obligation **deber** *m.*
obtain **conseguir (e:i)** *v.* 4; **obtener** *v.* 16
obvious **obvio** *adj.* 13
   it's obvious **es obvio** 13
occupation **ocupación** *f.* 16
occur **ocurrir** *v.*
ocean **mar** *m.* 5; **océano** *m.* 13
October **octubre** *m.* 5
of **de** *prep.* 1
   of course **claro que sí; por supuesto**
offer **oferta** *f.* 12; **ofrecer (c:zc)** *v.* 8
office **oficina** *f.* 12
   doctor's office **consultorio** *m.* 10
often **a menudo** *adv.* 10
Oh! **¡Ay!**
oil **aceite** *m.* 8
okay **regular** *adj.* 1
   It's okay. **Está bien.**
old **viejo/a** *adj.* 3; old age **vejez** *f.* 9
older **mayor** *adj., m., f.* 3
   older brother, sister **hermano/a mayor** *m., f.* 3
oldest **el/la mayor** 8
on **en** *prep.* 2; **sobre** *prep.* 2
   on behalf of **de parte de** *prep.* 11
   on the dot **en punto** *adv.* 1
   on time **a tiempo** *adv.* 10
   on top of **encima de** *prep.* 2

once **una vez** 6
once again **una vez más** 9
one **un, uno/a** 1
   one hundred **cien(to)** 2
   one million **un millón** 6
   one thousand **mil** 6
   one time **una vez** 6
   one way (*travel*) **ida** *f.*
onion **cebolla** *f.* 8
only **sólo** *adv.* 3; **único/a** *adj.* 3
   only child **hijo/a único/a** *m., f.* 3
open **abrir** *v.* 3; **abierto/a** *adj.* 5
open-air **al aire libre** 6
opened **abierto/a** *p.p.* 15
opera **ópera** *f.*
operation **operación** *f.* 10
opposite **en frente de** *prep.* 14
or **o** *conj.* 7; **u** *conj.* (*before words beginning with* **o** *or* **ho**)
orange **anaranjado/a** *adj.* 6; **naranja** *f.* 8
orchestra **orquesta** *f.*
order **mandar** 12; (*food*) **pedir (e:i)** *v.* 8
   in order to **para** *prep.* 11
orderly **ordenado/a** *adj.* 5
ordinal (*numbers*) **ordinal** *adj.*
other **otro/a** *adj.* 6
our **nuestro(s)/a(s)** *poss. adj.* 3; *poss. pron.* 11
out of order **descompuesto/a** *adj.* 11
outside **fuera** *adv.*
outskirts **afueras** *f., pl.* 12
oven **horno** *m.* 12
over **sobre** *prep.* 2
own **propio/a** *adj.*
owner **dueño/a** *m., f.* 8

P

P.M. **tarde** *f.* 1
pack (one's suitcases) **hacer** *v.* **las maletas** 5
package **paquete** *m.* 14
page **página** *f.* 11
pain **dolor** *m.* 10
   have a pain in the (knee) **tener** *v.* **dolor de (rodilla)**
paint **pintar** *v.*
painter **pintor(a)** *m., f.* 16
painting **pintura** *f.* 12
pair **par** *m.* 6
   pair of shoes **par de zapatos** 6
pants **pantalones** *m., pl.* 6
pantyhose **medias** *f., pl.* 6
paper **papel** *m.* 2; (*report*) **informe** *m.*
   paper money **billete** *m.*
paragraph **párrafo** *m.*
Pardon me. (*May I?*) **Con permiso.** 1; (*Excuse me.*) Pardon me. **Perdón.** 1
parents **padres** *m., pl.* 3; **papás** *m., pl.* 3
park **parque** *m.* 4; **estacionar** *v.* 11
partner (*one of a couple*) **pareja** *f.* 9
party **fiesta** *f.* 9

pass **pasar** *v.*
passed **pasado/a** *p.p.*
passenger **pasajero/a** *m., f.* 1
passport **pasaporte** *m.* 5
past **pasado/a** *adj.* 6
pastime **pasatiempo** *m.* 4
pastry shop **pastelería** *f.* 14
patient **paciente** *m., f.* 10
patio **patio** *m.* 12
pay **pagar** *v.* 6
   pay with **pagar con** 6
   pay in cash **pagar al contado** 14; **pagar en efectivo**
   pay in installments **pagar a plazos** 14
   pay the bill **pagar la cuenta** 9
pea **arveja** *f.* 8
peace **paz** *f.*
peach **melocotón** *m.*
pear **pera** *f.*
pen **pluma** *f.* 2
pencil **lápiz** *m.* 1
penicillin **penicilina** *f.* 10
people **gente** *f.* 3
pepper **pimienta** *f.* 8
per **por** *prep.* 11
percent **por ciento**
perfect **perfecto/a** *adj.* 5
perhaps **quizás** *adv.*; **tal vez** *adv.*
periods **plazos** *m., pl.*
permission **permiso** *m.*
person **persona** *f.* 3
pharmacy **farmacia** *f.* 10
phenomenal **fenomenal** *adj.*
photograph **foto(grafía)** *f.* 1
physical (*exam*) **examen** *m.* **médico** 10
physician **médico/a** *m., f.* 3; **doctor(a)** *m., f.*
physics **física** *f., sing.* 2
pick up **recoger** *v.* 13
picture **foto** *f.* 5; **pintura** *f.*
pie **pastel** *m.*
pill (tablet) **pastilla** *f.* 10
pillow **almohada** *f.* 12
pineapple **piña** *f.* 8
pink **rosado/a** *adj.* 6
place **lugar** *m.* 4; **poner** *v.* 4
plaid **de cuadros** *adj.* 6
plan (*to do something*) **pensar** *v.* (**+ inf.**) 4
plane **avión** *m.* 5
plans **planes** *m., pl.* 4
   have plans **tener** *v.* **planes** 4
plant **planta** *f.* 13
plastic **plástico** *m.* 13
   (made of) plastic **de plástico** 13
plate **plato** *m.* 12
platter: platter of fried food **fuente** *f.* **de fritada**
play **drama** *m.*; **comedia** *f.*; **jugar (u:ue)** *v.* 4; (*a musical instrument*) **tocar** *v.*; (*a role*) **hacer** *v.* **un papel de**; (*cards*) **jugar** *v.* **a (las cartas)**; (*sports*) **practicar** *v.* **deportes** 4

player **jugador(a)** *m., f.* 4
playwright **dramaturgo/a** *m., f.*
plead **rogar (o:ue)** *v.* 12
pleasant **agradable** *adj.*
Please. **Por favor.** 1
Pleased to meet you. **Mucho gusto.** 1;
   Encantado/a. *adj.* 1
pleasing: be pleasing to **gustar** *v.* 7
pleasure **gusto** *m.* 1; **placer** *m.* 15
   It's a pleasure to… **Gusto de**
    (+ *inf.*)
   It's been a pleasure. **Ha sido un**
    placer. 15
   The pleasure is mine. **El gusto**
    es mío. 1
poem **poema** *m.*
poet **poeta** *m., f.* 16
poetry **poesía** *f.*
police (force) **policía** *f.* 11
   police officer **policía** *m.,* **mujer** *f.*
    policía 11
political **político/a** *adj.*
politician **político/a** *m., f.* 16
politics **política** *f.*
polka-dotted **de lunares** *adj.* 6
poll **encuesta** *f.*
pollute **contaminar** *v.* 13
polluted **contaminado/a** *adj.* 13
   be polluted **estar contaminado/a** 13
pollution **contaminación** *f.* 13
pool **piscina** *f.* 4
poor **pobre** *adj.* 6
population **población** *f.* 13
pork **cerdo** *m.* 8
   pork chop **chuleta** *f.* **de cerdo** 8
portable **portátil** *adj.* 11
   portable computer
    computadora *f.* **portátil** 11
position **puesto** *m.* 16
possessive **posesivo/a** *adj.* 3
possible **posible** *adj.* 13
   it's (not) possible **(no) es posible** 13
post office **correo** *m.* 14
postcard **postal** *f.* 4; **tarjeta** *f.* **postal** 4
poster **cartel** *m.*
potato **papa** *f.* 8; **patata** *f.* 8
pottery **cerámica** *f.*
practice **entrenarse** *v.* 15; **practicar** *v.* 2
prefer **preferir (e:ie)** *v.* 4, 12
pregnant **embarazada** *adj. f.* 10
prepare **preparar** *v.* 2
preposition **preposición** *f.*
prescribe (*medicine*) **recetar** *v.* 10
prescription **receta** *f.* 10
present **regalo** *m.*; **presentar** *v.*
press **prensa** *f.*
pressure: be under a lot of pressure
   sufrir *v.* **muchas presiones** 15
pretty **bonito/a** *adj.* 3; **bastante** *adv.*
price **precio** *m.* 6
   fixed price **precio** *m.* **fijo** 6

print **estampado/a** *adj.*; **imprimir** *v.* 11
printer **impresora** *f.* 11
private (*room*) **individual** *adj.* 5
prize **premio** *m.*
probable **probable** *adj.* 13
   it's (not) probable **(no) es probable** 13
problem **problema** *m.* 1
profession **profesión** *f.* 3, 16
professor **profesor(a)** *m., f.* 2
program **programa** *m.* 1
programmer **programador(a)** *m., f.* 3
prohibit **prohibir** *v.* 10, 12
promotion (*career*) **ascenso** *m.* 16
pronoun **pronombre** *m.*
protect **proteger** *v.* 13
protein **proteína** *f.* 15
provided that **con tal (de) que** *conj.* 13
psychologist **psicólogo/a** *m., f.* 16
psychology **psicología** *f.* 2
publish **publicar** *v.*
Puerto Rican **puertorriqueño/a** *adj.* 3
Puerto Rico **Puerto Rico** *m.* 1
pull a tooth **sacar** *v.* **una muela**
purchases **compras** *f., pl.*
pure **puro/a** *adj.* 13
purple **morado/a** *adj.* 6
purse **bolsa** *f.* 6
put **poner** *v.* 4; **puesto/a** *p.p.* 15
   put a letter in the mailbox **echar** *v.*
    una carta al buzón 14
   put on (*a performance*) **presentar** *v.*
   put on (*clothing*) **ponerse** *v.* 7
   put on makeup **maquillarse** *v.* 7

Q

quality **calidad** *f.* 6
quarter **trimestre** *m.* 2
   quarter after (*time*) **y cuarto** 1;
    y quince 1
   quarter to (*time*) **menos cuarto** 1;
    menos quince 1
question **pregunta** *f.*
quickly **rápido** *adv.*
quiet **tranquilo/a** *adj.* 15
quit **dejar** *v.* 16
quite **bastante** *adv.* 10
quiz **prueba** *f.* 2

R

racism **racismo** *m.*
radio (*medium*) **radio** *f.*;
radio (*set*) **radio** *m.* 11
rain **llover (o:ue)** *v.* 5
   It's raining. **Llueve.** 5
raincoat **impermeable** *m.* 6
rainforest **bosque** *m.* **tropical** 13
raise (*salary*) **aumento** *m.* **de sueldo** 16

read **leer** *v.* 3; **leído/a** *p.p.* 15
ready **listo/a** *adj.* 15
real estate agency **agencia** *f.* **de bienes**
   raíces 12
reap the benefits (of) **disfrutar** *v.* **(de)** 15
reason **razón** *f.* 3
receive **recibir** *v.* 3
recommend **recomendar (e:ie)** *v.* 8, 12
recycle **reciclar** *v.* 13
recycling **reciclaje** *m.* 13
red **rojo/a** *adj.* 6
red-haired **pelirrojo/a** *adj.* 3
reduce **reducir** *v.* 13
   reduce stress/tension **aliviar** *v.* **el**
    estrés/la tensión
refrigerator **refrigerador** *m.* 12
region **región** *f.* 13
regret **sentir (e:ie)** *v.* 13
related to sitting **sedentario/a** *adj.*
relationships **relaciones** *f., pl.*
relatives **parientes** *m., pl.* 3
relax **relajarse** *v.* 9
relieve stress/tension **aliviar el**
   estrés/la tensión 15
remain **quedarse** *v.* 7
remember **recordar (o:ue)** *v.* 4;
   acordarse (o:ue) *v.* **(de)** 7
remote control **control** *m.* **remoto** 11
renewable **renovable** *adj.* 13
rent **alquilar** *v.* 12; **alquiler** *m.* 12
repeat **repetir (e:i)** *v.* 4
report **informe** *m.*; **reportaje** *m.*
reporter **reportero/a** *m., f.* 16
representative **representante** *m., f.*
request **pedir (e:i)** *v.* 4
reservation **reservación** *f.* 5
resign (from) **renunciar** *v.* **(a)** 16
resolve **resolver (o:ue)** *v.* 13
resolved **resuelto/a** *p.p.* 15
resource **recurso** *m.* 13
responsibility **deber** *m.*; **responsabilidad** *f.*
rest **descansar** *v.* 2
   the rest **lo/los/las demás** *pron.*
restaurant **restaurante** *m.* 4
résumé **currículum** *m.* 16
retire (from work) **jubilarse** *v.* 9
return **regresar** *v.* 2; **volver (o:ue)** *v.* 4
   return trip **vuelta** *f.*
returned **vuelto/a** *p.p.* 15
rice **arroz** *m.* 8
rich **rico/a** *adj.* 6
ride **pasear** *v.* 4
   ride a bicycle **pasear en bicicleta** 4
   ride a horse **montar** *v.* **a caballo** 5
ridiculous **ridículo/a** *adj.* 13
   it's ridiculous **es ridículo** 13
right **derecha** *f.* 2
   right away **enseguida** *adv.* 9
   right here **aquí mismo** 11
   right now **ahora mismo** 5
   right there **allí mismo** 14

be right **tener** *v.* **razón** 3
to the right of **a la derecha de** 2
right? (*question tag*) **¿no?** 1;
¿verdad? 1
rights **derechos** *m., pl.*
ring (*a doorbell*) **sonar (o:ue)** *v.* 11
river **río** *m.* 13
road **camino** *m.*
roast chicken **pollo** *m.* **asado** 8
roasted **asado/a** *adj.* 8
rock **piedra** *f.* 13
role **papel** *m.*
rollerblade **patinar** *v.* **en línea**
romantic **romántico/a** *adj.*
room **habitación** *f.* 5; **cuarto** *m.*;
(*large, living*) **sala** *f.*
roommate **compañero/a** *m., f.*
de cuarto 2
round-trip **de ida y vuelta** 5
round-trip ticket **pasaje** *m.* **de**
ida y vuelta 5
route **camino** *m.* 11
routine **rutina** *f.* 7
rug **alfombra** *f.* 12
run **correr** *v.* 3
run errands **hacer** *v.* **diligencias** 14
run into (*have an accident*)
chocar *v.* **(con)** 11; (*run into*
something) **darse con** *v.*
rush **apurarse; darse prisa** *v.* 15
Russian **ruso/a** *adj.*

S

sad **triste** *adj.* 5
it's sad **es triste** 13
safe **seguro/a** *adj.* 5
said **dicho/a** *p.p.* 15
sake: for the sake of **por** *prep.*
salad **ensalada** *f.* 8
salary **salario** *m.* 16; **sueldo** *m.* 16
sale **rebaja** *f.* 6
salesperson **vendedor(a)** *m., f.* 6
salmon **salmón** *m.* 8
salt **sal** *f.* 8
salty **salado/a** *adj.* 8
same **mismo/a** *adj.* 3
sandal **sandalia** *f.* 6
sandwich **sándwich** *m.* 8
Saturday **sábado** *m.* 2
sausage **salchicha** *f.* 8
save (*on a computer*) **guardar** *v.* 11;
save (*money*) **ahorrar** *v.* 14
savings **ahorros** *m., pl.* 14
savings account **cuenta** *f.* **de ahorros** 14
say **decir** *v.* 6; **declarar** *v.*
scarcely **apenas** *adv.* 10
scared: be (very) scared **tener** *v.* **(mucho)**
miedo 3
schedule **horario** *m.* 2

school **escuela** *f.* 1
science **ciencia** *f.*
science fiction **ciencia ficción** *f.*
scientist **científico/a** *m., f.* 16
scream **gritar** *v.*
screen **pantalla** *f.* 11
scuba dive **bucear** *v.* 4
sculpt **esculpir** *v.*
sculptor **escultor(a)** *m., f.* 16
sculpture **escultura** *f.*
sea **mar** *m.* 5; **océano** *m.*
seafood **mariscos** *m., pl.* 8
search: in search of **por** *prep.* 11
season **estación** *f.* 5
seat **silla** *f.*
second **segundo/a** *adj.* 5
secretary **secretario/a** *m., f.* 16
sedentary **sedentario/a** *adj.* 15
see **ver** *v.* 4
see (you/him/her) again **volver** *v.* **a**
ver(te/lo/la)
see movies **ver películas** 4
See you. **Nos vemos.** 1
See you later. **Hasta la vista.** 1;
Hasta luego. 1
See you soon. **Hasta pronto.** 1
See you tomorrow. **Hasta**
mañana. 1
seem **parecer** *v.* 8
seen **visto/a** *p.p.* 15
sell **vender** *v.* 6
semester **semestre** *m.* 2
send **enviar** *v.*; **mandar** *v.* 14
separate (from) **separarse** *v.* **(de)** 9
separated **separado/a** *adj.* 9
September **septiembre** *m.* 5
sequence **secuencia** *f.*
serious **grave** *adj.* 10
extremely serious **gravísimo/a** *adj.* 13
serve **servir (e:i)** *v.* 8
set (*fixed*) **fijo** *adj.* 6
set the table **poner** *v.* **la mesa** 12
seven **siete** 1
seven hundred **setecientos/as** 6
seventeen **diecisiete** 1
seventh **séptimo/a** *adj.* 5
seventy **setenta** 2
several **varios/as** *adj., pl.* 8
sexism **sexismo** *m.*
shame **lástima** *f.* 13
It's a shame. **Es una lástima.** 13
shampoo **champú** *m.* 7
shape **forma** *f.* 15
be in good shape **estar** *v.* **en**
buena forma 15
share **compartir** *v.* 3
sharp (*time*) **en punto** 1
shave **afeitarse** *v.* 7
shaving cream **crema** *f.* **de afeitar** 7
she **ella** *sub. pron.* 1
she is **ella es** 1

shellfish **mariscos** *m., pl.*
ship **barco** *m.*
shirt **camisa** *f.* 6
shoe **zapato** *m.* 6
pair of shoes **par de zapatos** 6
shoe size **número** *m.* **de zapato** 6
shoe store **zapatería** *f.* 14
tennis shoes **zapatos** *m., pl.*
de tenis
shop **tienda** *f.* 6
shopping, to go **ir** *v.* **de compras** 6
shopping mall **centro** *m.* **comercial** 6
short (*in height*) **bajo/a** *adj.* 3; (*in length*)
corto/a *adj.* 6
short story **cuento** *m.*
shorts **pantalones cortos** *m., pl.* 6
should (*do something*) **deber** *v.*
(+ inf.) 3
show **mostrar (o:ue)** *v.* 4; **espectáculo** *m.*
shower **ducha** *f.*; **ducharse** *v.* 7;
bañarse *v.*
shrimp **camarón** *m.* 8
siblings **hermanos** *m., pl.* 3
sick **mal, malo/a** 5; **enfermo/a** *adj.* 10
be sick **estar enfermo/a** 10
get sick **enfermarse** *v.* 10
sickness **enfermedad** *f.* 10
sightseeing: go sightseeing **hacer** *v.*
turismo 5
sign **firmar** *v.* 14; **letrero** *m.* 14
silk **seda** *f.* 6;
(made of) **de seda** 6
silly **tonto/a** *adj.* 3
silverware **cubierto** *m.*
similar **similar** *adj. m., f.*
since **desde** *prep.*
sing **cantar** *v.* 2
singer **cantante** *m., f.* 16
single **soltero/a** *adj.* 9
single room **habitación** *f.*
individual 5
sink **lavabo** *m.*
sir **señor (Sr.)** *m.* 1
sister **hermana** *f.* 3
sister-in-law **cuñada** *f.* 3
sit down **sentarse (e:ie)** *v.* 7
six **seis** 1
six hundred **seiscientos/as** 6
sixteen **dieciséis** 1
sixth **sexto/a** *adj.* 5
sixty **sesenta** 2
size **talla** *f.* 6
shoe size **número** *m.* **de zapato** 6
skate (in-line) **patinar** *v.* **(en línea)** 4
ski **esquiar** *v.* 4
skiing **esquí** *m.* 4
water-skiing **esquí acuático** 4
skirt **falda** *f.* 6
sky **cielo** *m.* 13
sleep **dormir (o:ue)** *v.* 4; **sueño** *m.* 3
go to sleep **dormirse (o:ue)** *v.* 7

sleepy: be (very) sleepy **tener** *v.* **(mucho) sueño** 3
slender **delgado/a** *adj.* 3
slim down **adelgazar** *v.* 15
slow **lento/a** *adj.* 11
slowly **despacio** *adv.*
small **pequeño/a** *adj.* 3
smaller **menor** *adj.* 8
smallest, (the) **el/la menor** *m., f.* 8
smart **listo/a** *adj.* 5
smile **sonreír (e:i)** *v.* 9
smiled **sonreído** *p.p.* 15
smoggy: It's (very) smoggy. **Hay (mucha) contaminación.**
smoke **fumar** *v.* 15
    not to smoke **no fumar** *v.* 15
smoking section **sección** *f.* **de fumadores** 8
    (non) smoking section **sección de (no) fumadores** 8
snack (in the afternoon) **merendar** *v.* 15; (afternoon snack) **merienda** *f.* 15
    have a snack **merendar** *v.* 15
sneakers **zapatos** *m., pl.* **de tenis** 6
sneeze **estornudar** *v.* 10
snow **nevar (e:ie)** *v.* 5; **nieve** *f.*
snowing: It's snowing. **Nieva.** 5
so (in such a way) **así** *adv.* 10; **tan** *adv.* 5
    so much **tanto** *adv.*
    so-so **regular** 1
    so that **para que** *conj.* 13
soap **jabón** *m.* 7
    soap opera **telenovela** *f.*
soccer **fútbol** *m.* 4
sociology **sociología** *f.* 2
sock **calcetín** *m.* 6
sofa **sofá** *m.* 12
soft drink **refresco** *m.* 8
software **programa** *m.* **de computación** 11
soil **tierra** *f.* 13
solar energy **energía solar** 13
solution **solución** *f.* 13
solve **resolver (o:ue)** *v.* 13
some **algún, alguno/a(s)** *adj.* 7; **unos/as** *pron.* 1; **unos/as** *m., f., pl. indef. art.* 1
somebody **alguien** *pron.*
someone **alguien** *pron.* 7
something **algo** *pron.* 7
sometimes **a veces** *adv.* 10
son **hijo** *m.* 3
song **canción** *f.*
son-in-law **yerno** *m.* 3
soon **pronto** *adj.* 10
    See you soon. **Hasta pronto.** 1
sorry: be sorry **sentir (e:ie)** *v.* 13
    I'm sorry. **Lo siento.** 1
    I'm so sorry. **Mil perdones.; Lo siento muchísimo.** 4
soup **caldo** *m.* 8; **sopa** *f.* 8
sour **agrio/a** *adj.* 8
south **sur** *m.* 14
    to the south **al sur** 14

Spain **España** *f.* 1
Spanish (language) **español** *m.* 2; **español(a)** *adj.; m., f.* 3
spare time **ratos** *m., pl.* **libres** 4
speak **hablar** *v.* 2
specialization **especialización** *f.*
spectacular **espectacular** *adj.* 15
speech **discurso** *m.*
speed **velocidad** *f.* 11
    speed limit **velocidad máxima** 11
spelling **ortográfico/a** *adj.*
spend (money) **gastar** *v.* 6
    spend time **pasar** *v.* **el tiempo** 4
spicy **picante** *adj.* 8
spoon (table or large) **cuchara** *f.* 12
sport **deporte** *m.* 4
    sports-loving **deportivo/a** *adj.*
    sports-related **deportivo/a** *adj.* 4
spouse **esposo/a** *m., f.* 3
sprain (one's ankle) **torcerse** *v.* **(el tobillo)** 10
sprained **torcido/a** *adj.* 10
    be sprained **estar** *v.* **torcido/a** 10
spring **primavera** *f.* 5
stadium **estadio** *m.* 2
stage **etapa** *f.* 9
stairs **escalera** *f.* 12
stairway **escalera** *f.* 12
stamp **estampilla** *f.* 14; **sello** *m.* 14
stand in line **hacer** *v.* **cola** 14
star **estrella** *f.* 13
start (a vehicle) **arrancar** *v.* 11
state **estado** *m.*
station **estación** *f.* 5
statue **estatua** *f.*
status: marital status **estado** *m.* **civil** 9
stay **quedarse** *v.* 7
    Stay calm! **¡Tranquilo/a!** *adj.*
    stay in shape **mantenerse** *v.* **en forma** 15
steak **bistec** *m.* 8
steering wheel **volante** *m.* 11
step **etapa** *f.*
stepbrother **hermanastro** *m.* 3
stepdaughter **hijastra** *f.* 3
stepfather **padrastro** *m.* 3
stepmother **madrastra** *f.* 3
stepsister **hermanastra** *f.* 3
stepson **hijastro** *m.* 3
stereo **estéreo** *m.* 11
still **todavía** *adv.* 5
stock broker **corredor(a)** *m., f.* **de bolsa** 16
stockings **medias** *f., pl.* 6
stomach **estómago** *m.* 10
stone **piedra** *f.* 13
stop **parar** *v.* 11
    stop (doing something) **dejar** *v.* **de (+ inf.)** 13
store **tienda** *f.* 6

storm **tormenta** *f.*
story **cuento** *m.*; **historia** *f.*
stove **estufa** *f.* 12
straight (ahead) **derecho** *adj.* 14
    straight ahead **(todo) derecho** 14
straighten up **arreglar** *v.* 12
strange **extraño/a** *adj.* 13
    It's strange… **Es extraño…** 13
strawberry **frutilla** *f.*; **fresa** *f.* 8
street **calle** *f.* 11
stress **estrés** *m.* 15
stretching **estiramiento** *m.* 15
    stretching exercises **ejercicios** *m., pl.* **de estiramiento** 15
strike (labor) **huelga** *f.*
stripe **raya** *f.* 6
    striped **de rayas** *adj.* 6
stroll **pasear** *v.* 4
strong **fuerte** *adj.* 15
struggle (for) **luchar** *v.* **(por)**
student **estudiante** *m., f.* 1; **estudiantil** *adj.*
study **estudiar** *v.* 2
stuffed up (sinuses) **congestionado/a** *adj.* 10
stupendous **estupendo/a** *adj.* 5
style **estilo** *m.*
suburbs **afueras** *f., pl.* 12
subway **metro** *m.* 5
    subway station **estación** *f.* **del metro** 5
success **éxito** *m.* 16
successful: be successful **tener** *v.* **éxito** 16
such as **tales como**
suddenly **de repente** *adv.* 6
suffer **sufrir** *v.* 13
    suffer from an illness **sufrir una enfermedad** 13
sufficient **bastante** *adj.*
sugar **azúcar** *m.* 8
suggest **sugerir (e:ie)** *v.* 12
suit **traje** *m.* 6
suitcase **maleta** *f.* 1
summer **verano** *m.* 5
sun **sol** *m.* 4, 13
sunbathe **tomar** *v.* **el sol** 4
Sunday **domingo** *m.* 2
sunglasses **gafas** *f., pl.* **de sol** 6; **gafas oscuras** 14; **lentes** *m., pl.* **de sol**
sunny: It's (very) sunny. **Hace (mucho) sol.** 5
supermarket **supermercado** *m.* 14
suppose **suponer** *v.* 4
sure **seguro/a** *adj.* 5
    be sure (of) **estar** *v.* **seguro/a (de)** 5, 13
surf the Internet **navegar** *v.* **en Internet** 11
surprise **sorprender** *v.* 9; **sorpresa** *f.* 9
survey **encuesta** *f.*
sweat **sudar** *v.* 15

sweater **suéter** m. 6
sweep the floor **barrer** v. **el suelo** 12
sweet **dulce** adj. 8
sweets **dulces** m., pl. 9
swim **nadar** v. 4
swimming **natación** f. 4
   swimming pool **piscina** f. 4
symptom **síntoma** m. 10

T

table **mesa** f. 2
tablespoon **cuchara** f. 12
tablet (pill) **pastilla** f. 10
take **tomar** v. 2, 8; **llevar** v.
   Take care! **¡Cuídense!** 15
   take care of **cuidar** v. 13
   take (someone's) temperature
      tomar(le) v. **la temperatura**
      (a alguien) 10
   take (wear) a shoe size **calzar** v. 6
   take a bath **bañarse** v. 7
   take a shower **ducharse** v. 7
   take into account **tomar** v. **en cuenta**
   take off **quitarse** v. 7
   take out the trash **sacar** v.
      la basura 12
   take pictures **sacar** v. **fotos** 5;
      tomar fotos 13
talented **talentoso/a** adj.
talk **hablar** v. 2; **conversar** v. 2
   talk show **programa** m.
      de entrevistas
tall **alto/a** adj. 3
tank **tanque** m. 11
tape (audio) **cinta** f.
   tape recorder **grabadora** f. 1
taste **probar (o:ue)** v. 8
tasty **rico/a** adj. 8; **sabroso/a** adj. 8
tax **impuesto** m.
taxi(cab) **taxi** m. 5
tea **té** m. 8
teach **enseñar** v. 2
teacher **profesor(a)** m., f. 1;
   (elementary school) **maestro/a** m., f. 16
team **equipo** m. 4
technician **técnico/a** m., f. 16
telecommuting **teletrabajo** m. 16
teleconference **videoconferencia** f.
telephone **teléfono** m. 11
   cellular telephone **teléfono celular** 11
television **televisión** f. 11
   television set **televisor** m. 11
tell **decir** v. 6
temperature **temperatura** f. 10
ten **diez** 1
tennis **tenis** m. 4
   tennis shoes **zapatos** m., pl. **de tenis**
tension **tensión** f. 15
tent **tienda** f. **de campaña** 5

tenth **décimo/a** adj. 5
terrible **terrible** adj. m., f. 13
   it's terrible **es terrible** 13
terrific **chévere** adj.
test **prueba** f. 2; **examen** m. 2
text message **mensaje de texto** m. 11
Thank you. **Gracias.** f., pl. 1
   Thank you (very much).
      (Muchas) gracias. 1
   Thank you very, very much.
      Muchísimas gracias. 9
   Thanks (a lot). **(Muchas) gracias.** 1
   Thanks for everything. **Gracias**
      por todo. 9
   Thanks once again. **Gracias una**
      vez más. 9
that **que**; **quien(es)**; **lo que** rel. pron. 9
   that (one) **ése, ésa, eso** pron. 6;
      ese, esa, eso adj. 6
   that (over there) **aquél, aquélla,**
      aquello pron. 6;
      aquel, aquella adj. 6
   that which **lo que** conj. 9
   That's me. **Soy yo.** 1
   that's why **por eso** 11
the **el** m., **la** f. sing., def. art.; **los** m.,
   las f. pl., def. art. 1
theater **teatro** m.
their **su(s)** poss., adj. 3; **suyo(s)/a(s)**
   poss., pron. 11
them **los/las** pron. 5; **les** pron. 6
then **después** (afterward) adv. 7;
   entonces (as a result) adv. 7;
      luego (next) adv. 7; **pues** adv. 15
there **allí** adv. 5
   There is/are… **Hay…** 1;
   There is/are not… **No hay…** 1
therefore **por eso** adv. 11
these **éstos, éstas** pron. 6;
   estos, estas adj. 6
they **ellos/as** sub. pron. 1
   they are **ellos/as son** 1
thin **delgado/a** adj. 3
thing **cosa** f. 1
think **pensar (e:ie)** v. 4; (believe)
   creer v.
   think about **pensar en** 4
third **tercer, tercero/a** adj. 5
thirst **sed** f. 3
thirsty: be (very) thirsty **tener** v.
   (mucha) sed 3
thirteen **trece** 1
thirty **treinta** 1; thirty (minutes past
   the hour) **y treinta** 1; **y media** 1
this **este, esta** adj.;
   éste, ésta, esto pron. 6
   This is… (introduction) **Éste/a es…** 1
   This is he/she. (on telephone)
      Con él/ella habla. 11
those **ésos, ésas** pron. 6;
   esos, esas adj. 6

those (over there) **aquéllos, aquéllas** pron.
   6; **aquellos, aquellas** adj. 6
thousand **mil** m. 6
three **tres** 1
three hundred **trescientos/as** 6
throat **garganta** f. 10
through **por** prep. 11
throughout: throughout the world **en**
   todo el mundo 13
throw **echar** v.
Thursday **jueves** m., sing. 2
thus (in such a way) **así** adj.
ticket **boleto** m.; **entrada** f.; **pasaje** m. 5;
   (traffic) **multa** f. 11
tie **corbata** f. 6
time **vez** f. 6; **tiempo** m. 4
   buy on time **comprar** v. **a plazos** m., pl.
   have a good/bad time **pasarlo** v.
      bien/mal 9
   We had a great time. **Lo**
      pasamos de película.
times **veces** f., pl.
   many times **muchas veces** 10
tip **propina** f. 9
tire **llanta** f. 11
tired **cansado/a** adj. 5
   be tired **estar** v. **cansado/a** 5
title **título** m.
to **a** prep. 1
toast (drink) **brindar** v. 9
toast (bread) **pan** m. **tostado**
toasted **tostado/a** adj. 8
toaster **tostadora** f.
today **hoy** adv. 2
   Today is… **Hoy es…** 2, 5
together **juntos/as** adj. 9
tomato **tomate** m. 8
tomorrow **mañana** adv. 1
   See you tomorrow. **Hasta mañana.** 1
tonight **esta noche** adv. 4
too **también** adv. 2, 7
   too much **demasiado** adv. 6;
      en exceso 15
tooth **diente** m. 7; tooth **muela** f. 10
tornado **tornado** m.
tortilla **tortilla** f. 8
touch **tocar** v. 13
tour an area **recorrer** v.; **excursión** f.
   go on a tour **hacer** v. **una**
      excursión 5
tourism **turismo** m. 5
tourist **turista** m., f. 11; **turístico/a** adj.
toward **para** prep. 11; **hacia** prep. 14
towel **toalla** f. 7
town **pueblo** m. 4
trade **oficio** m. 16
traffic **circulación** f.; **tráfico** m. 11
   traffic light **semáforo** m. 11
tragedy **tragedia** f.
trail **sendero** m. 13
   trailhead **sendero** m.

train **entrenarse** *v.* 15; **tren** *m.* 5
   train station **estación** *f.* **del tren**
     m. 5
translate **traducir** *v.* 8
trash **basura** *f.* 12
travel **viajar** *v.* 2
   travel agency **agencia** *f.* **de viajes** 5
   travel agent **agente** *m., f.* **de**
     viajes 5
   travel documents **documentos**
     m., pl. **de viaje**
traveler **viajero/a** *m., f.* 5
   traveler's check **cheque** *m.* **de**
     viajero 14
treat (entertain) **invitar** *v.* 9
tree **árbol** *m.* 13
trillion **billón** 6
trimester **trimestre** *m.* 2
trip **viaje** *m.* 5
   take a trip **hacer** *v.* **un viaje** 5
tropical forest **bosque** *m.* **tropical** 13
truck **camión** *m.*
true **cierto/a**; **verdad** *adj.* 13
   it's (not) true **(no) es**
     cierto/verdad 13
trunk **baúl** *m.* 11
truth **verdad** *f.* 6
try **intentar** *v.*; **probar (o:ue)** *v.* 8
   try (*to do something*) **tratar** *v.* **de**
     (+ *inf.*) 15
   try on **probarse (o:ue)** *v.* 7
t-shirt **camiseta** *f.* 6
Tuesday **martes** *m., sing.* 2
tuna **atún** *m.* 8
turkey **pavo** *m.* 8
turn **doblar** *v.* 14
   turn off (*electricity/appliance*)
     apagar *v.* 11
   turn on (*electricity/appliance*)
     poner *v.* 11; **prender** *v.* 11
turtle **tortuga** *f.* 13
   marine turtle **tortuga marina** 13
twelve **doce** 1
twenty **veinte** 1
twenty-eight **veintiocho** 1
twenty-five **veinticinco** 1
twenty-four **veinticuatro** 1
twenty-nine **veintinueve** 1
twenty-one **veintiún, veintiuno/a** 1
twenty-seven **veintisiete** 1
twenty-six **veintiséis** 1
twenty-three **veintitrés** 1
twenty-two **veintidós** 1
twice **dos veces** 6
twisted **torcido/a** *adj.* 10
   be twisted **estar** *v.* **torcido/a** 10
two **dos** 1
two hundred **doscientos/as** 6
   two times **dos veces** 6

U

ugly **feo/a** *adj.* 3
uncle **tío** *m.* 3
under **debajo de** *prep.* 2; **bajo** *prep.*
understand **comprender** *v.* 3;
   entender (e:ie) *v.* 4
underwear **ropa** *f.* **interior** 6
unemployment **desempleo** *m.*
United States **Estados Unidos** *m., pl.* 1
university **universidad** *f.* 2
unless **a menos que** *adv.* 13
unmarried **soltero/a** *adj.* 9
unpleasant **antipático/a** *adj.* 3
until **hasta** *prep.* 6; **hasta que** *conj.* 13
up **arriba** *adv.*
urgent **urgente** *adj.* 12
   It's urgent that… **Es urgente que…** 12
us **nos** *pron.* 5
use **usar** *v.* 6
used for **para** *prep.* 11
useful **útil** *adj.*

V

vacation **vacaciones** *f., pl.* 5
   be on vacation **estar** *v.* **de**
     vacaciones 5
   go on vacation **ir** *v.* **de vacaciones** 5
vacuum **pasar** *v.* **la aspiradora** 12
   vacuum cleaner **aspiradora** *f.* 12
valley **valle** *m.* 13
various **varios/as** *adj., pl.*
VCR **videocasetera** *f.* 11
vegetables **verduras** *f., pl.* 8
verb **verbo** *m.*
very **muy** *adv.* 1
   very bad **malísimo** 8
   very much **muchísimo** *adv.* 2
   Very good, thank you. **Muy bien,**
     gracias.
   (Very) well, thanks. **(Muy) bien,**
     gracias.
vest **chaleco** *m.*
video **video** *m.* 1
   videocassette **videocasete** *m.* 11
   video conference
     videoconferencia *f.* 16
   videocamera **cámara** *f.* **de video** 11
vinegar **vinagre** *m.* 8
violence **violencia** *f.*
visit **visitar** *v.* 4
   visit a monument **visitar un**
     monumento 4
vitamin **vitamina** *f.* 15
volcano **volcán** *m.* 13
volleyball **vóleibol** *m.* 4
vote **votar** *v.*

W

wait (for) **esperar** *v.* 2
waiter **camarero/a** *m., f.* 8
wake up **despertarse (e:ie)** *v.* 7
walk **caminar** *v.* 2
   take a walk **pasear** *v.* 4
   walk around the city/town **pasear**
     por la ciudad/el pueblo 4
Walkman **walkman** *m.*
wall **pared** *f.* 12
wallet **cartera** *f.* 6
want **desear** *v.* 2; **querer (e:ie)** *v.* 4, 12
   I don't want to **no quiero** 4
war **guerra** *f.*
warm (oneself) up **calentarse** *v.* 15
wash **lavar** *v.* 12
   wash one's face/hands **lavarse** *v.*
     la cara/las manos 7
   wash oneself **lavarse** 7
washing machine **lavadora** *f.* 12
watch **mirar** *v.* 2; **reloj** *m.* 2
   watch television **mirar (la)**
     televisión 2
water **agua** *f.* 8
   water pollution **contaminación** *f.*
     del agua 13
   water-skiing **esquí** *m.* **acuático** 4
way **manera** *f.*
we **nosotros/as** *sub. pron.* 1
   we are **nosotros/as somos** 1
weak **débil** *adj.* 15
wear **llevar** *v.* 6; **usar** *v.* 6;
   calzar *v.* (shoes) 6
weather **tiempo** *m.* 5
   It's bad weather. **Hace mal tiempo.** 5
   It's nice weather. **Hace buen tiempo.** 5
weaving **tejido** *m.*
Web **red** *f.* 11
website **sitio** *m.* **web** 11
wedding **boda** *f.* 9
Wednesday **miércoles** *m., sing.* 2
week **semana** *f.* 2
weekend **fin** *m.* **de semana** 4
weight **peso** *m.* 15
   lift weights **levantar** *v.* **pesas** *f., pl.* 15
Welcome! **¡Bienvenido(s)/a(s)!** *adj.* 12
well **pues** *adv.* 2; **bueno** *adv.* 2
well-being **bienestar** *m.* 15
well organized **ordenado/a** *adj.*
west **oeste** *m.* 14
   to the west **al oeste** 14
western (*genre*) **de vaqueros** *adj.*
whale **ballena** *f.* 13
what **lo que** 9
   what? **¿qué?** *pron.* 1, 9;
     ¿cuál(es)? *adj., pron.* 9
   At what time…? **¿A qué hora…?** 1
   What a…! **¡Qué…!**

What a pleasure to…! **¡Qué gusto (+** *inf.***)…**

What a surprise! **¡Qué sorpresa!**

What day is it? **¿Qué día es hoy?**

What did he/she do? **¿Qué hizo él/ella?** 6

What did they do? **¿Qué hicieron ellos/ellas?** 6

What did you do? **¿Qué hiciste?** *fam., sing.;* **¿Qué hizo usted?** *form., sing.;* **¿Qué hicieron ustedes?** *form., pl.* 6

What did you say? **¿Cómo?**

What do you guys think? **¿Qué les parece?** 9

What happened? **¿Qué pasó?** 11

What is it? **¿Qué es?** 1

What is the date (today)? **¿Cuál es la fecha (de hoy)?**

What is the price? **¿Qué precio tiene?**

What is today's date? **¿Cuál es la fecha de hoy?** 5

What pain! **¡Qué dolor!**

What pretty clothes! **¡Qué ropa más bonita!** 6

What size do you wear? **¿Qué talla lleva/usa?** 6

What time is it? **¿Qué hora es?** 1

What's going on? **¿Qué pasa?** 1

What's happening? **¿Qué pasa?** 1

What's… like? **¿Cómo es…?** 3

What's new? **¿Qué hay de nuevo?** 1

What's the weather like? **¿Qué tiempo hace?** 5

What's wrong? **¿Qué pasó?**

What's your name? **¿Cómo se llama usted?** *form.* 1

What's your name? **¿Cómo te llamas (tú)?** *fam.* 1

when **cuando** *conj.* 7

When? **¿Cuándo?** *adv.* 2, 9

where **donde** *adv., conj.*

where? (*destination*) **¿adónde?** 2, 9; (*location*) **¿dónde?** *adv.* 1, 9

Where are you from? **¿De dónde eres?** *fam.* 1; **¿De dónde es (usted)?** *form.* 1

Where is…? **¿Dónde está…?** 2

(to) where? **¿adónde?** 2

which **que; lo que** *rel. pron.* 9

which? **¿cuál(es)?** *adj., pron.;* **¿qué?** 2, 9

which one(s)? **¿cuál(es)?** 2

while **mientras** *adv.* 10

white **blanco/a** *adj.* 6

white wine **vino** *m.* **blanco** 8

who **que; quien(es)** *rel. pron.* 9

who? **¿quién(es)?** *pron.* 1, 9

Who is…? **¿Quién es…?** 1

Who is calling? (*on telephone*) **¿De parte de quién?** 11

Who is speaking? (*on telephone*) **¿Quién habla?** 11

whole **todo/a** *adj.*

whom **quien(es)** *rel. pron.* 9

whose…? **¿de quién(es)…?** *sing., pl.* 1

why? **¿por qué?** *adv.* 2, 9

widowed **viudo/a** *adj.* 9

wife **esposa** *f.* 3

win **ganar** *v.* 4

wind **viento** *m.*

window **ventana** *f.* 2

windshield **parabrisas** *m., sing.* 11

windy: It's (very) windy. **Hace (mucho) viento.** 5

wine **vino** *m.* 8

red wine **vino tinto** 8

white wine **vino blanco** 8

wineglass **copa** *f.* 12

winter **invierno** *m.* 5

wish **desear** *v.* 2; **esperar** *v.* 13

I wish (that) **Ojalá que** 13

with **con** *prep.* 2

with me **conmigo** 4

with you **contigo** *fam.*

within **dentro de** *prep.* 16

without **sin** *prep.* 13, 15; **sin que** *conj.* 13

without a doubt **sin duda**

woman **mujer** *f.* 1

wool **lana** *f.* 6

(made of) wool **de lana** 6

word **palabra** *f.* 1

work **trabajar** *v.* 2; **funcionar** *v.* 11; **trabajo** *m.* 16

work (*of art, literature, music, etc.*) **obra** *f.*

work out **hacer** *v.* **gimnasia** 15

world **mundo** *m.* 13

worldwide **mundial** *adj. m., f.*

worried (about) **preocupado/a (por)** *adj.* 5

worry (about) **preocuparse** *v.* **(por)** 7

Don't worry. **No se preocupe.** *form.* 7; **No te preocupes.** *fam.* 7

worse **peor** *adj. m., f.* 8

worst **el/la peor** 8; **lo peor**

Would you like to? **¿Te gustaría?**

write **escribir** *v.* 3

write a letter/post card/e-mail message **escribir una carta/ (tarjeta) postal/mensaje** *m.* **electrónico** 4

writer **escritor(a)** *m., f.* 16

written **escrito/a** *p.p.* 15

wrong **equivocado/a** *adj.* 5

be wrong **no tener** *v.* **razón** 3

X

X-ray **radiografía** *f.* 10

Y

yard **jardín** *m.* 12; **patio** *m.* 12

year **año** *m.* 5

be… years old **tener** *v.* **… años** 3

yellow **amarillo/a** *adj.* 6

yes **sí** *interj.* 1

yesterday **ayer** *adv.* 6

yet **todavía** *adv.* 5

yogurt **yogur** *m.*

you **tú** *sub. pron. fam. sing.* 1; **usted** *sub. pron. form. sing.* 1; **vosotros/ as** *sub. pron. fam. pl.* 1; **ustedes** *sub. pron. form. pl.* 1; **te** *d. o. pron. fam. sing.* 5; **lo** *d. o. pron. m. form. sing.* 5; **la** *d. o. pron. f. form. sing.* 5; **os** *d. o. pron. fam. pl.* 5; **los** *d. o. pron. m. form. pl.* 5; **las** *d. o. pron. f. form. pl.* 5; **le(s)** *i. o. pron. form.* 6

you are **tú eres** *fam. sing.* 1; **usted es** *form. sing.* 1; **vosotros/as sois** *fam. pl.* 1; **ustedes son** *form. pl.* 1

You don't say! **¡No me digas!** *fam.;* **¡No me diga!** *form.* 11

You're welcome. **De nada.** 1; **No hay de qué.** 1

young **joven** *adj.* 3

young person **joven** *m., f.* 1

young woman **señorita** *f.* 2

younger **menor** *adj. m., f.* 3

younger brother/sister **hermano/a menor** *m., f.* 3

youngest **el/la menor** *m., f.* 8

your **su(s)** *poss., adj., form.* 3

your **tu(s)** *poss., adj., fam. sing.* 3

your **vuestro(s)/a(s)** *poss., adj. form., pl.*

your(s) *form.* **suyo(s)/a(s)** *poss. pron., form.* 11

your(s) **tuyo(s)/a(s)** *poss., fam., sing.* 11

youth **juventud** *f.* 9; (*young person*) **joven** *m., f.* 1

Z

zero **cero** *m.* 1

423

ÍNDICE

424

Text Credits

256–257 © Juan Matías Loiseau "Tute", *El celular*, reprinted by permission of the author.

322–323 © Denevi, Marco, *Cartas peligrosas y otros cuentos. Obras completas, Tomo 5*, Buenos Aires, Corregidor, 1999, págs. 192–193.

346–347 © Cristina Peri Rossi, "14," de *Indicios Pánicos*, 1970, reprinted by permission of the author.

366–367 © Augusto Monterroso, *Imaginación y destino*, Santiago, Mosquito, 1999, reprinted by permission of International Editors' Co. Barcelona.

Fine Art

91 *Triptych of the Rains: Part 3, To Turn Green Again* by Tomás Sánchez.

95 (*Caña de azúcar*) by Diego Rivera.

369 *Las Meninas* by Diego Rodríguez de Silva y Velázquez.

Photography Credits

All images © Vista Higher Learning unless otherwise noted.

Special thanks to: Carolina Patino Andrade, Celeste Avila, Martín Bernetti, José Blanco, James Brunker, Ali Burafi, Sophie Casson, Esteban Corbo, Eugenia Corbo, Rachel Distler, Debra Spina Dixon, Janet Dracksdorf, Carlos Gaudier, Linda Gee, Anne Loubet, Hermann Mejía, Marta Mesa, Gloria Elena Restrepo, Alejandro Isaza Saldarriaga, Sebastia Serra, Doren Spinner, Darío Eusse Tobón, Jimena V., Pere Virgili, Carolina Zapata

Cover: © Denis Doyle/Stringer/Getty Images

Front Matter: iii © Kevin Schafer/Corbis

Lesson One: 15 (t) © Fred Prouser/Reuters/Corbis; **15** (ml) © Mitchell Gerber/Corbis; **15** (mm) © Hector Mata/AFP/Getty Images; **15** (mr) © Rafiqur Rahman/Reuters/Corbis; **15** (b) © Reuters/Mike Blake/Corbis; **19** (b) © Philip Lange/123RF

Lesson Two: 26 (l) © Bettmann/Corbis; **26** (r) © AccuSoft Inc./Alamy; **30** (l) © John Glustina/Getty Images; **30** (r) © Pablo Corral V/Corbis; **31** © Damir Karan/iStock; **38** (b) © Marc Serota/Reuters/Corbis; **45** (full pg) © Schwarz Shaul/Corbis Sygma; **46** (tl) © Buddy mays/Corbis; **46** (tr) © Patrick Ward/Corbis; **46** (bl) © Scott Lituchy/Star Ledger/Corbis; **46** (bml) © Mario Anzuoni/Reuters/Corbis; **46** (bmm) © Tina Gill/Shutterstock; **46** (bmr) © Bettmann/Corbis; **46** (bl) © Alex Wong/Getty Images; **47** (tl) © Richard Cummins/Corbis; **47** (tr) © Danny Lehman/Corbis

Lesson Three: 52 (tr) © LWA-Dann Tardif/Corbis; **56** (tl) © David Cantor/AP Images; **56** (tr) © Rafael Perez/Reuters/Corbis; **56** (b) © Martial Trezzini/epa/Corbis; **57** © North Wind Picture Archives/Alamy; **59** (column 1, tl) © Chris Fertnig/iStock; **59** (column 1, bl) © iofoto/Fotolia; **59** (column 2, t) © Ted Spiegel/Corbis; **59** (column 2, tl) © Heribert Proepper/AP Images; **59** (column 2, tr) © Shubroto Chattopadhyay/Corbis; **59** (column 2, ml) © Azzara Steve/Corbis Sygma; **59** (column 2, mr) © Jimmy Dorantes/Latin Focus; **59** (column 2, bl) © Ivo Roospold/Alamy; **59** (column 2, br) © Reuters/Corbis; **59** (b) © Gloria Elena Restrepo; **62** (t) © Design Pics Inc./Alamy; **63** (br) © Photodisc/Alamy

Lesson Four: 72 (b) © Dirk-jan Mattaar/Dreamstime; **72** (tl) © John Kelly/Getty Images; **73** (tl) © iStock; **73** (tr) © Neal Presto/Corbis; **78** (l) © Javier Soriano/AFP/Getty Images; **79** (r) © Alberto Estévez/EFE/Corbis; **79** © Roberto Adrian/iStock; **83** (tl) © Rolf Bodmer/iStock; **83** (tr) © Ana Abejon/iStock; **83** (b) © Curtis J. Morley/iStock; **90** (b) © 2008 Jupiter Images Corporation; **91** © Christie's Images/Corbis; **94** (t) © Moron Beebe/Corbis; **95** (tl) © Bettmann/Corbis; **95** (tr) © Philadelphia Museum of Art/Corbis; **95** (bl) © David R. Frazier Photolibrary, Inc./Alamy; **95** (br) © Omar Torres/AFP/Getty Images

Lesson Five: 104 © Jeremy Horner/Corbis; **105** © Stuart Westmorland/Getty Images

Lesson Six: 129 (l) © Robert Frerck/Odyssey Productions; **127** © iStockphoto.com/Sergey Ivanchenko; **141** (full pg) © PictureLake/Fotolia; **142** (bl) © Mike Segar/Reuters/Corbis; **142** (br) © Michael Kim/Corbis; **143** (t) © Jeremy Horner/Corbis; **143** (b) © Jeremy Horner/Corbis

Lesson Seven: 152 © Stewart Cohen/Getty Images; **153** © Javier Pierini/Brand X/Corbis